Band A

weiter denken

Ethik/
Praktische Philosophie

Schroedel

weiterdenken

Ethik/Praktische Philosophie

Band A

ab Jahrgangsstufe 5

Herausgegeben von
Rolf Sistermann

Erarbeitet von
Anja Brolle
Peter Flohr
Lutz Heerhold
Andreas Kraus
Andreas Krause
Sascha Mühlenberg
Stefan Ochs
Christa Runtenberg
Carlo Schultheiss
Rolf Sistermann

ISBN 978-3-507-**70201**-1

Druck A $^{5\ 4\ 3\ 2\ 1}$ / Jahr 2013 12 11 10 09

Alle Drucke der Serie A sind im Unterricht parallel verwendbar.
Die letzte Zahl bezeichnet das Jahr des Druckes.

Redaktion: Joachim Siebert, Hannover
Umschlaggestaltung, Lay-out und Satz: Jesse Konzept & Text GmbH, Hannover
Druck: westermann druck GmbH, Braunschweig

Inhaltsverzeichnis

Erwachsen werden – leben lernen 8
Ich? Wer ist das? 10
Bin ich kindisch? – erwachsen werden 12
Ich sein – anders sein 14
Gleich und gleich gesellt sich gern? - Freundschaft 16
Leben in der Familie 18
Leben in der Schule 20
Was mir im Leben wichtig ist 22
Mutig sein 24
Ich will so sein wie ... – Vorbilder 26
Kopf oder Bauch? – Entscheidungen treffen 28
Mit Zeit umgehen 30

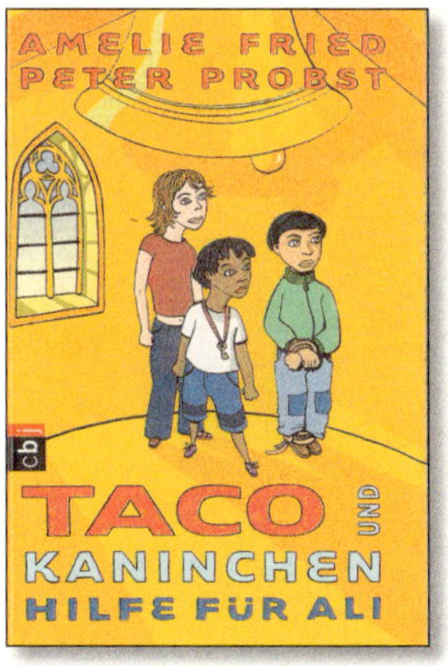

Altan hat Freunde – Zusammenleben mit anderen 34
Begegnung mit Gewalt 36
Formen und Erklärung von Gewalt 38
Konflikte in der Schule 40
Zivilcourage und Ethik des Helfens: Altans Rettung 42
Pauschalurteile – Vor-Urteile? 44
Vorurteile bemerken und erklären 46
Vorurteile aufheben? 50
Migration und Gleichheit 52
Migration und Identität: Altans Traum 54
Migration und Islam – einander begegnen 56
Moscheen in Deutschland – Zusammenleben mit anderen 58

Wahrheit und Lüge, gut und böse – zur Frage nach dem rechten Handeln 60
Wahrheit und Lüge, gut und böse – wie wir Wörter gebrauchen 62
Wer einmal lügt, dem glaubt man nie! – Muss ich immer die Wahrheit sagen? 66
Versteckte Wahrheiten – offene Wahrheiten 70
Woher kommt die Moral? 74
Einmal böse, immer böse? – die Bedeutung von Erfahrungen 80
„Gut gemacht!“ – Zählt der Wille oder der Erfolg? 82
Gut ist, was nützlich ist 84
Kinderrechte – warum eigentlich? 85

**„Es gibt nichts umsonst“ –
Regeln und Gesetze im Staat und im Umgang mit dem Geld** . 86
Alles nur eine Frage des Geldes? 88
Das Recht auf Eigentum 90
Gewinnstreben oder Profitgier? 92
Von Bäckern, Brauern und Fleischern 94
Vom Nutzen für sich selbst und für andere 96
Arm und Reich 98
Arbeitslos in Schönstadt 100
Marktwirtschaft bedeutet Wettbewerb 102
Kriminalität in der Wirtschaft 104
Aufgaben des Staates 106
Gründung eines Unternehmens 110

**Hände weg von der Natur –
Wie sollten wir mit anderen Lebewesen umgehen?** 112
Was unterscheidet Tiere vom Menschen? 114
Erst der Mensch, dann das Tier? 116
Müssen Tiere dem Menschen immer gehorchen? 118
Haustiere und Zootiere – zur Unterhaltung des Menschen? 120
Necken, spielen, ausnutzen – oder: Wo fängt Tierquälerei an? 123
Wie das Raubtier, so der Mensch – Ist es erlaubt, Tiere zu erlegen? 125
Salat oder Hamburger: Ist es in Ordnung, Tiere zu töten und zu essen? . . . 128
Wie sollte man Tiere behandeln, die ausgedient haben? 130
Den Tieren ein Zuhause geben – um jeden Preis? 132
Müssen wir auch Pflanzen als Lebewesen achten? 134

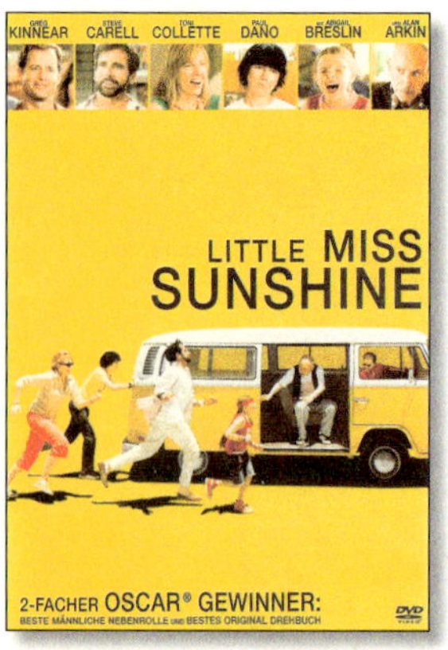

Little Miss Sunshine – über Schönheit und Medien 138
Wann ist man schön? 140
Schön wie kein anderer 144
In-Sein – Out-Sein: die Bedeutung von Mode 146
Innere und äußere Schönheit – und ihr Zusammenhang 149
Unser Schönheitsideal: Schlank sollte man sein 152
Käufliche Schönheit – schminken, kämmen, liften lassen? 154
Und wenn man dem Schönheitsideal nicht entspricht? 156
Diese und jene Schönheit(en) und die Medien 158
Wie Medien wirken 160
Medien-Realitäten 162

Vom Universum und vom Staunen über das Leben 164

Ein Besucher aus dem All 166
Die Frage nach dem Mittelpunkt der Welt 168
„Weißt du, wie viel Sternlein stehen?“ 171
Wie groß ist das Weltall – wie klein ist der Mensch? 173
Wie alt ist die Welt – wie kurz ist unser Leben? 176
Eine Botschaft an andere intelligente Wesen 178
Woher kommen die Menschen? 180
Woher kommt das Leben? 182
Die Erde – eine erstaunliche Perle zwischen All und Nichts 185
Die Entstehung der Welt – Zufall oder Bestimmung? 188

Schöpfungserzählungen und Feiertage der Religionen 190

Im Bann der Sterne – Astrologie 192
Marduk – Herr über Himmel und Erde in Babylon 195
Der jüdische Sabbat und die Schöpfungserzählung
im ersten Kapitel der Bibel 198
Kreationismus – der Glaube an die Erschaffung der Welt
in sieben Tagen 201
Der christliche Sonntag 203
Das muslimische Freitagsgebet 206
Hinduistische Opferfeste und Schöpfungsvorstellungen 209
Schöpfungsmythen – wie weit darf man,
wie weit sollte man ihnen glauben? 213

Anhang

Erläuterungen zu 10 wichtigen Begriffen aus jedem Kapitel –
zum Lernen und Wiederholen 216
Methodensammlung für Schülerinnen und Schüler 222
Text- und Bildquellenverzeichnis 229

Liebe Schülerinnen und Schüler,

dieses Schulbuch für den Unterricht in Ethik, Praktischer Philosophie oder Werte und Normen heißt **„Weiterdenken“**.

Ihr findet in ihm Anregungen, Aufgaben, Materialien, Ergebnisse und Anstöße zum *Weiterdenken* über die wohl wichtigsten Fragen des Lebens:
- Wer bin ich eigentlich?
- Wie gehe ich mit anderen um?
- Was ist richtig, was ist falsch? Was ist gut? Was ist böse?
- Wozu brauchen wir Gesetze und einen Staat? Reicht es nicht, wenn jeder für sich selbst sorgt?
- Was ist schön? Was ist Mode?
- Welche Bedeutung haben die Medien für mein Leben?
- Wie ist die Welt entstanden? Welche Vorstellungen haben unterschiedliche Religionen dazu?

Über all diese Fragen habt ihr euch sicher schon einmal Gedanken gemacht. Wahrscheinlich habt ihr aber auch schon gemerkt, dass es schwer ist, mit anderen darüber zu reden: Erwachsene meinen oft, sie hätten angeblich Wichtigeres zu tun; mit Gleichaltrigen gibt es oft Missverständnisse, oder es findet sich einer, der das Gespräch mit „blöden Sprüchen“ abwürgt.
So bleibt manchmal nur der beste Freund oder die beste Freundin, mit der ihr über solche grundlegenden Fragen des Lebens sprechen könnt. Mit diesem Buch wollen wir euch Anregungen geben, wie ihr mit möglichst jedem in der Klasse über diese Fragen sprechen und nach Antworten suchen könnt.
Vor dem *Weiter*denken sollten aber erst einmal das *Vor*denken und das *Nach*denken stehen. Wir finden es wichtig, dass ihr eure Gedanken auch mit den anderen Schülern und Schülerinnen in eurer Klasse umfassend austauscht, sie im Zusammenhang darstellen lernt und in der Diskussion merkt, wieweit die anderen sie teilen oder sie in Frage stellen. Ihr werdet sehen, dass ihr euch selbst besser verstehen könnt, wenn ihr versucht, anderen euren Standpunkt verständlich darzustellen. Die Auseinandersetzung mit anderen Meinungen wird euch helfen, die eigene Meinung zu überdenken, genauer zu fassen, zu begründen und allgemeinverständlicher vortragen zu können.
Eine Besonderheit an diesem Buch ist, dass wir dabei in jedem Kapitel von einer Geschichte aus einem Jugendbuch oder aus einem Film ausgehen, die zu den verschiedenen philosophischen Fragen führt. Ihr könnt dadurch an den konkreten Problemen anknüpfen, die darin schon einmal vorgedacht und anschaulich gemacht worden sind. Wenn ihr auf diese Weise das Problem nachvollziehen könnt, habt ihr hoffentlich Lust bekommen, an eigenen Lösungen zu arbeiten und mit euren Klassenkameraden darüber zu sprechen.
Es soll jedoch nicht beim *Vordenken* eurer eigenen Meinungen bleiben. Ihr wollt und sollt ja auch etwas Neues kennenlernen und euren Horizont erweitern. Wir haben deshalb Textausschnitte von Philosophen und anderen Autoren zusammengestellt, die genau zu der gleichen Fragestellung etwas geschrieben haben. Die Texte sind manchmal schwierig und meist nur dann gut zu verstehen, wenn man sich selbst schon einmal mit dem Problem beschäftigt hat. Es lohnt aber dennoch die Mühe, solche Gedanken nachzuvollziehen und zu überprüfen. Wir wollen euch Lust machen, in diese Diskussion einzusteigen und Begriffe zu verstehen, die diese Gedanken zusammenfassen. Das ist das, was wir unter *Nachdenken* verstehen.
Am Ende des Buches findet ihr Erläuterungen zu schwierigeren Wörtern, die in den Texten mit einem * versehen sind, daneben auch eine Zusammenstellung der Methoden, die ihr euch aneignen und mit denen ihr arbeiten könnt.

Wir wünschen euch gutes Gelingen.
Verlag und Autoren

Liebe Kolleginnen und Kollegen, liebe Eltern,

man kann den Zusammenhang von Vordenken und Nachdenken, den wir den Schülern vorgestellt haben, auch noch genauer fassen. Unser Buch orientiert sich an einem Modell für die Gestaltung des Lernprozesses, das sich in Form eines Bonbons darstellen lässt. Damit ist angedeutet, wie weit oder wie eng das Unterrichtsgespräch geführt werden sollte, d.h. wann man unterschiedliche Erfahrungen und Vorstellungen einbringen können und wann man sich auf eine Fragestellung oder wenige Begriffe konzentrieren sollte. Der Lernprozess muss nicht unbedingt genau eine Schulstunde umfassen, sondern kann sich auch über mehrere erstrecken. Wir meinen aber, dass die Reihenfolge der einzelnen Phasen eingehalten werden sollte, wenn man einen Lernprozess initiieren will, in dem selbstgesteuerte und angeleitete Lernphasen sinnvoll miteinander verbunden werden und sich gegenseitig ergänzen. Wir haben deshalb die Materialien und Arbeitsanregungen in diesem Buch auf den einzelnen Doppelseiten dementsprechend angeordnet. In den Lernprozessphasen werden alle für den Ethik- und Philosophieunterricht wichtigen methodischen Kompetenzen eingeübt.

Im Einzelnen werden in diesen Phasen besonders folgende Kompetenzen entwickelt:

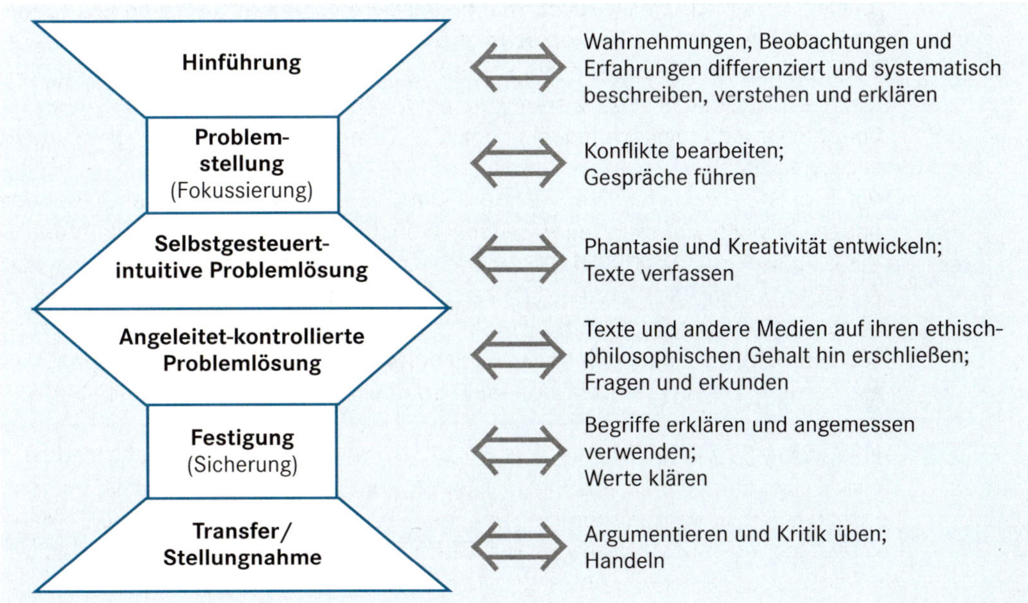

Methodenkompetenzen nach Diskussionspapier der Fachverbände Ethik und Philosophie zu Bildungsstandards für die Sekundarstufe 1

Wir haben aber auch darauf geachtet, dass in der Arbeit mit diesem Buch nicht nur die methodischen, sondern auch die personalen, sozialen und Sachkompetenzen weiterentwickelt werden. So können die Schülerinnen und Schüler mithilfe des Buches
- Gefühle reflektieren und in ihrer Bedeutung einschätzen,
- sich an Prinzipien der Vernunft orientieren,
- Urteilsfähigkeit entwickeln,
- den Anderen anerkennen und achten,
- Empathiefähigkeit entwickeln und stärken,
- die Perspektive des Anderen einnehmen,
- andere Werthaltungen und Lebensorientierungen respektieren und tolerieren,
- den Einfluss von Medien auf Urteile und Handlungen reflektieren,
- Grundfragen des Menschseins und des Umgangs mit der Natur reflektieren,
- Grundprobleme moralischen Handelns kennen und erörtern.

Erwachsen werden – leben lernen

Ich heiße Joel. Mein Vater ist Samuel. Gustafsson ist unser Nachname. An der Wand in dem Haus, in dem wir wohnen, hängt ein Schiff, das >Celestine< heißt, in einer Glasvitrine. Ich glaube, >Celestine< sieht aus wie die >Bounty<.
Wir wohnen an einem Fluss, wo niemals Schiffe ankern. Hier treiben nur Baumstämme, das Wasser ist kalt, es gibt auch keine Palmen. Aber im Sommer sirren die Mücken.

Wir wollen nach Pitcairn Island fahren, mein Vater und ich.

Ich kann nicht sagen, wann wir kommen, denn ich weiß noch nicht, wann wir fahren. Vielleicht schon, wenn der Schnee weg ist und es Frühling wird? Man kann ja immer hoffen.

Gibt es Schnee auf Pitcairn Island? Das kann man auf der Karte nicht erkennen. Aber wenn es Schnee gibt, kann ich meine Skier mitnehmen. Samuel fährt sehr schlecht Ski.

Wir haben von eurer Meuterei gelesen und wir finden, dass ihr richtig gehandelt habt. Kapitän Bligh war ein grausamer Mann. Er hat nicht begriffen, was für ein schweres Leben die Besatzung hatte. Wie schwer es sein kann, das Paradies zu verlassen. Wo die Frauen in durchsichtigen Schleiern am Strand herumlaufen und darunter ganz nackt sind. Fletcher war ein Held. Friede seiner Asche.

Wir wollen auf Pitcairn Island wohnen. Gibt es da ein Hotel? Es muss billig sein, denn wir haben nicht viel Geld.

Samuel möchte auch wissen, ob es dort eine Schule gibt. Für mich ist das nicht so wichtig.

Samuel kann Bäume im Wald fällen. Das kann er besonders gut. Falls es Wald gibt.

Ich selber, Joel Gustafsson, bin immer noch sehr kindisch. Aber ich bin selten im Weg.

Wenn wir kommen, kann eine Frau Samuel ruhig in durchsichtigen Schleiern am Strand überraschen. Mich auch.

Viele Grüße

Joel Gustafsson

Geschrieben am 19. Dezember im Jahr der Gnade 1958

Joel ist die Hauptperson in einigen der Jugendromane des schwedischen Schriftstellers Henning Mankell. Er schreibt den Brief auf S. 8 im Alter von dreizehn Jahren. Die Lebensumstände von Joel sind nicht ganz einfach. In einem kleinen Ort der nordschwedischen Region Norrland wächst er allein bei seinem Vater Samuel auf, einem ehemaligen Seemann, der nun seinen Lebensunterhalt mit schwerer Waldarbeit verdienen muss. Joel träumt manchmal davon, der Kapitän eines Segelschiffes zu sein, auf dem er in südlichen Meeren unbekannte Inseln entdeckt und spannende Abenteuer besteht.

A

Ist man so, wenn man erwachsen wird?
Dass man Sachen sagt, die Kinder nicht verstehen?

Wie sollten sie auch wissen, wie die Wirklichkeit eigentlich aussah?

Wieso ist man für etwas verantwortlich,
wenn man sich seine Eltern nicht aussuchen kann?

Was passiert eigentlich, wenn man stirbt?

Warum er sich vorstellt, dass der Hund hinaus ins Universum laufen will, weiß er auch nicht. Vielleicht weil es so schön klingt? Vielleicht ist es ein Losungswort? Oder eine geheime Beschwörung?

B

In jenem Winter hat er begriffen, dass er niemand anders ist als er selbst.

Es gab viel, worüber man nachdenken musste,
wenn man dreizehn Jahre alt war. Mehr als mit zwölf.
Gar nicht davon zu reden, wenn man erst elf war.

Denken war schwerer als Träumen. Beim Denken musste man sich anstrengen.

Wenn Joel vor etwas Angst hatte, dann davor,
dass Samuel betrunken nach Hause kam.

Manchmal fragte Joel sich, ob er Mama Jenny nicht auch hasste, weil sie ihn blamiert hatte, indem sie abgehauen war.

1 Hast du schon einmal von dem Film „Meuterei auf der Bounty" gehört? Recherchiere Inhalt und Handlung des Films (oder des Buches).

2 Überlege, wie das wirkliche Leben eines Jungen sein mag, der diesen Brief geschrieben hat und häufiger davon träumt, der Kapitän eines Schiffes zu sein, der unbekannte Inseln entdeckt und andere Abenteuer erlebt. Kennst du auch solche Träume?

3 Denke dir eine Person aus und schreibe ihr einen Brief, in dem du deinen Lebenstraum beschreibst.

Ich? Wer ist das?

M 1 Joel sieht sich selbst

Er bleibt vor dem Schaufenster von Leander Nilsons Konditorei stehen. Allerdings betrachtet er nicht die Torten, sondern sich selbst. Zwischen den Torten ist ein Spiegel. Viel gibt es jedoch nicht zu sehen. Die Mütze hat er tief in die Stirn gezogen, und der Schal reicht ihm bis übers Kinn. Doch obwohl nur seine Augen, die Nase und der Mund zu sehen sind, scheint es ihm, als sähe er das ganze Gesicht. Damit ist er keineswegs zufrieden.

Das Schlimmste ist, dass er aussieht wie ein Mädchen, findet er. Er weiß selbst nicht, warum ihm das so vorkommt. Behauptet hat das niemand. Nur er selber sieht ein Mädchengesicht.

Das Einzige, was ihm gefällt, ist seine Nase. Sie ist nicht zu groß und nicht zu klein. Sie ist gerade, hat keine Knubbel und ist auch nicht nach oben gebogen. Es besteht keine Gefahr, dass es in Joel Gustafsons Nase hineinschneit.

Den Rest vom Gesicht würde er gern austauschen. Grüne Augen sind nicht schön. Der Mund ist zu schmal, und das linke Ohr steht ab. Sein Haar ist schwarz, obwohl es hell oder wenigstens braun sein müsste. Außerdem hat er vorn an der Stirn einen Wirbel, und deshalb steht das Haar wie ein Fächer ab, wenn es frisch geschnitten ist. Papa Samuel schneidet ihm die Haare, und er schneidet sie immer zu kurz.

Am meisten ärgert ihn, dass er so gar keine Ähnlichkeit mit Papa Samuel hat. Dann muss er ja seiner Mama Jenny ähnlich sehen!

Es ist nicht gut, wenn man aussieht wie jemand, den man nicht kennt. Dann kann man sich nicht vorstellen, wie man als Erwachsener aussehen wird.

[A: 50–51]

1 In diesem Ausschnitt erfährst du etwas darüber, wie Joel sich selbst sieht. Beschreibe Joels Gedanken vor dem Spiegel in eigenen Worten. Kennst du selbst solche Überlegungen?

2 Joel ist kritisch seinem Aussehen gegenüber. Woran kann man das erkennen? Formuliere einen Brief an Joel, in dem du ihm als Freund auf seine Gedanken antwortest.

3 Woran erkennt man eigentlich, ob es ein Junge oder ein Mädchen ist, wenn man einem Menschen ins Gesicht schaut? Betrachtet eure Gesichter und vergleicht einmal die Jungen und die Mädchen.

4 Nutzt eure Ergebnisse und erörtert, ob auf dem Bild links ein Junge oder ein Mädchen abgebildet ist.

5 Nun überlege, welche sonstigen Eigenschaften ein Junge aufweist und welche ein Mädchen. Klärt gemeinsam die Frage, wieweit man von einem „richtigen Jungen“ und einem „richtigen Mädchen“ sprechen kann.

6 Was denkst du? Ist es wichtig, ein „richtiger“ Junge oder ein „richtiges“ Mädchen zu sein? Und was ist das genau?

Oftmals hört man von Nachbarn, Verwandten oder Bekannten, ein Kind sei „ganz der Vater“ oder komme „nach der Mutter“. Kann man so etwas überhaupt sagen? Und wenn ja, was bedeutet es eigentlich? Wir machen hier einmal den Test.

Der Apfel fällt nicht weit vom Stamm!?

M 2

7 Vor dem Spiegel denkt Joel auch darüber nach, welchem Elternteil er ähnelt. Auf den acht Bildern oben befinden sich jeweils vier Väter oder Mütter und vier Söhne oder Töchter. Finde heraus, wer wessen Mutter oder Vater ist, und begründe deine Entscheidungen*.

8 Erarbeite eine Liste, in der du festhältst, welchen Teil deines Aussehens du von welchem Elternteil oder Großelternteil geerbt hast, z. B. die Haarfarbe deiner Mutter oder die Augen vom Opa väterlicherseits. Wem ähnelst du am meisten?

9 Welche Eigenschaften findest du bei einem deiner älteren Familienmitglieder bewundernswert? Überlege dir einen Charakterzug, den du gern in der Familie weitertragen möchtest. Schreibe in einem kurzen Aufsatz auf, was das ist, wer dies in deiner Familie verkörpert und warum du dies so wichtig findest.

Bin ich kindisch? – erwachsen werden

M 3

Wachsen und erwachsen werden

Einmal hat Joel einen Hund durch die dunkle, kalte Winternacht laufen sehen. Irgendetwas hatte ihn aus dem Traum gerissen. Er kroch auf die Fensterbank, und plötzlich sah er den Hund da draußen in der Nacht. Auf leisen Pfoten bewegte er sich auf ein unbekanntes Ziel zu. Einen Augenblick tauchte der Hund vor Joels Augen auf. Und dann war er wieder fort.

Diesen Hund kann Joel nicht vergessen. Wohin war er unterwegs? Woher ist er gekommen? Wohin ist er selbst unterwegs? Der Hund kommt nie wieder. Joel findet nie mehr Spuren im Schnee.

Diesen Winter des Hundes wird Joel nie vergessen. Denn in jenem Winter hat er begriffen, dass er niemand anders ist als er selbst. Joel wächst und wird älter. Er wird dreizehn, und eines Tages wird er von einem Bus überfahren und überlebt es wie durch ein Wunder. Ein Wunder ist etwas sehr schwer Begreifliches. Plötzlich wird alles andere viel wichtiger als der einsame Hund.

Wachsen heißt zu fragen, erwachsen zu werden heißt langsam alles zu vergessen, was man als Kind gefragt hat. Das hat er begriffen. Und so ein Erwachsener will er nicht werden.

[B: 6]

1 Joel denkt hier über sein Leben nach und was es für ihn heißt, erwachsen zu werden. Was erfahrt ihr aus M 3 über Joels Gedanken?

2 Führt ein Stummes Schreibgespräch zur Frage „Was heißt es, erwachsen zu werden?".

3 Sammelt die Ergebnisse und diskutiert sie gemeinsam. Könnt ihr euch auf drei wesentliche Punkte einigen?

4 Schaut euch M 4 an. Was fällt hier im Verhältnis des Jungen zu seinen Eltern auf?

5 Sammelt in einer Tabelle, welches Verhalten für einen Erwachsenen angemessen ist und was ihr für kindisch haltet.

M 4

6 In dem Cartoon M 5 erlebst du einen Tag im Leben von Calvin mit. Kennst du solche Erfahrungen?

7 Warum seufzt Calvin im letzten Bild? Schreibe auf, welche Gedanken ihm in dieser Situation durch den Kopf gehen.

M 5

8 Aus welchen Gründen verhalten sich die Eltern und die Lehrerin Calvin gegenüber so? Was müsste Calvin tun, welche Eigenschaften müsste er vorweisen können, damit er anders behandelt wird?

9 Was bedeuten in M 6 für den Pädagogen Berhard Bueb die Begriffe *Disziplin* (Z. 2) und *Selbstdisziplin* (Z. 8)? Sammelt Beispiele aus eurem Alltag, die dies veranschaulichen.

10 Ist für dich erwachsen sein dasselbe wie selbstdiszipliniert sein? Antworte auf die Meinung Buebs in Form eines kleinen Briefs, den du an den Autor richtest.

M 6

Disziplin und Selbstdisziplin*

Freiwillig wird sich kein Kind und kein Jugendlicher einem Reglement unterordnen – Disziplin heißt eben Unterordnung –, das ihn an der unmittelbaren Befriedigung seiner Wünsche und Triebe hindert. Natürlich verordnet kein Erziehender Kindern und Jugendlichen Disziplin, Fasten und Verzicht aller Art um ihrer selbst willen, sondern ausschließlich mit dem Ziel, die jungen Menschen zur Selbstdisziplin zu führen.

Berhard Bueb, 2006

Ich sein – anders sein

Joel freundet sich mit dem alten Maurer Simon Urväder an, den er bei seinen nächtlichen Wanderungen durch sein Dorf kennenlernt. Simon ist in vielerlei Beziehung ein ungewöhnlicher Mensch. Joel besucht ihn manchmal, unter anderem auch in der folgenden Szene.

M 7 Simons außergewöhnlicher Freund

Joel setzt sich auf einen merkwürdigen Stuhl, der am Tisch steht. Eigentlich sind es zwei Stühle, die mit den Rückenlehnen aneinander festgenagelt sind.

„Was liest du da?“, fragt er.

„Mir ist es egal, wie die Bücher heißen“, antwortet der alte Maurer. „Ich les' ein bisschen hier und ein bisschen da, und was mir nicht gefällt, ändere ich um. Der Schluss von diesem Buch hier gefällt mir nicht. Da hab ich einen neuen geschrieben, so wie ich ihn haben will.“

„Darf man das denn?“, fragt Joel.

Der alte Maurer blinzelt ihn an. „Man darf so viel nicht“, sagt er. „Man darf keine verschiedenen Schuhe tragen, man darf nicht in einer alten Schmiede wohnen, man darf keine Hühner im Haus halten. Aber ich mach' das trotzdem. Ich schade ja niemandem. Außerdem bin ich ja sowieso verrückt.“

„Bist du das wirklich?“, fragt Joel.

„Ich bin bestimmt mal verrückt gewesen“, antwortet der alte Maurer. „Alle Gedanken, die ich damals dachte, taten so weh. Aber so ist das nicht mehr. Jetzt denke ich nur Gedanken, die ich mag. Ich bin höchstens noch ein bisschen verrückt.“

„Du hast gesagt, dass ich deine Suppe mal probieren darf“, sagt Joel. „Ich muss unbedingt rauskriegen, was heute Nachmittag und heute Abend passiert.“

Der alte Maurer sieht ihn lange an.

„Du siehst nicht fröhlich aus“, sagt er schließlich. „Es sieht aus, als hättest du einen Haufen Gedanken im Kopf, die du am liebsten loswerden würdest. Ist es so?“

Joel nickt. Und plötzlich fängt er an zu erzählen. [...]

Er ist sicher, dass der alte Maurer hört, was er zu sagen hat. Er ist nicht so einer, der nur so tut, als ob er zuhört.

[A: 122–123]

M 8 Ich will ich sein!

Ich will ich sein, anders kann ich nicht sein.
Ich will nicht sein wie der und der.
Ich will sagen, was ich denke.
Ich will ich sein, anders kann ich nicht sein.

Ich will nicht nur sehen, was alle sehen.
Ich will nicht nur gehen, wohin alle gehen.
Will nicht nur lachen, wenn alle lachen.
Will nicht nur machen, was alle machen.

Ich will singen, was ich singen will.
Und will sagen, was ich sagen will.
Ich will leben, wie ich leben will.
Und will lieben, wen ich lieben will.
[...]
Ich will nicht rennen, wenn alle rennen.
Ich will nicht pennen, wenn alle pennen.
Ich will nicht schweigen, weil alle schweigen.
Will mich nicht beugen, weil sich alle beugen.

Ton Steine Scherben, 1984

1 Joels Freund Simon behauptet von sich selber, dass er verrückt gewesen sei. Wie begründet er diese Aussage?

2 Simon Urväder macht manche Dinge anders als andere Menschen. Ist das ein Zeichen dafür, dass er verrückt ist? Begründe deine Meinung.

3 Überlege für dich, ob du etwas anders machst als die meisten anderen Menschen. Ist es ein Vorteil oder ein Nachteil, anders zu sein?

M 9

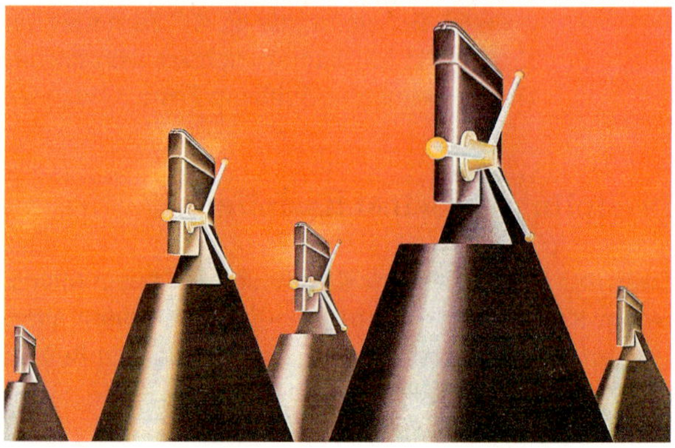

4 Wieso heißt es in dem Lied „Ich will ich sein“? Ist man nicht immer schon man selbst? Erkläre, was mit diesem Satz gemeint sein könnte.

5 Die Fantasiemaschinen in M 9 sehen aus, wie eine Marschkolonne. Überlegt, ob das Lied M 8 als Marschlied für sie geeignet ist.

6 Gibt es Momente, in denen es dir besonders wichtig ist, nicht so zu sein wie andere oder nicht zu tun, was andere tun? Schreibe eine weitere Strophe für das Lied, in der du dies beantwortest.

Und was sagt das Man dazu?

M 10

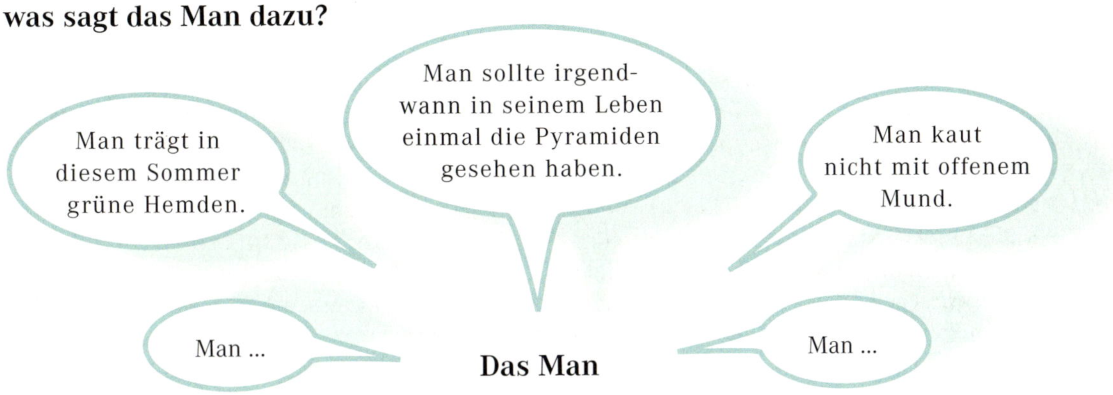

7 Was sagt das Man noch? Finde weitere Beispiele.

8 Der Philosoph Martin Heidegger schreibt über das Man, als ob es eine Person wäre. Kannst du dir vorstellen warum?

INFO

Martin Heidegger (1889–1976) gilt als einer der bedeutendsten deutschen Philosophen des 20. Jahrhunderts. Sein bekanntestes Buch trägt den Titel „Sein und Zeit“, in dem er über das Man schreibt. Aus diesem Buch stammt auch der nebenstehende Text.

Was man tut

M 11

Wir genießen und vergnügen uns, wie *man* genießt; wir lesen, sehen und urteilen über Literatur und Kunst, wie *man* sieht und urteilt; wir ziehen uns aber auch „vom großen Haufen“ zurück, wie *man* sich zurückzieht; wir finden „empörend“, was *man* empörend findet. [...] Jeder ist der Andere und Keiner er selbst.

Martin Heidegger, 1928

9 Überlege, was mit dem letzten Satz gemeint ist. Formuliere ihn in deinen eigenen Worten neu.

10 Ist diese Aussage deiner Meinung nach eine positive Aussage oder ist sie kritisch gemeint? Sammelt in einer Tabelle die Vorteile und die Nachteile, die es hat, wenn man „der Andere“ ist.

11 Schau noch einmal zurück auf den Liedtext M 8. Ist das Ziel, von dem im Lied die Rede ist, erreichbar? Begründe deine Meinung.

Gleich und gleich gesellt sich gern? – Freundschaft*

Joel und sein Freund Ture haben sich gestritten. Joel fühlte sich ausgenutzt und hat Ture die Freundschaft gekündigt. Im Anschluss an den Streit denkt Joel darüber nach, was geschehen ist.

M 12 Was einen Freund ausmacht

Auf Schiffen gibt es Aufpasser. Das hat Papa Samuel erzählt. Aber Joel denkt gar nicht daran, Tures Aufpasser zu sein.
„Wenn wir Freunde werden wollen, musst du dich schon wie ein normaler Mensch verhalten“, sagt Joel.
Das hat er Papa Samuel einmal sagen hören. Man kann nicht Freund mit jemandem werden, der sich nicht wie ein normaler Mensch aufführt. Aber Ture kann das wahrscheinlich gar nicht. Er will Untergebene haben und keine Freunde. Er will, dass die Leute ihm aus Angst gehorchen.
Joel geht weg. Er dreht sich nicht um. Er ist zufrieden, denn er hat die Oberhand bekommen. Aber gleichzeitig muss er an Tures Zimmer denken und was man da alles hätte machen können. Einen Geheimbund ganz allein für sich zu haben, ist auch nicht gut. Vielleicht kann Ture sich ja ändern?
Das Leben besteht aus viel zu vielen Vielleicht, denkt Joel. Und viel zu wenig, was man mit letzter Gewissheit weiß.
Papa Samuel steht am Fenster und hält nach ihm Ausschau, als er kommt. Joel winkt und versucht die Treppe in drei Sätzen zu nehmen. Es gelingt ihm fast. Bald schafft er es ganz … [A: 178]

1 Um welches Problem zwischen Ture und Joel geht es in M 12?
2 Entwickelt in Kleingruppen Rollenspielszenen und stellt derartiges Verhalten dar.
3 Überlegt, was ihr von einem Freund erwartet und was er auf keinen Fall tun darf.

M 13 Viele Begriffe, ein und dasselbe?

Genosse	Kumpel	Kumpan
Vertrauter	Freund	Kamerad
Kollege	Partner	Gefährte
… ?	… ?	… ?

4 Synonyme sind Wörter, die mehr oder weniger dasselbe bedeuten. Suche weitere Begriffe zu M 13.
5 Ist die Bedeutung dieser unterschiedlichen Wörter nun gleich oder nicht? Überlegt euch, wo Bedeutungsunterschiede liegen und wie man diese anhand von Beispielen erklären könnte.

Der Philosoph Thomas Rentsch (* 1954) hat eine Liste zusammengestellt, die sieben wesentliche Merkmale von Freundschaft enthält.

M 14 Was heißt es, ein Freund zu sein?

1. Dauerhaftigkeit und Beständigkeit
Eine Freundschaft ist nichts, was schnell entsteht und ebenso schnell wieder vergeht, sondern sie ist eine feste Beziehung zwischen zwei Menschen.
2. Hilfe in der Not
Auf einen Freund muss man sich verlassen können, auch wenn die Umstände schlecht sind. Man muss sich sicher sein können, dass man in der Not nicht im Stich gelassen wird, dass in Mangelsituationen geteilt wird usw.
3. Wechselseitiges Bemühen um Verbesserung des Lebens
Wesentliche Erfahrungen werden miteinander geteilt, man nimmt Anteil am Leben des anderen, an seinen Vorstellungen, Wünschen und Lebenszielen.
4. Verschwiegenheit
Diese ist nicht nur wichtig, wenn es um gemeinsame Geheimnisse geht, sondern man muss sich allgemein darauf verlassen können, dass ein Freund nicht hinter dem Rücken seines Freundes über ihn redet.

5. Offenheit der Aussprache
Alle wichtigen Dinge, auch Schwierigkeiten, die man miteinander hat, müssen offen angesprochen werden können, ohne dass man sich dies übel nimmt.

6. Verzeihen und Vergeben
Jeder macht mal Fehler, auch Freunden gegenüber. Diese sollten von einem Freund nicht einfach nur ignoriert werden, sondern er sollte sich darum bemühen, die Situation besser zu verstehen und zu helfen, das Verhalten zu ändern.

7. Kommunikative Weiterungen
Zwei Freunde bleiben nicht nur unter sich, sondern lernen auch die Familie, andere Freunde oder Arbeitskollegen kennen und bemühen sich darum, mit diesen Menschen ein gutes Verhältnis zu entwickeln.

nach Thomas Rentsch,

6 Lest M 14, sucht euch zu zweit eines der sieben Merkmale aus und entwickelt eine kleine Szene, in der dieses Merkmal besonders zum Tragen kommen. Spielt die Szene in eurem Kurs vor, ohne vorher zu verraten, für welches Merkmal ihr euch entschieden habt. Lasst die anderen herausfinden, um welches es sich handelt.

7 Schreibt die Merkmale auf Karten. Diskutiert nun, ob die Merkmale vollständig sind oder ob vielleicht noch welche fehlen. Wenn ihr euch auf eine Zahl geeinigt habt, überprüft, ob ihr sie, nach Wichtigkeit sortiert, in eine bestimmte Reihenfolge bringen könnt.

Asterix hat ein Problem. Ihm ist ein Kessel mit Geld abhanden gekommen, den er bewachen sollte. Nun haben ihn die Bewohner seines Dorfes so lange verbannt, bis er das Geld wiederbeschafft hat. Natürlich folgt ihm sein bester Freund Obelix auf die Reise. Wenn du wissen willst, wie die Geschichte weitergeht, kannst du sie in „Asterix und der Kupferkessel“ nachlesen.

Berühmte Freunde

M 15

8 Welche Merkmale von Freundschaft findet ihr in diesem Comic?

9 In vielen Geschichten, ob in Filmen, Büchern oder Comics, geht es um Freundschaften, und es gibt viele berühmte Freundespaare, wie z.B. Frodo und Sam aus dem Film „Der Herr der Ringe“. Stellt in eurer Lerngruppe Geschichten vor, die ihr gesehen oder gelesen habt und die euch beeindruckt haben.

Leben in der Familie

M 16 Die Bedeutung der Familie

Die Kernfamilie ist keine Selbstverständlichkeit mehr, wenn Mütter oder Väter die Kinder allein erziehen, weil viele Ehen geschieden werden, bevor die Kinder erwachsen sind, oder gar nicht erst eingegangen werden. Gleichwohl kann es noch immer ein erfüllender Lebenszweck sein, aus einer liebenden Partnerschaft eine Familie zu machen und jene enge Lebensgemeinschaft zu bilden, in der Eltern und Kinder einander unterstützen, umsorgen und betreuen, in der sie schlicht und einfach füreinander da sind.

Günther Ropohl, 2003

M 17

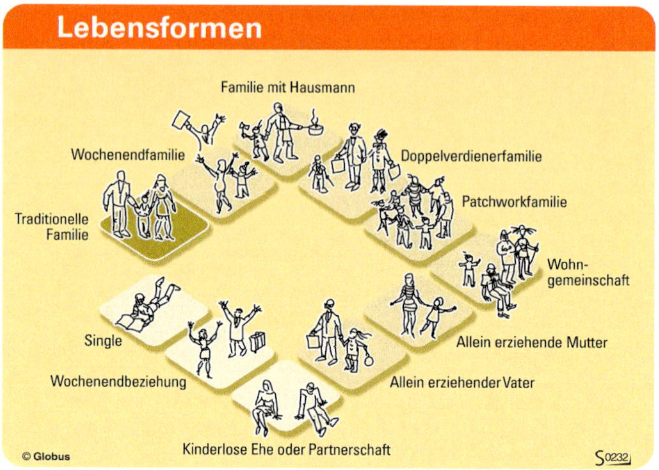

1 Führe ein stummes Schreibgespräch zu dem Thema, was dir deine Familie bedeutet (s. S. 000).

2 Welche Bedeutung hat nach Günther Ropohl die Familie? Erkundige dich auch bei Eltern und Erziehern, welche Aufgaben die Familie für ihre Mitglieder und die Gesellschaft insgesamt erfüllen soll. Du kannst auch mit anderen zusammen eine kleine Umfrage dazu planen und durchführen.

3 Betrachte das Schaubild zu den möglichen Lebensformen in der heutigen Gesellschaft(M 17). Welche davon kann man nicht als Familie bezeichnen?

4 Untersuche die Lebensformen unter dem Gesichtspunkt, welche Stärken sie haben und welche Probleme sie aufwerfen können.

Die Familie kann und soll ein „erfüllender Lebenszweck“ für Kinder und ihre Eltern sein (vgl. M 16). Gleichwohl können auch Belastungen und Störungen in ihr auftreten. Joel empfindet es als schwerwiegendes Problem, dass seine Mutter die Familie verlassen hat und dass sein Vater Samuel, den er im Allgemeinen gern hat, dem Alkohol verfallen ist. Wenn Samuel sich betrunken hat, muss Joel sich um ihn kümmern, ihn manchmal sogar abholen, damit er überhaupt nach Hause findet.

M 18 Wie weit bestimmt die Familie unser Leben?

[Joel] hasste alles, was mit Branntwein zu tun hatte. Branntwein würde er niemals trinken. Das brauchte er nicht einmal als Neujahrsgelübde auszusprechen. Ihm reichte es zu sehen, was mit Samuel passierte.

Immer war er seine eigene Mama gewesen. Jetzt musste er noch Papa für seinen eigenen Vater sein.
Er sah auf die Straße. Wartete auf Samuel.
Wartete und wartete.
Und das Essen wurde kalt.

[B: 115, 125–126]

5 Versetze dich in die Person von Samuel. Welche Gefühle wird er haben?

6 Entwickle Vorschläge, wie Joel mit dieser Situation umgehen kann.

Alkoholismus als Schicksal*? In der folgenden Abbildung aus einem Bilderbuch mit dem Titel „Alles steht oben geschrieben“ ist die Hauptperson ein Junge namens Philipp, der, wie Joel, den Alkoholismus seines Vaters Robert miterlebt.

M 19

7 Beschreibe das Bild rechts möglichst genau. Vergiss dabei nicht, genauer auf die Gesichter einzugehen.

8 Welche Familiengeschichte kommt darin zum Ausdruck?

9 Was wird aus Philipp? Ergänze die Geschichte. Du kannst auch ein Bild mit Sprechblase dazu malen.

10 Diskutiert darüber, ob die Familie unser Schicksal festlegt oder ob wir Chancen haben, unseren eigenen Lebensweg zu finden.

Eines Tages fragte ich meine Mutter: „Liebt Papa das Bier, weil Opa den Wein liebte, und weil Uropa den Whisky verehrt hat?“

Was Kinder stark macht

M 20

Der Deutsche Kinderschutzbund und einige Forscherinnen und Forscher haben Pläne entwickelt, wie man die Widerstandsfähigkeit von Kindern gegen die Härten des Lebens (wie z. B. Armut, Gewalt, Missbrauch und Sucht in Familien) stärken kann. Es wird u. a. für wichtig gehalten,

- dass Kinder die Überzeugung von „Selbstwirksamkeit“ entwickeln, dass heißt ein Gefühl dafür, Lebensvorgänge selbst gestalten und sich damit selbst helfen zu können. Diese Überzeugung kann man lernen!
- dass in Familie, Schule, Vereinen das Selbstvertrauen der Kinder gestärkt wird. Dazu gehören das Vertrauen in eigene Fähigkeiten, die Anerkennung dieser Fähigkeiten durch andere und die Übernahme von Verantwortung.
- dass Kinder neben den Eltern noch andere Bezugspersonen finden, die ihnen bei der Lösung von Problemen helfen können. Das können Großeltern, Lehrer, Erzieher, Nachbarn, ältere Geschwister und andere Kinder sein.

Umfangreiche Lernprogramme zur Einübung von Widerstandsfähigkeit, zum Lernen von Selbstbehauptung und Konfliktfähigkeit kann man im Internet unter **www.faustlos.de**, **www.lions-quest.de** und unter **www.paravida.de** herausfinden. Du kannst dir im Internet deren Angebote anschauen. Bei Bedarf findest du Hilfe über das Kinder- und Jugendtelefon des Deutschen Kinderschutzbundes mit der Nr. **0800-1110333**.

Leben in der Schule

M 21 Joels Lieblingsfach

Dann begann der Unterricht. Und er begann gut. In der ersten Stunde hatten sie Geografie, und das war Joels Lieblingsfach. Besonders wenn Frau Nederström von fernen Ländern erzählte. An diesem Tag ging es allerdings um die nordischen Länder. Das machte nicht solchen Spaß. Aber Joel war aufmerksam. Und ihm kam es vor, als ob Frau Nederström auch lebendiger wurde, wenn sie Geografie hatten.

Ausgerechnet an diesem Morgen kam ihm der überraschende Gedanke, dass auch sie einmal jung gewesen war; auf einer Schulbank gesessen hatte wie Joel; und vielleicht Geografie am liebsten gehabt hatte.

[...]

Die Zeit verging schnell. Wenn der Tag mit Geografie begann, war es, als ob der ganze Schultag einen Anlauf nahm und auf spiegelndem Eis davonglitt. Sogar die langweilige Religionsstunde konnte dann spannende Momente haben. An diesem Tag erzählte Frau Nederström von Johannes dem Täufer, dessen Kopf abgeschlagen und auf einen Teller gelegt wurde. Und Salome tanzte und bekam seinen Kopf zur Belohnung. Frau Nederström erzählte, dass Salome, die sehr schön gewesen war, in durchsichtigen Schleiern tanzte. Joel konnte sich nichts anderes darunter vorstellen, als dass sie fast nackt gewesen sein musste. Oder die ganze Salome war durchsichtig gewesen. Der Windhund [die Mitschülerin Eva-Lisa, die deshalb so genannt wird, weil sie besonders schnell laufen kann] kicherte. Joel nahm an, das bedeutete, dass er Recht hatte.

[...]

[Das Zwischenzeugnis] war nicht so schlecht gewesen, wie er befürchtet hatte. Aber es hätte auch besser sein können. Trotzdem wusste er, dass Samuel stolz und froh sein würde. Immerhin gehörte Joel zu den besten zehn in der Klasse. Und er hatte die beste Zensur in Geografie.

Er hatte das Zeugnis mitten auf den Küchentisch gelegt. [B: 49–50, 232]

1 Kannst du dir vorstellen, weshalb Geografie das Lieblingsfach von Joel ist? Erinnere dich an den Brief, den er geschrieben hat.

2 Hast du auch ein Lieblingsfach, nicht nur wegen des Lehrers/der Lehrerin, sondern wegen des interessanten Lehrstoffes? Was erwartest du von diesem Fach für dein späteres Leben?

3 Welche Bedeutung hat für dich die Schule, in der du dich gegenwärtig befindest? Wendet in Kleingruppen von vier Personen die „Placemat-Methode“ (siehe S. 000) an, um Gemeinsamkeiten und Unterschiede eurer Erfahrungen und Vorstellungen herauszufinden.

Aus der lateinischen Literatur ist der Spruch „Non scholae, sed vitae discimus“ („Nicht für die Schule, sondern für das Leben lernen wir“) überliefert.

M 22

4 Wie denkt in der Zeichnung M 22 der Schüler, wie der Lehrer über dieses Sprichwort?

5 Was denkt wohl die Klasse? Wie denkst du darüber?

Bildung als Schulzweck

M 23

[Bildung] ist ein Vorgang, in dem ich mir ständig neue Einsichten aneigne und mit früheren Einsichten über die Welt und über mich selbst vergleiche und verbinde. [...] Zur Bildung brauche ich Wissen, und das gewinne ich, wenn ich meine Neugier pflege, wenn ich auf die Fragen höre, die andere und ich selbst mir stellen, und wenn ich Antworten darauf suche. [...]
Bildung [...] erzeugt Freude schon dadurch, dass ich sie gewinne. Sie gibt mir die Chance, dass andere auf meine Nachdenklichkeit und Kennerschaft hören mögen. [...] Vor allem aber hilft mir die wohlverstandene Bildung, mich in dieser immer unübersichtlicher werdenden Welt besser zurechtzufinden und für meine Familie, meinen Beruf und meine ganze Lebensgestaltung vernünftige Entscheidungen zu treffen, zu denen ich stehen kann, auch wenn nicht alle Träume in Erfüllung gehen.

Günther Ropohl, 2003

6 Welche Aussagen des Textes lassen sich auch in euren Ergebnissen zu Arbeitsanregung 3 finden?

7 Nimm Stellung zu dem Gedanken, dass Bildung Freude erzeugt (Z. 8). Gilt das für alle Schülerinnen und Schüler? Untersucht die möglichen Gründe, warum dies für manche zutrifft, für andere nicht.

M 24

8 Versetze dich in die Rolle von Calvin. Würdest du auch seine Frage zurückziehen?

9 So stellt sich Lehrer Lämpel bei Wilhelm Busch die Schule vor. Gilt das noch für heute? Was würdest du ergänzen?

10 Gründet selbst eine „Wunschschule“. Ihr könnt ihre Merkmale, z. B. als Zukunftsvision, niederschreiben, sie als Zeichnung oder als Collage darstellen. Berücksichtigt dabei,
a) wie das Zusammenleben in dieser Schule gestaltet werden soll,
b) was unbedingt in dieser Schule gelernt werden müsste.

Eine Schule nach Wunsch

M 25

Also lautet ein Beschluss:
Dass der Mensch was lernen muss.
Nicht allein das Abc
Bringt den Menschen in die Höh,
Nicht allein im Schreiben, Lesen
Übt sich ein vernünftig Wesen;
Nicht allein in Rechnungssachen
Soll der Mensch sich Mühe machen;
Sondern auch der Weisheit Lehren
Muss man mit Vergnügen hören.

Wilhelm Busch, 1865

Was mir im Leben wichtig ist

M 26 Joels Neujahrsgelübde*

Sein Papa wurde alt. Obwohl er erst einundvierzig war. Aber sein Rücken krümmte sich. Sein Gesicht war magerer geworden.
Außerdem rasierte er sich immer nachlässiger und immer seltener.
Das gefiel Joel nicht. Er wollte keinen Papa mit krummem Rücken und nachlässig rasierten Wangen haben. Aber er dachte auch an eins der Neujahrsgelübde, die er ablegen wollte, wenn es Abend wurde. Sein eigener geheimer Silvesterabend, von dem niemand außer ihm etwas wusste.
Es gab eine Sache, über die er lange Zeit nachgegrübelt hatte. Viele Abende, an denen er im Ort herumgeradelt war, hatte er an nichts anderes gedacht.
Er hatte beschlossen, dass er mindestens hundert Jahre alt werden wollte. Dann würde er also bis zum Jahr 2045 leben. Das war so Schwindel erregend weit entfernt, dass es ihm fast so vorkam, als würde er eigentlich ewig leben.
Aber Joel wusste, dass er sich schon jetzt vorbereiten musste, wenn sein Vorsatz gelingen sollte. Wenn er das nicht tat, würde er genauso einen krummen Rücken kriegen wie Samuel.
Eigentlich war es das Wichtigste. Wichtiger als hundert Jahre alt zu werden. Er wollte keinen krummen Rücken haben.
Er wusste schon, wie er es schaffen wollte. Auch das gehörte zu den Neujahrsgelübden, die er sich selbst geben würde, wenn es endlich Abend war.
Von morgen an würde er sich abhärten. Er hatte einen Plan. Wollte man richtig alt werden, musste man sich abhärten.
[...]
Als die Kirchenglocken zwölf zu schlagen begannen, zuckte er zusammen. Es klang sehr einsam und sehr laut in der Nacht.
Jetzt war es so weit. Wenn der letzte Schlag verklungen war. Joel presste die Augen fest zusammen. Und dachte an seine Gelübde:

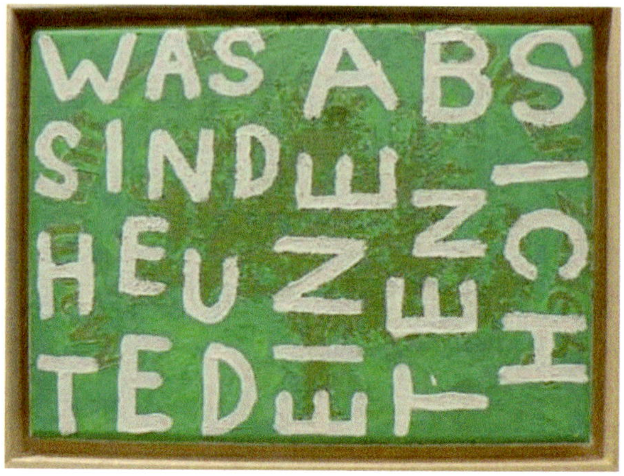

Ich verspreche hoch und heilig, dass ich hundert Jahre alt werde. Um so alt zu werden, muss ich mich abhärten. Damit werde ich in diesem Jahr beginnen. Ich will lernen, Kälte und Wärme auszuhalten.
Das war das erste Gelübde. Er hatte drei und ging zum nächsten über:
In diesem Jahr werde ich eine Lösung für Samuels großes Problem finden, das auch mein großes Problem ist. Dass wir nie von hier fortziehen. Dass er nie wieder Seemann wird. *Ehe dieses Jahr zu Ende geht, werde ich zum ersten Mal das Meer gesehen haben.*
Das zweite Gelübde. Jetzt war nur noch eins übrig. Es war das schwerste, weil er Angst hatte, jemand könnte seine Gedanken doch irgendwie hören oder ihm ansehen, was er dachte.
Ich werde eine nackte Frau sehen. Irgendwann in diesem Jahr.
Er dachte den Gedanken schnell. Das dritte Neujahrsgelübde. Dann war es vorbei. Jetzt konnte er den Friedhof verlassen. Jetzt konnte er sie nicht mehr brechen.
Auf dem Friedhof zu stehen und etwas zu geloben, das war wie mit der Hand auf der Bibel zu schwören. Das hatte er in Büchern gelesen und im Kino gesehen.

[B: 14–15; 34]

1 Entziffere das Bild oben. Diskutiert in der Klasse darüber, ob es egal ist, sich eine solche Frage zu stellen oder nicht.
2 Verdeutliche aus dem Text, welche Beweggründe Joel für seine Neujahrsgelübde hat.
3 Überlege, was es bedeutet, ein Gelübde abzulegen oder zu schwören.
4 Was glaubt Joel, wodurch sein Vorsatz gelingen kann? Entwickle selber Vorstellungen, welche Fähigkeiten man braucht, um Vorsätze in die Tat umzusetzen.

M 27

Der Ausschnitt aus dem berühmten Bild „Die Schule von Athen“ des italienischen Malers Raffael (1483–1520) zeigt einige der bedeutenden griechischen Philosophen der Antike. Sie waren der Überzeugung, dass Philosophie mehr ist als eine Art zu denken, nämlich ebenso eine Art zu leben. Um sich selbst und sein Leben beeinflussen zu können, haben sie tägliche körperliche und geistige Übungen* empfohlen, z. B.

- darüber nachdenken und diskutieren, was ein gutes Leben ist;
- sich täglich mehrfach die wichtigen Lebensregeln in Erinnerung rufen und sie praktizieren;
- in jedem Augenblick aufmerksam und wachsam sein;
- täglich sein Gewissen prüfen, an welchen Punkten man sich gebessert hat, an welchen nicht.

M 28

Ermahnungen an sich selbst

Sich jeden Tag in die Höhe emporschwingen! Zumindest einen Augenblick lang; er kann kurz sein, vorausgesetzt, er ist intensiv. Jeden Tag eine „geistige Übung“ – allein oder zusammen mit einem anderen Menschen, der sich selbst auch bessern will. [...]
Worauf muss ich denn achtgeben? Vor allem auf die allgemeinen Grundsätze, sie stets gegenwärtig haben und ohne sie weder schlafen noch aufstehen, weder essen noch trinken noch mit den Menschen verkehren. [...]
Die für Seele und Körper gemeinsamen Übungen praktizieren wir, „wenn wir uns zugleich an Kälte und Hitze, an Hunger und Durst, einfache Kost und ein hartes Lager sowie an Enthaltung von Genüssen, das Ertragen von schweren Anstrengungen gewöhnen“. Der Körper wird auf diese Weise gegen den Schmerz unempfindlich und zum Handeln disponiert [empfänglich], die Seele selber aber stärkt sich durch ihre Übungen und wird mutig und maßvoll.

Pierre Hadot, 1999

5 Lies die Texte und schreibe danach einen Brief an dich selbst mit dem Titel „Ermahnungen an mich selbst“, in dem du dir Lebensregeln gibst. (Dieser Brief ist allein für dich bestimmt und darf ohne deine Zustimmung von niemand anderem geöffnet werden! Wenn du willst, kannst du ihn deinen Eltern oder einer Lehrperson zur Aufbewahrung geben und dir später zurückgeben lassen, um dann zu vergleichen, wieweit du dich an deine eigenen Regeln gehalten hast.)

6 Vergleiche Joels Denken und Handeln mit den philosophischen Ratschlägen. Welche Gemeinsamkeiten und Unterschiede findest du?

INFO

Der Begriff **Askese** ist von griech. askesis (= üben, trainieren) abgeleitet. Viele antike Philosophen waren davon überzeugt, dass man als Mensch körperliche und geistige Gesundheit nur dann herstellen und weiterentwickeln könne, wenn man sich täglich übt. Dann habe man die Chance, ein anderer oder besserer Mensch zu werden. Solche zielgerichteten Übungen wären verbunden mit dem Verzicht auf körperliche und geistige Genüsse, die den Menschen vom richtigen Weg ablenken. Asketische Lebensformen findet man heute noch bei Mönchen. Aber auch gute Sportler müssen in gewisser Weise asketisch leben.

Mutig* sein

M 29 Joel schläft draußen im Schnee

[Joel] schaffte es, sich bis elf wach zu halten. Dann zog er mehrere Kleidungsstücke übereinander an und steckte den Wecker in eine Wollsocke. Jetzt war er vorbereitet. Er dachte, er würde auf der Stelle einschlafen, wenn er das Bett aus dem Holzschuppen geholt und sich hingelegt hatte.

Als er mit der aufgerollten Matratze und dem Bettzeug auf den Hof kam, schien es kälter zu sein, als er sich vorgestellt hatte. Das kam sicher daher, weil er müde war. Er öffnete die Tür zum Holzschuppen und zog das Bett heraus. Einige Sprungfedern waren kaputt. Aber dagegen war nichts zu machen. Das musste eben als ein Teil der Abhärtung gelten.

Er hatte das Bett hinter dem Holzschuppen aufstellen wollen. Dort konnte ihn niemand sehen. Aber gleichzeitig war es dort auch nicht ganz dunkel. Das Licht der Straßenlaterne fiel über den Holzschuppen.

Er bereitete alles vor, kontrollierte, ob der Wecker auch richtig aufgezogen war, und kroch unter die Decke. Er hatte die Mütze auf dem Kopf und einen Schal ums Gesicht gewickelt.

Erst als er lag, wurde ihm richtig kalt. Es war merkwürdig, dort zu liegen und in den Himmel zu starren.

Er spürte, wie sich der Schlaf anschlich. Jetzt war es schon nicht mehr so kalt, nachdem er die dicke Decke über den Kopf gezogen hatte. Bald war er eingeschlafen. Und leise begann es zu schneien. – Joel träumte, dass er fror.

[...]

Dann wurde er wach. Zuerst wusste er überhaupt nicht, wo er war. Er hatte seine gewohnte Decke über den Kopf gezogen. Aber um ihn herum war es kalt. Er versuchte sich noch mehr zusammenzurollen. Da merkte er, dass er dafür viel zu steif war. Und nass.

Plötzlich erinnerte er sich. Mit einem Ruck richtete er sich auf.

Das Bett war fast ganz von Schnee bedeckt. Auf der braunen Decke lag eine Schicht von weißem Neuschnee. Und der frisch gefallene Schnee war ins Bett gedrungen und geschmolzen. Ihm war so kalt, dass ihm schlecht war. Plötzlich überkam ihn Panik. War er schon erfroren? Er sprang auf. In seinem Körper knisterte es. Er begann zu hüpfen und mit den Armen zu schlagen. Dann packte er das Bettzeug und die Socke mit dem Wecker zusammen. Das Bett ließ er auf dem Hof stehen. Es war ihm egal, dass die Treppe knarrte. In der Wohnung warf er alles, was er trug, auf den Fußboden und setzte sich an die Heizung. [B: 2; 90–93]

1 Was haltet ihr von dieser Aktion von Joel? Ist sie sinnvoll, überflüssig oder sogar dumm?

2 Wenn man die Aktion von Joel danach bewerten will, ob sie als tapfer gelten kann, muss man erst einmal den Begriff Tapferkeit untersuchen. Das kannst du
- a) mit einer Wortfelduntersuchung (siehe S. 000). Stellt die fünf Aspekte von Tapferkeit zusammen, die eurer Meinung nach unbedingt dazugehören.
- b) mit einer Begriffsleiter (siehe S. 000).

3 Welche Vorstellungen von Tapferkeit sind mit den folgenden Bildern verbunden? Ist eine davon in der heutigen Zeit sinnvoller und wichtiger?

M 30 Tapferkeit

Sokrates zur Tapferkeit

M 31

Der berühmte Philosoph Sokrates spielt die Hauptrolle in den von seinem Schüler Platon niedergeschriebenen Dialogen. Unter dem Begriff „Dialog" versteht man in der Philosophie eine Form des Gesprächs, in dem ein philosophisches Problem durch Rede und Gegenrede geklärt werden soll. In dem Dialog „Laches" machen sich zwei Väter um die Erziehung ihrer Söhne Gedanken. Sie lassen sich von den zwei Generälen Laches und Nikias beraten, ob das Erlernen der Fechtkunst für die Erziehung der Jünglinge wichtig sei. Da sich die Generäle in dieser Frage uneinig sind, wird Sokrates als Experte hinzugezogen, demzufolge der Zweck der Fechtkunst die Erziehung zur Tapferkeit ist. Das Gespräch wendet sich der Frage zu, was Tapferkeit ist. Sie darf nach Sokrates nicht allein auf den Bereich der Kriegsführung angewandt werden, sondern gilt auch in anderen Lebensbereichen und für solche Menschen, die gegen Schmerz und Furcht, Begierden und Lust tapfer sind. Danach werden verschiedene Behauptungen überprüft: Ist Tapferkeit die Standhaftigkeit in der Schlachtreihe gegenüber dem Feind? Ist Tapferkeit eher eine Durchhaltefähigkeit oder Ausdauer der Seele? Oder ist sie gleichzusetzen mit Furchtlosigkeit? Die Untersuchung endet ohne endgültige Klärung.

Aristoteles zur Tapferkeit

M 32

Wer alles meidet und scheut und nirgends standhält, wird feige: Wer sich schlechterdings vor nichts fürchtet, sondern auf alles geradeaus losgeht, der wird tollkühn. [...] Also wird [...] Tapferkeit durch das Zuviel und das Zuwenig geschädigt, dagegen durch das rechte Mittelmaß gefördert. *Aristoteles, Nikomachische Ethik*

4 Erarbeite die Vorstellungen von Sokrates und Aristoteles (384–322 v. Chr.) zur Tapferkeit und vergleiche sie mit denjenigen, die ihr in der Klasse schon gefunden habt. Welche sind neu hinzugekommen?

5 Sammelt Beispiele von Tapferkeit, Feigheit und Übermut. Bezieht dabei die in dem Plakat M 32 angedeuteten Handlungsmöglichkeiten, aber auch Beispiele von euch bekannten jugendlichen Mutproben ein.

6 Kann man üben, mutig zu sein und sich zu trauen? Bewerte in dieser Hinsicht das Verhalten von Joel (M 29).

Die Tugend der Tapferkeit

M 33

Für den Philosophen Platon (etwa 427–347 v. Chr.) zählt *Tapferkeit* neben *Weisheit, Besonnenheit* und *Gerechtigkeit* zu den *Grundtugenden.* Unter dem heute nicht mehr sehr gebräuchlichen Ausdruck Tugend versteht man seit der Antike eine Fähigkeit und eine Tauglichkeit des Menschen, die er benötigt, um ein guter Mensch zu sein und ein gutes Leben führen zu können. Was Tapferkeit aber genau ist, hat Sokrates (46–399 v. Chr.), der Lehrer Platons, in dem Dialog „Laches" untersucht und fest-gestellt, dass die Frage nicht so einfach zu beantworten ist. Während man Tapferkeit in der Vergangenheit zumeist im Hinblick auf die Haltung von Soldaten anwandte, die bereit waren, ihr Leben zu riskieren, und die allzu oft sinnlos gestorben sind, würde man heute eher die Begriffe Mut oder Courage bevorzugen.

Ich will so sein wie ... – Vorbilder

Ture, ein neuer Junge, ist in Joels Heimatort gezogen. Nachdem ihr erstes Zusammentreffen zu einem kleinen Konflikt geführt hat, lernen sie sich langsam besser kennen. Joel ist zum ersten Mal bei Ture zu Hause.

M 34 Tures Vorbild

In Tures Zimmer hat Joel ein Gefühl, als ob er geradewegs in eine ihm bisher unbekannte Welt geraten wäre. Das Zimmer ist fast genauso groß wie die ganze Wohnung, in der er mit Papa Samuel wohnt. Eine Wand ist mit Büchern bedeckt, eine andere mit Landkarten. Von der Decke hängen große Flugzeugmodelle. Auf einem riesigen Tisch, der von der einen bis zur anderen Ecke des Zimmers reicht, gibt es Dampfmaschinen, einen Stabilbaukasten und merkwürdige Apparate, die Joel noch nie gesehen hat. Am Bett stehen zwei Radioempfänger, und über dem Kopfkissen hängen übereinander Kopfhörer. In diesem Zimmer gibt es alles, nur keine Spielsachen.

Joel steht da und guckt und guckt.

„Du hast ein Loch im Strumpf", sagt Ture. „Pass auf, dass dir der große Zeh nicht wegläuft."

„Ich lüfte meine Zehen aus", antwortet Joel. Er sagt das so unbekümmert wie möglich. Ture soll nicht merken, dass es ihm peinlich ist.

Über dem Bett hängt ein Bild. Es zeigt einen fast glatzköpfigen Mann mit einem langen Bart. Joel erinnert er an einen der alten Pastoren, die in der Sakristei der Kirche hängen.

„Wer ist das?", fragt er. Aber er bereut es sofort. Vielleicht ist es jemand, den er kennen müsste.

„Leonardo", sagt Ture. „Der große Leonardo da Vinci. Er ist mein Vorbild."

Den Namen hat Joel noch nie gehört. Jetzt nimmt er ein großes Risiko auf sich. Wenn Ture jetzt anfängt ihm Fragen zu stellen, dann ist er durchschaut.

„Das weiß ja jeder, wer das ist", sagt Joel so überzeugend wie möglich. Er ist gerettet. Ture fragt nicht weiter. Stattdessen zeigt er ihm seine Landkarten.

„Ich wünschte, ich wäre in einer anderen Zeit geboren worden", sagt er. „Als es noch Berge, Flüsse und Wüsten zu entdecken gab. Wohin man heute auch geht, immer ist schon jemand vor einem da gewesen. Ich lebe zu spät."

„Man lebt doch, wenn man lebt", sagt Joel.

„Träumst du denn nie?", fragt Ture.

„Nein", sagt Joel, „nicht oft."

„Das ist gelogen", sagt Ture.

„Ich lüge nicht", sagt Joel.

„Na, ich denk mir mein Teil", sagt Ture. „Was willst du denn mal werden?"

„Seemann", antwortet Joel. „Wie mein Papa."

[A: 81–82]

1 Zeichne die Szene in Tures Zimmer. Achte dabei besonders auf die Einrichtung.

2 Informiere dich, wer Leonardo da Vinci gewesen ist. Warum ist er für Ture wohl ein Vorbild?

3 Kannst du dir vorstellen, dass Leonardo dein Vorbild werden könnte? Begründe deine Antwort.

4 Sammelt in der Klasse, welche Vorbilder ihr habt. Erklärt dabei jeweils, was diese Person zum Vorbild macht.

Der römische Kaier und Philosoph Marc Aurel (121–180) beginnt sein berühmtes Buch „Selbstbetrachtungen“ damit, dass er dem Leser berichtet, wer ihm ein Vorbild gewesen ist und welche Wirkungen diese Menschen auf ihn hatten.

Kaiser Marc Aurel über seine Vorbilder

M 35

Mein Großvater Verus gab mir das Beispiel der Milde und Gelassenheit. Meinem Vater rühmte man nach, er habe einen echt männlichen und dabei bescheidenen Charakter besessen, worin ich ihn nachahmte.
Meine Mutter war mir durch ihre Frömmigkeit und Wohltätigkeit ein Vorbild; ich bestrebte mich, ihr gleichzukommen und das Böse weder zu tun noch auch nur zu denken und wie sie einfach und mäßig zu leben, weit entfernt von dem gewöhnlichen Luxus der Großen.

5 Klärt zunächst die Begriffe aus M 35, die euch nicht bekannt sind. Marc Aurel nennt Personen, die ihm Vorbild gewesen sind, und deren Eigenschaften. Was bewundert er an seinen Vorbildern?

6 Überlegt gemeinsam, ob die Eigenschaften, die Marc Aurel beschreibt, auch für euch vorbildlich sein können.

7 Stellt einen Katalog mit Eigenschaften und Fähigkeiten zusammen, die jemanden für euch vorbildlich machen. Vergleicht eure Ergebnisse miteinander. Nun überlegt gemeinsam, was ein vorbildlicher Mensch auf keinen Fall tun und wie er nicht sein darf. Kommt ihr zu einer gemeinsame Lösung?

M 36

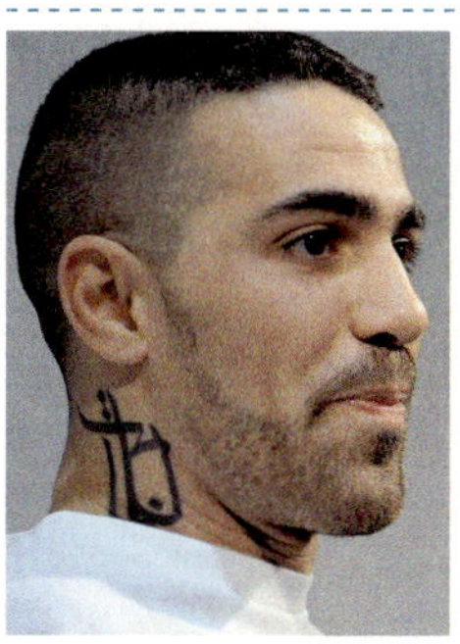

8 Welche der abgebildeten Personen kennt ihr? Beschreibt, was ihr von ihnen haltet.

9 Denkst du, dass es sich um gute Vorbilder handelt? Wer von euch würde einen dieser Menschen als sein Vorbild bezeichnen und warum?

10 Beschreibt, welche Gefahren es bergen kann, sich Vorbilder zu suchen. Was kann man tun, um dem zu entgehen?

11 Überlegt, welche Menschen heute schlechte Vorbilder sind und warum sie trotzdem Kinder und Jugendliche beeinflussen.

Kopf oder Bauch? – Entscheidungen* helfen

Joel trifft sich mit seinem Freund Simon Urväder. Da Joel sich in einer schwierigen Situation befindet und Simons Rat benötigt, nimmt der ihn mit an einen geheimnisvollen Ort: den See der Vier Winde.

M 37 Am See der Vier Winde

„Eigentlich hat dieser See keinen Namen", sagt der alte Maurer. „Aber ich hab ihm einen gegeben. Einen geheimen Namen. Der See der Vier Winde. Ich will dir erzählen, warum er so heißt ... Als ich zum ersten Mal hierher kam", sagt der alte Maurer, „war ich sehr traurig. Ich war gerade zurückgekommen aus dem Krankenhaus, in dem Menschen mit unheimlichen Gedanken hinter vergitterten Türen und Fenstern eingesperrt sitzen. Ich war froh, dass sie mich endlich entlassen hatten. Trotzdem war ich traurig, denn ich war einsam, und ich hatte allzu viele Jahre in diesem Krankenhaus verloren. Ich kam hierher in den Wald und fand diesen See. Es war Winter, genau wie jetzt, und ich stellte mich mitten aufs Eis, ungefähr hier, wo wir jetzt sitzen, und dann rief ich mit aller Kraft meinen eigenen Namen. Simon. Simon, rief ich. Ich weiß nicht, warum ich das getan habe. Es ist wohl von ganz allein gekommen. Aber nachdem ich meinen Namen gerufen hatte, war es, als ob vier Winde aus dem Wald kämen. Ein Wind aus jeder Himmelsrichtung. Ein Wind war kalt und flüsterte Trauer, Trauer in mein Ohr. Der andere Wind heulte und fauchte Wut, Wut in mein Ohr. Der dritte Wind war warm und kam vorsichtig angestrichen und flüsterte Freude, Freude in mein Ohr. Der vierte Wind war warm und kalt gleichzeitig, und zunächst konnte ich nicht verstehen, was er flüsterte, aber schließlich verstand ich es doch. Er sagte

mir, ich sollte mich entscheiden, welcher Wind mir ins Gesicht blasen sollte. Ich kehrte den anderen Winden den Rücken zu und ließ die Freude über mein Gesicht streichen. Da war es, als ob die Traurigkeit, die ich gespürt hatte, verschwände. Und als ich ging, war ich froh. Ich kehre immer wieder hierher zurück, wenn ich fühle, dass ich den Winden zuhören muss. Er ist wie ein Märchen, dieser See. Und vielleicht ist es ein Märchen, womöglich gibt es die Winde gar nicht. Ich dachte, sie könnten dir vielleicht genauso helfen, wie sie mir geholfen haben. So, und jetzt geh ich zurück zum Laster und warte. Man muss wahrscheinlich allein sein, wenn die Winde sich hervorwagen sollen. Du brauchst nur deinen Namen zu rufen und zu warten."

[A 126–127]

1 Simon erzählt Joel aus seinem Leben und von einem wichtigen Erlebnis am See. Beschreibe, in welcher Situation sich Simon befunden und was er von den Winden gelernt hat.

2 Simon hat in einer schwierigen Entscheidungssituation eine Hilfe bekommen. Schreibe schwierige Entscheidungen auf, vor denen du selbst schon einmal gestanden hast.

3 Die Winde am See haben Simon geholfen. Wer hilft dir, wenn du bei einer Entscheidung nicht weiterweißt? Bei welcher der Situationen in deiner Liste hat dir jemand geholfen und wo hast du keinen Rat gebraucht?

4 Was macht deiner Erfahrung nach einen guten Ratgeber aus? Bei wem holst du dir gern Hilfe, wenn du eine Entscheidung treffen musst, und warum? Vergleicht eure Ergebnisse und erarbeitet einen „Ratgeber für Ratgeber".

5 Der französische Philosoph François de La Rochefoucauld (1616–1680) schrieb: „Es ist leichter, für andere weise zu sein als für sich selbst." Stimmst du seiner Aussage zu?

„Mache ich jetzt die Hausaufgaben
oder spiele ich mit Önder Fußball?“

„Esse ich Müsli oder Pizza,
wenn ich aus der Schule komme?“

„Bleibe ich allein zu Hause
oder fahre ich mit Mama und Papa zu Oma?“

„Wünsche ich mir ein neues Fahrrad
oder Schlittschuhe zu Weihnachten?“

So viele Entscheidungen müssen getroffen werden. Und die meisten Dinge muss man ohne Hilfe anderer entscheiden. Doch auch hier bekommen wir Hinweise, was wir tun sollen. Oftmals findet in uns sogar ein Streit zwischen Kopf und Bauch statt, welche Entscheidung richtig ist.

6 Überlegt euch weitere Entscheidungssituationen, die ihr in eurem Alltag zu bewältigen habt. Schreibt nun in Partnerarbeit einen Dialog zwischen Kopf und Bauch, die diskutieren, wie entschieden werden soll.

7 Wie bewertest du die Entscheidungshilfen von Kopf und Bauch? Wer ist der bessere Ratgeber? Und gilt dies für alle Entscheidungssituationen?

Auf den mittelalterlichen Philosophen Johannes Buridan (um 1295 – um 1358) soll die folgende Fabel zurückgehen.

So ein Esel!

38

Es war einmal ein Esel, der hatte großen Hunger. Er schaute sich um, wo er etwas zu essen finden könnte, und da sah er zwei Heuhaufen. Beide waren genau gleich weit von ihm entfernt. Sie waren auch beide genau gleich groß, und der eine schien ihm ebenso lecker wie der andere zu sein. So stand der Esel zwischen den beiden Heuhaufen und dachte nach, welchen er denn nun essen solle. Und er dachte so lange nach, dass er irgendwann keine Kraft mehr hatte, zu einem der beiden Haufen zu gehen, und er verhungerte.

8 „So ein Esel!“, denkst du dir jetzt bestimmt. Aber warum? Erkläre in eigenen Worten, was das Problem dieses Esels gewesen ist.

9 Eine Situation, in der man sich zwischen zwei Möglichkeite entscheiden muss, in der aber für beide gleich gute Gründe sprechen, nennt man ein Dilemma (s. S. 69). Bist du schon einmal in einer ähnlichen Situation gewesen? Berichte davon in deiner Klasse.

10 Sucht euch eine Situation aus, von der einer von euch berichtet hat. Setzt euch als Paare zusammen und verfasst einen kleinen Ratgeber, wie man hier zu einer guten Entscheidung kommen kann.

11 Nun überprüft eure gesammelten Geschichten. Habt ihr euch in einem Dilemma befunden? Welche Möglichkeiten gibt es, aus einem Dilemma wieder herauszukommen?

Mit Zeit umgehen*

Joel wird bewusst, dass er auf dem Wege ist, erwachsen zu werden. Es gibt einige Fragen, die ihn darüber nachdenken lassen, wie später sein Leben sein wird.

M 39 Die Zeit will nicht stehen bleiben

Sie läuft weiter. Tag für Tag, Monat für Monat. Aus dem schmelzenden Schnee sprießt neuer Frühling, wenn das Eis auf dem Fluss bricht und die Baumstämme wieder vorbeitreiben auf ihrem weiten Weg zum Meer. Es kommt noch ein Sommer, in dem die Mücken sirren und die Sonne nie müde wird zu leuchten. Es kommt wieder ein Herbst, in dem die Preiselbeeren reifen, die Blätter fallen und der Frost unter den Fahrradreifen knirscht. Denn Joel fährt Fahrrad, unablässig fährt er durch die Straßen auf der Jagd nach dem Unerwarteten. Vielleicht wartet es hinter der nächsten Ecke? Oder der nächsten? Oder der übernächsten?

Das fiel Joel am allerschwersten. Sich alte Menschen gleichaltrig mit ihm selbst vorzustellen. Das galt nicht zuletzt auch für Samuel. Manchmal hatte Joel Fotos angeschaut, auf denen Samuel ein Kind war. Genauso alt wie er selbst. Er konnte erkennen, dass es Samuel war. Trotzdem war es, als ob er einen fremden Menschen betrachtete. Wenn Joel die Bilder von Samuel anschaute, überlegte er, wie er sich selber verändern würde. Was würde er in fünfzig Jahren im Spiegel sehen? Oder gar in hundert Jahren? Er stellte sich vor, er ginge im Jahr 2044, in dem Jahr, bevor er sterben würde, zum Fotografen. Ein alter Mann mit einem langen weißen Bart. Aber ohne gekrümmten Rücken. Den würde er nie kriegen, solange er lebte. Das hatte er beschlossen. Sein Neujahrsgelübde würde das ganze Leben gelten und jedes Jahr wiederholt werden.

Einmal war Joel hilflos auf einem der Bogen [der Eisenbahnbrücke des Ortes] herumgeklettert. Schließlich war Samuel hinaufgeklettert und hatte ihn gerettet.

Joel schauderte bei dem Gedanken. Wenn er heruntergefallen wäre, gäbe es ihn nicht mehr. [Er wäre nun] ein Skelett unten in der kalten Erde mit einem Stein über dem Kopf. Joel Gustafsson. Im Alter von elf Jahren gestorben.

Joel fand, der Tod war schwerer zu begreifen als das Leben, und das war schon kompliziert genug. Sich selbst als Nichts vorzustellen – das ging nicht. Außerdem war man so lange tot. Das war das Schwerste von allem. [...]

Wenn man nur nicht so lange tot sein müsste, dachte Joel, während er nachdenklich die Eisenbahnbrücke betrachtete.

Dann wäre es vielleicht zu ertragen.

[B: 7, 49–50, 60–61]

M 40

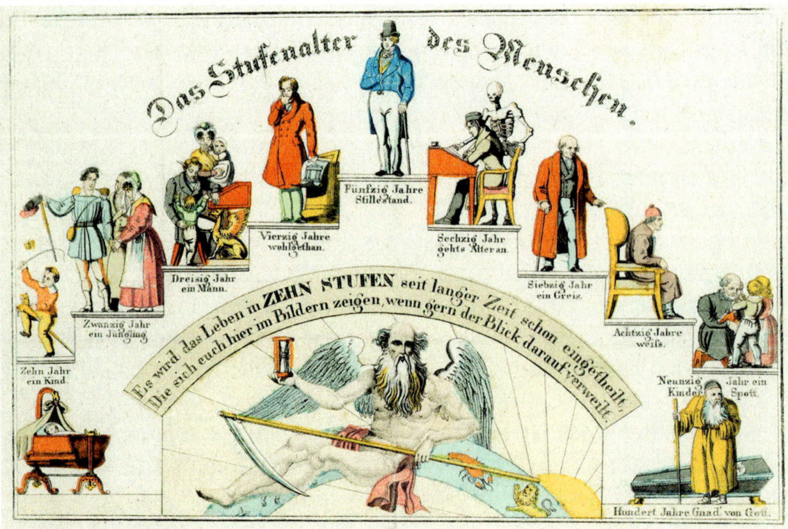

1 Fasse zusammen, welche Probleme Joel mit der Zeit hat.
2 Was ist mit mir, wenn ich alt oder tot bin? Gib die Gefühle und Gedanken wieder, die du bei dieser Frage hast.
3 Beschreibe und deute den Bilderbogen über die Lebenszeit des Menschen M 40. Fertige eine Collage oder eine Zeichnung über das Stufenalter des Menschen aus gegenwärtiger Sicht an.
4 Welches Symbol für die Zeit lässt sich M 42 entnehmen?
5 In einer alten griechischen Sage hat die Sphinx der Sagengestalt Ödipus ein „Zeit-Rätsel" aufgegeben M 41: Was geht morgens auf vier, mittags auf zwei und abends auf drei Beinen?

41

In einem Buch von Michael Ende versucht die Titelheldin *Momo* das Geheimnis und den Ursprung der Zeit zu ergründen. Auf der Flucht vor den *grauen Herren*, die den Menschen die Zeit stehlen wollen, sucht sie *Meister Hora* auf, den weisen Verwalter der Zeit, der ihr ein Rätsel zur Lösung aufgibt:

42

Zeit – Das ewige Rätsel

Drei Brüder wohnen in einem Haus,
die sehen wahrhaftig verschieden aus,
doch willst du sie unterscheiden,
gleicht jeder den anderen beiden.
Der erste ist *nicht* da, er kommt erst nach Haus.
Der zweite ist *nicht* da, er ging schon hinaus.
Nur der dritte ist da, der Kleinste der drei,
denn ohne ihn gäb's nicht die anderen zwei.
Und doch gibt's den dritten, um den es sich handelt,
nur weil sich der erste in den zweiten verwandelt.
Denn willst du ihn anschauen, so siehst du nur wieder
immer einen der anderen Brüder!
Nun sage mir: Sind die drei vielleicht einer?
Oder sind es nur zwei? Oder ist es gar – keiner?
Und kannst du, mein Kind, ihre Namen mir nennen,
so wirst du drei mächtige Herrscher erkennen.
Sie regieren gemeinsam ein großes Reich –
und sind es auch selbst! Darin sind sie gleich.

Obwohl Momo nach einigem Nachdenken dieses Rätsel lösen kann, geht ihr eine andere Frage nicht aus dem Sinn:

„Sag mal", fragte sie schließlich, „was ist denn die Zeit eigentlich?"
„Das hast du doch gerade selbst herausgefunden", antwortete Meister Hora.
„Nein, ich meine", erklärte Momo, „die Zeit selbst – sie muss doch irgendetwas sein. Es gibt sie doch. Was ist sie denn wirklich?" [...]

Momo überlegte lange.
„Sie ist da", murmelte sie gedankenverloren, „das ist jedenfalls sicher. Aber anfassen kann man sie nicht. Und festhalten auch nicht. Vielleicht ist sie so was wie ein Duft? Aber sie ist auch etwas, das immerzu vorbeigeht. Also muss sie auch irgendwo herkommen ..."

Michael Ende, 1973

43

6 Momo hat das Rätsel gelöst. Versuche es selbst auch.

7 Übertrage das Rätsel von den drei Brüdern, die sich ineinander verwandeln, auf die Sanduhr. Welche Zeit stellt der Sand dar, der sich oben, unten und in der Mitte der Uhr befindet?

8 Was ist die Zeit denn wirklich? Führt ein Gespräch darüber und haltet in euren Heften fest, was sich über die Zeit ziemlich sicher sagen lässt und was nicht.

Forschungsfragen zur Zeit

1. Wie kommt es, dass wir die nach einer Präzisionsuhr gemessene gleiche Zeitspanne als unterschiedlich lang empfinden können? Gibt es mehrere Zeiten?
2. Durch einen großen Zufall fand man einen Papyrus [das beschreibbare Blatt der Papyrusstaude], der schon über 2500 Jahre alt ist. Er enthält die Verabredung eines Liebespaares: „Wenn dein Schatten 16 Fuß misst, Berenike, erwartet Amasis dich am Olivenhain." Wie wurde damals Zeit gemessen? Welche Probleme macht diese Art von Zeitmessung?
3. In manchen Science-Fiction-Romanen und -Filmen kommen Zeitmaschinen vor, mit deren Hilfe wir Zeitreisen in die Vergangenheit oder in die Zukunft machen können. Ist das möglich oder gänzlich unlogisch?

Buchtipp: Viele dieser spannenden Fragen, findest du bei:
Stephen Law: Philosophie. Denken ohne Grenzen. Würzburg: Arena 2004.

M 44 Zeitreise 1

M 45 Zeitreise 2

Stell dir vor, du könntest in die Vergangenheit reisen und den Urgroßvater deines Urgroßvaters treffen, als er 16 Jahre alt war. Du hast gehört, dass er ein böser Mann war, der viele Menschen getötet hat. Jetzt steht er am Abhang eines großen Berges. Du hast große Lust, ihn hinunterzustürzen. Was tust du?

Lisa Haglund

9 Gib das Gedankenexperiment von Albert Einstein (M 44) in eigenen Worten wieder. Was kann man daraus zum Thema Zeit lernen?

10 Führe die Reise in die Vergangenheit (M 45) in Gedanken durch und begründe, was du tun wirst.

Was tust du gerade? (Oder: Wie viel Freizeit habe ich?)

M 46

10.30	Praktische Philosophie
10.45	
11.00	
11.15	Pause
11.30	
11.45	
12.00	
12.15	Deutsch
12.30	
12.45	
13.00	Heimweg
13.15	
13.30	Mittagessen
13.45	
14.00	Computerspielen
14.15	
14.30	Lernen für Deutsch
14.45	
15.00	Hausaufgabe Mathematik
15.15	
15.30	Treffen mit Freunden, Fußballspielen
15.45	
16.00	
16.45	Lernen von Englischvokabeln
17.00	
17.15	

11 Trage für eine Woche lang jeden Tag auf eine Viertelstunde genau ein, wie du deine Zeit verbringst.

12 Was davon ist für dich freie Zeit, über die du selbst verfügen kannst? Rechne in Stunden und Minuten nach, wie viel das in der Woche ist.

13 Unterscheide dann, wie viel Zeit du für Freunde, Sport, Fernsehen, Computer etc. verwendest.

14 Diskutiert in Kleingruppen darüber, welche Freizeitnutzung ihr als sinnvoll oder weniger sinnvoll empfindet.

15 Was würdest du gern ändern?

16 Kennst du das Gefühl von Langeweile? Wie geht es dir und deinen Eltern damit, wenn du dich langweilst?

17 Führt eine Pro-Contra-Debatte zur Langeweile, indem ihr vorher in einer Kleingruppe Gründe für gelegentliche Langeweile, in einer anderen Gründe gegen sie sammelt.

Viele Eltern und auch manche Philosophen haben große Bedenken hinsichtlich der Langeweile von Kindern. Der Philosoph Erich Fromm (1900–1980) hielt Langeweile sogar für „eine der furchtbarsten Plagen unserer Zeit“, an der Menschen leiden würden. Langeweile äußert sich in dem Gefühl der Lustlosigkeit, mangelndem Elan und mangelndem Interesse. Wer sich langweilt, gilt vielen Erwachsenen als faul und träge, denn in unserer modernen Welt würden uns viele sinnvolle Möglichkeiten zu Verfügung stehen, uns zu beschäftigen. Die Einstellung, dass Langeweile schädlich und schlecht ist, lässt sich nach dem Glücksforscher Alfred Bellebaum auf den Leitspruch „ora et labora“ (lat. bete und arbeite) des Mönchsordens der Benediktiner zurückführen. Wer etwas wert sein will, solle fleißig sein und nicht seine Zeit vergeuden.

Öfter mal langweilen!

M 47

Ferien sind komisch. Vorher jubeln alle: Kinder, weil sie nicht zur Schule müssen; Eltern, weil sie mehr Zeit für Söhne und Töchter haben. Aber dann, nach ein paar Wochen, werden Ferien zur Herausforderung: für Kinder, weil sie keinen festen Stundenplan haben; für Eltern, weil sie andauernd vom Nachwuchs hören: Mir ist so langweilig, was soll ich tun?

Der Kölner Psychologe Dr. Christian Lüdke empfiehlt: gar nichts. „Kinder haben zu wenig Langeweile“, sagt er. „Dabei ist die so wichtig.“ Denn Langeweile macht kreativ. „Wenn jemandem langweilig ist, empfindet er das als Problem. Er muss den Konflikt lösen, muss sich eine Beschäftigung ausdenken, die ihn vom Nichtstun erlöst.“ Ein kreativer Prozess.

Der ist wichtig speziell für die Kinder. „Er macht selbstständig“, begründet Lüdke.

Kölner Stadt-Anzeiger, 2002

Altan hat Freunde – Zusammenleben mit anderen

1 Schaut euch die Bilder auf S. 34 an. Was haben sie miteinander zu tun, was haben sie gemeinsam?

2 Findet zu jedem Bild genau *ein* Wort, das alles zugleich beschreibt, was auf dem Bild zu sehen ist.

3 Präsentiert eure Ergebnisse den anderen in eurer Lerngruppe (die bunten Sterne helfen euch, damit alle sofort wissen, auf welches Bild ihr euch bezieht).

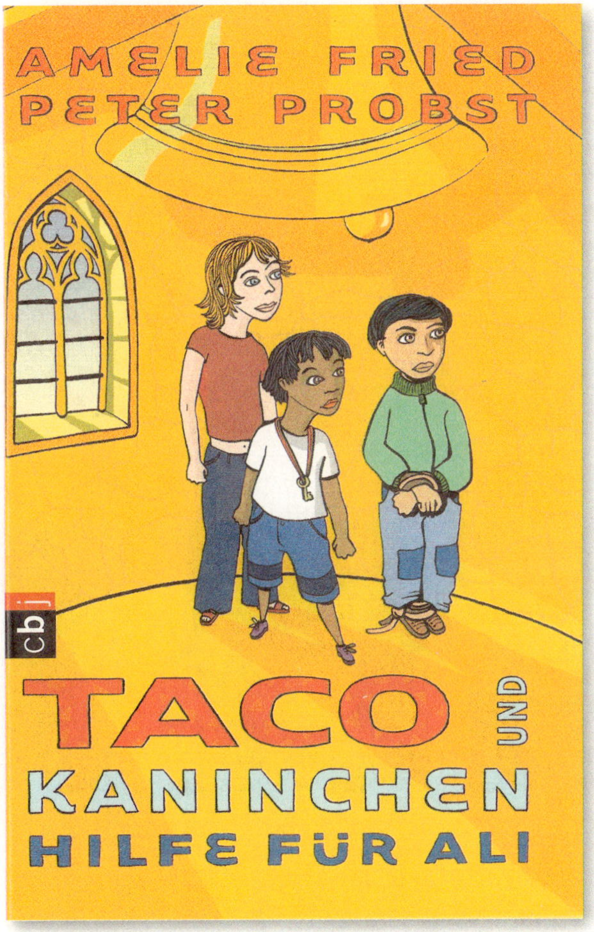

Taco und Kaninchen

Hier seht ihr Kaninchen, Taco und Ali. Taco und Kaninchen sind Geschwister und darüber hinaus auch umsichtige Detektive. Ali heißt eigentlich Altan. Er ist ein türkischer Junge, der dieselbe Schule besucht wie die beiden. Es gibt eine Reihe türkischer Schüler, aber in der Klasse von Kaninchen ist er der einzige. Altan, der sehr gern und gut Fußball spielt, ist in große Schwierigkeiten geraten. Taco und Kaninchen versuchen, ihm zu helfen. Das verwickelt alle drei in eine spannende Geschichte, bei der sie Ausgrenzung, Vorurteile und Gewalt gefährlich nah erleben. Taco und Kaninchen ermitteln, aber die tatsächliche Bedrohung bleibt fast zu lange verborgen ...

Doch Freundschaft und die Überzeugung, für den anderen einzustehen und ihm zu helfen, stellen sich allem Unverständnis und aller Gefahr entgegen. All das erfahrt ihr, wenn ihr Altan, Taco und Kaninchen in ihrer Geschichte begleitet ...

Begegnung mit Gewalt*

M 1 Taco hat etwas beobachtet

„Ich bin doch nicht blind, Kaninchen! Ich hab genau gesehen, dass es ein Messer war.“

„So ein Zufall. Du träumst doch schon von Messern.“

Mein Bruder, der mir am Ende der großen Pause hinterhergelaufen war, schnappte empört nach Luft.

„Taco, ich kann mir einfach nicht vorstellen, dass die sich das trauen. Vor hunderten von Schülern. Und wieso hat keiner außer dir was gesehen?“

„Weil keiner so scharfe Augen hat wie ich. [...]“

Mein Bruder hatte wie immer mit seinen Kumpeln auf dem Schulhof gekickt. Sie benutzten einen Tennisball, Fußbälle waren verboten, seit ein Mathelehrer am Kopf getroffen worden war.

Plötzlich sah Taco angeblich etwas am Eingang zum Hof in der Sonne aufblitzen. Zwei ihm unbekannte größere Jungen nahmen Altan, einen Klassenkameraden von mir, in die Mangel.

„Ich schwör dir, Kaninchen, einer hat mit einem Springmesser rumgefuchtelt, und der andere hat Ali immer wieder voll in den Magen geboxt.“

„Er heißt Altan, nicht Ali.“

„Ich heiße auch nicht Taco und du nicht Kaninchen.“

[12–13]

1 Was sind deine ersten Eindrücke, Gedanken und Fragen zu dieser Situation, wie sie Taco hier schildert?

M 2 Drei Bilder zu Gewalt

M 3

2 Betrachte die drei Bilder M 2 genau. Überlege mit deinem Nachbarn, wen und was sie darstellen, und gebt ihnen gemeinsam jeweils eine Überschrift.

3 Versetze dich in die dargestellten Personen und schreibe auf, was sie denken oder fühlen könnten.

4 Welche der dargestellten Personen möchtest du sein, welche nicht? Begründe deine Überlegungen.

5 Beschreibe die Karikatur M 3. Wie verhalten sich die dargestellten Personen?

6 Ist das Verhalten der Leute die Ausnahme oder die Regel – was meinst du? Sprecht über diese Frage in eurer Klasse oder Lerngruppe.

Ein Modell für unterschiedliche Beteiligungen im Falle von Gewalt

M 4

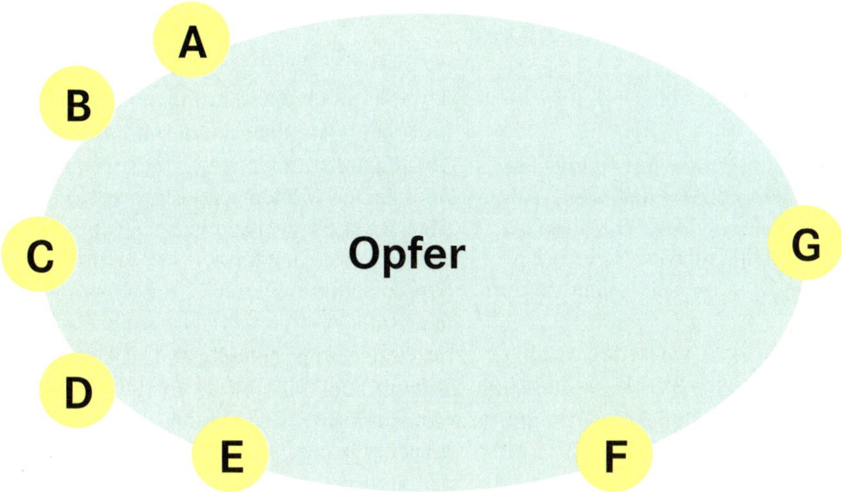

A: Gewalttäter
B: Gefolgsmann
C: Unterstützer
D: Passiver Unterstützer
E: Unbeteiligter Zuschauer
F: Passiver Verteidiger
G: Verteidiger

7 Erklärt euch untereinander in kleinen Gruppen, was dieses Gewalt-Modell aussagt. Wie würdet ihr das jeweilige Verhältnis der Beteiligten zum Opfer und zur Gewalt beschreiben?

8 Stellt in Gruppen von acht Personen das Modell als Standbild dar.

9 Überlegt, welche der Rollen A–G Taco und Kaninchen einnehmen könnten.

10 Interpretiert M 5: Wie verhalten sich die drei Affen? Diskutiert, ob man so auf Gewalt reagieren kann.

Drei Affen

M 5

Formen und Erklärung von Gewalt*

M 6 „Was wollen die Typen eigentlich von Altan?“

„Und wieso hat Altan nicht um Hilfe gerufen?“

„Weiß ich nicht. Er hat nur verzweifelt den Kopf geschüttelt. Da haben die zwei bemerkt, dass ich sie beobachte, und waren für einen Moment abgelenkt.“

Taco machte eine Kunstpause.

„Und dann?“

„Dann war es wie im Zirkus. Ali hat dem Typen blitzschnell das Messer aus der Hand geschlagen, es sich in der Luft geschnappt und ist wie der Blitz davongerannt.“

[...]

„Kannst du die beiden Jungen denn beschreiben?“

Taco schüttelte verlegen den Kopf.

„Die waren zu weit weg. Aber wenn ich sie sehe, erkenn ich sie wieder.“

„Hast du Altan gefragt, was sie von ihm wollten?“

Mein Bruder verneinte.

„Wieso nicht? Ich dachte, du willst mal Detektiv werden.“

Taco machte ein beleidigtes Gesicht.

„Ich will nicht, ich bin Detektiv. Aber Ali war plötzlich verschwunden. Kannst du ihn nicht fragen, Kaninchen?“

Genau das hatte ich vor. [13–14]

1 Stelle eine Vermutung darüber an, was bei Kaninchens Detektivarbeit herauskommen könnte.

M 7 Erscheinungsformen von Gewalt

2 Inwieweit kann man bei den auf den beiden Bildern dargestellten Szenen von Gewalt sprechen?

3 Schreibe zu einer der beiden Abbildungen eine Detektivgeschichte, bei der am Ende herauskommt, wie es zu der Gewaltszene kam.

4 Hast du selbst schon einmal ein Gewalterlebnis gehabt, beobachtet, davon gehört oder gelesen? Zeichne ein Bild dazu.

5 Ihr könnt anschließend die Bilder im Klassenraum aufhängen, den anderen die Zeichnung erklären und gemeinsam die Aussagen beurteilen (z. B. nach Stärke der Gewalt, Häufigkeit, Realitätsnähe, Neuigkeit).

Aber zunächst soll es noch um die Frage der Entstehung von Gewalt und ihrer Kontrolle gehen.

6 In der kleinen Bilderfolge (M 8) findest du eine Erklärung zur Entstehung von Jugendgewalt. Betrachte sie genau, gib ihren Inhalt der Reihe nach wieder und formuliere eine Aussage, weshalb es aufgrund dieser Bilderfolge zu Gewalt kommt.

M 8

„Endlich ernst genommen?“

7 Wieso fühlt der Junge sich erst im letzten Bild ernst genommen? Wie hätten sich die anderen Personen verhalten müssen, damit er dies schon früher empfunden hätte?

8 Kann man alle Gewalt immer auf Frustration zurückführen und mit Frustration entschuldigen? Zieht dazu den Info-Kasten heran.

9 Was könntest du tun, um deine Wut zu kontrollieren und sie nicht an anderen auszulassen? Wie könnte man seine Wutgefühle oder seinen Ärger beeinflussen? Schreibe eine entsprechende Anleitung zu einem der beiden Schilder.

INFO

Frustration Eine Erklärung für gewalttätiges Verhalten ist die sogenannte Frustration (von lat. *frustra* = vergeblich). Wenn man sich vergeblich bemüht, bei anderen Anerkennung zu finden, und immer wieder nur Misserfolge und Ablehnung erfährt, entsteht bei manchen Menschen ein seelischer Druck, der zu Gewalt führen kann. Man sollte deshalb lernen, mit Misserfolgen umgehen zu können, indem man seine Ziele nicht zu hochsteckt (Selbstüberschätzung) oder auf vermeintliche Ablehnung nicht zu empfindlich reagiert. Eine solche Haltung nennt man **Frustrationstoleranz.**

Konflikte* in der Schule

M 9 „Altan, du schon wieder …“

Ich fand Altan im Klassenzimmer. Er saß allein an seinem Platz und verbarg das Gesicht in den Händen. Als ich näher trat, hörte ich ihn leise schluchzen.

„Altan, was ist mir dir?“

Er schaute auf.

„Nichts.“

„Wieso weinst du dann?“

„Ich weine nicht.“

Er wischte sich die Tränen aus den Augen.

„Sag mir doch, was du hast.“

Altan schüttelte stumm den Kopf.

„Mein Bruder hat gesagt, dein Rücken sieht übel aus.“

„Dein Bruder hat Halluzinationen.“

Ich kniete mich vor ihn hin und sah ihm in die Augen.

„Was ist passiert, Altan?“ Er presste die Lippen zusammen und schwieg.

„Kann ich dir nicht helfen?“

„Nein.“

Ich stand seufzend wieder auf.

Erst da bemerkte ich Flori, der an der Tür lehnte und mitgehört hatte.

„Na, was hab ich dir gesagt, Kaninchen?“

Er kam grinsend näher.

Sollte er mit seinen Behauptungen doch Recht gehabt haben? War Altan von seinem Vater geschlagen worden?

Was dann mit mir passierte, verstand ich selbst nicht. Jedenfalls packte mich die Wut, als ich Floris triumphierendes Gesicht vor mir sah. Ich konnte nicht anders, ich musste ihm einen kleinen Schubs geben.

Ich schwöre, ich hab ihn kaum berührt.

Leider war Flori von meiner Attacke so überrascht, dass er rückwärts über einen Stuhl flog. […]

Ausgerechnet da trat Frau Schimmel ins Klassenzimmer.

„Was ist denn hier los? Altan, du schon wieder.“

Angeblich hatte Frau Schimmel mal schlechte Erfahrungen mit einem aggressiven türkischen Jungen gemacht, der später von der Schule geflogen war. Seitdem waren bei ihr immer die Türken schuld. Dabei war Altan nie in Schlägereien verwickelt.

„Das war nicht Altan, Frau Schimmel, das war ich.“ Die Lehrerin schaute überrascht zu mir.

„Nina, das ist lieb von dir, dass du ihn in Schutz nehmen willst. Aber so lernt Altan nie, Konflikte anders als mit Gewalt auszutragen.“

Ich warf Flori einen auffordernden Blick zu. Wenn er ein bisschen Charakter hatte, sagte er ehrlich, wie es gewesen war.

Doch Flori schaute seelenruhig zu, wie Altan ans Pult geholt wurde.

„Meine Geduld ist am Ende“, herrschte Frau Schimmel ihn an.

„Altan, sag bitte, dass ich es war“, rief ich nach vorn.

„Nina, du hältst jetzt den Mund, wenn du nicht auch einen Verweis willst!“

„Altan soll einen Verweis kriegen? Das ist total ungerecht. Altan, wehr dich! Oder hast du Angst vor Flori?“

Aber nicht mal diese Provokation wirkte. Altan tat so, als hätte er mich nicht gehört.

Frau Schimmel griff zu ihrem Buch und machte sich eine Notiz.

„Du kannst deine Eltern schon mal vorbereiten, dass sie morgen Post von mir kriegen, Altan.“

„Wenn Sie das tun, sind Sie eine ganz miese Lehrerin“, rief ich außer mir.

Damit hatte ich auch einen Verweis.

[63–65]

M 10 Mobbing*

1 Stelle aus der Textpassage zusammen, was du über Flori und Frau Schimmel in Erfahrung bringen kannst, und erkläre mithilfe dieser Informationen das Verhalten der beiden in dieser Situation.

2 Wie beurteilst du das Verhalten von Flori, Frau Schimmel und Kaninchen?

3 Beschreibe und interpretiere die nebenstehende Abbildung.

4 Recherchiere den Begriff „Mobbing“ im Internet (z. B. unter www.blinde-kuh.de oder bei www.wikipedia.de) oder in einem Lexikon und wende ihn als Erklärung auf M 9 und M 10 an.

Mobbing in der Schule – einige spielerische und experimentelle Anregungen

M 11

I. Meine Meinung zum Mobbing

Kartonierte DIN A4-Blätter mit den Buchstaben des Alphabets werden im Kreis verteilt. Zu der Fragestellung „Meine Meinung über Mobbing“ beschriften die Spieler die Alphabetkarten. Jede Karte enthält eine Beschreibung des Begriffs Mobbing. Beispiel: Wer den Buchstaben B hat, könnte einen entsprechenden Satz formulieren: „Mobbing finde ich blöd“ oder „Mobbing ist ein hoch brisantes Thema“. Die Karten lesen die Spieler entsprechend ihrer Kennbuchstaben mit A beginnend der Reihe nach einzeln vor und heften sie an eine Pinnwand.

Auswertung: Wie war das Experiment für dich? Welche Ausdrücke oder Aussagen haben dich besonders angesprochen? Welche Einstellung hast du zum Mobbing?

II. Alltägliche Situationen

Sammelt über einen vorher vereinbarten Zeitraum alltägliche Situationen zwischen Schülern und Lehrern. Beispiel 1: Ein Kind kommt zu spät zum Unterricht, weil der Bus ausgefallen ist. Der Lehrer empfängt es: „Na, auch schon ausgeschlafen?“ – Beispiel 2: Eine Lehrerin kramt in der Schulmappe eines Kindes, weil sie ein Heft einsehen möchte. Dabei kommentiert sie vor allen anderen laut den Mappeninhalt.

Auswertung: Überlegt, ob ihr umgekehrt mit der Lehrerin oder dem Lehrer auch so umgehen könntet. Spielt die Szenen mit vertauschten Rollen und denkt darüber nach, was verändert werden müsste. Vereinbart Regeln, die für Schüler und Lehrer gelten sollen.

III. Das habe ich selbst schon erlebt

Sammelt Situationen, in denen ihr ansatzweise schon einmal „Mobbingpraktiken“ erfahren habt, und spielt sie im Rollenspiel. Für jede Situation solltet ihr mehrere Lösungen ausprobieren, auf die ihr im Ernstfall zurückgreifen würdet: gekonnte verbale Reaktion; Überwindung von Sprachlosigkeit; Schlagfertigkeit üben; selbstbewusst mit der Stimme umgehen; Einschalten einer dritten Person (Lehrer, Streitschlichter, „Pate“); Konfrontation, Kampf ; Rückzug.

Auswertung: Wie war das Experiment für dich? Wie hast du dich dabei gefühlt? Was hast du unternommen? Welche Bilder, Fantasien, Erinnerungen, Vorstellungen nimmst du wahr?

5 Lest euch die Vorschläge für die Spiele durch und überlegt gemeinsam, welche ihr davon umsetzen möchtet.

Regeln an der Brutalo-Schule in Schikanien

M 12

1. *Zuhören und Ausredenlassen sind überflüssig – wer am lautesten ist, hat Recht!*
2. *Schimpfwörter und Beleidigungen bringen uns weiter!*
3. *Außenseiter gibt es in jeder Klasse – also sucht sie und macht sie fertig!*
4. *Rücksichtnahme auf andere ist ein Zeichen von Schwäche!*
5. *Körperliche Auseinandersetzungen und Schläge haben noch keinem geschadet!*
6. *Lehrer und Schüler sind natürliche Gegner!*
7. *Härte soll unser Klassenklima bestimmen!*
8. *Es gibt keine gleichen Rechte für alle – die Starken zuerst, die Schwachen sollen sich unterordnen!*
9. *Nimm dir einfach das, was dir gefällt!*

6 Kannst du dir vorstellen, dass Schüler einen Lehrer mobben? Schreibe dazu eine Geschichte.

7 Bildet Kleingruppen und nehmt Stellung zu den einzelnen Regeln der Brutalo-Schule. Dann formuliert Regeln, die eurer Meinung nach für eure Schule und Lerngruppe gelten sollen, schreibt sie auf Plakate und vergleicht sie untereinander.

8 Wie könnte man für das Einhalten eurer Regeln sorgen?

Zivilcourage* und Ethik des Helfens: Altans Rettung

Eines Morgens kommt Altan nicht mehr zur Schule. Auch die Eltern wissen nicht, wohin er verschwunden ist, und machen sich große Sorgen. Kaninchen ahnt, dass Flori irgendwie in die Sache verwickelt ist, da er auf Altan herumhackte und den Verdacht für Altans Verhalten gezielt auf Altans Vater, Herrn Celik, gelenkt hatte. Daher beschließt Kaninchen, gemeinsam mit Taco Flori nach der Schule zu verfolgen. Während der Beschattung entdecken sie, dass sich Flori mit einem vierzehnjährigen Jungen – dem Gelkopf – trifft, den Taco als denjenigen wiedererkennt, der vor Altan mit dem Messer „rumgefuchtelt" hatte. Dann taucht auch noch Ümet auf, ein siebzehnjähriger Fussballer und eigentlich Altans Vorbild, der ihn mit dem Gelkopf bedroht und in den Magen geboxt hatte. Die Verfolgung endet hoch oben in einem Kirchturm, vor einer Bretterwand ...

M 13 „Was hätte ich denn tun sollen?"

Meine Angst vor der Tiefe war vergessen.

Ich dachte nur noch an Altans Rettung.

Ohne weitere Zwischenfälle gelangten Taco und ich bis ans Ende der dritten Leiter.

Dort hielten wir inne und lauschten. Von der Bretterwand her kamen undeutliche Stimmen.

Ich machte meinem Bruder ein Zeichen.

Er verstand und kroch, so leise er konnte, über die Planken. [...] Nach kurzem Warten folgte ich ihm.

Wir kauerten uns links und rechts neben die Tür.

Wenn wir ein Ohr an die Bretterwand legten, konnten wir jedes Wort hören, das im ehemaligen Glöcknerzimmer gesprochen wurde.

Ümet war leicht an seiner tieferen Stimme zu erkennen.

„Ich würde dich echt gern nach Hause lassen, Altan, aber dafür ist es zu früh."

„Ich hab doch versprochen, dass meine Eltern nichts erfahren."

Altan sprach tonlos, als habe er sich in sein Schicksal ergeben.

[...]

„Sagt mal, wie lange wollt ihr ihn denn noch festhalten?"

Flori klang weinerlich, als bereute er längst, mit den beiden älteren Jungen gemeinsame Sache gemacht zu haben.

„Schnauze!", herrschte Ümet ihn an. „Altan bleibt mein Gefangener, bis ich mir hundertprozentig sicher sein kann, dass er sich eher die Zunge abbeißt, als zu quatschen."

„Ich kann sowieso nie mehr im Leben zu meinen Eltern zurück", schluchzte Altan plötzlich.

[...]

Was hatte das zu bedeuten?

Während wir noch rätselten, gab der Gelkopf die Antwort.

„Ja", lachte er meckernd, „dein Vater würde es garantiert nicht lustig finden, wenn er erfährt, dass du ein Dieb bist."

Ich war entsetzt. Altan hatte also doch die DVDs im Schreibwarenladen geklaut.

Aber es kam noch schlimmer.

„Und wenn der alte Celik erst rauskriegt, dass er von seinem eigenen Sohn beklaut wurde, dann gute Nacht!"

[...]

„Was hätte ich denn tun sollen?", sagte Altan leise. „Ihr habt mich doch gezwungen."

Da schrie Ümet auf einmal: „Du hast es also immer noch nicht gecheckt? Wir haben überhaupt nichts getan. Nichts. Gar nichts!"

Jetzt hörten wir Schläge auf Altan einprasseln und dann seine verzweifelten Schreie.

Taco warf mir einen flehenden Blick zu. Er erwartete, dass ich eingriff.

Aber wie? [140–142]

1 Fertige eine kleine Zeichnung an, um dir die Situation, in der sich alle befinden, klar zu machen.

2 Erkläre Altans verzweifelte Lage. Was könnte er denken? Schreibe seine Gedanken auf.

3 Überlege dir Vorschläge und Ideen, was Kaninchen deiner Meinung nach tun kann oder tun sollte?

Kaninchen hat eine Idee

M 14

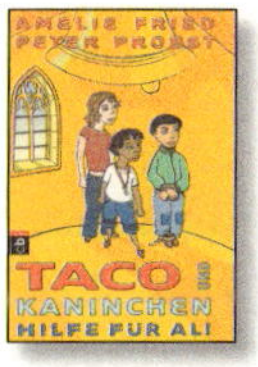

Da hatte ich die entscheidende Idee.
Ich öffnete Tacos Rucksack und zog zu seiner Verwunderung das Messer heraus.
Schnell griff ich nach einem kleinen Brett, das wohl bei Renovierungsarbeiten liegengeblieben war, klemmte es zwischen meine Beine und begann es zu spalten.
Als Taco mich fragend ansah, deutete ich stumm auf die schmale Ritze unter der Tür.
Er verstand sofort, dass ich Keile schnitzte, um Altans Peiniger im Glöcknerzimmer einzusperren.
Wenn uns das gelang, konnten wir Erwachsene zu Hilfe holen.
Der erste Keil war fertig, kurz darauf der zweite, dann ein dritter und vierter, die ich Taco reichte.
In solchen Momenten, in denen es um alles oder nichts ging, funktionierte zwischen meinem Bruder und mir eine Art unsichtbares Telefon.
Ich brauchte nicht zu sagen, was ich vorhatte, Taco wusste es einfach.
Auf meinen Wink hin schoben wir die Keile blitzschnell unter die Tür, sprangen auf und traten mit aller Wucht dagegen. Immer wieder, bis sie sich nicht mehr bewegten.
Im Glöcknerzimmer war es schlagartig still geworden.
[...]
Taco schaute mich an und lächelte stolz.
„Gute Teamarbeit, Kaninchen."
Ich nickte und hielt ihm die Hand zum Abklatschen hin.
Wir hatten die Celiks informiert und konnten nun in aller Ruhe zuschauen, wie Altans Vater und Bruder die Eingesperrten aus dem Turm holten.
Als Erster tauchte Hakan mit Ümet auf. Jetzt zeigte sich, was für ein Würstchen der Anführer der Bande in Wirklichkeit war.
Er flehte, Hakan solle unbedingt die Polizei aus dem Spiel lassen. Irgendwann hatte Altans Bruder das Gejammer satt und verstärkte den Griff um den Hals des Jungen ein wenig.
Schlagartig verstummte Ümet.
Der Weg ins Polizeiauto, das wenig später auf dem Kirchplatz eintraf, blieb Ümet dennoch nicht erspart.
Herr Celik hatte den Gelkopf am Schlafittchen, der von seinen Eltern in Empfang genommen wurde. Als ich sie sah, kam mir der Verdacht, dass der Gelkopf womöglich lieber ins Polizeiauto als in den Wagen seines vor Zorn bebenden Vaters gestiegen wäre.
Flori trottete mit gesenktem Kopf neben Altan her.
„Der macht so schnell keine dummen Sprüche mehr", sagte ich.
Da hörten wir einen zweifachen Schrei. Er stammte von Altan und Frau Celik, die sich in die Arme fielen.

[142–147]

4 Welche Eigenschaften brauchen Kaninchen und Taco, um zu helfen? Beantworte diese Frage mithilfe von M 14.

5 Lies dir die sechs Regeln für den Ernstfalll durch und überlege, weshalb es sinnvoll war, dass Kaninchen die Celiks und die Polizei informiert hat.

6 „Kaninchen": Romanfigur oder Wirklichkeit? Verfasse zu diesem Thema einen kleinen Aufsatz.

7 Wie passen die Abbildungen in M 15 mit den Regeln zusammen? Vergleiche sie auch mit M 4 (S. 37).

Regeln für den Ernstfall

M 15

Pauschalurteile – Vor-Urteile*?

M 16 Doofe Sprüche

Hannah winkte mich zu einigen Mädchen aus meiner Klasse heran. Sie stritten mit Flori, der behauptet hatte, es sei eine Tatsache, dass Türken eifersüchtiger wären als Deutsche.

„Meine große Schwester hat einen deutschen Freund", sagte Lucy, „der ihr jeden Morgen eine Szene macht, wenn sie zur Arbeit geht."

„Und wieso?", fragte Lena.

„Weil sie ihre Kollegen sympathisch findet."

„Meine Mutti war wegen ihrer Eifersucht sogar in Therapie", berichtete Hannah, „bis sie rauskriegte, dass mein Vater wirklich eine Freundin hat."

„Ihr kennt die Türken nicht", sagte Flori.

„Und du kennst sie?", mischte ich mich ein.

Er nickte.

„Ich hab 'ne Menge türkischer Kumpel. Ihr könnt euch nicht vorstellen, was die von ihren Vätern erzählen."

„Was denn?"

Er grinste schief.

„Darüber kann ich leider nicht reden."

Genervt von seiner Wichtigtuerei, zog ich mich zurück.

Aber Flori lief mir nach und hielt mich fest. Er kam unangenehm nahe und flüsterte mir ins Ohr: „Es ist nicht nur die Eifersucht. Türkische Männer schlagen auch viel öfter."

Ich schüttelte ihn ab.

„Spiel dich nicht so auf, Flori! Und glaub bloß nicht, dass du mit doofen Sprüchen über Türken endlich Freunde kriegst."

[60–61]

1 Stelle den Inhalt von Floris Aussagen kurz zusammen.

2 Benenne zusammenfassend seine Position und bewerte sie. Bearbeite diese Aufgabe erneut, wenn ihr im Unterricht M 21 gelesen habt.

3 M 17 zeigt ein Plakat mit Aussagen über Arbeitslose. Was hältst du von dieser Darstellung?

4 Mit welcher Absicht könnte jemand ein solches Plakat (M 17) aufhängen?

M 17

M 18

5 In M 18 siehst du eine Karikatur; beschreibe sie und erkläre, wie sie sich auf Vorurteile bezieht.

6 Inwiefern sind Vorurteile Vor-Urteile?

7 Gibt es folglich auch „Nach-Urteile"?

Wir Sind Helden – „Soundso“

M 19

Sie wissen genau, wer du bist
Du bist uns so einer
Sie sagen es so, wie es ist
So gut kennt dich keiner
Und zwar bist du vom Wesen soundso
Soundso so irgendwie
Verstehen sie dich, das macht sie froh
So einer ändert sich nie

[Refrain:]
Aber nichts davon bestimmt dich, weißt du
Nichts davon verglimmt nicht mit der Zeit
Nur du bestimmt nicht, weißt du
Nichts davon ist wirklich
Nichts davon soundso
Und sowieso bleibt nichts davon soundso
Und sowieso ist nichts davon soundso
Glaub mir, nichts davon bist du

Soundso warst du schon immer
Genauso, nur kleiner
Im Alter wird sowas nur schlimmer
Genauso, nur alleiner
Wie gut, wenn man geliebt wird, wie man ist
Soundso, und so allein
So wie du warst, so wie du bist
Bist das du, musst du das sein?
[Refrain:] ...

Dein Vater ist froh,
Weil er weiß,
Du bist soundso!
Und Mutter ist froh,
Weil sie weiß,
Du bist soundso!
Dein Haustier ist froh,
Weil es weiß,
Du bist soundso!
Dein Lehrer ist froh,
Weil er weiß,
Du bist soundso!

Die Freunde sind froh,
Alles klar,
Du bist soundso!
Auf Arbeit alle froh,
Alles klar,
Du bist soundso!
Zuhause alle froh,
Alles klar,
Du bist soundso!

Du gehst k. o.,
Weil du weißt,
Du bist soundso!
Wirklich nichts davon ...
Soundso
Und sowieso bleibt nichts davon soundso
Und sowieso ist nichts davon soundso

Glaub mir nichts davon... bist du!

Wir sind Helden, 2007

8 Lies den Liedtext genau und überlege, welche Bedeutung dem Wort „soundso“ zukommt. Erkläre diese Bedeutung deinem Sitznachbarn.

8 Warum sind im Text alle über „dein“ angebliches „Soundso“ froh, und was bedeuten die Zeilen „Du gehst k. o.; Weil du weißt; Du bist soundso!“?

10 Beschäftigt sich der Liedtext auch mit Vorurteilen? Wenn ja, in welcher Hinsicht?

Vorurteile* bemerken und erklären

M 20 Was erwartet mich bei den Celiks?

Ich ging mit Altan nach draußen und fragte ihn, ob er gestern noch etwas Anständiges zu essen bekommen hätte.
„Ja, das Fastenbrechen war herrlich."
Ich schaute ihn ungläubig an.
„Das Fastenbrechen?"
„Ja, wieso?"
„Esst ihr so viel, dass ihr euch übergeben müsst?"
Altan schaute mich einen Moment verständnislos an, dann musste er lachen.
„Fastenbrechen heißt doch nicht, dass wir brechen."
„Was denn?"
„Na, dass wir das Fasten unterbrechen."
Ich wurde rot. Wie peinlich!
„Sicher denkst du auch, mein Bruder und ich duschen in Unterhosen, und meine Mutter spricht nur, wenn mein Vater es erlaubt", spottete Altan.
„Was kann ich dafür, wenn ich noch nie bei einer türkischen Familie war?", verteidigte ich mich halbherzig.
„Gestern hättest du dazu Gelegenheit gehabt."
Da hatte er Recht.
Wieso hatte ich Hakans Einladung eigentlich ausgeschlagen? Wenn ich ehrlich war, hatte ich ein mulmiges Gefühl gehabt, weil ich nicht wusste, was mich bei den Celiks erwartete. Womöglich pflegten sie irgendwelche fremdartigen Bräuche und wären beleidigt gewesen, wenn ich nicht mitmachte.
Altan machte sich weiter gnadenlos über mich lustig.
„Du hast Angst gehabt, dass sie dich in die Türkei verschleppen und mit einem alten Schafhirten verheiraten, stimmt's?"
„Ist gut, Altan, ich hab doch zugegeben, dass ich ziemlich wenig von euch weiß."
„Frauen müssen bei uns nichts wissen", sagte er, ohne eine Miene zu verziehen, „die werden sowieso im Haus eingesperrt." [58–60]

1 In welcher Weise macht sich Altan über Kaninchen lustig?
2 Welche Rolle spielen die Vorurteile in ihrer Unterhaltung?

INFO

Michel de Montaigne lebte von 1533 bis 1592. Er wurde in der Nähe von Bordeaux geboren und war lange Zeit Bürgermeister dieser Stadt. In seinen Schriften, den „Essais", setzt er sich immer wieder ablehnend mit der Annahme auseinander, dass es ein absolut wahres Wissen von etwas geben könne. Eine solche Haltung nennt man skeptisch.

M 21 Über das Leben eines Indianervolkes in Brasilien

Nun finde ich, [...] dass es nach dem, was man mir davon berichtet hat, an diesem Volke [gemeint ist das Indianervolk] nichts Barbarisches oder Wildes gibt, es sei denn, dass jedermann das Barbarei nennt, was nicht seiner Gewohnheit entspricht; wie wir denn in der Tat keinen Prüfstein der Wahrheit und der Vernunft haben als das Beispiel und Vorbild der Meinungen und Bräuche des Landes, in dem wir leben."

Michel de Montaigne, 1580

3 Lies M 21 Wort für Wort durch. Gib anschließend den Inhalt in eigenen Worten wieder.
4 Was würde nach Montaigne jedermann Barbarei nennen?
5 Wie lassen sich mit dem Text von Montaigne Vorurteile erklären?
6 Bewerte, ob diese Erklärung zutreffend ist.
7 Vergleiche die Aussagen Montaignes mit der Unterhaltung von Altan und Kaninchen (M 20).

M 22

Der Zweifel ist der Gegenspieler des Vorurteils, das mit der Bequemlichkeit und der Rechthaberei verbündet ist.

nach Peter Ustinov

8 Erarbeitet in Gruppen zunächst ein Standbild, das den Satz von Peter Ustinov darstellt, und zeigt es allen in eurer Lerngruppe.

9 Überlegt euch dann ein Vorurteil und lasst Zweifel, Bequemlichkeit und Rechthaberei als Personen in einem Rollenspiel miteinander diskutieren.

10 Erarbeite zusammen mit deinem Sitznachbarn einen Plan, wie sich Vorurteile bemerken und entlarven lassen. Gestaltet gemeinsam ein Plakat, das diesen Plan darstellt.

11 Erklärt die Komik des folgenden Bildes. Findet ihr auch hier Zweifel, Bequemlichkeit und Rechthaberei?

M 23

„Klein, dick und schwarz“

M 24

Schwarze Raben! Weiße Raben?

12 Stimmst du der Aussage „Alle Raben sind schwarz“ zu? Diskutiere mit deinem Sitznachbarn.

13 Überlegt euch dann gemeinsam, ob es sich bei der Aussage um ein Vorurteil handelt oder nicht? Schreibt die Gründe für eure Entscheidung auf.

14 Welche Bedeutung kann Bild 1 M 24 für diese Entscheidung haben?

15 Betrachtet nach eurer Entscheidung Bild 2, auf dem ein Rabe der Spur eines anderen Raben folgt. Welche Farbe hat das Gefieder des Raben, zu dem die Spur gehört? (Bedenkt bei eurer Antwort, was ihr euch zu den Arbeitsanregungen 12 und 13 überlegt habt.)

M 25 Weiße Raben! Schwarze Raben?

16 War die Aussage „Alle Raben sind schwarz" also doch ein Vorurteil? Ist Bild 3 überhaupt möglich?
Diskutiere erneut mit deinem Sitznachbarn.

17 Konstruiert auch Aussagen wie „Alle ... sind..." und überlegt gemeinsam, ob es sich dabei um Vorurteile handelt?

INFO

Der Philosoph **Karl Raimund Popper** (1902–1994) hielt es für wichtig, all unser Wissen immer wieder kritisch zu überprüfen. Nichts, von dem wir – wenn auch aus guten Gründen – überzeugt sind, muss deshalb schon immer wahr sein. Wir sollen uns Fragen ausdenken, die zeigen, ob unser Wissen nicht auch falsch sein könnte.
So kann man den Satz „Alle Raben sind schwarz" nach Popper auch dann nicht für wahr halten, wenn alle Raben, die wir schon gesehen haben, schwarz waren. Denn gibt es nur einen weißen Raben, auch wenn wir ihn noch nicht gesehen haben, so ist der Satz falsch.

18 Überprüfe, ob Karl Raimund Poppers Überlegungen zum Satz „Alle Raben sind schwarz" stimmen. Beziehe M 24 und M 25 dabei in deine Antwort mit ein.

19 Was müsste jemand tun, um zu beweisen, dass alle Raben schwarz sind?

20 Vergleiche die Aussage „Alle Raben sind schwarz" mit dem nachfolgenden Comic. Welche Gemeinsamkeiten und/oder Unterschiede lassen sich erkennen?

M 26 Garfield

21 Was entgegnest du jemandem, der nach dem Blick auf den Comic M 26 sagt: „Alles klar, alle Katzen sind sehr dumm"?

22 In M 20 zitiert Altan einige Urteile über Türken. Erkläre mit Karl Raimund Popper, warum das Vorurteile sind.

23 Vergleiche die Aussagen des Textes M 21, mit der Aussage: „Alle Raben sind schwarz".

24 Beschreibe abschließend erneut mit eigenen Worten, wie sich Vorurteile erklären lassen.

vorURTEIL

M 27

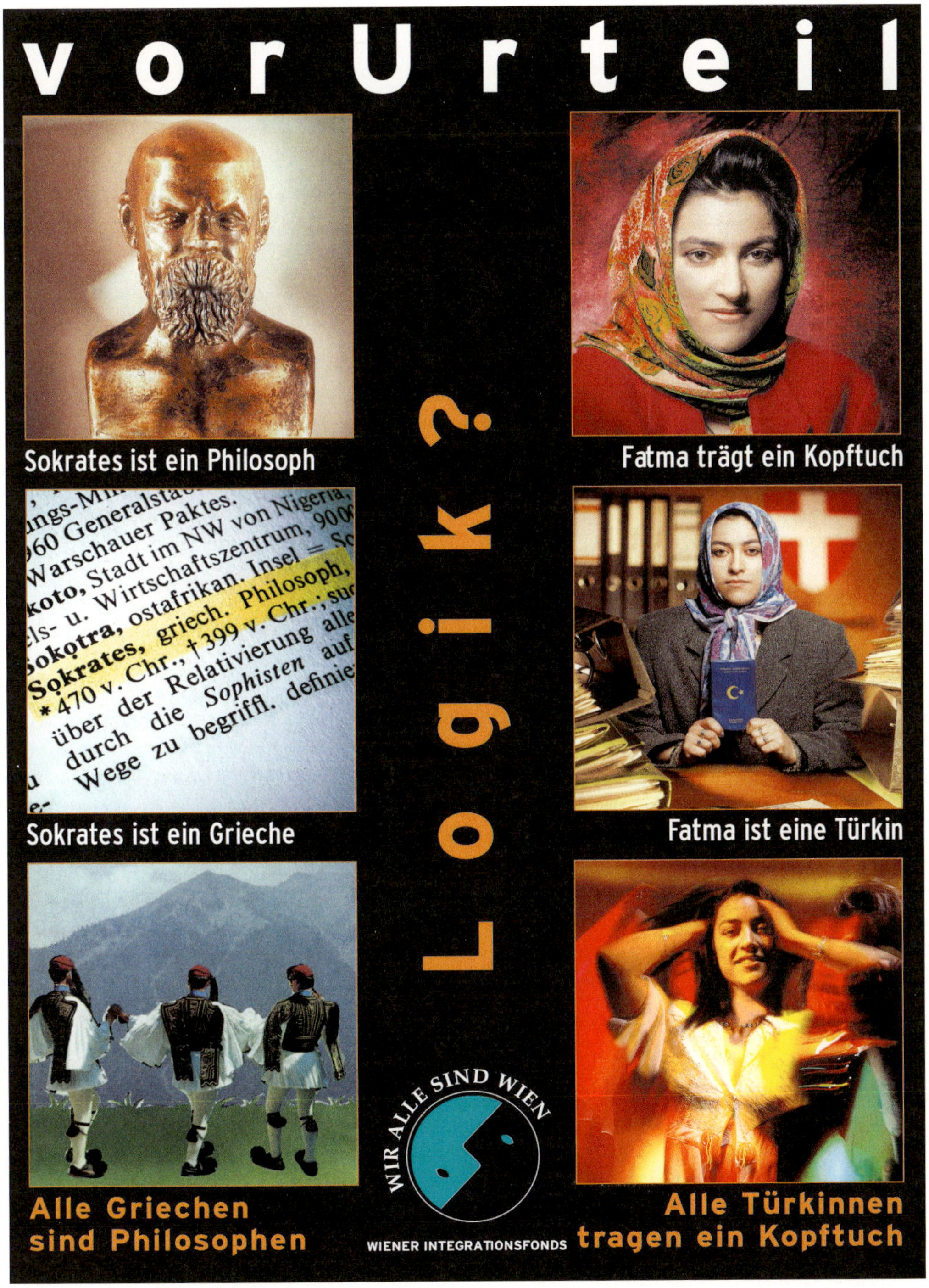

25 Würdest du den Aussagen „Alle Griechen sind Philosophen“ und „Alle Türkinnen tragen Kopftuch“ zustimmen? Begründe deine Entscheidung zunächst gegenüber deinem Sitznachbarn.

26 Erkläre, wie diese Aussagen aus den Bildern und Textzeilen entstehen. Erkläre abschließend den Begriff „Vorurteil“.

Vorurteile* aufheben?

M 28

Zu Besuch bei Celiks

Ich hatte keine Ahnung, was die Celiks mit der Einladung bezweckten. Sie war mir nur als willkommene Gelegenheit erschienen, mehr Licht in die mysteriöse Geschichte zu bringen. Außerdem wollte ich Herrn Celik zeigen, dass sein Sohn gute Freunde hatte, denen es nicht verborgen blieb, wenn er geschlagen wurde.

Und wenn die Einladung eine Falle war?

Auch Taco machte ein nachdenkliches Gesicht. [...]

Vor der Wohnungstür der Familie Celik angekommen, war mir doch wieder mulmig zumute.

Taco ging es genauso, er schlug sogar vor, umzukehren und nach Hause zu fahren. [...]

In dem Moment öffnete sich die Tür.

Frau Celik schaute uns überrascht an.

„Ihr seid schon da?"

„Ja, ist ja nicht so weit", stammelte ich.

„Du bist also Taco", wandte sich Frau Celik an meinen Bruder. „Mein Mann hat gesagt, du warst sehr freundlich am Telefon."

Taco nickte, brachte aber kein Wort heraus.

„Worauf wartet ihr? Kommt rein!"

Wir traten schüchtern ein. [...]

„Sind sie gekommen?", hörten wir eine tiefe männliche Stimme.

Am liebsten wäre ich davongelaufen, aber Altans Vater kam bereits auf uns zu.

Er trug Jeans und ein bunt gemustertes Hemd, sein schwarzer Schnauzer war akkurat geschnitten, seine dunklen Augen, die Altan von ihm geerbt hatte, blitzten.

„Herzlich willkommen, ihr zwei!" [...]

„Ich freu mich so, dass mein Sohn mal Besuch aus seiner neuen Schule bekommt."

„Wo ist Altan denn?", erkundigte ich mich.

Die Eltern schauten sich an.

„Er müsste eigentlich schon hier sein", sagte Frau Celik.

„Er kommt sicher gleich", bestätigte Herr Celik und öffnete, während sich seine Frau in die Küche zurückzog, die Tür zum Wohnzimmer.

Altans Vater deutete zu einem großen Sofa, auf dem bunte Kissen lagen.

„Bitte, nehmt Platz."

[...]

Wir rutschten brav ein Stück nach hinten.

„Mein großer Sohn, Hakan, passt noch auf den Laden auf, dann kommt er auch. Aber jetzt kriegt ihr erst mal Çay, das ist türkischer Tee."

Er verließ das Zimmer, und wir konnten uns ungestört umblicken.

Auf dem Boden lagen schön gemusterte Teppiche, an einer Wand hing das Ölbild einer Küstenlandschaft mit Palmen und zerklüfteten Felsen. Die Unterschiede zu einer deutschen Wohnung waren nicht groß, allerdings war es viel ordentlicher als bei uns zu Hause.

Herr Celik kam mit einem Tablett und drei schlanken Teegläsern zurück. Ich nahm einen kleinen Schluck. Der Tee war gesüßt und sehr aromatisch.

„Gut?", fragte Herr Celik.

„Total", sagte Taco.

Herr Celik lachte. „Ihr habt euch sicher gewundert, wieso wir euch einladen."

Wir nickten.

„Vielleicht hat Kaninchen sogar ein bisschen Angst gehabt, weil ich bei unserer ersten Begegnung so unfreundlich war. Aber da hatte ich gerade etwas sehr Ärgerliches entdeckt."

„Was denn?", fragte Taco auf seine berüchtigt direkte Art.

„Einen Diebstahl." Er seufzte. „Es war leider nicht der einzige."

Herr Celik erzählte, dass seit einiger Zeit auf rätselhafte Weise aus seinem Elektronikladen Ware verschwand.

„Haben Sie einen Verdacht?", fragte ich.

Er schüttelte den Kopf.

„Wir lassen die Kunden nicht mehr aus den Augen, aber es ist, als würden sich die Sachen in Luft auflösen."

„Sie brauchen einen Detektiv", erklärte Taco, „oder besser zwei."

Altans Vater musste schmunzeln.

„Wenn wir den Täter nicht bald haben, kommen wir auf euch zurück."

[91–97]

1 Schreibe aus der Sicht Tacos oder aus der Sicht Kaninchens einen Tagebucheintrag, der ihren Besuch bei Celiks schildert.

M 29

Sägefisch und Hammerhai

Der Sägefisch trifft um halb drei
Am Meeresgrund den Hammerhai.
Den kennt er nicht und ist verstört,
als er ihn auch noch hämmern hört.
Denn einzig gilt sein Augenmerk
Dem Leben, wenn es Sägewerk.
So dass ein Leben nicht gelingt,
wenn man nur den Hammer schwingt.

Der Hammerhai hält nun hingegen
Nicht allzu viel davon zu sägen.
Denn wer einen Hammer hat,
Verzichtet auf ein Sägeblatt.
Und wenn man etwas nicht erträgt,
ist das ein Fisch, der dauernd sägt.
Der Hai ist folglich schwer verstimmt,
als der Fisch jetzt näher schwimmt.

Der Sägefisch ruft rasch: „Hei Hai –
Ich schwimme wirklich nur vorbei.
Doch könnt' ich's ebenso erwägen,
Dazubleiben und zu sägen.
Denn nur hämmern, hauen, klopfen,
Kann den Kopf schon mal verstopfen."
„Dem ist nicht so", tönt laut der Hai,
„Die Säge fern – mein Kopf ist frei.

Bald klingen durch des Meeres Weiten
Noch viele dieser Freundlichkeiten.
Und deren Austausch unumwunden
Beansprucht gut und gern drei Stunden.
Bis beiden dann der Nutzen dämmert,
wenn einer sägt und einer hämmert.
Wir tolerieren uns ganz friedlich,
Verständnisvoll und unterschiedlich.
Wir war'n allein, wir bleiben zwei.
Ein Sägefisch, ein Hammerhai.

Lutz Heerhold, 2008

2 Was halten Hammerhai und Sägefisch zu Beginn des Gedichts voneinander?

3 Findet eine Veränderung statt? Wenn ja, wie lässt sie sich begründen?

M 30

Vorurteile als verschlossene Türen

Ich zeichne gern, während ich spreche. [...] Würde ich gebeten, das Vorurteil zu malen, brächte ich eine verschlossene Tür aufs Papier. Denn Vorurteile sind vernagelte Türen zu Zimmern, in die kein frisches Lüftchen dringt und in denen vermutlich alles mit Spinnweben überzogen ist. Nun sollte man meinen, dass jeder vernünftige Mensch, der ein solches Zimmer betritt, auf der Stelle die Fenster aufreißt. Aber manche Leute bemerken die stickige Atmosphäre gar nicht. Oft eine Ewigkeit lang nicht."

Peter Ustinov, 2003

4 Stellt euch vor, die Tür eures Klassenzimmers sei die „Vorurteilstür". Zunächst geht eine Schülergruppe hinaus auf den Flur. Eine zweite überlegt sich drinnen ein Vorurteil, das sie vertritt. Dann kommt die erste Gruppe wieder zurück. Nun versucht die Gruppe im Raum die Hereingekommenen im Dialog von ihrem Vorurteil zu überzeugen. Demgegenüber tragen die Hereingekommen Argumente und Möglichkeiten vor, das Vorurteil zu überwinden. Die übrigen Schüler und Schülerinnen notieren alle Argumente für eine spätere Auswertung.

M 31

Timm Thaler

[Timm Thaler sagte lachend]: „Aber ich für meinen Teil finde es erfrischend, wenn ich in einem anderen Land in einer anderen Sprache anders reden, anders denken und am Ende die Welt auch einmal anders sehen kann. Ein Garten mit vielen verschiedenen Bäumen ist mir lieber als einer, in dem nur Zypressen oder nur Birken oder nur Granatapfelbäume stehen."

James Krüss, 1969

5 Gib M 31 in eigenen Worten wieder. Warum lohnt es sich, Vorurteile zu überwinden?

6 In welchen anderen Ländern warst du schon? Was war dir dort bekannt, was unbekannt?

Migration* und Gleichheit*

M 32 Wird Altan Tore für Deutschland schießen?

[Altan] wohnte mit seinen Eltern im Bahnhofsviertel. Dort, und nicht bei uns in Neuhausen, war er auch zur Schule gegangen, bis sein Vater auf die Idee kam, er würde mehr lernen, wenn er es hauptsächlich mit deutschen Kindern zu tun hatte.

Anfangs war es für Altan nicht leicht gewesen, vor allem weil ihn einige Jungen wegen seines Akzents ständig auf den Arm nahmen.

Doch er ließ sich nicht provozieren und lachte einfach mit ihnen. Wenn jemand fragte, wo seine Familie herkam und wie sie lebte, gab er bereitwillig Auskunft. Er fand sich sogar damit ab, dass ihn alle Ali nannten, obwohl das kein türkischer, sondern ein arabischer Name war.

Nach ein paar Monaten hatte sich Altan eingelebt. Man hörte kaum noch, dass Deutsch nicht seine Muttersprache war, und die meisten Klassenkameraden fanden ihn echt nett.

Altan war kein besonders guter Schüler, was daran lag, dass er die meiste Energie auf Fußball verwandte. „Ich will der erste Nationalspieler meiner Familie werden, deswegen muss ich hart trainieren und hab wenig Zeit für Hausaufgaben“, entschuldigte er sich.

Weil Altan sehr charmant war und zwischendurch auch gute Noten schrieb, drückten fast alle Lehrer ein Auge zu.

Taco war ein begeisterter Fan von Altans Fußballkünsten. Für ihn stand fest, dass mein Klassenkamerad mal so berühmt wie Ballack oder Mehmet Scholl werden würde. Er machte sich nur Sorgen, dass Altan womöglich für die Türkei antreten und Tore gegen Deutschland schießen könnte.

Altan beruhigte ihn, noch habe er nicht entschieden, für welche Mannschaft er mal spielen werde.

„Die Bedingungen müssen stimmen, dann sag ich nicht Nein, wenn mich der deutsche Teamchef ruft.“

[15–16]

1 Stelle aus dem Text die Informationen über Altan zusammen.

2 Wie siehst du anhand dieser Informationen seine Situation in der Klasse?

3 Recherchiere den Begriff „Migration“ (z. B. bei www.blinde-kuh.de) und informiere dich ebenfalls über die Türkei, aus der Altan stammt.

4 Erkundige dich bei deinen Eltern (und deinen Großeltern), woher deine Familie ursprünglich kommt und weshalb und wie sie in die jetzige Heimat gekommen ist. Schlage die Region in deinem Erdkunde-Atlas nach und berichte in der Klasse darüber. Du kannst dazu auch eine geeignete Karte aus dem Atlas abpausen und den Herkunftsort einzeichnen. Vielleicht könnt ihr das Thema „Herkunft aus anderen Ländern“ auch im Erdkunde-Unterricht behandeln.

M 33

Unsere Stammbaum

Ich wor ne stolze Römer,
koom met Caesars Legion,
un ich ben ne Franzuus,
koom mem Napoleon.
Ich ben Buur, Schreiner, Fescher,

Bettler un Edelmann, Sänger un Gaukler,
su fing alles aan.
Su simmer all he hinjekumme,
mir sprechen hück all dieselve Sprooch.

Mir han dodurch su vill jewonne.
Mir sin wie mer sin, mir Jecke am Rhing.
Dat es jet, wo mer stolz drop sin.

Ich ben us Palermo,
braat Spaghettis für üch met.
Un ich wor ne Pimock,
hück laach ich met üch met.

Ich ben Grieche, Türke, Jude,
Moslem un Buddhist,
mir all, mir sin nur Minsche,
vür'm Herjott simmer glich.

Bläck Fööss, 2000

(Vokabelhilfe: „Jecke am Rhing“: Damit sind in Köln am Rhein diejenigen gemeint, die wissen, dass sie selbst unvollkommen und daher tolerant sind, und die das Leben nicht so ernst nehmen; „Pimock“ bedeutet in Köln „Flüchtling aus den ehemaligen deutschen Ostgebieten“)

5 Übersetze die einzelnen Zeilen und schreibe sie auf.

6 Überlegt und besprecht, welche Aussagen das Lied enthält.

7 Nehmt selbst Stellung zu den Aussagen des Liedtextes. Bezieht dabei auch den Info-Kasten zu „Diskriminierung“ und „Gleichheit vor dem Gesetz“ mit ein.

INFO

Diskriminierung

Wenn einzelne Menschen oder Gruppen benachteiligt werden, weil sie zum Beispiel eine andere Hautfarbe oder eine andere Religion haben, so werden sie diskriminiert (das Wort stammt aus dem Lateinischen und bedeutet „Unterscheidung“). Die Gründe dafür können sehr unterschiedlich sein. Oft spielen Vorurteile eine Rolle. So haben manche Menschen ohne Grund eine schlechte Meinung von Menschen fremder Herkunft oder mit fremdländischem Aussehen. Sie behandeln diese Menschen deshalb unfair und ungerecht – sie diskriminieren sie.

Gleichheit vor dem Gesetz

Egal, welche Hautfarbe du hast, woher du kommst oder welche Sprache du sprichst – in Deutschland haben alle Menschen die gleichen Rechte. Das schreibt das Grundgesetz vor. Es gilt für alle, die in Deutschland leben, und schützt sie vor Benachteiligung. Das Grundgesetz ist das wichtigste Gesetz in Deutschland. Es hat 146 Artikel. In den Artikeln steht, wie die Menschen miteinander umzugehen haben und auf was der Staat aufpassen muss. In Artikel 3 heißt es: Alle Menschen sind vor dem Gesetz gleich. (3) Niemand darf wegen seines Geschlechtes, seiner Abstammung, seiner Rasse, seiner Sprache, seiner Heimat und Herkunft, seines Glaubens, seiner religiösen oder politischen Anschauungen benachteiligt oder bevorzugt werden.

Migration* und Identität: Altans Traum

M 34 Wovon träumt Altan?

Ich knuffte ihn ungeduldig. „Jetzt erzähl schon!“
„Erstens ist es überhaupt nicht sicher“, sagte Taco mit gewichtiger Miene, „dass Ali mal in der deutschen Nationalmannschaft spielen wird.“
„Sondern in der türkischen, und da macht er einen Dönerstand auf. Hey, Taco, ich hab jetzt keine Lust auf Witze!“
„Das ist kein Witz. In seinem Zimmer hing ein selbst gebasteltes Poster. Er hat sich aus unseren und den türkischen Spielern seine eigene Mannschaft zusammengestellt. Da spielt Ballack neben Altintop!“
Ich musste lächeln. Das also war Altans Traum.
Er wünschte sich, ohne Probleme gleichzeitig Türke und Deutscher zu sein.

[105]

M 35

1 Überlegt in der Lerngruppe, ob und wie sich der Wunsch von Altan verwirklichen lässt.

2 In welcher Situation ist der Junge auf dem Bild? Gibt es Ähnlichkeiten mit der Situation Altans?

3 Erfinde eine Geschichte, die das Bild erklären kann.

4 Wie passt das Bild zu der Erzählung von Türkan (M 36)?

M 36 Das türkische Mädchen Türkan erzählt

„Du weißt nicht, wie es ist, überall ein Fremder zu sein. – Ich bin in der Bundesrepublik Deutschland geboren. Meine Eltern arbeiten hier. Manch einer sagt: ‚Du bist Deutsche.‘ Andere sagen: ‚Du bist eine deutsche Türkin.‘ Aber was bin ich wirklich? In meiner Schule sind alle Kinder Deutsche. Hans, Helga. ... Neben ihnen fühle ich mich bedrückt. Sie lassen mich nicht an ihren Spielen teilnehmen. Deutsch ist meine erste Sprache. In der Schule lerne ich mit deutschen Kindern. Wir sind im gleichen Alter. Mein Vater sagt: ‚In unserem Urlaub fahren wir in die Türkei. Die Türkei ist unsere Heimat.‘ Großmutter hat uns abgeholt. Sie hat ihre Hände zur Begrüßung entgegengestreckt. Das Gesicht von Großmutter hat einen anderen Ausdruck bekommen. Großmutter hat mich nicht mehr geliebt. In meinem Traum habe ich Ayse, Emine und Ali umarmt, aber sie haben mich nur aus der Ferne angeschaut. Meine türkischen Freunde riefen mich ‚Deutsche‘! Ich habe ihnen nicht die Hälfte meines Kuchens gegeben, das hat Ayse sehr verärgert. ‚Bei uns ist es Tradition, unser Essen unterzuteilen. Du bist selbstsüchtig wie sie geworden‘, hat sie gesagt. ‚Du sprichst nicht unsere Sprache. Du bist keine von uns.‘ Gewiß, aber wohin gehöre ich?“

1985

INFO

Identität und Migration: Menschen, die ihre Heimat verlassen mussten oder auf der Suche nach Arbeit verlassen haben, nennt man Migranten (von lat. migrare= wandern). In ihrer neuen Heimat fühlen sie sich manchmal noch nicht zu Hause. Die alte ist ihnen aber schon fremd geworden. Sie haben ihre Identität, d.h. ihre innere Verbundenheit mit der Heimat, verloren. Vielleicht kann man aber auch eine neue hinzugewinnen, wenn es so etwas wie zwei Identitäten geben kann.

5 Versuche eine Antwort auf Türkans Frage (Z. 23f.).

M 37

Dilek Bölükgiray arbeitet für Deutschland

Schon als Kind träumte Dilek Bölükgiray davon, Polizistin zu werden – heute arbeitet sie als Kommissarin in Berlin-Wedding, einem Stadtteil mit einem hohen Anteil an Zuwanderern.

Die 32-Jährige stammt aus einer türkischen Familie, ihre Eltern kamen 1969 nach Berlin. [...]

Doch sie musste sich ihren Erfolg hart erkämpfen. Ihre Eltern waren gegen eine Ausbildung bei der Polizei. „Ich habe mich mit 18 heimlich beworben", erzählt sie. Doch damit war erst eine Hürde genommen. Ihre Deutschkenntnisse reichten trotz ihres Realschulabschlusses für die Ausbildung nicht aus, sie nahm zusätzlich Sprachunterricht. „Zu Hause haben wir nur Türkisch gesprochen, erst in der Grundschule habe ich Deutsch gelernt", berichtet Dilek Bölügiray. Auch das sportliche Training fiel ihr nicht leicht, denn Sport war in ihrer Familie kein Thema gewesen. Doch als Polizistin musste sie körperlich fit sein. „Ich habe oft geheult", erinnert sie sich.

Dilek Bölükgiray hielt durch und ist heute ein Vorbild für viele Jugendliche. [...]

2008

6 Welche Probleme musste Dilek Bölükgiray überwinden, um ihren Traum zu verwirklichen?

7 Überlegt und formuliert in Gruppen Empfehlungen, die ihr Kindern aus Zuwandererfamilien geben würdet, um Träume und Ziele zu erreichen. Bedenkt auch, wie die hier schon länger lebenden Menschen sie dabei unterstützen können.

Migration und Islam – einander begegnen

M 38 Eine andere Welt

Von der Haltestelle zu Altans Wohnung waren es nur ein paar hundert Meter. Aber ich kam in eine andere Welt.

Vor einem riesigen Obst- und Gemüsemarkt diskutierten einige Frauen lebhaft mit dem Besitzer über die Qualität seiner Ware. Schließlich tauschte er achselzuckend eine Steige Auberginen gegen frischere aus.

Aus einer Änderungsschneiderei lächelte hinter einer Nähmaschine ein Mädchen mit Kopftuch hervor.

Auf der anderen Straßenseite stand eine Gruppe alter Männer mit weißen Bärten in ein Gespräch vertieft.

Ich kam an einem Döner-Imbiss vorbei, wo neben dem Eingang die türkische Nationalflagge im Wind flatterte.

Mir lief das Wasser im Mund zusammen, so lecker duftete es. Ich zählte mein Geld, es reichte aber nur für eine Cola. [30–31]

M 39 „Eine andere Welt?“

M 40

1 Beschreibe mit eigenen Worten, warum Kaninchen in eine „andere Welt“ (Z. 3) kommt und wie diese Welt aussieht.

2 Stellt in eurer Gruppe Vermutungen darüber an, welche Bedeutung das Kopftuch für die Künstlerin (M 39) und das Mädchen auf den Inlineskates (M 40) hat.

3 In einer Untersuchung wurden 315 türkische Frauen in Deutschland befragt, warum sie ein Kopftuch tragen. 97 Frauen hielten das Kopftuchtragen für ihre religiöse Pflicht, 87 meinten, das Kopftuch gebe ihnen Selbstvertrauen, und nur acht Frauen gaben an, dass sie nicht wüssten, ob sie das Kopftuch ihr ganzes Leben tragen würden. Was ist aus diesen Zahlen zu schließen?

INFO

Kopftuch und Koran

Im Koran, dem heiligen Buch der Muslime steht in Sure 33,59:

„O Prophet! sprich zu deinen Frauen und deinen Töchtern und zu den Frauen der Gläubigen, sie sollen ihre Tücher tief über sich ziehen. Das ist besser, damit sie erkannt und nicht belästigt werden. Und Allah ist allverzeihend, barmherzig.“

1925 wurde unter dem Gründer der modernen Türkei, Kemal Atatürk, ein Gesetz erlassen, nach dem das Kopftuch nur bei religiösen Feiern, nicht aber in Schulen und Unversitäten getragen werden darf. Dieses Gesetz ist in den letzten Jahren sehr umstritten.

Nicht komisch, nur anders

M 41

In der Straße, wo Ibrahim wohnt, ist kein Platz zum Spielen. Gärten gibt es nicht, und vor den Häusern stehen lauter Autos. Isse wohnt in einem Hochhaus in einem Neubauviertel. Und da ist auch ein Spielplatz. Aber Ibrahim wohnt näher bei der Schule, und deshalb spielen sie oft auf dem Schulhof. [...]

Eines Tages spielen Isse und Ibrahim wieder. [...] Da kommt eine Frau mit einem kleinen Jungen auf den Schulhof. ‚Was sieht die Frau komisch aus', denkt Isse. Die Frau hat ein langes Kleid an und ein Kopftuch um. Isse stößt Ibrahim an und sagt: „Guck mal, wie ..." Er wollte sagen: „... wie komisch die Frau aussieht."

Aber als Ibrahim die Frau sieht, geht er sofort auf sie zu. Die Frau sagt Ibrahim irgend etwas und gibt ihm eine Einkaufstasche und ein Portemonnaie.

Isse versteht kein Wort. ‚Das ist bestimmt die Sprache von Marokko', denkt er.

Die Frau geht wieder weg, und Ibrahim sagt: „Ich muss einkaufen." „Ist das deine Mutter? Und dein kleiner Bruder?", fragt Isse. Ibrahim nickt.

Auf dem Weg zum Supermarkt sagt Isse: „Komisch, dass deine Mutter ein Kopftuch um hat bei diesem warmen Wetter." „In unserem Dorf in Marokko tragen alle Frauen Tücher, und da ist es noch viel wärmer. Sie haben da auch ein Tuch vor dem Gesicht, wenn sie auf die Straße gehen, weil sie nicht mit einem nackten Gesicht draußen laufen dürfen."

„Na, das finde ich aber echt komisch, du", sagt Isse.

„Ich finde hier in Deutschland ganz viel komisch", sagt Ibrahim ein bißchen böse.

„O ja?", fragt Isse erstaunt. „Was denn?"

„Die Leute hier haben es immer eilig. Sie reden und lachen beinahe nie auf der Straße. Und wenn man zu jemandem hingeht, muss man erst klingeln. Bei uns in Marokko kann man einfach bei jedem reingehen. Und ich finde die großen Jungen und Mädchen mit grünen und orangen und gelben Haaren komisch."

„Das sind Punker", sagt Isse. „Die finde ich auch komisch."

Als sie in den Supermarkt gehen, denkt Isse: ‚Was ist eigentlich komisch, und was ist eigentlich normal?' [...]

Zu Hause erzählt Isse seiner Mutter, was er komisch findet bei den Leuten aus Marokko und was Ibrahim in Deutschland komisch findet. Seine Mutter sagt: „Es ist eigentlich dumm, jemanden, der anders aussieht oder der was anderes tut, als man gewohnt ist, komisch zu finden. Es ist nicht komisch, nur anders."

4 Auch in anderen Situationen macht man sich manchmal lustig über Leute, die anders sind. Schreibe eine Geschichte über solch eine Situation, die mit dem gleichen letzten Satz endet wie die Geschichte von Ibrahim und Isse.

M 42

5 Beschreibe die beiden Fotos. Was sagen sie über das Zusammenleben von deutschen und ausländischen Mitbürgern aus?

Moscheen in Deutschland – Zusammenleben mit anderen

M 43 Altan geht jeden Tag in die Moschee

„Kennt ihr eigentlich diesen Ümet?“, fragte Herr Celik unvermittelt.
„Ich hab ihn mal kurz gesehen“, erwiderte ich.
„Er ist Altans großes Vorbild, spielt Fußball in der Jugend vom FC Bayern.“
„Echt?“
Taco war wie elektrisiert.
„Dann bringt er Ali garantiert auch bald zu den Bayern.“
„Wegen Ümet geht unser Junge jeden Tag in die Moschee“, erklärte Frau Celik und sah dabei nicht gerade glücklich aus.
„Sind Sie nicht stolz?“, fragte ich.
„Ümet ist ein Blender“, mischte sich Hakan ein, „dem geht's nur um die Show, beim Fußball wie beim Beten.“
„Leider glaubt uns Altan das nicht“, seufzte Frau Celik. „Jetzt fastet er auch noch streng, weil Ümet ihm das eingeredet hat.“
Taco und ich schauten uns überrascht an. [99]

1 „Ümet geht's nur um die Show, beim Fußball wie beim Beten.“ Worum sollte es beim Beten eigentlich gehen? Vergleiche dazu S. 206 f.

2 Warum ist Frau Celik nicht glücklich, dass Altan jeden Tag in die Moschee geht?

3 Findet in der Sitzgruppe heraus, welche Bedeutung eine Moschee im Islam hat und wie eine Moschee aufgebaut ist. Stellt eure Ergebnisse auf einem Plakat zusammen.

Moschee in einem Fabrikgebäude

Geplante Moschee in Köln-Ehrenfeld

In Köln ist der Bau einer Großmoschee geplant. Darüber gab es heftige Diskussionen in der Bevölkerung. Beim Kölner Stadtanzeiger diskutierten der Schriftsteller Ralph Giordano, dessen Familie wegen seiner jüdischen Mutter unter Hitler verfolgt wurde, und Bekir Alboga, Dialogbeauftragter des Moscheen-Dachverbandes Ditib. Ditib ist ein Dachverband türkischer Gemeinden in Deutschland und eng mit der staatlichen türkischen Religionsbehörde verbunden.

M 44 Eine Großmoschee für Köln?

Kölner Stadt-Anzeiger: Herr Giordano, die Muslime leben in Deutschland und haben das Recht, ihre Religion auszuüben. Sollen Sie das nur im Industriegebiet tun?
Giordano: Es gibt kein Grundrecht auf den Bau einer zentralen Großmoschee.
Alboga: Wir brauchen eine Moschee, wo wir beten können.
Giordano: Die haben Sie doch.
Alboga: Nein, die haben wir nicht. Das ist das Haus einer Fabrik. Kommen Sie zu uns und sehen Sie sich das Gebäude an. Das ist unwürdig. [...]
Giordano: Jeder fragt sich: Was würde wohl in der Türkei geschehen, wenn dort eine christliche Kirche dieser Größe gebaut wird?

Alboga: Ich bin hier kein Anwalt der Türkei. In Istanbul können Sie eine große prachtvolle Kirche sehen. Sie läutet jeden Tag fünf Mal die Glocken. In der Türkei dürfen die Kirchen ihre Glocken seit Jahrhunderten öffentlich läuten ...

[...]

Kölner Stadt-Anzeiger: Das Problem wäre einfacher anzugehen, wenn Sie einräumen würden, dass es Probleme für Christen in der Türkei gibt.

Alboga: Selbstverständlich kann ich mir vorstellen, dass sich die Nationalisten in der Türkei gegen den Bau einer Kirche wehren würden. Aber ich nenne Ihnen auch ein anderes Beispiel. In Alanya, wo 40 000 bis 50 000 Deutsche leben, hat der Ministerpräsident einen Garten der Religionen eingeweiht. Eine Synagoge, eine Kirche und eine Moschee stehen nebeneinander. Aber es ist klar: Wir müssen auch in der islamischen Welt noch viele Sachen korrigieren. Dazu gehört die völlige Gleichstellung der Juden und Christen in den islamisch geprägten Ländern.

KStA, 16. 5. 2007

4 Stellt die Argumente zusammen, die für und gegen den Bau einer Großmoschee in Köln vorgebracht wurden. Welche zusätzlichen Argumente könnt ihr finden?

5 Spielt eine Stadtratssitzung, in der darüber entschieden werden soll, ob die Moschee gebaut wird.

M45

„Das ist in Deutschland einmalig“

Jugendliche helfen bei Moscheeaufbau: katholisches Jugendsozialprojekt erfolgreich abgeschlossen

Zwei Tage haben katholische Jugendliche gemeinsam mit Gleichaltrigen des Türkisch-Islamischen Kulturvereins die Räume der zukünftigen Moschee an der Enzer Straße aus- und aufgeräumt (wir berichteten). Spaß und Spiel begleiteten die von beiden Seiten als äußerst gelungen bezeichnete Aktion.

STADTHAGEN. Am Freitag wurde gearbeitet und am Sonnabend – wenn es nach dem fleißigen Ali Karabiyik (16) gegangen wäre – hätten alle noch konsequenter angefasst. Aber dass zwischendurch Fußball gespielt wurde, Pausen und die Verpflegung nicht zu kurz kamen, war wesentlicher Aspekt der Aktion. Am Sonnabendabend grillten die Jugendlichen gemeinsam am Pfarrheim, spielten Volleyball und tanzten ausgelassen nach türkischen Rhythmen. Gestern trafen sich alle Beteiligten – mehr als 40 Jugendliche waren im Projekt tätig – zum gemeinsamen Mittagessen in der zukünftigen Moschee.

Vor dem Essen zogen Pastoralreferent und Initiator der Aktion, Andreas Hagenberg von der katholischen Kirchengemeinde St. Joseph, und der stellvertretende Vorsitzende der Türkisch-Islamischen Kulturvereins, Tuncuy Korkamzyigit, mit den jungen Akteuren Bilanz. Beide Seiten waren den gemeinsamen Arbeitseinsatz zunächst mit Zurückhaltung angegangen. Aber Scheu und Bedenken waren schnell verflogen.

Freude über eine gelungene Aktion: Mit einem Gruppenfoto schließt der katholisch-islamische Arbeitstreff.

Am Sonntag rückten islamische und katholische Jugendliche „gemischt“ auf Bänken und an den Tischen zusammen. Und schnell war auch ein Anlass gefunden, sich wiederzusehen – zum gemeinsamen Ansehen von Fotos und Filmen von der Aktion. Besonders freute sich Korkamzyigit über die gelungene, glaubensübergreifende Aktion. „Das ist in Deutschland einmalig“, schätzte Korkamzyigit. Vernünftig seien die Jugendlichen miteinander umgegangen, hätten auch Spaß gehabt und Witze gemacht.

Der „Start mit Euch“, sprach Korkamzyigit die katholischen Jugendlichen an, habe die türkische Gemeinde sehr für ihre neue Moschee motiviert. Die Aktion zeige, das „wir hier in Stadthagen willkommen sind“. Das gemeinsame Projekt sei in Bezug auf Integration* eine große Hürde, die man übersprungen habe. Die Aktion habe vielleicht mehr bewegt, als dies Politiker oder überhaupt Erwachsene hätten leisten können.

Korkamzyigit bot den katholischen Akteuren an: „Wenn ihr mal Hilfe braucht – unsere Jugendlichen kommen.“ sk

6 Lies den Zeitungsartikel. Erkläre dann den anderen in der Lerngruppe, inwiefern der Artikel etwas in Deutschland Einmaliges beschreibt.

7 Beschreibe, wie sich das Verhältnis von katholischen und islamischen Jugendlichen während des Jugendprojektes verändert hat.

8 Stellt euch vor, dass der Mann auf dem nebenstehenden Bild von dem Jugendprojekt gehört hat und mit seinem Schild auf einige der beteiligten Jugendlichen trifft. Schreibt eine kurze Szene zu dieser Begegnung und spielt sie anschließend den anderen in der Lerngruppe vor.

Wahrheit und Lüge, gut und böse – zur Frage nach dem rechten Handeln

Der fünfzehnjährige Bauernjunge Eragon findet einen geheimnisvollen blauen Stein. Als dieser sich als Drachenei entpuppt, gerät Eragon in den Bann einer fantastischen und abenteuerlichen Geschichte im Land Alagaësia.

Vor sehr langer Zeit führten die erhabenen Elfen und die intelligenten, aber wilden Drachen einen vernichtenden Krieg gegeneinander, die Aufstellung von Drachenreitern schien die einzige Rettung vor dem Untergang zu sein. Ihre Verbindung zu den Drachen verlieh den Reitern magische Kräfte, und ihre Ausbildung formte sie zu machtvollen, weisen Friedenswächtern. Nachdem die ersten Menschen nach Alagaësia gelangt waren, wurden auch aus ihren Reihen zukünftige Drachenreiter erwählt.

Das Zeitalter des Friedens war jäh beendet, als Krieger aus dem Volk der Urgals den Drachen des menschlichen Reiters Galbatorix töteten. Galbatorix' Schmerz kannte keine Grenzen und wandelte sich in Hass auf die älteren Drachenreiter, die ihm einen neuen Drachen verweigerten. Gemeinsam mit dreizehn Gefolgsleuten verriet er den Ehrenkodex der Drachenreiter, stürzte das Land in einen erneuten Krieg und herrschte fortan mit brutaler Gewalt.

Dies ist also die Zeit, in der aus dem geheimnisvollen blauen Ei der Drache Saphira schlüpft und mit Eragon eine machtvolle Verbindung eingeht. Kaum begreift der Junge, welche Aufgaben als Drachenreiter vor ihm liegen, als ihm die Wahrsagerin Angela prophezeit, dass die gewaltigen Mächte Alagaësias darum ringen werden, seinen Willen und sein Schicksal zu beherrschen. Verzweifelt versuchen die Varden, mutige Rebellen der Menschen, unter ihrem Anführer Ajihad dem Herrscher die Stirn zu bieten. Aber auch die Elfe Arya, Repräsentantin des anmutigen und zauberkundigen Volkes in den Wäldern von Ellesméra, benötigt Eragons Unterstützung gegen die dunkle Bedrohung.

Eragon muss mehr als Geschicklichkeit und Stärke im Schwertkampf beweisen: Weisheit und Güte gehören zu den wichtigsten Eigenschaften eines Drachenreiters. Wem kann er vertrauen? Von wem droht Verrat? Welchen Nutzen hat die alte Sprache der Elfen, in der man nicht lügen kann? Sind Galbatorix und seine Gefolgsleute, die Abtrünnigen, wirklich böse? Kann der Sohn eines Abtrünnigen ein vertrauenswürdiger Freund für Eragon sein? Und was passiert, wenn Eragon versagt?

Auf ihrem schwierigen Weg erhalten Eragon und Saphira Unterstützung von Brom und erfahren, dass in ihm mehr Fähigkeiten schlummern, als sie dem alten Geschichtenerzähler zugetraut hätten ...

Eragon

Die Elfe Arya

Saphira

Eragons Lehrer Brom

Die Wahrsagerin Angela

Herrscher Galbatorix

Vardenführer Ajihad

1 Entnimm dem Einleitungstext, welche Bedeutung die abgebildeten Figuren in der Geschichte spielen. Recherchiere auch im Internet zum Roman und zu seinen Hauptfiguren.

2 Stell dir vor, du könntest durch eine Tür in die Geschichte schlüpfen. Wessen Rolle würdest du gern übernehmen? Begründe deine Wahl.

Wahrheit und Lüge*, gut und böse – wie wir Wörter gebrauchen

Nachdem Eragon eher zufällig mithilfe von Magie einige feindliche Urgals getötet hatte, erklärt ihm Brom die Ursache für seine ungeahnte Kraft. Sie gründe sich auf der sogenannten „alten Sprache“, die die Elfen vor langer Zeit wieder nach Alagaësia gebracht hätten.

M 1 Mächtige Sprache*

„Aber was hat das mit Magie zu tun?“, unterbrach ihn Eragon.

„Alles! Diese Sprache ist die Grundlage aller Macht. Sie beschreibt die wahre Natur der Dinge, nicht den oberflächlichen Schein, den jedermann sieht. *Brisingr* zum Beispiel heißt *Feuer*. Es ist nicht nur irgendein Ausdruck dafür, sondern der wahre Name des Feuers. Wenn man stark genug ist, kann man *Brisingr* benutzen, um mit einem Feuer zu tun, was immer man wünscht. Und genau das ist heute geschehen.“

[...]

Der alte Mann atmete tief durch und sagte: „Um mit Magie zu arbeiten, muss man eine bestimmte angeborene Kraft besitzen, die heutzutage bei den Menschen nur noch selten vorkommt. Und man muss in der Lage sein, diese Kraft in sich heraufzubeschwören. Wurde sie einmal gerufen, dann muss man sie entweder benutzen oder wieder vergehen lassen. Verstanden? Wenn man nun wünscht, diese Kraft einzusetzen, so muss man den Ausdruck oder den Satz, der das beabsichtigte Vorhaben beschreibt, in der alten Sprache aussprechen. Hättest du gestern zum Beispiel nicht *Brisingr* gesagt, wäre nichts geschehen.“

„Also hängt alles von der Kenntnis dieser Sprache ab?“

„Genau“, rief Brom begeistert. „Und während man sie spricht, ist man unfähig zu lügen.“

Eragon schüttelte den Kopf. „Das kann nicht sein. Menschen lügen immer. Daran können auch ein paar uralte Worte nichts ändern.“

Brom zog eine Augenbraue hoch und sagte: „*Fethrblaka, eka weohnata néiat haina ono. Blaka eom iet Lam.*“ Plötzlich flatterte ein Vogel von einem Ast herab und landete auf seiner Hand. Leise zwitschernd schaute er sie aus wachsamen Augen an. Nach einem Weilchen sagte Brom: „*Eitha*“, und der Vogel flog wieder davon.

„Wie hast du das gemacht?“, fragte Eragon verblüfft.

„Ich versprach, ihm nichts zu tun. Er mag nicht genau verstanden haben, was ich meinte, aber in der Sprache der Macht war die Bedeutung meiner Worte offenkundig. Er weiß, was alle Tiere wissen – dass alle, die diese Sprache gebrauchen, an ihr Wort gebunden sind.“

„Und die Elfen sprechen sie auch?“

„Ja.“

„Also lügen sie nie?“

„Nicht ganz“, musste Brom zugeben. „Sie geben vor, es nicht zu tun, und in gewisser Weise stimmt das auch, aber sie haben es in der Kunst, etwas zu sagen und etwas anderes zu meinen, zur Meisterschaft gebracht. Man weiß nie genau, welche Absichten sie hegen oder ob man sie richtig verstanden hat. Oft enthüllen sie nur einen Teil der Wahrheit und behalten den Rest für sich.“

[216–224]

1 Brom meint, dass alles von der Kenntnis einer bestimmten Sprache abhänge (Z. 3 f). Welche Sprachen kennst du? Wie wichtig ist deren Kenntnis für dich?

2 Brom erzählt, dass die „alte Sprache“ besonders mächtig sei. Untersucht anhand des folgenden Sprachspiels, ob unsere Sprache auch mächtig sein kann. Bildet dazu eine Kleingruppe zu 4–5 Personen. Einer der Gruppe verlässt den Raum. Die Restgruppe vereinbart ein Gesprächsthema (z. B. eine Sportart) und ein Ersatzwort für das eigentliche Schlüsselwort des Themas (z. B. „Schlauchboot“ ersetzt im Gespräch über Tischtennis den „Ball“). Dann kommt der Schüler wieder in den Raum und muss versuchen sich am Gespräch zu beteiligen, indem er das Thema und die Bedeutung des Ersatzwortes herausfindet. Erst, wenn ihm das gelingt, wird er in das Gespräch aufgenommen – vorher wird er ignoriert.
a) Wie haben sich alle Beteiligten gefühlt?
b) Fiel es dem Schüler schwer oder leicht, die vereinbarten Gesprächsregeln herauszufinden? Woran lag das?
c) Überlegt, ob und inwiefern eure Sprache in diesem Spiel dazu beigetragen hat, Macht auszuüben.

In seinem Werk „Kratylos“ widmet sich der griechische Philosoph Platon (427–347 v. Chr.) der Frage nach dem Zusammenhang von Wirklichkeit und Sprache. Einer der Gesprächspartner, Hermogenes, stellt die Meinung des Kratylos vor und hält ihr seine eigene Ansicht entgegen:

Die Richtigkeit von Wörtern

M 2

„Der Kratylos hier behauptet, o Sokrates, jedes Ding habe eine ihm von Natur aus zukommende richtige Benennung, und nicht das sei ein Name, was einige unter sich verabredet haben, um etwas zu benennen, [...] sondern es gebe eine natürliche Richtigkeit der Wörter, nämlich immer dieselbe für Griechen und Barbaren*.“ [...] „Ich jedenfalls, o Sokrates, habe mich schon häufig mit diesem hier und mit vielen anderen darüber unterhalten und kann keine andere Überzeugung gewinnen als die, dass Wörter ihre Geltung nur durch Übereinkunft und Verabredung gewinnen. Mir scheint, wenn jemand eine Benennung festsetzt, dann ist das die für ihn richtige. Und wenn man sie später einmal nicht mehr braucht und gegen eine andere austauscht, so ist die neue Benennung genauso richtig wie die anfängliche [...]. Denn kein Ding hat seinen Namen von Natur aus, sondern nur durch Brauch und Gewohnheit derer, die mit Wörtern umgehen und sie verwenden.“

Platon

* *Barbaren nannten die Griechen alle Völker, die nicht ihrer eigenen, griechischen Kultur angehörten.*

3 Arbeite aus dem Text die beiden Ansichten zur Benennung von Dingen heraus und stelle sie in einer Tabelle vergleichend gegenüber.

4 Überlege, welche Folgen die beiden Ansichten jeweils für die Verwendung von Begriffen wie „Lüge“ oder „gut“ haben.

5 Sammle Argumente, mit denen Kratylos und Hermogenes ihre Ansichten jeweils belegen könnten. Welcher Ansicht könntest du zustimmen? Begründe deine Antwort.

INFO

Sprache

Eine Sprache ist eine bestimmte Zusammensetzung von Lauten, mit denen sich Menschen verständigen können. Sie bildet eine ganz besondere Verbindung zwischen meiner Umgebung und meinem Denken, denn sie ist meist mit der Vorstellung an einen bestimmten Gegenstand oder an eine Handlung verknüpft. Wenn ich ein Wort ausspreche, denke ich an den entsprechenden Gegenstand, und wenn ich den Gegenstand betrachte, habe ich im selben Moment das dazugehörige Wort im Kopf. Einerseits verknüpft die Sprache also mein Denken und die Wirklichkeit, andererseits hilft sie mir aber auch, beides zu trennen.

M 3 Lüge und Wahrheit – ein Widerspruch?

6 Entwickle in deinem Heft eine Skala mit dem Begriff „Lüge“ auf der einen und „Wahrhaftigkeit“ auf der anderen Seite. Versuche die anderen Begriffe aus den Denkblasen auf der Skala einzuordnen. Welche Begriffe gehören in die Nähe der Lüge, welche zur Wahrhaftigkeit? Gibt es auch Begriffe, bei denen du dich nicht entscheiden kannst?

Lüge ⟵——————————⟶ Wahrhaftigkeit

M 4 Lügt jeder, der die Unwahrheit sagt?

Szene A: Nils kommt von der Schule nach Hause und berichtet seinem Vater: „Lars hat in Mathe eine Vier geschrieben.“ Als Lars eine Stunde später auch nach Hause kommt, empfängt der Vater ihn tröstend: „Nils hat's mir schon erzählt. Eine Vier ist ja nicht so schlimm.“ Zuerst ist Lars verwirrt, doch dann protestiert er:
„Dieser Lügner, hab' ich gar nicht! Ich habe eine Zwei.“
„Aber du hast in der Pause doch vier Finger gezeigt, und da habe ich gedacht, du hättest eine Vier geschrieben“, verteidigt sich Nils. „Das ist doch Unsinn.“ Wendet Lars ein, „Ich habe Julian bloß gezeigt, wie viele Tore ich schon geschossen habe.“

Szene B: Nils kommt von der Schule nach Hause und berichtet seinem Vater: „Lars hat in Mathe eine Vier geschrieben.“ Als Lars eine Stunde später auch nach Hause kommt, empfängt der Vater ihn: „Nils hat's mir schon erzählt. Eine Vier ist ja nicht so schlimm.“ Zuerst ist Lars verwirrt, doch dann protestiert er: „Dieser Lügner, hab' ich gar nicht! Ich habe eine Zwei, *er* hat die Vier. Wir haben uns in der Pause doch unsere Hefte gezeigt.“

nach Helmut Engels, 2007

7 Ordne die folgenden Urteile den beiden Szenen zu – vielleicht passt ein Urteil auch auf beide Szenen. Begründe deine Entscheidung: a) Nils hat nicht die Wahrheit gesagt; b) Nils hat gelogen; c) Nils war nicht wahrhaftig.

8 Entwickle gemeinsam mit deinem Banknachbarn eine Erklärung für die Begriffe „Lüge“ und „Wahrhaftigkeit“.

INFO

In einem philosophischen Wörterbuch werden die beiden Begriffe so definiert:

Lüge: auf Täuschung berechnete Aussage, die das verschweigt oder entstellt, was der Aussagende über den betreffenden Sachverhalt weiß oder anders weiß, als er sagt.

Wahrhaftigkeit: Übereinstimmung der Rede mit dem Gedanken und der Überzeugung des Redenden.

9 Vergleicht diese Definitionen mit euren eigenen. Stimmen sie überein oder sollte noch etwas ergänzt werden?

In seinem Werk „Der Staat“ schildert Platon (s. S. 63) seine Ansicht zu diesem Thema:

Wahre Lüge

M 5

„[...] In seiner Seele sich über das Wahre zu täuschen und in der Täuschung zu verbleiben, sie nicht zu erkennen und daher in sich den Irrtum zu tragen und zu besitzen, das will doch keiner, jeder hasst es gerade in diesem Fall! [...] Und mit vollem Recht nennt man dies, wie ich eben sagte, eine echte, eine wahre Lüge, eine in der Seele wohnende Unwissenheit dessen, der sich im Irrtum befindet.“

Platon

10 Arbeite aus M 5 heraus, was Platon unter einem Irrtum und einer Lüge versteht.

11 Platon spricht von einer „wahren Lüge“ (Z. 7). Ist das ein Widerspruch?

12 Vergleiche Platons Auffassung von der Lüge mit der Erklärung, die ihr selbst gefunden habt: Was ist gleich? Inwiefern gibt es Unterschiede? Welche Erklärung hältst du für sinnvoller?

13 Kehren wir noch einmal zurück zur Szene B in M 4. Stell dir vor, Nils hätte tatsächlich eine Vier in Mathe, wäre wortlos auf sein Zimmer gegangen und hätte sie seinem Vater verschwiegen. Kommt das für dich einer Lüge gleich?

Schlecht und böse - Was ist das Gegenteil von gut?

M 6

Das Essen		
Die Leistung		gut.
Das Fahrrad		
Der Gedanke		
Der Mensch	ist	schlecht.
Die Ohrfeige		
Das Buch		
Die Absicht		böse.
Der Dieb		

14 Überlege, welche Substantive aus der gelben Spalte durch die Attribute aus der blauen Spalte sinnvoll ergänzt werden können. Was fällt dir dabei auf? Welche Erklärungen findest du dafür?

15 Versuche zu erklären, was die Bezeichnungen „gut“, „schlecht“ und „böse“ bedeuten, inwiefern sie sich unterscheiden und in welchen Zusammenhängen sie gebraucht werden. Formuliere je eine Definition.

Schlüssig geurteilt?

M 7

Ein Kreter sagt: „Alle Kreter sind Lügner.“

16 Überlegt gemeinsam in eurer Klasse: Sagt der Kreter die Wahrheit oder lügt er?

17 Was ist hier rätselhaft? Formuliere das philosophische Problem zu der Aussage.

18 Verfasse mit deinem Banknachbarn einen Dialog zwischen dem Kreter, der behauptet „Alle Kreter sind Lügner.“ und einem Kreter, der ihm widerspricht.

Wer einmal lügt, dem glaubt man nie! – Muss ich immer die Wahrheit sagen?

M 8 Versprochen!

1 Der kleine Nick und sein Vater unterhalten sich über Urlaubspläne. Beschreibe, was auf der Zeichnung dargestellt ist.

2 Überlege, welche Bedeutung die Erzählung des Vaters für den kleinen Nick haben könnte. Wie könnte der kleine Nick sich fühlen, wenn sich im Urlaub die Erzählung des Vaters nicht bewahrheitete?

Die Elfe Arya wurde von Durza vergiftet und benötigt dringend ein Gegenmittel. Dazu muss sie Eragon das Versteck der Varden, einer Rebellengruppe, preisgeben.

M 9 Der Schwur

„Ich sage es dir – aber du musst mir versprechen, dass du ihren Aufenthaltsort niemandem verrätst, der in Galbatorix' Diensten steht. Außerdem musst du schwören, dass du mich nicht in irgendeiner Weise täuschst und dass du nicht vorhast, den Elfen, Zwergen, Varden oder den Drachen Schaden zuzufügen."

Was Arya von ihm verlangte, war eigentlich ganz einfach – wenn sie nicht in der alten Sprache miteinander geredet hätten. Eragon wusste, dass sie Schwüre hören wollte, die bindender waren als das Leben selbst. Einmal geleistet, konnte man ihn nie wieder zurücknehmen. Und selbst wenn das auch gar nicht seine Absicht war, so lastete diese Gewissheit doch schwer auf ihm, als er ernst sein Einverständnis bekundete. [501]

3 Versetze dich in Aryas Lage. Warum könnte sie Eragon einen so bedeutsamen Schwur abverlangen?

4 Eragon hat bisher weder Zwerge noch Varden kennengelernt, er kennt von den Elfen nur Arya und von den Drachen nur Saphira. Er weiß also nicht, was ihn zukünftig noch erwartet. Versuche dich auch in seine Lage hineinzuversetzen und erkläre, welche Bedenken er haben könnte, den verlangten Schwur zu leisten. Welchen Rat würdest du ihm geben?

5 Du hast dich bislang schon eingehend mit dem Thema Lügen befasst. Diskutiere, inwiefern der Bruch eines Versprechens oder eines Schwurs mit dem Lügen verwandt ist und inwiefern er sich davon unterscheidet.

Lügen darf niemals erlaubt sein!

M 10

Der Philosoph Immanuel Kant (1724–1804) vertrat die Ansicht, dass jeder Mensch verpflichtet sei, ausnahmslos immer die Wahrheit zu sagen, wenn er eine Aussage nicht umgehen könne.
Kant definiert die Lüge als vorsätzliche Unwahrheit und hält sie grundsätzlich für falsch, ganz gleich ob sie aus Leichtsinn, Gutmütigkeit oder zu einem guten Zweck geschieht. Das Lügen widerspreche der menschlichen Vernunft*. Es sei daher ein Verbrechen des Menschen an seiner eigenen Person und eine „Nichtswürdigkeit, die den Menschen in seinen eigenen Augen verächtlich machen muss".

6 Arbeite Kants Definition einer Lüge heraus und vergleiche sie mit der Auffassung Platons in M 5.
Erarbeite Kants Begründung dafür, dass Lügen grundsätzlich falsch sei.
Versuche, sie in eigene Worte zu fassen.

7 Überlegt an folgenden Beispielen, wie Immanuel Kant vermutlich die folgenden Situationen bewerten würde:
a) Max hat keine Lust, mit Moritz zu spielen, und möchte sich lieber mit einem anderen Freund verabreden. Also sagt er Moritz, dass er heute zum Geburtstag seiner Oma muss.
b) Anne erzählt voller Stolz, dass sie sich ganz allein ihre Haare rot gefärbt habe. Eva findet die neue Haarfarbe schrecklich, möchte Anne jedoch nicht verletzen. Also beteuert sie, dass Annes Haare toll aussähen.
c) Emil hat Felix seine Englisch-Hausaufgaben abschreiben lassen. Unglücklicherweise fällt dies dem Lehrer auf, nachdem beide die Aufgaben vorlesen sollten. Der Lehrer ist sehr streng, und Emil weiß, dass Felix eine deftige Strafe droht, weil er häufig seine Hausaufgaben vergisst. Daher erzählt Emil, dass er selbst bei Felix abgeschrieben habe.

8 Kant verurteilt Lügen völlig unabhängig vom Motiv. Überlege, ob du Lügen auch immer für falsch hältst.

9 Verfasse einen Brief an Immanuel Kant, in dem du versuchst ihn davon zu überzeugen, dass Lügen manchmal sogar unbedingt notwendig ist.

Die Unterschrift des Vaters

M 11

10 Erzähle die Geschichte von Vater und Sohn nach.

11 Überlege, welche Gründe der Sohn dafür haben könnte, den Vater auszutricksen. Welche Gründe sprechen gegen diesen Schwindel? Berücksichtige bei deinen Überlegungen auch die Folgen der Handlung.

Ein Zeitgenosse Kants, der Philosoph Jean-Jacques Rousseau (1712–1778), glaubte den Grund gefunden zu haben, warum Menschen oft unehrlich sind.
Er war überzeugt, dass die Menschen eigentlich von Natur aus gute Menschen seien und sie erst durch ihr Leben in menschlicher Gesellschaft verderben. So lügen nach Rousseaus Meinung die Kinder nur, weil die Erwachsenen ihnen immer Gehorsamkeit abverlangten. Die Lüge eines Kindes nach einem Missgeschick sei nur der Versuch der drohenden Strafe zu entgehen.
Außerdem dürfe man einem Kind kein Versprechen abnehmen, irgendetwas zu tun, da Kinder die Folgen des Versprechens gar nicht abschätzen könnten.
Rousseau schlussfolgerte:

M 12 Erziehung zur Lüge

[...], dass die Lügen der Kinder allein der Erziehung der Lehrer zuzuschreiben sind, und dass die Anleitung, die man ihnen gibt, nur die Wahrheit zu sagen, eigentlich eine Anleitung zur Lüge ist. Was uns dagegen betrifft, so unterrichten wir unsere Schüler nur auf praktischem Weg und wollen sie lieber zu guten als zu gelehrten Menschen erziehen; wir verlangen nicht ausdrücklich von ihnen die Wahrheit, weil wir fürchten, dass sie versuchen, diese zu umgehen, und wir nehmen ihnen kein Versprechen ab, das sie dazu verleiten könnte, dieses nicht zu halten.

Jean-Jacques Rousseau, 1762

12 Fasse mit eigenen Worten zusammen, worin Rousseau die Ursache des Lügens sieht. Finde Beispiele aus deinem Alltag, die seine Ansicht veranschaulichen.

13 Diskutiert in eurer Klasse, was ihr von Rousseaus Erziehungsideal haltet, die Schüler lieber „zu guten als zu gelehrten Menschen zu erziehen" (Z. 9).

14 Erkläre, warum Rousseau vorschlägt, Kindern gar keine Versprechen mehr abzunehmen.

15 Überlege, welche Auswirkungen es für dein Leben hätte, wenn sich deine Eltern, Lehrer und Trainer an diesen Vorschlag Rousseaus hielten. Wäre das ein Wandel, der dir gefiele? Begründe deine Meinung.

Das Aquarium

M 13

„Neptun, Poseidon oder wie du auch heißt, lass es bloß gut gehen!“ Mareike ist verzweifelt, so ein Missgeschick war ihr noch nie passiert!

Vor zwei Wochen fuhr ihre beste Freundin Anne mit den Eltern in den Urlaub. In der Zwischenzeit sollte Mareike auf Annes Aquarium aufpassen, so wie sie es eigentlich immer tat. Das war kein Problem, denn Anne wohnte ja direkt nebenan, und Mareike liebte es, die Fische zu füttern. Oft blieb sie noch lange vor dem Aquarium sitzen, um die Farbenpracht zu betrachten: Bunte Guppys, düster blickende Scalare, leuchtende Neon-Fischchen und sogar Garnelen trieben sich zwischen den Pflanzen und Steinen herum.

Nur an diesem einen, diesem unglückseligen Tag war Mareike mit ihrem Bruder Jan den ganzen Tag über im Freibad gewesen. Abends waren sie dann zum Grillen bei Tante Ida eingeladen. Alles musste schnell gehen: Mareike und Jan kamen nach Hause, sollten sich in Windeseile umziehen, dann direkt ins Auto steigen, und schon ging es los. Für das Aquarium blieb keine Zeit mehr. „Nicht schlimm!“, sagte Papa, „die Fische kommen auch mal einen Tag ohne Futter aus. Sie haben genügend Algen und Futterreste im Wasser.“

Am nächsten Tag lief Mareike gleich morgens zum Aquarium und traute ihren Augen nicht: die Scalare, die Guppys und die Neonfische trieben leblos mit dem Bauch nach oben im Becken herum. Nur einige Garnelen bewegten sich noch im Wasser. Panik stieg langsam in ihr hoch. Mareike stürzte nach Hause und erzählte ihrem Vater schluchzend, was sie gesehen hatte. Der betrachtete sich das Unglück und stellte fest: „Die Pumpe muss gestern ausgefallen sein. Da hatten die Fische nicht mehr genügend Sauerstoff.“ Gemeinsam holten sie die toten Fische aus dem Wasser und entsorgten sie. Dann reinigte er mit einigen Handgriffen die verstopfte Pumpe und setzte sie funktionstüchtig wieder ein. Was sollte sie nun tun?

Sollte sie Anne erzählen, dass die Fische alle gestorben seien, weil sie die verstopfte Pumpe nicht rechtzeitig bemerkt hätte? Das wäre bestimmt das Ende ihrer Freundschaft. Oder sollte sie nichts von der Pumpe sagen und behaupten, dass sie keine Ahnung hätte, warum die Tiere gestorben seien? Vielleicht könnte sie auch in der Zoohandlung neue Fische kaufen und hoffen, Anne würde den Unterschied nicht bemerken. Eigentlich sehen Fische doch alle gleich aus. Anne ist ihre beste Freundin! Einmal, an einem Frühlingsnachmittag am See, hatten sich beide geschworen, zueinander immer ehrlich zu sein. Gegenseitiges Vertrauen ist doch schließlich das Wichtigste in einer Freundschaft. Was sollte sie jetzt bloß machen?

16 Führt in eurer Klasse eine sogenannte Dilemmadiskussion durch:
a) Lest die Geschichte und klärt, ob alle sie verstanden haben.
b) Denkt kurz über die letzte Frage des Textes nach und stimmt darüber ab: Wer ist dafür, dass Mareike von ihrem Missgeschick erzählt? Wer ist dagegen?
c) Die Schülerinnen und Schüler, die dieselbe Entscheidung getroffen haben, finden sich in Gruppen zusammen. Gemeinsam sucht ihr in eurer Gruppe Argumente für eure Entscheidung, sortiert diese Argumente nach Wichtigkeit und schreibt sie auf ein Plakat oder eine Folie.
d) Bei der Präsentation stellt ihr eure Argumente abwechselnd mit der anderen Gruppe vor. Gemeinsam mit den anderen überlegt ihr, warum euch einige Argumente mehr überzeugen als andere.
e) Stimmt noch einmal ab. Hat sich euer Ergebnis verändert?

INFO

Ein **Dilemma** nennt man auch Zwickmühle. Es ist eine besondere Situation, in der man gezwungen ist, eine Entscheidung zwischen zwei Übeln zu treffen. Dabei gibt es keine wirklich zufriedenstellende Lösung (s. auch S. 28/29).

Versteckte Wahrheiten – offene Wahrheiten

M 14 Was ich sehe ...

1 Beschreibe M 14. Wie wirkt es auf dich?

2 Hast du eine Idee, warum der Maler, das Gemälde in dieser Weise gestaltet haben könnte?

3 Überlege, unter welchen Umständen du selbst dein Spiegelbild gern oder nicht so gern betrachtest. Wovon hängt das ab?

4 Der Schriftsteller Theodor Mundt (1808–1861) schrieb über Spiegel: „Je mehr man Spiegel hat, desto mehr Fehler entdeckt man an sich.“ Die Sozialpädagogin Helga Schäferling (* 1957) formulierte: „Auch der Blick in den Spiegel trügt, weil er nur eine Seite von dir zeigt.“ Welcher Meinung kannst du dich eher anschließen? Warum?

5 Formuliere selbst eine kurze Aussage darüber, was ein Spiegel dir zeigen kann und was nicht.

Auf seinem Weg begegnet Eragon dem geheimnisvollen Murtagh. Er entpuppt sich als ausgezeichneter Kämpfer, rettet Eragon das Leben und begleitet ihn fortan auf seinem Weg. Über seine Herkunft verrät Murtagh trotz Eragons Drängen nichts, bis es auf der Flucht vor besonders gewalttätigen Urgals, den Kull, zu einem Streit zwischen den beiden kommt. Sie befinden sich unmittelbar vor dem rettenden Versteck der Varden, und Murtagh weigert sich verbissen, Eragon in das Versteck zu begleiten.

M 15 Murtaghs Geheimnis

„Was hast du bloß gegen die Varden? Es kann doch nicht so schrecklich sein, dass du selbst jetzt nicht darüber reden willst. Möchtest du es lieber mit den Kull aufnehmen, als es mir zu verraten? Wie oft müssen wir dieses Gespräch noch führen, bis du mir endlich vertraust?“
Es folgte eine lange Stille. [...]
„Murtagh“, sagte Eragon ernst, „wenn du nicht sterben willst, müssen wir zu den Varden gehen. Lass mich nicht in ihr Versteck marschieren, ohne zu wissen, wie sie auf dich reagieren werden. Es ist auch ohne unnötige Überraschungen schon gefährlich genug.“
Endlich wandte Murtagh sich zu ihm um. Sein Atem ging schwer und gehetzt wie bei einem in die Enge getriebenen Wolf. Er hielt inne und sagte dann mit gequälter Stimme: „Du hast ein Recht darauf, es zu erfahren. Ich – bin der Sohn von Morzan, dem ersten und letzten der Abtrünnigen.“

[538–539]

6 Versuche Murtaghs Gründe nachzuvollziehen, warum er Eragon seine Herkunft bisher verschwiegen hat.

7 Stelle dir weitere Situationen vor, in denen Menschen Erlebtes verschweigen.

Eragon erfährt, dass die alte Sprache nicht nur das Wesen der Dinge beschreibt, sondern auch das eigene Ich in Form des wahren Namens enthüllen kann. Dieser Name unterscheide sich von dem sonst gebräuchlichen Namen und werde anderen nur als besonders großer Vertrauensbeweis verraten. Ein Kundiger der alten Sprache könne seinen wahren Namen finden, indem er herausfindet, wer er wirklich ist.

Der wahre Name

M 16

„Ich wüsste gern meinen wahren Namen“, sagte Eragon sehnsüchtig.
Broms Züge verdüsterten sich. „Sei vorsichtig. Dieses Wissen kann furchtbar sein. Sein wahres Ich kennenzulernen ohne die Verkleidung der Einbildung oder des Mitgefühls anderer, ist ein Moment der Offenbarung, der an niemandem spurlos vorübergeht. Einige wurden von dieser harten Realität in den Wahnsinn getrieben. Die meisten versuchen es zu vergessen.“

[226]

8 Denke darüber nach, warum Eragon so sehnsüchtig seinen wahren Namen kennen möchte. Was, glaubst du, verspricht er sich davon?

9 Versuche zu erklären, was Brom mit der „Verkleidung der Einbildung oder des Mitgefühls anderer“ (Z. 6 f.) meint. Finde Beispiele für solche Verkleidungen in deinem Alltag.

Der französische Mathematiker und Physiker Blaise Pascal (1623–1662) glaubte, dass die Menschen nicht nur mit dem Verstand, sondern auch mit ihrem Herzen die Wahrheit in der Welt erkennen könnten. Das war für einen Mathematiker wohl eine eher ungewöhnliche Ansicht. Dennoch gab ihm das Verhalten der Menschen oft Anlass für harte Kritik:

Das Leben als Täuschung

M 17

So ist das menschliche Leben nichts als eine beständige Täuschung, man tut nichts, als sich gegenseitig betrügen und sich gegenseitig schmeicheln. Niemand spricht von uns in unsrer Gegenwart, wie er in unsrer Abwesenheit von uns spricht. Die Einigkeit, die unter den Menschen besteht, ist nur auf diesen gegenseitigen Betrug gegründet, und wenige Freundschaften würden Bestand halten, wenn jeder wüsste, was sein Freund von ihm sagt, wenn er nicht da ist, obgleich er doch dann aufrichtig und ohne Leidenschaft von ihm spricht.
Der Mensch ist also nichts als Verstellung, Lüge und Heuchelei, sowohl in sich selbst als gegen die andern. Er will nicht, dass man ihm die Wahrheit sage, er vermeidet sie den andern zu sagen [...].

Blaise Pascal, um 1660

10 Fasse den Vorwurf Pascals mit deinen eigenen Worten zusammen. Welche Bedeutung hat die Täuschung für das Zusammenleben der Menschen?

11 Pascal behauptet, dass die Menschen die Wahrheit über sich gar nicht hören wollten (Z. 14). Teilt eure (Lern-)Gruppe: Gruppe A sucht Argumente, die für Pascals Ansicht sprechen, Gruppe B sucht Argumente, die Pascal widerlegen. Führt anschließend eine kontroverse Diskussion zu dieser Behauptung.

12 Verfasse einen Brief an Blaise Pascal, in dem du deine Meinung zu seiner Ansicht formulierst und begründest.

13 Gib dir selbst einen „wahren Namen“. Dazu kannst du ein Wort erfinden oder einen Begriff wählen, den es schon in einer Sprache gibt. Verfasse einen Brief an dich selbst, indem du dir erklärst, warum du diesen Namen gewählt hast.

14 Benutzt du einen Nickname, z. B. in einem Chatroom? Welche Bedeutung hat der Nickname für dich? Was sagt er über dich aus? Hat das Verschweigen des eigenen Namens durch die Verwendung des Nickname etwas mit Lügen zu tun?

M 18 Pinocchio

15 Eine Fee sorgt dafür, dass Pinocchio immer dann, wenn er lügt, eine lange Nase wächst. Was hältst du von dieser Maßnahme?

16 Stell dir vor, du begegnetest dieser Fee. Formuliere ihr gegenüber deine Meinung und begründe sie.

Die beiden amerikanischen Psychologen Marc-André Reinhard und Paul Ekman befassen sich hauptberuflich mit der Untersuchung von Lügen. Beide kommen allerdings zu ganz unterschiedlichen Ergebnissen:

M 19 Trügerische Zeichen

Reinhard behauptet, dass wir oft gar nicht feststellen können, ob wir belogen werden oder nicht. Beim Versuch, einen Schwindler zu entlarven, wendeten die meisten eine simple Strategie an. „Sie suchen nach typischen Merkmalen: den nervösen Zappelphilipp, der sich dadurch verrät, dass er Blickkontakt vermeidet, rot wird oder mit Gegenständen spielt." Diese angeblich typischen Anzeichen seien aber trügerisch, warnt Reinhard. „Das sind sehr schlechte Hinweise, um Wahrheit und Lüge zu unterscheiden. Auch wenn wir davon ausgehen, dass ein Lügner ein schlechtes Gewissen haben und sich schuldig fühlen müsste: Er wird deshalb nicht unbedingt rot."

M 20 Ehrliches Gesicht

Paul Ekman hält dem entgegen, dass unsere Gesichtsmuskeln für winzig kleine Veränderungen unseres Gesichtsausdrucks, unserer Mimik, sorgen und so einen Schwindler verraten. „Das Gesicht ist das Fenster des Geistes", sagt Ekman, „und die Mechanik der Gefühle zu studieren, sei ebenso möglich wie den Bewegungsablauf beim Golfspiel. Das Gesicht ist so ehrlich und verrät ständig den Gemütszustand, ohne dass der Mensch das bewusst unterdrücken könnte."

Die amerikanische Regierung ist so sehr von Paul Ekmans Forschungsergebnissen überzeugt, dass sie Beamte an Flughafenkontrollen von ihm schulen lässt, damit sie unter den Passagieren mögliche Terroristen entdecken können.

17 Arbeite die Argumente von Reinhard und Ekman heraus und vergleiche sie miteinander. Worin unterscheiden sich die beiden Ansichten?

18 Kann man dem Mädchen auf dem Bild ansehen, ob sie lügt oder etwas verschweigt? Was spricht dafür, was spricht dagegen?

19 Findet Beispiele und weitere Argumente für die beiden Ansichten und diskutiert in eurer Klasse, wem ihr eher zustimmen könnt.

20 Stell dir vor, jemand könnte in deinem Gesicht ebenso gut wie bei Pinocchio erkennen, dass du lügst. Wie würdest du dich dabei fühlen? Veränderte das etwas an deinem Verhalten?

Lasst uns gemeinsam ein Experiment wagen. Dazu benötigen wir keine Instrumente, Werkzeuge oder Schutzbrillen. Wir experimentieren mit unseren Gedanken, wir begeben uns in eine Fantasiewelt, die uns hilft unsere eigenen Wünsche und Vorstellungen zu erkennen. Diese Fantasiewelt soll heute die „Wahre Welt" sein:

Die wahre Welt

M 21

Unter dem Ausdruck Wahre Welt verstehe ich wahre Menschen, Menschen, die die Wahrheit sagen, die alles sagen, was sie denken, und alles, was sie fühlen; die trotzdem nicht besser sind als wir, die nicht weniger boshaft noch weniger eigennützig oder töricht sind als die Menschen in unserer Welt; die mit allen unseren Fehlern geboren sind und sich von uns nur in einem einzigen Punkt unterscheiden, der sie jedoch zu völlig anderen Menschen macht: Im Zusammenleben mit den anderen zeigen sie stets offen ihre Seele, indes die unsere stets maskiert ist.

Pierre de Marivaux, um 1750

21 Bildet Kleingruppen und überlegt gemeinsam, welche Folgen es hätte, wenn wir alles aussprächen, was wir denken und fühlen.

22 Sammelt die Vorteile und die Nachteile dieser „Wahren Welt“.

23 Entwerft ein Rollenspiel: Jemand aus unserer Welt besucht die „Wahre Welt“ und trifft dort auf einige Jugendliche. Was erlebt er mit ihnen?

24 Bildet euch ein Urteil, ob ihr in solch einer Welt leben wolltet, und begründet eure Meinung.

Da lob’ ich mir die Höflichkeit

M 22

Da lob’ ich mir die Höflichkeit
Wer möchte diesen Erdenball
Noch fernerhin betreten,
Wenn wir Bewohner überall
Die Wahrheit sagen täten.
Ihr hießet uns, wir hießen euch
Spitzbuben und Halunken,
Wir sagten uns fatales Zeug,
Noch eh’ wir uns betrunken.
Und überall im weiten Land
Als langbewährtes Mittel
Entsprosste aus der Menschenhand
Der treue Knotenknittel [die Keule].
Da lob’ ich mir die Höflichkeit,
Das zierliche Betrügen.
Du weißt Bescheid, ich weiß Bescheid;
Und allen macht’s Vergnügen.

Wilhelm Busch, 1874

25 Welche Probleme sieht der Dichter Wilhelm Busch (1832–1908) in der Welt, in der man überall die Wahrheit sagt? Was empfiehlt er stattdessen?

Woher kommt die Moral?

M 23 Richtiges und falsches Handeln

Das ist Harriet.
Harriet geht noch zur Schule. Doch sie ist keine liebe Schülerin. Sie verprügelt die anderen Kinder und klaut ihnen ihr Taschengeld. Sie zerreißt die Bücher der Schulbücherei und macht mutwillig die Fahrräder anderer Kinder kaputt. Harriet macht ihren Mitschülern und Mitschülerinnen das Leben ziemlich schwer. *Stephen Law, 2002*

1 Was hältst du von Harriets Verhalten? Nennt der Autor sie zu Recht „Die böse Harriet"?

M 24 Killer-Murphy

Natürlich tun wir alle einmal etwas Falsches und haben danach Gewissensbisse. Fast jeder von uns wäre gern ein besserer Mensch, als er ist. Auch ich habe schon etliche Male etwas getan, das mir Schuldgefühle bereitet hat und das ich hinterher bereut habe. Und das gilt sicher auch für dich. No-body is perfect – wie man so schön sagt. Harriet tut zwar viele böse Dinge, aber es gibt noch schlimmere.
Nehmen wir Murphy als Beispiel. Murphy ist ein Cowboy. Und er ist auch ein Mörder. Er erschießt wehrlose Reisende, um an ihr Geld zu kommen. Hier siehst du, wie Murphy einen armen, unbewaffneten Cowboy abknallt, der gerade zu seiner Familie nach Hause gehen wollte.
Einen anderen Menschen umzubringen gilt als eines der schlimmsten Dinge, die jemand tun kann.

Stephen Law, 2002

M 25 Moralische* Grundsätze

Wenn ich sage, dass einige der Taten, die Harriet und Murphy begangen haben, böse sind, beziehe ich mich auf die *Moralität* ihres Tuns. Harriet und Murphy tun Dinge, die sie nicht tun *dürften.* Bei moralischen Grundsätzen geht es nicht nur darum, was wir nicht tun *dürfen.* Es geht auch darum, was wir tun *sollten.* Es geht darum, das *Richtige* zu tun.

Stephen Law, 2002

2 Der Philosoph Stephen Law bewertet die Taten von Harriet und Murphy als böse, weil sie Dinge tun, die sie nicht tun dürften. Erarbeite aus den Erzählungen von Harriet und Murphy, welche Dinge das sein könnten.

3 Erkläre mit deinen eigenen Worten, was der Begriff Moral bedeutet. Finde je ein Beispiel für ein Verhalten, das du als moralisch richtig oder falsch ansiehst.

INFO

Moral* ist eine in einer Gesellschaft verbreitete Vorstellung davon, welches Handeln richtig und welches falsch ist. Sie orientiert sich dabei an den Gewohnheiten und Wertmaßstäben in dieser Gesellschaft und kann sich im Laufe der Zeit auch verändern. Allgemein anerkannte Moralvorstellungen nennt man auch moralische Grundsätze. Sie können mit den geltenden Regeln und Gesetzen übereinstimmen, müssen es aber nicht.

Woher kommt die Moral (I)?

M 26

Wir haben über Moral gesprochen, über richtig und falsch. Nun zu meiner großen philosophischen Frage: *Woher kommt die Moral?* Es gibt verschiedene Antworten auf diese Frage. Nehmen wir zwei davon genauer unter die Lupe.

Antwort eins: *Moral kommt von uns Menschen. Wir* selbst sind der Ursprung der Moral, von richtig und falsch. Was wir als „richtig“ oder „falsch“ ansehen, beruht nur darauf, was wir darüber denken oder fühlen. Dinge sind also nicht richtig oder falsch, unabhängig davon, was wir darüber denken oder fühlen.

Stephen Law, 2002

4 a) Lies die Antwort eins von Stephen Law und erkläre ihre Aussage an einem eigenen Beispiel.
b) Was denkst du: Überwiegt bei einer moralischen Entscheidung eher das Denken oder das Gefühl? Begründe deine Antwort

Die Frage, woher wir eigentlich wissen, was gute und schlechte Taten sind, stellen sich im folgenden Gespräch auch einige Jugendliche aus Chile. Camilla, Sebastian, Gloria und Manuel suchen Rat beim Bibliothekar Herrn Ibarra.

Unsere Empfindungen

M 27

„[Um begreifen zu können, was gute und schlechte Taten sind,] müssten wir überlegen, aus welchem Grund wir eigentlich auf manche Handlungsweisen empört reagieren und auf andere nicht. [...] Nehmen wir an, ich würde Sebastian in irgendeiner Weise schädigen. Ihr anderen wärt doch dann mit Sicherheit empört, nicht wahr?“

„Und das mit Recht“, sagte Camilla. „Sie hingegen werden sich mit Sicherheit schuldig fühlen, nicht wahr?“

„Ebenfalls mit Recht! Sebastian selbst hingegen, der Geschädigte, würde nicht nur Empörung empfinden, sondern so etwas wie ein Gefühl der Verletztheit oder Groll. Dieses Gefühl wird er allerdings nur dann haben, wenn er annimmt, dass auch die anderen, wenn sie etwas davon wüssten, über mich empört wären.“

„Das hört sich ziemlich kompliziert an“, sagte Gloria.

„Nur keine Panik“, beschwichtigte Herr Ibarra seine Zuhörer. „Was ich sagen wollte: Es gibt einen engen Zusammenhang zwischen dieser moralischen Verletztheit vonseiten des Betroffenen und dem Gefühl der Empörung bei Dritten. Es genügt also für dieses Gefühl, verletzt worden zu sein, nicht, dass man bloß irgendeinen Nachteil durch einen anderen erlitten hat.“

Ernst Tugendhat, 2004

5 Lies das Gespräch. Welche Empfindungen haben jeweils Sebastian, Herr Ibarra und die anderen? Erkläre, inwiefern diese Empfindungen in einem Zusammenhang stehen.

6 Wenn du bei einem Wettlauf gegen einen anderen verloren hast, hast du auch einen Nachteil erlitten. Hat der Sieger deshalb eine schlechte Tat begangen? Wie unterscheiden sich die Gefühle der Zuschauer von denen, die Zeugen einer schlechten Handlung werden?

7 Der Philosoph Ernst Tugendhat (* 1930), der sich das Gespräch zwischen den Jugendlichen und Herrn Ibarra ausgedacht hat, ist der Meinung, dass sich die Verurteilung einer moralisch falschen Handlung auf Empörung gründet. Überprüfe diese Auffassung an M 27.

Der Bibliothekar Herr Ibarra versucht mit den Jugendlichen auch zu ergründen, inwiefern Moral von uns Menschen kommen kann. Er nennt das die „Idee der gegenseitigen Achtung“.

M 28 Die Idee der Selbstbestimmung*

„Schau mal, Camilla! Wenn ich dich fragen würde, was einen guten Menschen ausmacht, was würdest du mir sagen?“

„Ich würde sagen, er muss alle Menschen mit Achtung behandeln.“

„Und glaubst du nicht, dass er dies von dir genauso will? Und überhaupt jeder von jedem Menschen? Das heißt doch aber, dass diese Regel von uns selbst aufgestellt worden ist und dass wir uns dieser Regel unterwerfen, aber auch von allen anderen dasselbe hoffen?“

„Ja, ich verstehe schon“, sagte Camilla. „Und daraus würden dann die anderen moralischen Regeln erst folgen, also zum Beispiel dass man nicht stehlen darf, dass man seine Versprechen halten muss und dass die Menschen sich gegenseitig helfen sollen.“

„Natürlich, genau so“, sagte Herr Ibarra. „Wir alle wollen, dass uns die anderen mit Achtung begegnen. Deshalb gibt es zum Gebot der wechselseitigen Achtung keine Alternative. Denn wie anders könnten wir dahin kommen, dass uns die anderen Menschen mit Achtung begegnen, als dass wir es auch selbst tun, dass wir also wünschen, dass es eine allgemeine Regel ist? Wie könntest du auf die Achtung der anderen hoffen, wenn du nicht selbst diese Regel akzeptierst?“ […]

„Wisst ihr eigentlich, dass es auch bei Jesus eine Regel gegeben hat, die ganz ähnlich klang?“

„Worauf spielen Sie jetzt an?“, fragte Gloria überrascht.

„Er sagte: ‚Alles nun, was ihr wollt, dass es euch die Menschen tun, das sollt auch ihr ihnen tun‘ (Mt 7,12). Dieses Gebot sieht also vor, dass wir uns im Hinblick auf die anderen genauso verhalten sollten, wie wir das von ihnen haben wollen.“

„War es also Jesus Christus, der uns dieses Gebot gelehrt hat?“, fragte Gloria.

„Von ihm, aber auch von anderen Weisen lange vor ihm ist dieses Gebot gelehrt worden“, antwortete Herr Ibarra. „Entscheidend ist wohl, dass wir hier eine Verhaltensregel haben, die zu allen Zeiten die Grundlage der Moral gebildet hat und deshalb als die Goldene Regel* bezeichnet wird.“

„Die Goldene Regel?“ Camilla und Gloria waren über diesen Ausdruck verblüfft.

„Was meint ihr, warum die wohl so heißt?“, fragte Herr Ibarra zurück.

Ernst Tugendhat, 2004

8 Lies das Gespräch und erkläre, warum Her Ibarra gegenseitige Achtung als Grundlage einer selbstbestimmten Moral ansieht.

9 Male in dein Heft eine Sonne. Schreibe in die Mitte die Goldene Regel und notiere an die Strahlen jeweils eine Moralregel, an die du dich halten möchtest, weil du dies auch von deinen Mitmenschen wünschst.

10 Manuel wendet im weiteren Gesprächsverlauf ein, dass alle Menschen zwar geachtet werden wollen, aber durchaus nicht alle diese Achtung den anderen entgegenbringen. Bringt dieses Argument die Goldene Regel ins Wanken?

11 Kennst du Beispiele für moralische Grundsätze, von denen man glaubt, sie seien nicht von den Menschen, sondern von Gott festgelegt?

M 29 Woher kommt die Moral (II)?

Die zweite Antwort ist etwas kniffelig: *Moral kommt von Gott.* Gott hat festgelegt, was richtig und was falsch ist. Auch wenn wir Menschen etwas absolut nicht falsch fänden, dann wäre es trotzdem falsch, wenn Gott es so bestimmt hätte.

Stephen Law, 2002

Herr Ibarra denkt gemeinsam mit den Jugendlichen weiter über die Frage nach, woher die Moral kommt. Neben der Idee der Selbstbestimmung kommt ihnen auch die Idee, Moral könne von jemand anderem bestimmt sein. Herr Ibarra nennt dies „autoritäre“ Moral.

Autoritäre Moral

M 30

„Was heißt hier ‚autoritär‘?“, fragte Camilla. „Hat das was mit Autorität* zu tun?“

„Ja, man könnte sagen, dass diese Vorstellung von Moral darin besteht, dass das Schlechte als schlecht angesehen wird, weil eine Autorität, beispielsweise die Eltern, diese Handlung verboten hat. Man kann auch noch weitergehen und sagen, dass etwas deswegen schlecht ist, weil Gott es verboten hat.“

„Genau so hat man uns das auch beigebracht!“, sagte Gloria.

„Sicher, Gloria“, sagte Herr Ibarra. „Als Kinder schauen wir immer zu unseren Eltern auf und denken, dass alles, was sie sagen, unumstößlich richtig ist. Wenn wir älter werden, genügt uns das nicht mehr, dann wollen wir irgendwann selber herausfinden, warum etwas richtig oder falsch sein soll. Oder nicht?“

„Doch, das stimmt.“

„Heute würde es uns willkürlich vorkommen, wenn die Eltern einfach etwas verbieten, ohne einen vernünftigen Grund dafür angeben zu können“, schloss Herr Ibarra.

„Aber nochmal zurück zu Gott als Autorität in solchen Fragen“, sagte Manuel. „Finden Sie nicht, dass es ein gutes Argument sein kann, wenn man darauf verweist, dass Gott eine Handlung verboten hat?“

„Das müsstest du dir gut überlegen, Manuel! Wenn man das so stehen lässt, dann hieße das, Gott lege in willkürlicher Weise fest, was gut und schlecht ist. Wir sollten aber nicht annehmen, dass etwas gut ist, weil es Gott gebietet, sondern umgekehrt, dass Gott es gebietet, weil es gut ist. Versteht ihr, was ich meine?“

„Ich glaube schon“, sagte Camilla. „Offenbar reicht der bloße Hinweis auf Gott nicht aus, wenn man gar nicht weiß, warum seine Gebote gut sind.“

Ernst Tugendhat, 2004

12 Achte genau auf Herrn Ibarras Überlegungen zur Rolle Gottes. Welche Antwort gäbe er auf die Frage, ob unsere Moral von Gott kommt?

13 Herr Ibarra nennt auch die Eltern eine Autorität (Z. 5). Überlege, wie deine Eltern deine eigenen Moralvorstellungen beeinflussen.

14 Findet weitere Autoritäten, die eure Moralvorstellungen beeinflussen. Inwiefern unterscheidet sich ihr Einfluss? Welche Rolle spielt dabei eure Selbstbestimmung?

15 In den unterschiedlichen Religionen gibt es auch unterschiedliche Moralvorstellungen, die als göttliche Weisungen gelten. Darüber hat es in der Vergangenheit oft Streit gegeben. Manche Menschen betonen aber, dass es auch sehr viele gemeinsame moralische Vorstellungen in den Weltreligionen gibt. Welche könnten das sein? Vergleicht eure Ergebnisse mit der Erklärung zum Weltethos.

Erklärung zum Weltethos

M 31

1983 trafen sich in Chicago Vertreter von 125 Religionen und einigten sich auf eine gemeinsame Erklärung zum Weltethos. Sie enthielt vier unverrückbare Weisungen:

1. Verpflichtung auf eine Kultur der Gewaltlosigkeit und der Ehrfurcht vor allem Leben: **Du sollst nicht töten!** Oder positiv: **Hab Ehrfurcht vor dem Leben!**

2. Verpflichtung auf eine Kultur der Solidarität und eine gerechte Wirtschaftsordnung: **Du sollst nicht stehlen!** Oder positiv: **Handle gerecht und fair!**

3. Verpflichtung auf eine Kultur der Toleranz und ein Leben in Wahrhaftigkeit*: **Du sollst nicht lügen!** Oder positiv: **Rede und handle wahrhaftig!**

4. Verpflichtung auf eine Kultur der Gleichberechtigung und die Partnerschaft von Mann und Frau: **Du sollst nicht Unzucht treiben**! Oder **positiv: Achtet und liebet einander!**

Die Dorfbewohner in Carvahall schätzen Brom als Geschichtenerzähler.
Am liebsten lauschen sie der Erzählung, wie aus dem tapferen Drachenreiter Galbatorix der böse Herrscher wurde.

M 32 Der böse Galbatorix?

„Bevor die Väter eurer Großväter geboren wurden, fürwahr, selbst noch vor deren Vätern, wurden die Drachenreiter erschaffen. Zu beschützen und zu bewachen war ihre Aufgabe, und sie taten dies viele tausend Jahre lang mit großem Erfolg. […] Zwar konnten ihre Feinde sie nicht vernichten, aber vor sich selbst konnten die Drachenreiter sich nicht schützen. Und so begab es sich, dass auf dem Höhepunkt ihrer Macht in der Provinz Inzilbeth, die es heute nicht mehr gibt, ein Knabe namens Galbatorix geboren wurde. Dem Brauch entsprechend, wurde er im Alter von zehn Jahren auf die Probe gestellt, und man fand heraus, dass große Kräfte in ihm schlummerten. Die Reiter nahmen ihn bei sich auf.

Er bestand die Prüfungen und unterzog sich der Ausbildung zum Reiter. Seine Geschicklichkeit übertraf dabei die aller anderen. Gesegnet mit einem scharfen Verstand und einem starken Körper, fand er schnell seinen Platz in den Reihen der Drachenreiter. […] Kurz nach Beendigung seiner Lehrzeit begab sich Galbatorix mit zwei Freunden auf eine gefährliche Reise. Sie flogen Tag und Nacht bis hoch in den Norden und gelangten in das den Urgals verbliebene Territorium, wo sie sich törichterweise aufgrund ihrer Fähigkeiten völlig sicher fühlten. Doch auf einer dicken Eisscholle, die selbst im Sommer nicht schmolz, wurden sie mitten in der Nacht im Schlaf angegriffen. Obwohl seine Freunde und deren Drachen getötet wurden und er selbst schlimme Wunden davontrug, besiegte Galbatorix die Angreifer. Unseligerweise bohrte sich bei dem Kampf ein umherschwirrender Pfeil ins Herz seines Drachen. Da er nicht die nötige Heilkunst beherrschte, um ihn zu retten, starb er in seinen Armen. Die Saat des Wahnsinns war gelegt.“ […]

„Allein, seiner Kraft weitgehend beraubt und halb von Sinnen über den Verlust seines Drachen, irrte Galbatorix in der trostlosen Einöde umher […]. Wahrend dieser Zeit keimte in ihm die Hoffnung auf, dass die Reiter ihm vielleicht einen anderen Drachen schenken würden. Getrieben von diesem Gedanken, begann er seinen beschwerlichen Marsch zurück durch den Buckel. […] [Er war] fast verhungert, als seine blutigen Füße ihn schließlich wieder aus den Bergen hinaus trugen. Ein Bauer fand ihn zusammengebrochen im Schlamm und rief die Reiter herbei.

Sie brachten den Bewusstlosen auf ihre Festung, und dort heilte sein Körper. Er schlief vier volle Tage lang. Nach seinem Erwachen wies nichts auf seinen fiebrigen Geist hin. Als er vor den Ältestenrat gebracht wurde, der über ihn richten sollte, verlangte Galbatorix einen neuen Drachen. Seine wütende Forderung verriet seinen Geisteszustand, und der Rat erkannte, wie es wirklich um ihn stand. Seiner Hoffnung beraubt und durch den verzerrenden Spiegel seines Wahnsinns blickend, begann Galbatorix zu glauben, die anderen Reiter wären schuld am Tod seines Drachen. Nacht für Nacht brütete er darüber nach und schmiedete einen Racheplan.“

Broms Stimme senkte sich zu einem hypnotischen Flüstern.

„Er fand einen mitfühlenden Kameraden, den er mit seinen listigen Reden auf seine Seite zog. Mit Beharrlichkeit und unter Verwendung dunkler Geheimnisse, die er von einem Schatten erfahren hatte, hetzte er den befreundeten Reiter gegen den Ältestenrat auf. Schließlich begingen sie einen heimtückischen Mord an einem der Altvorderen, und als der grauenvoll zugerichtete Leichnam entdeckt wurde, wollte Galbatorix seinem Verbündeten die Tat in die Schuhe schieben und brachte ihn ohne Vorwarnung um. Doch die anderen Reiter kamen hinzu, als noch das Blut von seinen Händen tropfte. Ein Schrei entrang sich seiner Kehle, und er floh hinaus in die Nacht. In seinem Wahnsinn war er davon überzeugt, dass sie ihn nicht finden würden. […]

Seine Gräueltat wurde nicht vergessen, aber nach einiger Zeit stellte man die Suche ein. Durch eine unglückliche Fügung begegnete er schließlich einem jungen Reiter, Morzan, der zwar einen starken Körper, aber einen schwachen Geist besaß. Galbatorix überredete Morzan, in der Zitadelle Ilirea, die heute Urü'baen heißt, ein Tor offen zu lassen. Galbatorix stahl sich in die Festung und raubte einen Jungdrachen.

Mit seinem neuen Verbündeten versteckte er sich an einem finsteren Ort, zu dem die Drachenreiter sich nicht vorwagten. Dort begann Morzan eine dunkle Lehrzeit, lernte verbotene Magie und erfuhr Geheimnisse, die niemals hätten verraten werden dürfen. Als seine Unterweisung beendet und Galbatorix' schwarzer Drache, Shruikan, voll ausgewachsen war, zeigte sich Galbatorix der Welt, mit Morzan an seiner Seite. Gemeinsam töteten sie jeden Reiter, dem sie begegneten. Mit jedem Sieg wuchsen ihre Kräfte. Zwölf der Reiter schlossen sich Galbatorix an, aus Machtgier und um Rache zu üben für vermeintliche Ungerechtigkeiten. Diese zwölf wurden, zusammen mit Morzan, zu den Dreizehn Abtrünnigen. Die anderen Reiter waren nicht darauf vorbereitet und hielten dem Ansturm nicht stand. Auch die Elfen wehrten sich erbittert gegen Galbatorix, aber sie wurden ebenfalls besiegt und mussten sich an ihren geheimen Zufluchtsort zurückziehen, den sie seitdem nicht mehr verlassen haben.

Nur Vrael, der Anführer der Reiter, konnte sich gegen Galbatorix und seine Abtrünnigen zur Wehr setzen. Alt und weise, versuchte er zu retten, was zu retten war, und wollte verhindern, dass die verbliebenen Drachen seinen Feinden in die Hände fielen. In der letzten Schlacht, vor den Toren von Doru Areaba, besiegte Vrael Galbatorix, zögerte aber beim letzten tödlichen Hieb. Galbatorix nutzte die Gelegenheit und rammte ihm sein Schwert in die Seite. Schwer verwundet floh Vrael zum Berg Utgard, wo er neue Kräfte zu sammeln hoffte. Aber dazu sollte es nicht kommen, denn Galbatorix spürte ihn auf. Bei dem anschließenden Kampf trat Galbatorix Vrael in den Unterleib. Durch diesen hinterhältigen Fußtritt gewann er die Oberhand und enthauptete Vrael mit seinem Schwert. [...]

Und seit diesem Tage herrscht er über uns."

[58–62]

16 Brom erzählt, wie Galbatorix sich im Laufe der Zeit verändert hat.
a) Liste die Schritte auf, die dir für seinen Wandel bedeutsam erscheinen.
b) Arbeite heraus, welche Eigenschaften Brom Galbatorix in jedem Schritt zuschreibt.

17 Überlege, in welchen Situationen sich Galbatorix deiner Meinung nach richtig oder falsch verhalten hat.

18 Bildet Kleingruppen und erarbeitet gemeinsam:
a) Wählt eine Situation aus, in der sich Galbatorix eurer Meinung nach falsch verhalten hat. Gestaltet dann ein Standbild, in dem ihr versucht, die drei moralischen Empfindungen (s. S. 75) zum Ausdruck zu bringen.
b) Mit welcher Entscheidung könnte Galbatorix die Situation zum Guten wenden? Was genau würde sich ändern?

19 Nimm Stellung zur Textüberschrift: Ist Galbatorix deiner Meinung nach böse?

Der Philosoph Immanuel Kant vertritt die Auffassung von der moralischen Selbstbestimmung des Menschen. Eigentlich sehe jeder vernünftige Mensch ein, was das rechte Handeln sei. Böse sei derjenige, der seine Selbstbestimmung „verkehrt" nutze und sich trotz besseren Wissens unmoralisch verhalte.

20 Wende die Definition Kants auf Galbatorix an. Ist er demnach böse?

21 Diskutiert Kants Auffassung von „böse". Können wir uns immer frei entscheiden, ob wir uns moralisch korrekt verhalten wollen?

Einmal böse, immer böse? – die Bedeutung von Erfahrungen

M 33 Die Geschichte vom bösen Friederich

Am Brunnen stand ein großer Hund,
trank Wasser dort mit seinem Mund.
Da mit der Peitsch herzu sich schlich
der bitterböse Friederich;
und schlug den Hund, der heulte sehr,
und trat und schlug ihn immer mehr.
Da biß der Hund ihn in das Bein,
recht tief bis in das Blut hinein.
Der bitterböse Friederich,
der schrie und weinte bitterlich.
Jedoch nach Hause lief der Hund
und trug die Peitsche in dem Mund.

Ins Bett muß Friedrich nun hinein,
litt vielen Schmerz an seinem Bein;
und der Herr Doktor sitzt dabei
und gibt ihm bittre Arzenei.

Der Friederich, der Friederich,
das war ein arger Wüterich!
Er fing die Fliegen in dem Haus
und riß ihnen die Flügel aus.
Er schlug die Stühl und Vögel tot,
die Katzen litten große Not.
Und höre nur, wie bös er war:
Er peitschte seine Gretchen gar!

Heinrich Hoffmann, 1847

1 Sortiere die Texte und Bilder und erzähle die Geschichte von Friedrich nach.
2 Überlege dir eine Vorgeschichte, die erklärt, wie Friedrich so böse geworden ist.
3 Was denkst du, wie die Geschichte wohl weitergeht? Gestalte dazu in deinem Heft ein weiteres Bild mit einem Text dazu. Vielleicht gelingt dir sogar ein Reim?

Eragons Gefährte Murtagh gesteht ihm, dass er der Sohn des Abtrünnigen Morzans sei.

M 34 Murtaghs Geheimnis

„Du bist sein Sohn?“, fragte Eragon ungläubig und tastete verstohlen nach Zar'ocs Griff. *Was könnte er von mir wollen? Steht er in Wahrheit in Diensten des Königs?*

„Ich habe es mir doch nicht ausgesucht!“, rief Murtagh mit leidvoll verzerrter Miene. Verzweifelt riss er sich Wams und Hemd vom Leib. „Sieh dir das an!“, flehte er und wandte Eragon den Rücken zu. Unsicher beugte dieser sich vor und versuchte, in der Dunkelheit etwas zu erkennen. Dann sah er die knotige weiße Narbe auf Murtaghs gebräunter Haut, die sich von seiner rechten Schulter quer über den Rücken bis zur linken Hüfte herabzog – das Überbleibsel einer grauenvollen Qual.

„Siehst du das?“, fragte Murtagh verbittert. Er redete jetzt schnell, als wäre er erleichtert, sich endlich jemandem anvertrauen zu können. „Ich war erst drei, als das passiert ist. Während einer seiner vielen trunkenen Wutanfälle warf Morzan sein Schwert nach mir, als ich an ihm vorbeilief. Er hat mir den ganzen Rücken aufgeschlitzt, und zwar mit genau dem Schwert, das du jetzt

besitzt – das einzige Erbstück, das er mir hinterlassen hätte, wenn Brom es ihm nicht nach seinem Tod weggenommen hätte. Ich hatte wohl Glück – in der Nähe gab es einen Heiler, der mir das Leben rettete. [...]"
„Was geschah dann?", fragte Eragon.
Murtagh zuckte mit den Schultern. „Ich wuchs auf. Der König holte mich in den Palast und sorgte für meine Erziehung. Davon abgesehen, ließ er mich in Ruhe."
„Warum bist du nicht ausgerissen?"
Ein hartes Lachen brach aus Murtagh hervor. „Geflohen wäre das passendere Wort. An meinem letzten Geburtstag, als ich achtzehn wurde, lud der König mich in seine Gemächer ein, zu einem privaten Abendmahl. [...]
Als wir mit dem Essen fertig waren, begann er schließlich zu sprechen. Du kennst seine Stimme nicht, daher kann ich dir schwer begreiflich machen, wie es war. Seine Worte waren hinreißend, als würde mir eine Schlange goldene Lügen ins Ohr flüstern. Noch nie hatte ich einem überzeugenderen und erschreckenderen Mann als ihm gelauscht. Er erzählte mir von seiner großen Vision, einer Fantasie des Imperiums, so wie er es sich erträumte. Überall im Lande sollten prächtige Städte gebaut werden, in denen die größten Krieger wohnten, Künstler, Musiker und Philosophen. Die Urgals waren endgültig ausgelöscht. Und sein Reich sollte sich in jede Himmelsrichtung ausdehnen, bis es die vier Ecken Alagaësias erreichte. Es würde Frieden und Wohlstand geben – aber noch wundersamer war, dass die Drachenreiter zurückkehren und gemeinsam mit Galbatorix das Land regieren sollten.
Mehrere Stunden lang hörte ich ihm wie verzaubert zu. Als er mit seinen Ausführungen fertig war, fragte ich ihn aufgeregt, wie er die Drachenreiter wieder zum Leben erwecken wollte, wo doch jeder wusste, dass es keine Dracheneier mehr gab. Da wurde Galbatorix ganz still und sah mich nachdenklich an. Er schwieg eine Weile, aber dann streckte er plötzlich die Hand aus und fragte mich: ‚Wirst du, o Sohn meines Freundes, mir dienen und helfen, dieses Paradies zu erschaffen?'"
[...] [540f.; 568–570]

4 Was könnte Murtagh dem Herrscher geantwortet haben? Schreibe die Antwort auf.
5 Welche Erfahrung Murtaghs hat seine Antwort deines Erachtens am meisten. beeinflusst? Begründe deine Entscheidung.

Manche Menschen sagen, man könne das Böse von seinen Eltern erben, andere meinen dagegen, es sei alles nur eine Frage der Erziehung.
Immanuel Kant ist überzeugt, dass jeder Mensch viele Veranlagungen („Keime") habe, die insgesamt nur Keime zum Guten seien. Das Böse gehöre nicht zu seinen Naturanlagen.
Kant erwartet vom Menschen, er solle sich „kultivieren". Dieser Begriff bedeutet nicht nur, „jemandem Kultur nahe bringen", sondern Gärtner verwenden ihn in dem Sinne, dass eine Pflanze besonders gepflegt wird.

Die Kultivierung des Menschen

M 35

Der Mensch soll seine Anlagen zum Guten erst entwickeln; die Vorsehung hat sie nicht schon fertig in ihn gelegt; [...]. Sich selbst besser machen, sich selbst kultivieren, und wenn er böse ist, Moralität bei sich hervorbringen, das soll der Mensch. [...]
Ein Baum aber, der auf dem Felde allein steht, wächst krumm, und breitet seine Äste weit aus; ein Baum hingegen, der mitten im Walde stehet, wächst, weil die Bäume neben ihm ihm widerstehen, gerade auf und sucht Luft und Sonne über sich. *Immanuel Kant, 1803*

6 Welche Antwort gibt Immanuel Kant auf die Frage „Einmal böse, immer böse?"
7 Zeichne die beiden Bäume und ihre Umgebung in dein Heft. Welche Umgebung ist nach Kant für die Entwicklung des Baumes förderlicher?
8 Welche Art von Erziehung stellt Kant sich hier vor? Schreibt die wichtigsten Merkmale auf.

„Gut gemacht!“ – Zählt der Wille oder der Erfolg?

M 36 **Ein Undankbarer**

1 a) Betrachte die Bildergeschichte und schildere, was hier passiert ist.
b) Wer ist in dieser Geschichte die entscheidende Figur? Begründe deine Meinung.

2 Stell dir vor, der Schwimmer hätte Vater angezeigt. Inszeniert in Vierergruppen eine Gerichtsverhandlung, in der Vater, Sohn und der Schwimmer jeweils ihre Handlungsweise verteidigen. Findet der Richter einen Verantwortlichen?

3 Wie bewertest du das (moralische) Verhalten
a) des Sohnes,
b) des Vaters,
c) des Schwimmers?

4 Was ist dabei für dich entscheidend: der Wille, etwas Gutes zu tun, oder der Erfolg, tatsächlich etwas Gutes getan zu haben?

Im Werk des norwegischen Autors Jostein Gaarder „Sofies Welt“ unterhalten sich das Mädchen Sofie und ihr Philosophielehrer Alberto unter anderem auch über Immanuel Kants Gedanken zur Moral. Sie kommen dabei zu folgendem Ergebnis:

Auf die Einstellung kommt es an

M 37

„Manchmal bin ich sehr nett und lieb zu anderen, einfach weil sich das für mich lohnt. Auf diese Weise kann ich zum Beispiel beliebt werden.“

„Aber wenn du mit anderen teilst, nur um beliebt zu werden, dann handelst du nicht in Übereinstimmung mit dem Moralgesetz. Vielleicht achtest du das Moralgesetz nicht. Vielleicht handelst du in einer Art oberflächlicher Übereinstimmung mit dem Moralgesetz – und das ist ja auch schon was –, aber etwas, das als moralische Handlung bezeichnet werden soll, muss das Ergebnis einer Selbstüberwindung sein. Nur wenn du etwas tust, weil du es für deine *Pflicht* hältst, dem Moralgesetz zu folgen, kannst du von einer moralischen Handlung sprechen. Kants Ethik* wird deshalb oft als *Pflichtethik* bezeichnet.“

„Ich kann es für meine Pflicht halten, Geld für die Welthungerhilfe [...] zu sammeln.“

„Ja, und dabei kommt es darauf an, dass du das tust, weil du es für richtig hältst. Selbst wenn das Geld, das du eingesammelt hast, unterwegs verlorengeht oder niemals die Menschen satt macht, die es satt machen sollte, so hast du doch das Moralgesetz befolgt. Du hast mit der rechten Einstellung gehandelt, und laut Kant ist die Einstellung entscheidend dafür, ob wir etwas als moralisch richtig bezeichnen können. Nicht die Konsequenzen einer Handlung sind entscheidend. [...]“

„Warum war es ihm so wichtig zu wissen, wann genau wir aus Achtung vor dem Moralgesetz handeln? Ist es nicht wichtiger, dass das, was wir tun, anderen Menschen nützt?“

Jostein Gaarder, 1991

5 Erarbeite aus dem Text, was unter Pflichtethik zu verstehen ist.

6 „Etwas, das als moralische Handlung bezeichnet werden soll, muss das Ergebnis einer Selbstüberwindung sein“ (Z. 14 f.). Finde ein Beispiel für eine solche Handlung. Findest du auch Beispiele für Handlungen, die du als moralisch bezeichnen würdest, die keine Selbstüberwindung kosten? Was hältst du von Kants Pflichtvorstellung?

7 Viele Menschen beklagen, dass wir heute nur noch in einer „Spaßgesellschaft“ lebten, in der viele Menschen Pflichten kaum noch ernstnehmen. Inwiefern ist diese Klage deiner Ansicht nach berechtigt?

8 Diskutiere die Vor- und Nachteile der Pflichtethik. Berücksichtige dazu auch deine Überlegungen zu M 36.

Gut ist, was nützlich* ist

Während Immanuel Kant (1724–1804) in Königsberg über die moralische Verpflichtung des Menschen grübelte, widmete sich in London der Philosoph Jeremy Bentham (1748–1832) ebenfalls der Frage nach dem richtigen Handeln der Menschen. Er kam dabei zu einer ganz anderen Lösung.

Bentham geht davon aus, dass Menschen glücklich sind, wenn sie besonders viel Freude und möglichst wenig Leid erfahren. Daran orientiert sich der Maßstab für eine moralische Handlung: Er bewertet sie nach ihrer Nützlichkeit für das Wohlergehen des Menschen. Sie ist seiner Meinung nach genau dann nützlich, wenn sie Gewinn, Vorteil, Freude, Gutes oder Glück hervorbringen oder wenn sie jemanden vor Unheil, Leid, Bösem oder Unglück bewahren kann. Der einzelne Mensch sollte für sich den größtmöglichen Nutzen suchen, wenn er sich jedoch innerhalb einer Gruppe befindet, dann sollten möglichst viele aus dieser Gruppe den größtmöglichen Nutzen haben. Kurz gesagt: Bentham hält die Handlungen für gut, die den größtmöglichen Nutzen für eine größtmögliche Anzahl von Menschen bringen.

1 Gib die Ansicht Benthams mit deinen eigenen Worten wieder. Erkläre sie an einem Beispiel.

2 Vergleiche Benthams Ansicht über das richtige Handeln mit der von Immanuel Kant. Achte dabei besonders auf das Motiv (Warum sollen wir moralisch handeln?) und auf die Konsequenzen (Was erreiche ich mit der moralischen Handlung?).

3 Stell dir vor, deine Mathelehrerin verliert den Aufgabenzettel für die morgige Klassenarbeit, er segelt direkt unter deinen Tisch, und du findest ihn. Faltest du ihn schnell und gibst ihn zurück oder behältst du ihn und zeigst ihn nachher deinen Mitschülern? Kant und Bentham bieten sich als deine Ratgeber an. Verfasse einen Dialog, in dem sich beide über dieses Problem austauschen.

Im Jahr des Kindes 1979 haben sich die Vertreter der Vereinten Nationen [ein Zusammenschluss fast aller Staaten der Welt, der sich für Frieden und gegen Armut einsetzt] darauf geeinigt, dass Kinder spezielle Grundrechte erhalten sollen. 1989 war die Vereinbarung über die Kinderrechte, die Konvention, fertiggestellt. Dazu gehören unter anderen diese Artikel:

Briefgeheimnis

M 38

Christiane findet es völlig ätzend. Sie hat ihren älteren Bruder schon ein paar Mal ertappt, wie er Briefe geöffnet hat, die für sie bestimmt waren. Ihr Bruder meinte, er müsse auf sie aufpassen und dürfe deshalb ihre Post kontrollieren. [...] Wer einen Brief bekommt, will sicher sein: Außer mir darf keiner den Brief öffnen. Christianes Bruder würde vielleicht auch gern so viel Post wie Christiane bekommen. Die Kinderrechtskonvention verbietet ihm aber, Christianes Briefe aufzumachen. Denn: Kinder sollen Geheimnisse verschicken oder in Briefen lesen können. Niemand anders hat das Recht, ihre Post zu lesen. (Art. 16) [...]

Wer bin ich?

M 39

Sobald ein Kind geboren ist, erhält es einen Namen und eine Staatsangehörigkeit. Damit wird festgestellt, wer das Kind ist und wohin es gehört. Das Kind hat eine „Identität“: Es ist einzigartig und kann mit niemandem verwechselt werden. Jedes Kind hat ein Recht auf seine Identität, das Recht zu wissen, wer es ist, zu welchem Staat es gehört und wer seine Eltern sind. So steht es in den Artikeln 7 und 8 der Kinderrechtskonvention. [...]

Misshandlung durch Eltern

M 40

Wenn Eltern ihre Kinder [...] so verprügeln und misshandeln, dass ihr Leben in Gefahr ist, oder sie sexuell missbrauchen, dann ist es wahrscheinlich besser, sie werden von ihren Eltern getrennt. Das ist zwar traurig, aber das Jugendamt sorgt dafür, dass sie in einer lieben Pflegefamilie oder einem Heim aufgenommen werden [...]. Die Kinderrechtskonvention fordert, dass Kinder vor jeder Art von Gewalt zu schützen sind (Art. 19). Bis vor kurzem stand das im deutschen Erziehungsrecht noch nicht so deutlich. Eine Ohrfeige zum Beispiel war bis vor kurzem nicht in jedem Fall verboten. [...]

1 Überlege, welche Gründe die Vereinten Nationen haben könnten, das Briefgeheimnis der Kinder zu schützen oder dafür zu sorgen, dass jedes Kind seine Identität genau kennt? Beziehe dazu auch deine Ergebnisse von S. 70 und 71 mit ein.

2 „Ein kleiner Klapps hat noch keinem geschadet“, heißt es oft. Nun ist sogar die Ohrfeige seit Juli 2000 in Deutschland verboten. Finde mögliche Gründe, warum sie aus der Erziehung verbannt wurde. Berücksichtige dazu deine Überlegungen von S. 81und 82.

3 Oft heißt es in den Kinderrechten „es soll ...“ oder „sie sollen ...“ – leider kann niemand die Staaten zwingen, sich an die Kinderrechtskonvention zu halten. Diskutiert, ob eine solche Konvention dann überhaupt sinnvoll ist.

„Es gibt nichts umsonst" – Regeln und Gesetze im Staat und im Umgang mit dem Geld

Nikolaus Piper (* 1952) ist Journalist und Wirtschaftsfachmann. Mit seinem Buch „Felix und das liebe Geld“ hat er einen Roman geschrieben, der nicht nur spannend zu lesen ist, sondern der auch viele interessante Informationen über wirtschaftliche Zusammenhänge bietet. Wie der Titel schon andeutet, ist Felix die Hauptperson: ein Junge von zwölf Jahren, der mit seinen Eltern, den Blums, in Schönstadt lebt. Sein Vater arbeitet als Wirtschaftsjournalist beim Schönstädter „General-Anzeiger“. Am Anfang erfährt der Leser Wichtiges über ihn und seine Familie.

1 Lassen sich die Begriffe „Elend“, „Armut“, Wohlstand“ und „Reichtum“ den einzelnen Bildern sinnvoll zuordnen? Probiere es aus und diskutiert anschließend über eure Zuordnungen.

Alles nur eine Frage des Geldes?

M 1 Felix und seine Familie

Felix Blum fand seine Eltern eigentlich ganz passabel. Jedenfalls waren sie nicht wesentlich schlechter als andere Eltern, die er kannte. Aber einen schlimmen Fehler hatten sie: Sie machten einen furchtbaren Wirbel ums Geld. Immer war nicht genug da, und immer gab es Streit darum. Das war so, seit sich Felix erinnern konnte. Es verging fast kein Tag, an dem seine Eltern sich nicht gegenseitig vorwarfen, dass ihnen das Geld nicht reichte. „Das können wir uns nicht leisten“, war der Lieblingssatz seines Vaters. „Würdest du dich mehr um die Haushaltskasse kümmern, dann *könnten* wir es uns leisten“, gab dann seine Mutter zurück. Alles endete meist damit, dass die beiden sich anschrien, und häufig bekam auch Felix sein Fett weg. „Glaubst du, wir haben einen Goldesel im Keller?“, schnauzte ihn die Mutter an, wenn er sich mal wieder ein Loch in die Hose gerissen hatte. Die Luft im Haus war vergiftet, und Felix kam sich vor wie der überflüssigste Mensch auf der Welt, wenn seine Eltern so stritten.

So auch jetzt. Es war nicht nur die Enttäuschung darüber, dass er nun in den Ferien zu Hause bleiben musste. Felix hatte das sichere Gefühl, angelogen zu werden. Denn sechs Wochen vor Ferienbeginn eine Urlaubsreise absagen, das brachten normalerweise selbst seine Eltern nicht fertig. Und das Ganze nur, um irgendwann ein neues Auto zu kaufen oder das Dach zu reparieren? Eine innere Stimme sagte ihm: An dem plötzlichen Sinneswandel seiner Eltern stimmte etwas nicht. Felix hasste es, ein überflüssiger Junge von zwölf Jahren zu sein, über dessen Kopf hinweg die Erwachsenen ihre Entscheidungen trafen. Man müsste auf eigenen Füßen stehen und selbst Geld verdienen. Und zwar so viel, dass man nie wieder den Satz zu hören bekam: Das können wir uns nicht leisten.

Draußen war das Unwetter weitergezogen. Der Donner grummelte noch in der Ferne, aus dem Wolkenbruch war ein gleichmäßiger Regen geworden. Der Gedanke an das eigene Geld hatte sich in Felix' Kopf festgesetzt. Er spürte einen mächtigen Trotz in sich, so wie damals, als er zum ersten Mal in seinem Leben vom Drei-Meter-Brett ins Schwimmbecken gesprungen war, obwohl unten die halbe Klasse darauf gewartet hatte, dass er mal wieder beschämt die Leiter hinuntersteigen würde, weil er sich nicht traute.

Felix wollte reich werden. Wer reich war, war auch stark. Und frei. „Hast du was, bist du was“, sagte sein Vater immer.

Und warum sollte ein Junge von zwölf Jahren eigentlich nicht aus eigener Kraft reich werden können? Sein Vater hatte ihm von berühmten Leuten erzählt, die schon mit achtzehn eine Firma besaßen oder, wie zum Beispiel Wolfgang Amadeus Mozart, mit zwölf eine Oper komponiert hatten. Im Grunde war es also höchste Zeit, dass er damit anfing.

Felix stand auf und ging zum Kleiderschrank. Von dort holte er seine geheime Schatzkiste. Das war eine alte, zerfledderte Schuhschachtel, schief und an den Kanten zehnmal mit Klebestreifen geflickt. Darin bewahrte er all die Dinge auf, die ihm sehr wichtig waren: einen Seestern, das Foto einer Dampflokomotive aus Amerika, Taschenmesser, Kompass, Trillerpfeife, eine Tüte mit dem ersten Milchzahn, der ihm damals in einem Brötchen steckengeblieben war. Dazu sein Tagebuch und – Geld. Der Zwanzigeuroschein, den ihm sein Vater am Monatsersten immer als Taschengeld gab, der kam da hinein.

Felix zählte genau 234 Euro und 37 Cent. Das war mehr, als er erwartet hatte, aber natürlich längst kein Reichtum. Was konnte er damit anfangen?

Eine Schuhschachtel sei kein Ort, um Taschengeld aufzubewahren, sagte sein Vater immer. „Geld muss man anlegen, damit es arbeiten kann.“ Ein Junge in seinem Alter brauche ein Sparbuch – das bringe Zinsen, und außerdem sei das Geld sicher für den Fall, dass Einbrecher kämen. Felix fand die klugen Ratschläge seines Vaters immer lästig. Wozu ist Geld gut, wenn es auf einem Sparbuch liegt, also gar nicht richtig da ist? Geld muss man anfassen können, fand er. Überhaupt war sein Vater in Gelddingen doch wohl ein schlechtes Vorbild.

Trotzdem wollte ihm dieser eine Satz, den sein Vater gesagt hatte, nicht mehr aus dem Kopf: *Geld muss arbeiten!*

[6–8]

1 Felix mag seine Eltern, aber eines hat er an ihnen auszusetzen. Lies den Text genau und notiere, was ihn am Verhalten seiner Eltern stört.

2 Die Eltern müssen sechs Wochen vor den Ferien die Urlaubsreise absagen, Felix und der Leser erfahren nicht genau, weshalb. Sprecht darüber, was die Eltern dazu bewegen könnte, diesen Rückzieher zu machen.

3 Felix fragt sich, was er mit dem Geldbetrag von 234 Euro anfangen könnte. Was würdest du mit dem Geld machen?

4 Für Felix steht fest, dass er reich werden möchte. Arbeite aus dem Text heraus, was er sich davon verspricht.

M 2

5 Die Comicfigur Dagobert Duck ist steinreich, und sein großer Geiz hilft ihm dabei, sein Geld zu vermehren. Wie wird man deiner Ansicht nach reich? Leg eine Stichwortliste an.

6 Onkel Dagobert hortet sein Geld in seinem Geldspeicher. Besprecht in der Klasse: Ist das eine sinnvolle Art und Weise, mit seinem Geld umzugehen? Vergleicht Dagoberts Verhalten mit Herrn Blums Wahlspruch „Geld muss arbeiten“.

7 Ein anderer Wahlspruch von Felix’ Vater ist „Hast du was, bist du was“ (Z. 48). Was ist mit diesem Sprichwort gemeint? Verfasse einen kurzen Text von etwa einer halben Seite, in dem du seine Bedeutung beschreibst und darlegst, ob du ihm zustimmen kannst.

8 Diskutiert in der Klasse: Ist Reichtum ein Ziel, das man anstreben sollte?

Das Recht auf Eigentum*

Felix und sein Freund Peter halten sich in ihrer Freizeit immer wieder gern in einer alten, verlassenen Ziegelei am Krebsbach auf. Im ehemaligen Chefzimmer machen sie es sich gemütlich, und sie braten auch öfter Forellen, die Peter mit bloßer Hand fängt. Bei der Ziegelei beschließen sie, gemeinsam reich zu werden und entsprechende Schritte zu unternehmen. Zunächst aber unterhalten sie sich über eine sehr grundsätzliche Frage, nämlich ob Eigentum Diebstahl sei.

M 3 Wer hat die Forellen gemacht?

„Findest du nicht auch, dass das Frühlingswetter hungrig macht?", sagte Peter plötzlich.

„Na, ich weiß nicht ...", antwortete Felix. Dabei wusste er genau, was Peter vorhatte. Vor der Ziegelei floss der Krebsbach vorbei. Hier hatte er noch schönes, klares Wasser und war gerade so breit, dass man ihn an den meisten Stellen mit Anlauf überspringen konnte. Es gab auch wirklich Krebse im Krebsbach, deshalb hieß er wohl auch so; vor allem jedoch war er voller Forellen, schöner, großer Bachforellen. Und Peter war ein Meister im Fischen. Er konnte die Forellen mit der bloßen Hand fangen, und Felix fragte sich immer, wie so was überhaupt möglich war. Allerdings fühlte er sich auch unbehaglich, wenn sein Freund Forellen fing. Ihm taten die Fische Leid, wenn sie hinterher ohne Eingeweide auf der Wiese lagen und ihn mit ihren toten Augen anglotzten. Und verboten war die Fischerei natürlich auch. Das Fischrecht hatte der alte Herr Becker aus der Unterstadt gepachtet, und niemand außer ihm durfte sich dort Forellen holen.

„Sei kein Angsthase", sagte Peter. „Der alte Becker soll uns erst mal erwischen. Außerdem hat er das Fischrecht gar nicht verdient. Eigentum ist Diebstahl, sagt Robert."

Peters Bruder hatte gerade das Abitur gemacht und wusste viele kluge Sprüche. Und auch weniger kluge. Felix lachte und schüttelte den Kopf. „Wenn Eigentum Diebstahl ist, dann ist ja alles irgendwie Diebstahl."

„Ist es ja auch", antwortete Peter. „Du musst das so sehen: Wer hat die Forellen gemacht? Der liebe Gott. Und für wen hat er die Forellen gemacht? Für Menschen, die Hunger haben. Und wer hat Hunger? Wir beide. Die Sache ist ganz einfach."

„Wenn alle hungrigen Menschen hier fischen würden, wäre der Krebsbach bald leer gefischt. Es ist also notwendig, dass die Dinge jemandem gehören, sonst gibt es bald nichts mehr, was man stehlen kann. Das ist doch logisch. Mein Vater sagt, früher, als die Schüler ihre Schulbücher noch selbst kaufen mussten, hätten sie viel besser darauf aufgepasst. Was allen gehört, gehört niemandem."

„Das hast du sehr klug gesagt, Herr Professor. Du hast mich überzeugt: Ohne Eigentum kein Diebstahl. Das gilt aber auch umgekehrt: Ohne Diebstahl kein Eigentum. Wenn wir sie ihm nicht klauen, dann weiß der alte Becker gar nicht, was er an seinen Forellen hat. Außerdem sagt meine Mutter, dass der Becker ein Schwein ist und dass er seine Frau schlägt, wenn er betrunken ist. Wir sind also der Arm der Gerechtigkeit, stimmt's?"

Felix wollte antworten, dass es kein Recht im Unrecht gibt, wie sein Vater immer sagte. Aber er behielt seine Bedenken dann doch für sich, sonst glaubte Peter noch tatsächlich, er habe Angst. [22–23]

1 Spielt die Szene nach.

2 Peter und Felix streiten sich darüber, ob es richtig ist, ohne offizielle Berechtigung im Krebsbach Forellen zu fangen. Schreibe die Argumente, die Felix und Peter austauschen, heraus, und ordne sie in einer Tabelle an.

3 Diskutiert in der Klasse, wer von beiden Recht hat.

INFO

Eigentum

Von „Eigentum" spricht man, wenn jemandem eine Sache gehört und er über sie im Rahmen bestimmter gesetzlicher Einschränkungen verfügen kann, wie er will. Der Eigentümer eines Computers kann diesen z. B. anschließen oder nicht, ihn im Kinderzimmer aufstellen oder im Keller, oder ihn sogar zerstören. Eigentum unterscheidet sich vom Besitz, weil es ein verbrieftes Recht voraussetzt. Ein Dieb mag den von ihm gestohlenen Schmuck besitzen, aber ist nicht sein Eigentümer.

Über Privateigentum und Gemeinschaftseigentum

M 4

Ist es für einen Staat*, der gut eingerichtet sein soll, am besten, dass die Bürger möglichst viel gemeinsam haben oder nur einiges? Denn die Bürger können ja auch Frauen, Kinder und Besitz untereinander gemeinsam haben, wie es im Staate Platons der Fall ist. [...] Aber selbst wenn es das beste wäre, dass die Gemeinschaft möglichst einheitlich ist, so ist dies der Sache nach nicht damit erreicht, dass alle gleichzeitig „mein" und „nicht mein" sagen. [...] Was den meisten gemeinsam ist, erfährt am wenigsten Fürsorge. Denn um das Eigene kümmert man sich am meisten, um das Gemeinsame weniger oder nur soweit es den Einzelnen angeht. Denn, abgesehen vom Übrigen, vernachlässigt man es eher, weil sich doch ein anderer darum kümmern wird; so wie auch in den häuslichen Dienstleistungen viele Diener zuweilen weniger leisten als wenige. [...] Ist es nun besser, dass jeder Einzelne so von „dem Meinigen" spricht und dieselbe Anrede mit zweitausend oder zehntausend anderen teilt, oder so wie jetzt in den Staaten das „Meinige" verstanden wird?

Aristoteles

INFO

Aristoteles:

Aristoteles ist einer der bedeutendsten Philosophen und Wissenschaftler überhaupt. Er lebte von 384 bis 322 vor Christus und beschäftigte sich mit unterschiedlichsten Bereichen des Wissens (z. B. der Moral, der Politik, der Logik und der Biologie).

4 Der Lehrer von Aristoteles, Platon, hielt das Gemeinschaftseigentum als am besten geeignet für den Zusammenhalt des Staates. Was hält Aristoteles davon? Gib den Inhalt des Textes in eigenen Worten wieder.

5 Suche im Text von Aristoteles nach einem Argument, das sich auch in M 3 findet. Unterstreiche es in deiner Tabelle (Arbeitsanregung 2).

6 Beurteile Aristoteles' Aussage und ziehe dabei Beispiele aus deiner Erfahrung heran. Besprecht gemeinsam, ob und inwiefern das Recht auf Eigentum für das menschliche Zusammenleben wichtig ist.

Gewinnstreben* oder Profitgier?

In der alten Ziegelei haben sich Felix und Peter vorgenommen, Geld zu verdienen, um reich zu werden. Dabei haben sie beschlossen, für andere Leute den Rasen zu mähen. Auch darüber, wie sie für ihre Dienstleistung Werbung machen wollen, haben sie sich Gedanken gemacht. Was ist aber überhaupt in Felix gefahren? Ist er der „Profitsucht“ anheimgefallen? Muss man ihn für sein planmäßig verfolgtes Ziel, reich zu werden, tadeln oder loben? Darüber wird zu Hause bei seinen Eltern lebhaft diskutiert. Zur Sprache kommt auch das unerlaubte Forellenfischen am Krebsbach.

M 5 Zwei Sichtweisen

An diesem Tag aßen Felix und seine Eltern zum ersten Mal in diesem Jahr draußen auf der Terrasse zu Abend. Die Amseln sangen in den Ulmen, und Felix' Haut roch noch nach Lagerfeuer und Ziegelei. Die letzten roten Sonnenstrahlen fielen auf den Abendbrottisch.

„Hast du dir denn schon überlegt, was du in den Ferien machen willst, jetzt, wo wir nicht wegfahren?“, fragte seine Mutter, nachdem Felix das letzte Käsebrot in sich hineingestopft hatte. „Du könntest Oma und Opa in Stuttgart besuchen.“

„Nein, nein“, erwiderte Felix schnell. „Nicht nötig, mir wird‘s schon nicht langweilig.“

Seine Mutter machte noch ein paar Vorschläge: Er könnte mit der Gemeindejugend wegfahren oder die Kusine im Schwarzwald besuchen. Aber Felix lehnte alles ab: „Nein, nein, besten Dank. Ich bleib lieber hier. Ich hab was mit Peter vor. Uns wird‘s nicht langweilig, ganz sicher.“

„Und darf ich wissen, was ihr vorhabt?“

Felix druckste herum. „Nichts Besonderes. Ein bisschen arbeiten.“

„Arbeiten in den Ferien? Was soll das denn geben?“, fragte sein Vater. „Hat das vielleicht damit zu tun, dass du reich werden willst?“

Felix wurde rot und berichtete seinen Eltern alles, was er und Peter am Nachmittag in der Ziegelei besprochen hatten. Als er fertig war, pfiff der Vater anerkennend: „Ein richtiger Plan. Alle Achtung.“

Alle Achtung – das war für seinen Vater schon ein gewaltiges Lob, fand Felix. Dafür machte seine Mutter nun ein bedenkliches Gesicht.

„Ich weiß nicht, ob es gut ist, wenn zwölfjährige Jungen schon der Profitsucht verfallen. Bloß weil die Väter nicht mit Geld umgehen können ...“

„Aber Renate“, sagte sein Vater. „Jetzt übertreib mal nicht. Ich finde es gut, wenn Felix sich schon früh an Arbeitsdisziplin gewöhnt. Und ein wenig Gewinnstreben kann auch nicht schaden. Mir gefällt euer Plan sehr gut, Felix. Vielleicht bist du in diesen Dingen ja einmal geschickter als wir.“

Seine Mutter räusperte sich, dann sagte sie: „Wenn's denn unbedingt sein muss, könntest du wenigstens mit unserem Rasen anfangen. Der hätte es schon lange mal wieder nötig.“

„Toll, mach ich gleich morgen. Ich könnte auch noch mit anderen Dingen Geld verdienen, zum Beispiel könnte ich mein Zimmer aufräumen, Staub wischen, einkaufen gehen ...“

„Oh, oh, oh“, rief seine Mutter da. „Die Profitgier greift schon um sich! Nein, mein lieber Sohn. Für Pflichterfüllung gibt's bei uns kein Geld. Sonst verlange ich demnächst fünf Euro fürs Abendessen. Von jedem von euch. Und fürs Wäschewaschen und Bügeln auch. Wollt ihr in unserem Haus die Raffgesellschaft einführen?“

[...]

M 6

Inzwischen war es dämmrig geworden, und Felix wollte zu Bett gehen. Er stand schon an der Schwelle der Terrassentür, da rief ihn sein Vater noch einmal zurück. „Ach, übrigens ...“ Er drehte die Augen bedeutungsvoll in den Abendhimmel. „Wenn man ins Geschäftsleben einsteigen will, dann sollte man tunlichst nicht mehr schwarz fischen. Die Leute mögen nämlich nur ehrbare Kaufleute.“
Felix spürte, wie seine Ohren dunkelrot wurden.

[29–32]

1 Versetz dich in Felix' Situation. Welche Gedanken könnten ihm durch den Kopf gehen, als er sich fragt, was eine „Raffgesellschaft“ ist (Z. 56)?

2 Felix' Eltern sind, was seinen Plan anbelangt, nicht einer Meinung. Fertige ein Plakat an, auf dem du die verschiedenen Sichtweisen und Argumente darstellst. Du kannst sie mit Sprechblasen den Personen zuordnen und eigene Argumente hinzufügen.

3 Besprecht, zu welchen Sichtweisen M 6 und M 7 am besten passen.

4 Überlege dir, in welchen Situationen Arbeitsdisziplin für dich wichtig ist. Mache dir dazu Notizen.

5 Stelle einen Wochenplan zusammen, in den du wichtige Termine einträgst, die du zur Zeit einhalten musst. Besprich den Plan mit deinen Eltern.

M 7

M 8

Rechnet sich soziales Engagement für die Unternehmen?

Vielfach wird heute die Forderung erhoben, dass Unternehmen auf umfassende Weise soziale Verantwortung übernehmen sollten. Dabei wird nicht einmal klar bestimmt, was soziale Verantwortung bezogen auf Unternehmen eigentlich genau bedeutet. Klar ist lediglich, dass diese nicht nur insofern der Gesellschaft dienen sollten, als sie Güter oder Dienstleistungen bereitstellen, die von den Kunden verlangt werden. Auch reicht es nach Auffassung derjenigen, die von den Unternehmen umfassendes soziales Engagement verlangen, nicht aus, dass Unternehmen Steuern* bezahlen, sich an die Gesetze halten und allgemein anerkannte Normen (Regeln) anerkennen. Damit fordern sie zu viel von den Unternehmen in einer Marktwirtschaft*. Die Welt zu verbessern und den Schwachen zu helfen ist nicht ihre Aufgabe, sondern die Aufgabe des Sozialstaats und engagierter Bürger. Auch ist zweifelhaft, ob soziale Betätigung zu höheren Gewinnen führt. Wissenschaftler können keinen Zusammenhang zwischen höheren Gewinnen und umfassendem sozialen Engagement nachweisen.

nach Olaf Gersemann, 2007

6 Worin besteht nach Gersemann die Aufgabe der Unternehmen, worin die des Sozialstaats? Fertige eine Tabelle mit zwei Spalten und ergänze sie, indem du den Text M 33, S. 109 zugrunde legst. Was hältst du von der Aufteilung?

Von Bäckern, Brauern und Fleischern

Felix und Peter haben sich entschieden, für fünf Euro für andere Leute den Rasen zu mähen, und hängen einen entsprechenden Zettel an das schwarze Brett im Tankstellen-Laden von Peters Vater. Tatsächlich melden sich einige Personen, um die Dienstleistung der Jungen in Anspruch zu nehmen. Darunter ist auch Adam Schmitz. Er hat Volkswirtschaftslehre studiert und besitzt in der Stadt ein Geschäft für Musikinstrumente. Zu Felix und Peter hat sich inzwischen Gianna gesellt, deren Mutter eine Eisdiele betreibt – das Trio versteht sich ausgezeichnet. Im weiteren Verlauf der Geschichte berät Herr Schmitz die drei in Geldangelegenheiten. Der Zufall will es, dass Felix in Herrn Schmitz' Laden ein alter Klarinettenkasten entgleitet und auf den Boden fällt. Dabei entdecken sie in dem Kasten einen wahren Schatz, nämlich 72 Schweizer Goldmünzen, die jemand in der 20er Jahren hier aufbewahrt haben muss. Die Münzen sind, wie sie bei der Bank erfahren, mehr als 11 000 Euro wert. Sie überlegen sich jetzt, wie sie das Geld, das sie für die Münzen eintauschen, anlegen sollen. Zugleich wollen sie herausfinden, wer der ursprüngliche Besitzer der Goldmünzen war. Sollen sie aber wirklich alles daran setzen, ihn aufzufinden? Peter ist nicht so recht einverstanden.

M 9 Die „unsichtbare Hand“*

„Ich habe kein gutes Gefühl dabei“, sagte Peter. „Was ist, wenn wir unseren Schatz loswerden? Wir müssen doch auch an uns denken.“

„Man soll aber nicht nur egoistisch sein, sondern auch anständig. Sagt meine Großmutter“, meinte Gianna.

„Du redest wie Sarah“, erwiderte Peter.

„Ja, ja“, sagte Herr Schmitz, „der Egoismus*, das ist ein altes Thema bei den Wirtschaftswissenschaftlern. Der berühmteste unter ihnen, Adam Smith ...“

„Der heißt ja fast wie Sie“, sagte Gianna.

„Schön, nicht wahr? Deshalb fühle mich ihm auch sehr verbunden. Dieser Adam Smith jedenfalls hat vor über 200 Jahren bewiesen, dass der Egoismus* der Menschen durchaus nützlich sein kann, wenn er gesteuert wird durch den Wettbewerb. Der Markt sorgt nämlich *mit unsichtbarer Hand,* so hat er geschrieben, dafür, dass die Menschen Dinge tun, die der Allgemeinheit nützen. Seinen schönsten Satz habe ich auswendig gelernt: *Nicht von der Wohltätigkeit des Fleischers, Brauers oder Bäckers erwarten wir unser Nachtmahl, sondern von deren Bedacht auf ihre eigenen Interessen. Wir wenden uns nicht an ihre Menschlichkeit, sondern an ihre Eigenliebe.“*

„Meinte dieser Herr Smith denn, dass Menschlichkeit und Anstand schädlich sind?“, fragte Gianna.

„Oh nein, im Gegenteil. Er hat sogar verlangt, dass wir uns immer in unsere Mitmenschen hineindenken und unser eigenes Verhalten von deren Standpunkt aus beurteilen. Wahrscheinlich hätte es ihm gefallen, dass ihr euch in den ursprünglichen Eigentümer der Goldmünzen hineinversetzt. Ich finde es übrigens auch gut, dass ihr versucht, ihn ausfindig zu machen.“

„Aber Peter findet es nicht gut“, sagte Gianna.

„Natürlich finde ich es gut. Wir haben es doch zusammen beschlossen, oder etwa nicht? Außerdem wird's jetzt spannend! Ich habe nur Angst, dass wir unseren ganzen Reichtum wieder verlieren.“ [178–179]

Der schottische Gelehrte Adam Smith (1723–1790) gilt als Begründer der modernen Volkswirtschaftslehre. In seinem Werk „Der Wohlstand der Nationen“ zeigte er, wie Menschen, wenn sie aus Eigeninteresse* handeln, dem Wohl anderer dienen können. Als Beispiel kann man sich einen Unternehmer vorstellen, der seinen Gewinn erhöhen will und dazu Arbeitskräfte einstellt. In seinem anderen großen Werk, „Die Theorie der ethischen Gefühle“, beleuchtete Smith die Fähigkeit der Menschen, über den Egoismus hinauszugehen und am Schicksal anderer Anteil zu nehmen.

1 Stell dir vor, du hättest mit Freunden zusammen den Goldschatz gefunden. Wie würdest du dich verhalten? Tauscht euch über eure Gedanken aus.

2 Versetze dich in die Situation Giannas und gib den Inhalt von M 9 in Form eines Tagebucheintrags wieder.

3 Die auf Adam Smith zurückgehende Rede von der „unsichtbaren Hand“ (Z. 18) ist nicht wörtlich, sondern in einem übertragenen Sinne gemeint. Erläutere in wenigen Sätzen, wie die „unsichtbare Hand“ funktioniert. Ziehe dabei die Aussage von Adam Smith heran, die Herr Schmitz auswendig zitiert (Z. 22ff.).

4 Zeige anhand von Beispielen, in welchen Situationen es wichtig sein kann, unser Verhalten aus der Sicht anderer zu beurteilen.

Unternehmen lassen sich einiges einfallen, um Gewinne zu erzielen, und es ist gut, wenn man als Kunde versteht, was sie sich dabei überlegen. Ihr habt euch sicher auch schon einmal gefragt, wie es möglich ist, dass manche Unternehmen hochwertige Mobiltelefone für 0 Euro abgeben, die anderswo 200 oder 300 Euro kosten.

Handys für 0 Euro

M 10

Handys kosten nichts. Das muss denken, wer den Preisschildern in Handygeschäften glaubt. Denn dort ist meistens 0 Euro zu lesen. Doch das stimmt natürlich nicht. Motorola, Nokia und Samsung werden niemals Handys herstellen, um sie für 0 Euro zu verkaufen. Das sagt schon der gesunde Menschenverstand.

Wer das Angebot genauer studiert, sieht den Zusatz: Es gilt nur in Verbindung mit einem Mobilfunkvertrag. Das Handy bekommt man nur dann für 0 Euro, wenn man einen 2-Jahres-Vertrag abschließt mit einem Unternehmen wie T-Mobile, Vodafone, O2, E-plus oder einer anderen Firma. Diese Firmen verdienen mit den Handygesprächen so viel Geld, dass sie dem Handyhersteller das Handy bezahlen.

Von Mobilfunkfirmen wie T-Mobile oder O2 ist das clever gedacht:

Handys, die „in“ sind, sind teuer. Ein gutes Fotohandy kann schon einmal 200 bis 300 Euro kosten. Das sind Preise, die vor allem die jüngeren Kunden erschrecken – und abschrecken. Wenn sie aber keine Handys kaufen, dann telefonieren sie auch nicht – und die Mobilfunkunternehmen verkaufen keine Gesprächsminuten.

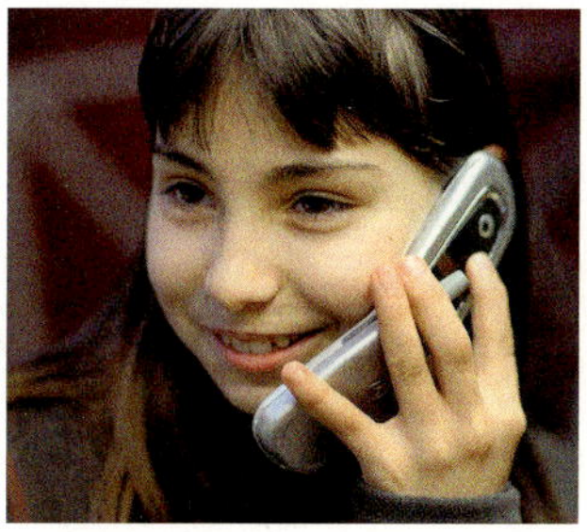

Also haben T-Mobile oder O2 ein Interesse daran, dass Handys verkauft werden. Deshalb übernehmen sie den Kauf der Handys gleich mit.

Der Kunde zahlt jeden Monat für seine Gesprächsminuten. Die Monatsbeträge sind nicht so erschreckend hoch wie der Preis für das Handy, dabei enthalten sie die Kosten für dessen Anschaffung. Trotzdem: Weil die Monatsgebühren nicht so hoch wirken, fällt es dem Kunden leichter, das Handy zu kaufen.

Winand von Petersdorff, 2007

5 Erkläre in eigenen Worten, weshalb Firmen Handys für 0 Euro anbieten.

6 Es gibt andere ähnlich clevere Verkaufsideen. Erklärt im Gruppengespräch,
- weshalb Drucker so günstig sind,
- weshalb manche Unternehmen ihre Produkte gern im Paket anbieten (z. B. McDonald’s als Menü),
- weshalb viele Waren nicht zu einem glatten Preis (z. B. 5 Euro) angeboten werden, sondern zu einem Preis, der knapp darunter liegt (z. B. 4,99 Euro).

Vom Nutzen für sich selbst und für andere

M 11 Der barmherzige Samariter

Hier siehst du eine Abbildung von Jesu Gleichnis vom barmherzigen Samariter. Es ist einer Kinderbibel aus dem 19. Jahrhundert entnommen.

1. Beschreibe das Bild genau.
2. Informiere dich (z. B. im Neuen Testament, Lukas 10,25ff., oder bibel-online.net) über das Gleichnis vom barmherzigen Samariter und fasse den Inhalt schriftlich zusammen.
3. Versetze dich in die Situation des Samariters: Er sieht den Mann und überlegt sich, dass er ihm helfen sollte. Schreibe in Ich-Form auf, was ihm durch den Kopf geht.
4. Wie könnte man die Form der Hilfeleistung des Samariters nennen? Diskutiert in der Klasse.

M 12 Momentaufnahmen

1

Dort das gut gekleidete Paar. Die beiden führen ihren Hund aus. Sie sprechen nicht miteinander, aber zu dem Hund. Sein Halsband ist mit glitzernden Steinen geschmückt. Die Decke, die ihm um den Leib geschnallt ist, passt farblich zu dem Kostüm der Frau. Der Hund trägt eine gut sitzende modische Brille. Sie ähnelt denen, die Skiläufer oder Motocrossfahrer tragen. „Was möchtest du denn gleich zum Essen?“, fragt der Mann den Hund. „Sushi-Snack oder Putenbrust?“ „Du bekommst beides“, sagt die Frau bestimmt. „Für dich ist uns nichts zu teuer.“

2

„Kannst du mal eben das Glas wegbringen?“, fragt die Mutter ihren Sohn. Daniel antwortet: „Kann ich schon, tu's aber nicht.“

3

„Stell dir vor, der Möller hat für die Opfer der Naturkatastrophe 1000 Euro gespendet. Das ist eine Menge Moos.“

„Ach, das macht der doch nur, um sein Gewissen zu beruhigen.“ „Das klingt mir viel zu negativ, zu egoistisch. Sollte man nicht froh sein, dass er überhaupt ein Gewissen hat, auf das er hört?“

4

Nicht weit von der Straße entfernt, gleich neben den Büschen und fast schon auf dem Feld lagen drei schwarze und drei blaue Müllsäcke. Einige waren aufgeplatzt, heraus quoll Bauschutt, vor allem Styropor-Platten. Der Bauer wird das schon beseitigen. So wird der gedacht haben, der einen bequemen Müllplatz gefunden hatte.

Helmut Engels, 2007

5 Untersucht in Gruppenarbeit, ob in den Beispielen 1, 2 und 4 (M 12) Egoismus* vorliegt. Begründet eure Antwort schriftlich.

6 In Beispiel 3 wird behauptet, dass auch Herr Möller, der 1 000 Euro für die Opfer einer Naturkatastrophe spendet, ein Egoist sei. Dahinter steht die Vorstellung, dass im Grunde jeder ein Egoist ist – also auch der, der Gutes tut. Diskutiert in der Klasse, ob diese Annahme richtig ist.

Mutwillige Zerstörung in einer Sporthalle

M 13

7 Seht euch das Foto an und nennt Beispiele für ähnliche Zerstörungen.

8 Erörtert, was Menschen dazu bewegen kann, Zerstörungen dieser Art zu verursachen.

9 Denke dir zu dem Foto eine Geschichte aus.

Der Egoismus – das größte Übel?

M 14

Auch wenn die meisten von uns finden, dass die Menschen nicht bloß aus Egoismus handeln sollten, kann man – wie der Philosoph Günther Patzig (* 1926) – der Ansicht sein, dass der Egoismus nicht der schädlichste Beweggrund für das Handeln ist.

Nicht der Egoismus, die Selbstliebe, bringt den größten Anteil des von Menschen verschuldeten Unheils in der Welt hervor, sondern die Unfähigkeit der Menschen, ihre irrationalen Strebungen und Antriebe zu beherrschen. Rachsucht, Machtrausch, Zerstörungswut, Faulheit und jede Art von Sucht ruinieren den, der sie hat und sich ihnen überlässt, wie die von den Auswirkungen betroffenen Mitmenschen. Die historischen Katastrophen haben ihren Ursprung nicht so sehr im wohlerwogenen Eigennutz von Nationen und Regierungen, sondern im blinden Hass, politischen Ehrgeiz, der Ruhmsucht sogenannter „großer Männer“, denen, wie Beispiele zeigen, ihr persönliches Wohl ganz gleichgültig sein kann und die darum das Recht zu haben meinen, auch das Glück der sogenannten „kleinen Leute“ bedenkenlos zu opfern. *Günther Patzig, 1971*

10 Stelle dar, welche Beweggründe Patzig für schädlicher hält als den Egoismus.

11 Besprecht in der Klasse, an welche „historischen Katastrophen“ (Z. 8 f.) er wohl denkt.

Arm* und Reich

Felix, Peter und Gianna sind im Musikgeschäft von Herrn Schmitz durch Zufall zu einer beträchtlichen Geldsumme gelangt. (Es handelt sich dabei um den Schatz aus dem alten Klarinettenkasten.) Herr Schmitz rät ihnen, den Betrag in Aktien anzulegen. Da er ohnehin seine Tochter Sarah in Frankfurt besuchen möchte, lädt er die drei ein, mit ihm zu fahren, um bei dieser Gelegenheit die Börse in Frankfurt zu besuchen. Dabei könnten sie, wie er meint, einiges über den Aktienmarkt lernen und in aller Ruhe überlegen, wie sie den Schatz am besten anlegen. In Frankfurt angekommen, machen Felix, Peter und Gianna aber zunächst Bekanntschaft mit der Armut*.

M 15 Begegnung mit der Armut

Ganz in Gedanken lief Felix hinter Herrn Schmitz und den anderen her, als sie an der Haltestelle „Hauptwache“ ausstiegen. Oben auf der Straße musste Felix die Augen zusammenkneifen, so sehr blendete ihn das grelle Sonnenlicht. Menschen hasteten an ihnen vorbei, Autos dröhnten. Direkt neben der Rolltreppe verkaufte ein dicker Mann an einem Stand Pfirsiche und Kirschen, neben ihm saß ein Bettler auf dem Bürgersteig. Er hatte Bartstoppeln im Gesicht und zeigte den Passanten seine schrundigen Unterschenkel. Vor sich hatte er ein Pappschild aufgestellt, darauf stand mit krakeliger Schrift: *Bin obdachlos. Ohne Arbeit. Habe Hunger.*
Felix drehte es fast den Magen um, als er die schmutzigen, kaputten Beine sah. Er vermied es, dem Bettler ins Gesicht zu sehen, und war froh, dass die anderen schon weitergegangen waren. Das also war Frankfurt! Felix war in diesem Augenblick richtig dankbar, dass er nicht hier leben musste, sondern in einer schönen, kleinen Stadt mit einem Bach und einem Wald und Freunden. Er atmete auf, als sie kurze Zeit später zu einem ruhigen, lauschigen Platz kamen. Im Schatten einer großen Platane blieben sie stehen. [120–121]

M 16

1 Welche Gedanken und Gefühle hast du, wenn du das Bild des obdachlosen Mannes ansiehst (M 16)? Versuche sie in Stichworten festzuhalten.

2 Versetzt euch in die Lage von Obdachlosen und sprecht in der Klasse darüber, mit welchen Schwierigkeiten sie zu kämpfen haben.

3 In M 15 heißt es: „Felix drehte es fast den Magen um, als er die schmutzigen, kaputten Beine sah. Er vermied es, dem Bettler ins Gesicht zu sehen, und war froh, dass die anderen schon weitergegangen waren.“ (Z. 15 ff.) Überlege dir, weshalb Felix so auf den Anblick des Bettlers reagiert: Wieso kann er ihm nicht ins Gesicht sehen?

Armut – eine Folge des Reichtums?

M 17

Als sie gegen Abend wieder an die U-Bahn-Haltestelle „Hauptwache“ kamen, saß der Bettler mit den schrundigen Beinen immer noch da. Felix versuchte wieder wegzusehen, Sarah dagegen kramte in ihrer Hosentasche, zog ein Eurostück heraus und warf es dem Bettler in seine speckige Mütze. Als sie die Rolltreppe hinunterfuhren, sagte Peter zu Sarah: „Du spinnst!“

Sarah funkelte ihn böse an: „Du denkst ständig ans Geld und ans Reichwerden, aber einem Bettler gibst du wohl nie was? Das finde ich schäbig.“

„Schäbig! Du spinnst. Warum sollte ich mein Geld zum Fenster rauswerfen? Der soll doch selber arbeiten.“

„Und wenn er keine Arbeit findet? Weißt du, wie viele Arbeitslose* es heute gibt? Drei Millionen in Deutschland! Das kannst du in der Zeitung nachlesen.“

„Wenn man sich anstrengt, findet man immer was, sagt mein Vater.“

„Dann sag deinem Vater mal, dass das Quatsch ist. Meint er etwa, es gibt drei Millionen freie Stellen in Deutschland?“ Inzwischen waren sie unten auf dem Bahnsteig angekommen. „Dem Bettler fehlt das Geld, das die Aktionäre an der Börse verdienen. Der ist arm, weil die reich sind. Wenn ich einen Schatz gefunden hätte, würde ich den Bettlern noch viel mehr geben“, sagte Sarah und suchte den Blick von Felix.

Jetzt will sie, dass ich für sie Partei ergreife, dachte er und bekam einen roten Kopf. „Ich finde, wenn man einem Bettler was gibt, hilft ihm das nicht wirklich“, sagte er. „Dann kauft er sich nur Schnaps und ist besoffen und findet noch schwerer eine Arbeit.“

Sarah schluckte und sagte: „Alles Ausreden.“

Später, als die Abendsonne in ihr Zugabteil leuchtete, versank Felix ins Grübeln. Was, wenn Sarah Recht hatte? Wenn die einen arm waren, weil die anderen reich waren? War er selbst dann auch daran schuld, dass es Bettler gab? Und was war mit ihrem Schatz? Der hatte doch mal jemandem gehört? Und vielleicht saß dieser Jemand jetzt irgendwo als Bettler auf der Straße und wünschte sich nichts sehnlicher, als seine Klarinette und die Goldmünzen wiederzuhaben. Felix wunderte sich darüber, dass es ihm so wichtig war, was Sarah sagte, und dass er wollte, dass sie ihm in allem zustimmte. Über all diesen Gedanken schlief er ein. Als ihn ein unsanfter Knuff von Peter aufweckte, rollte der Zug gerade in den Schönstädter Bahnhof ein.

[142–143]

Rabenaus wundersame Erlebnisse

M 18

4 Gib das Streitgespräch zwischen Sarah, der Tochter von Herrn Schmitz, und Felix (M 17) in Form einer Bildergeschichte wieder. Fertige eine Abfolge von Zeichnungen der beiden an und ordne ihnen Sprechblasen zu, in die du ihre Sichtweisen hineinschreibst.

5 Sammelt Informationen zur Situation der Armut in eurer Stadt und befragt sachkundige Personen nach den Ursachen der Armut. Sucht dazu Einrichtungen (evtl. auch Behörden) auf, die sich um arme Mitbürger kümmern oder sich mit der Armut in der Stadt auskennen. Tauscht die Informationen in der Klasse aus.

6 Sarah ist der Auffassung, dass Menschen arm sind, weil andere reich sind (Z. 24 f). Vergleiche ihre Auffassung mit dem Inhalt des Comics (M 18).

7 Ist Armut tatsächlich die Folge von Reichtum? Schreibe einen Aufsatz, in dem du die Ursachen der Armut benennst. Verwende dabei die Informationen, die du bei deinen Erkundigungen gewonnen hast.

Arbeitslos* in Schönstadt

M 19 Ein Journalist ohne Arbeit

Am Samstagmorgen wachte Felix wieder sehr früh auf. Draußen war alles friedlich, vom Fenster her wehte Morgenkühle ins Zimmer. Felix ließ die Gedanken laufen. Bilder rasten in seinem Kopf herum: Er sah einen Möbelwagen vor ihrem Haus vorfahren, er sah andere, fremde Menschen in sein Zimmer einziehen. Er stand vor einer fremden, feindlichen Klasse in einer fremden, feindlichen Schule in einer fremden, feindlichen Stadt. Und er sah den Bettler in Frankfurt mit seinen schrundigen Beinen.

Er dachte auch an das, was Sarah gesagt hatte. Dass nämlich der Reichtum der einen schuld ist an der Armut der anderen. Bestimmt war auch er selbst schuld daran, dass irgendjemand kein Geld hatte. Zum Beispiel der Mensch, dem der Goldschatz einmal gehört hatte, ohne es zu wissen. Derjenige hätte die Klarinette doch garantiert nicht weiterverkauft, wenn es anders gewesen wäre. Plötzlich war sich Felix ganz sicher: Er musste das Geheimnis des Schatzes lüften. [...]

Als er eine Viertelstunde später vom Bäcker Mühlbach zurückkam, hatte der Austräger den *General-Anzeiger* in den Briefschlitz gesteckt, ganz normal, so als sei heute nicht der letzte Tag im Leben dieser Zeitung. Das Haus war immer noch ruhig. Felix stellte die Kaffeemaschine an, strich sich ein Brötchen und ließ den Blick über die erste Seite des *General-Anzeigers* schweifen. Die sah heute irgendwie anders als sonst aus. Oben, unter dem schwarzen Titel mit der altmodischen Schrift, wo sonst immer ein großes Foto zu sehen war, fand sich diesmal ein Artikel, der mit einer dicken, schwarzen Linie eingerahmt war.

Tradition und Fortschritt stand als Überschrift darüber. Felix begann zu lesen:

Nach fast genau 132 Jahren geht heute eine Tradition zu Ende. Über viele Generationen hat der ‚General-Anzeiger‘ die Bürger Schönstadts begleitet, in guten wie in schlechten Zeiten. [...]

Die Leser stellen neue Anforderungen an ihre Zeitung. Dies macht teure Investitionen unumgänglich. Die Kosten überfordern einen mittelständischen Verlag. Daher haben sich Eigentümer und Geschäftsführung nunmehr entschlossen, den Bestand der Zeitung durch die Anlehnung an einen starken Partner zu sichern. Ab Montag wird der „General-Anzeiger“ als eigenständige Schönstädter Regionalausgabe der Allgemeinen Zeitung erscheinen. Der Lokalteil wird auch künftig, wie gewohnt, im General-Anzeiger-Haus in Schönstadt erstellt. Die schwierige Kostensituation macht allerdings auch Umstrukturierungen unumgänglich. Mit den betroffenen Kollegen wird noch über einen Sozialplan verhandelt. Wir bitten alle Leser, ihrer Heimatzeitung auch in der neuen Form die Treue zu halten.

Ihr General-Anzeiger-Verlag

„Solche Heuchler“, erklang da die Stimme seines Vaters hinter ihm. Felix hatte gar nicht gemerkt, dass der inzwischen in die Küche gekommen war. „Diese verlogene Schönfärberei! Sie sagen ‚Umstrukturierungen‘ für ‚Entlassungen‘. ‚Anlehnung an einen starken Partner‘, wenn man in Wirklichkeit die Zeitung verkaufen muss, weil man jahrelang das Geld zum Fenster hinausgeworfen hat. Nur damit niemand merkt, dass sie die Zeitung kaputtgemacht haben. Als ob das Internet was dafür kann, wenn man zu blöd ist, eine Zeitung zu führen. Pfui Teufel!“

Felix' Vater schlürfte aus seiner Kaffeetasse und tigerte unruhig in der Küche hin und her. „Na ja, vielleicht ist es besser so. Es hätte ja doch keinen Wert mehr gehabt.“

[156–158]

1 Was geht Felix durch den Kopf? Fasse den Inhalt der ersten beiden Absätze zusammen

2 Weshalb findet sein Vater die Anzeige im „General-Anzeiger“ eine „verlogene Schönfärberei“ (Z. 59 f.)? Formuliere deine Antwort schriftlich.

3 Überlege dir anhand des Textes und eigener Überlegungen, welche Auswirkungen Arbeitslosigkeit* für die Betroffenen und ihre Familien haben kann. Formuliere Stichworte.

4 Was könnte in der Denkblase (M 20) stehen? Hier einige Beispiele: „Bin ich froh, dass ich arbeitslos bin!“, „Was habe ich doch für ein feines Leben!“, „Glücklicherweise werde ich nie arbeitslos!“ Finde weitere.

5 Klärt gemeinsam in der Klasse, was man unter dem Wort „Arbeitslosigkeit“* versteht.

6 Diskutiert in Kleingruppen, welche Bedeutung die Erwerbsarbeit für die meisten Menschen hat. Besprecht anschießend die Ergebnisse in der Klasse.

Immer etwas zu tun

M 20

Gefährliche Arbeitslosigkeit

M 21

Arbeitslose haben einer Studie der Universität Leipzig zufolge einer kürzere Lebenserwartung als Erwerbstätige. Vor allem in Ostdeutschland seien Erwerbslose „erhöht gefährdet, krank zu werden“, sagte der Leiter des Instituts für medizinische Psychologie, Elmar Brähler, der Zeitschrift „Super Illu“. Ursache seien vor allem Depressionen und Suchtkrankheiten wie Alkoholismus, bei Frauen auch Tablettensucht, Erschöpfungssymptome und Bluthochdruck bis hin zum Herzinfarkt.

Diese Krankheiten seien bei Arbeitslosen „viel häufiger als bei Menschen, die einen Job haben“, erklärte Brähler. Ihre Sterblichkeit sei dadurch massiv erhöht, schon kurz nach Eintritt der Arbeitslosigkeit sei sie mehr als doppelt so hoch wie bei Erwerbstätigen. „Menschen, die mehr als zwei Jahre arbeitslos sind, haben statistisch sogar ein vier Mal höheres Sterberisiko. Wer also arbeitslos ist, stirbt statistisch gesehen früher als ein Berufstätiger im selben Alter“, sagte Brähler.

In der Regel verschlechtere sich der Gesundheitszustand eines Menschen mit Eintritt der Arbeitslosigkeit rapide. „Auf den anfänglichen Schock unmittelbar nach dem Jobverlust, der oft tiefe Depressionen verursacht, folgt eine Phase der Erholung“, sagte der Wissenschaftler. Der Arbeitslose werde oft sehr aktiv, wenn seine Bemühungen dann aber scheitern, trete nach etwa zwölf Monaten oft eine Phase des Fatalismus [Ergebenheit in das Schicksal, Hoffnungslosigkeit] ein. „Die Betroffenen beginnen sich aufzugeben.“ Krank werden könne aber schon jemand, der zwar einen Job, aber auch große Angst vor der Arbeitslosigkeit habe. „Auch so etwas schädigt die Gesundheit“, betonte Brähler.

Die Welt/AP 13.8.2006

7 Lies M 21 und stelle in einer Liste zusammen, welche Auswirkungen mit der Arbeitslosigkeit verbunden sind.

8 Welche anderen Gründe könnte es für Politiker geben, die Arbeitslosigkeit zu bekämpfen?

Marktwirtschaft* bedeutet Wettbewerb

Gianna, Felix und Peter, die sich zu der Firma „Heinzelmännchen & Co“ zusammengeschlossen haben, müssen erfahren, dass seit neuestem noch jemand in Schönstadt Brötchen ausfährt.

M 22 Die Firma Heinzelmännchen & Co ist nicht mehr allein auf dem Markt

Auch Felix hätte sich gewünscht, dass sein Vater irgendetwas sehr Mutiges getan hätte, um sich gegen die Schließung der Zeitung zu wehren. [...] Gedankenverloren blätterte er durch die Zeitung, er überflog den Wirtschaftsteil, den Wetterbericht, die Anzeigen.

Und dann fielen ihm fast die Augen aus dem Kopf. Felix sah eine Anzeige, nicht groß, aber mit einem schönen Rahmen, so dass man sie kaum übersehen konnte. Und in dem Rahmen stand folgender Text:

Sonntagsbrötchen!
Wenn Sie zum Frühstück frische Brötchen wollen, aber nicht aus dem Haus wollen – wir liefern sie Ihnen ins Haus.
GRATIS!! Telefonische Bestellungen heute bis 13 Uhr.
Bäckerei Hans Timberg, Schönstadt

Felix war fassungslos. So eine Gemeinheit! Da hatte jemand die Idee der Heinzelmännchen geklaut. Warum mussten die schlechten Nachrichten immer alle auf einen Schlag kommen! [159]

1 Ist Felix zurecht empört? Tauscht eure Auffassungen aus.

Nachdem Felix die Anzeige entdeckt hat, radelt er mit Peter sofort zur Bäckerei Mühlbach.

M 23 „Konkurrenz belebt das Geschäft“

Peter packte Herrn Mühlbach am Ärmel und zerrte ihn fast mit Gewalt nach hinten in die Backstube. Dort erzählten sie dem Bäckermeister die dramatischen Neuigkeiten.

Aber Herr Mühlbach reagierte ganz anders, als sie gedacht hatten. Er regte sich nämlich überhaupt nicht auf, sondern kicherte amüsiert in sich hinein.

„So, so“, sagte er und wischte seine mehligen Hände an der Schürze ab. „Der alte Timberg will es also noch mal versuchen. Wurde auch Zeit, dass er sich mal was einfallen lässt.“

„Aber darf er das denn?“, rief Felix ganz empört. „Das war doch unsere Idee! Die darf der nicht einfach klauen!“

Herr Mühlbach lachte. „Doch, das darf er. Man kann es niemandem verbieten, jemand anderem nachzueifern. Das ist eben der Wettbewerb. Da hilft nur eines: besser sein. Freut euch doch: Jetzt wisst ihr, dass ihr eine gute Idee hattet.“ [...]

„Aber der Timberg liefert umsonst!“, rief Felix. „Müssen wir jetzt auch umsonst arbeiten?“

„Quatsch! Ich lass doch meine Leute nicht umsonst arbeiten. Der Timberg hat's eben nötig. Seine Brötchen sind strohtrocken, und seine Frau ist muffelig zu den Kunden. Wenn man bei der Qualität nicht mithalten kann, dann muss man es eben mit dem Preis versuchen. Bei mir dagegen ...“ Herr Mühlbach hielt inne und kicherte wieder zufrieden in sich hinein. „Ich würde sagen: Konkurrenz belebt das Geschäft. Macht euch mal keine Sorgen.“ [...] [160–161]

2 Weshalb lässt nun auch Bäcker Timberg Brötchen ausfahren? Schreibe die entscheidenden Stellen aus dem Text heraus.

3 Suche die Stelle, an der Herr Mühlbach das Sprichwort „Konkurrenz belebt das Geschäft“ verwendet. Besprecht, was die Aussage bedeutet.

4 Erscheint dir das Sprichwort einsichtig? Formuliere deine Gedanken schriftlich und finde Beispiele, die das Sprichwort bekräftigen oder widerlegen.

INFO

Markt/Marktwirtschaft

Den „Ort“, an dem sich Angebot und Nachfrage treffen und wo sich Preise bilden, ohne dass sie von außen festgesetzt werden, nennt man Markt. Ursprünglich fanden Märkte immer an wirklichen Orten statt, vor allem auf Marktplätzen. Heute sind Märkte meistens gedachte Orte, wie z. B. der Markt für Haareschneiden in Felix' Heimatort Schönstadt. Einen Markt gibt es aber trotzdem, denn in den Schaufenstern hängen Preistafeln. Es gibt auch einen Wettbewerb zwischen den Friseuren, denn die Kunden werden nicht zu dem Friseur gehen, der teurer ist, aber nicht besser.

Wir leben in einer Marktwirtschaft. Das kann man so verstehen, dass so viele Bereiche wie möglich durch den Markt geregelt werden sollen und der Staat nur eingreifen soll, wo der Markt versagt - nach dem Motto „So viel Markt wie möglich, so viel Staat wie nötig“ (das einem bekannten Politiker zugeschrieben wird). Darüber, in welchen Bereichen der Markt versagt, gibt es immer wieder Diskussionen.

Dass es eine große Auswahl zwischen Autos unterschiedlicher Hersteller gibt, ist nicht selbstverständlich. In der Deutschen Demokratischen Republik, die bis zur Wiedervereinigung am 3. Oktober 1990 auf einem Teil des Gebiets der heutigen Bundesrepublik als eigenständiger Staat existierte, wurde die Produktion von Gütern zentral von der Regierung gelenkt. Es gab keine Marktwirtschaft und daher keinen echten Wettbewerb zwischen verschiedenen privaten Anbietern. Die Autotypen Trabant („Trabi“) und Wartburg wurden in staatseigenen Betrieben gefertigt, wobei Bürger jahrelang warten mussten, bis sie ihren bestellten Neuwagen endlich bekamen. Unten links: ein Trabant, unten rechts: ein Plakat der Internationalen Automobilausstellung (IAA), wo viele Hersteller ihre neuen Fahrzeugtypen präsentieren und für sie werben.

Wettbewerb in der Automobilindustrie

M 24

5 Wie erklärst du dir, dass die Leute nach dem Ende der DDR lieber Autos aus dem Westen kauften als den „Trabi“? Informiere dich dazu (evtl. im Internet) über diesen Autotyp.

6 Die Grundlage jeder Marktwirtschaft ist der Wettbewerb. Die Entscheidung für oder (wie z. B. im Fall der DDR oder der Sowjetunion) gegen diese Wirtschaftsform ist von enormer Bedeutung für eine Gesellschaft. Diskutiert am Beispiel des Marktes für Autos, welche Folgen der Wettbewerb für die Autofahrer hat und wie er sich auf die Personen auswirken kann, die in der Automobilindustrie beschäftigt sind. Zieht auch die Folgen für die Umwelt in Betracht.

Kriminalität in der Wirtschaft

Felix, Gianna und Peter haben nach ihrem Besuch bei der Frankfurter Börse die Goldmünzen in Aktien angelegt, und zwar in Aktien des privaten Kinder-TV-Senders Telekid. Den Tipp haben sie von Martha erhalten, einer Börsenhändlerin, mit der sie sich in Frankfurt angefreundet haben. Da sie auf Anraten Marthas die Aktien rechtzeitig wieder verkauft haben, hat sich ihr Vermögen mehr als verdoppelt. Felix ist gerade bei Peter, der an der Tankstelle seiner Eltern aushilft, als beide stutzen ...

INFO

Warentermingeschäfte

Damit ist der Kauf und Verkauf von Waren gemeint, die man erst zu einem späteren Termin bezahlt und erhält. Es kann z. B. für einen Kaffeehändler nutzbringend sein, Kaffee schon zu einem Zeitpunkt zu erwerben, zu dem er ihn noch nicht braucht. Er weiß dann sicher, was er später bezahlen muss. Von einer Verteuerung der Ware ist er dann nicht betroffen. Ist der Marktpreis inzwischen gefallen, macht er ein Verlustgeschäft, denn er muss den ursprünglich vereinbarten Preis zahlen.

M 25 Der Mann mit dem roten Ferrari

Ein sattes Motorengeräusch dröhnte die Talstraße herauf. Als sie aufblickten, sahen sie einen breiten, roten Sportwagen in die Tankstelleneinfahrt einbiegen.

„Ein *Ferrari Testarossa!*“, rief Peter.

„Ziemlich laut“, sagte Felix.

Der Sportwagen hielt an einer Zapfsäule, die Tür öffnete sich, und der Fahrer stieg aus. Er ähnelte den Leuten an der Frankfurter Börse, über die Sarah so geschimpft hatte. Das Auffallendste an ihm aber waren die knallroten Hosenträger, die er über dem blau gestreiften Hemd trug.

Als der Mann die Zapfpistole in den Tankstutzen gesteckt hatte, sprach ihn Peter an: „Reifendruck?“

„Nicht nötig.“

„Scheiben?“

„Nein, danke. Kein Bedarf.“

Peter ließ sich nicht abschrecken. „Toller Wagen“, sagte er. „Wie viel macht der Spitze?“

„240, aber der Motor ist gedrosselt. Er könnte noch mehr.“

„PS?“ „390.“

„Irre“, sagte Peter mit echter Bewunderung. „Da muss man wohl gut verdienen für so einen Wagen.“

„Geschenkt wird er einem nicht.“

„Und wie haben Sie das geschafft?“

„Mit Warentermingeschäften, falls du weißt, was das ist.“

Peter war jetzt richtig hellhörig geworden. „Hat das was mit der Börse zu tun?“

„So ähnlich. Aber das versteht ihr erst, wenn ihr größer seid. Ich muss jetzt weiter.“

„Ihre Warendingsbums interessieren uns aber. Wir haben auf *Telekid* gesetzt und rechtzeitig verkauft. Jetzt suchen wir was Neues.“

„Was? *Telekid*? Wieso habt ihr *Telekid* rechtzeitig verkauft?“

„Ein Tipp.“

Der Mann mit den Hosenträgern schien ehrlich beeindruckt. „Und warum investiert ihr an der Börse?“

„Was sollen wir sonst machen mit unserm Geld?“ Peter war wirklich gut in solchen Situationen, fand Felix.

Der Mann lehnte sich an sein Auto und blickte die beiden an, immer noch verblüfft. Schließlich streckte er Peter die Hand entgegen. „Willy Rappke von der Firma *Progress Investment* aus Frankfurt. Ihr habt echt Geld zum Investieren?“

„Logisch.“

„Ich muss mal telefonieren“, sagte Rappke. Er holte ein Handy aus seinem Auto, wählte eine Nummer und lief dann telefonierend zweimal um die Zapfsäulen herum. Dann stieß er mit elegantem Schwung die Antenne zurück, legte das Telefon wieder ins Auto und holte eine schwarze Broschüre heraus. Oben drauf war in Gold die Aufschrift geprägt: *Progress Investment.*

„Hier findet ihr alles über Warentermingeschäfte. Falls ihr was nicht versteht – auf der Rückseite findet ihr meine Telefonnummer in Frankfurt. Ruft mich an, wenn ihr mehr wissen wollt. Bei Warentermingeschäften kann man, wenn man Glück hat, 70 Prozent im Jahr verdienen. 70 Prozent! Das ist ein bisschen mehr als auf einem Sparbuch.“ [219–221]

1 Versuche, Rappke zu zeichnen, wie er sich an der Tankstelle mit Peter und Felix unterhält (vergiss den roten Ferrari nicht).

2 Die Firma Heinzelmännchen & Co verfügt inzwischen über ungefähr 12 000 Euro. Würdet ihr auf Rappkes Angebot eingehen und in das Warentermingeschäft einsteigen? Schreibe auf, welche Gedanken Felix durch den Kopf gehen könnten. Verwende dabei die Ich-Form.

Großer Schaden durch Wirtschaftskriminalität

M 26

Rappke stellt einen großartigen Gewinn in Aussicht, und die Firma Heinzelmännchen & Co. entscheidet sich, mit einem Einsatz von 5 000 Euro in das Warentermingeschäft einzusteigen. Nachdem sie viel Geld verloren haben, setzen sie sich telefonisch mit dem Spekulanten in Verbindung und erfahren, dass der Telefonanschluss „vorübergehend nicht erreichbar“ sei. Wie sich später herausstellt, sind sie Geldanlage-Betrügern auf den Leim gegangen. Diese waren darauf spezialisiert, für ihre Kunden Geschäfte an der Warenterminbörse zu tätigen. Sie berechnen dafür ihren Kunden mehr, als sie tatsächlich bezahlten.
Anlagebetrug zählt zur Wirtschaftskriminalität, und diese hat laut Bundeskriminalamt in Deutschland zwischen 2005 und 2006 zugenommen. Die Wirtschaftskriminalität machte 2006 mehr als die Hälfte des gesamten Schadens aus, der in Deutschland infolge von Kriminalität entstanden ist.

Vier Quellen des Verbrechens

M 27

In der Wissenschaft findet man die Auffassung, dass Verbrechen auf vier Hauptquellen zurückgehen. Die erste Quelle ist der Wunsch nach materiellem Gewinn (z. B. Geld). Die zweite Quelle besteht darin, dass sich manche Menschen schnell in ihrem Selbstwertgefühl gekränkt fühlen (z. B. indem sie beleidigt werden). Die dritte Quelle ist die Überzeugung, man habe so hohe moralische Maßstäbe, dass für deren Verwirklichung jedes Mittel recht sei. Die vierte Quelle ist der Wunsch, anderen Schaden zuzufügen. So begehen z. B. manche Leute Verbrechen, weil sie Freude daran haben, andere leiden zu sehen. Viele Bösewichte in Spielfilmen sind so geartet, aber im wirklichen Leben gibt es solche Menschen selten. *nach Roy F. Baumeister, 1998*

3 Stell dir vor, Rappke würde vor Gericht gestellt. Wofür würde er angeklagt werden?

4 Was bewegt Menschen wie Rappke (siehe M 25 und M 26) wohl dazu, zu betrügen? Lies dazu auch M 27 und begründe deinen Standpunkt.

Aufgaben des Staates*

Die Geschichte um Felix, Peter und Gianna entwickelt sich zu einem wahren Krimi. Gemeinsam mit einem weiteren Jungen, Kai, der bis vor kurzem noch ein feindseliger Konkurrent der „Heinzelmännchen“ war, fahren sie kurzerhand nach Frankfurt, um dort Rappke, den Betrüger, aufzuspüren. Sie stehen unter Druck, weil ihnen der alte Herr Friedmann aus den USA in einem Brief angekündigt hat, bald Schönstadt zu besuchen. Er war gezwungen, als Jude in der Zeit des Nationalsozialismus seine Heimatstadt verlassen. Die „Heinzelmännchen“ müssen damit rechnen, dass er die Goldmünzen zurückverlangt, und setzen nun alles daran, das verlorene Geld wiederzukommen.
Da sie am nächsten Tag zur Schule müssten und befürchten, dass ihre Eltern sie von der Verbrecherjagd abhalten, wenden sie sich an Martha, die Börsenhändlerin. Diese bietet ihnen an, bei sich zu übernachten. Der Zufall will es, dass Max Färber, der Lebensgefährte Marthas, als Detektiv arbeitet und auf Wirtschaftskriminalität spezialisiert ist. Während der Jagd nach Rappke stellt sich heraus, dass dieser einer Bande von gefährlichen Wirtschaftsbetrügern angehört. Die Männer beabsichtigen, da ihnen der Boden in Frankfurt zu heiß geworden ist, mit dem Flugzeug das Land zu verlassen. Im letzten Moment gelingt es, die Verbrecher zu fassen.

M 28 Die Betrüger werden gefasst

„Halten Sie den Flug auf!“, rief Max schon von weitem den Polizisten zu. „Da sitzt einer drin, der wird steckbrieflich gesucht!“
„Sind das die vermissten Kinder?“, fragte einer der Polizisten. „Können Sie mir eine Erklärung geben, welche Rolle Sie bei der Sache spielen?“
„Ja, später. Hören Sie: Da drin in dem Flugzeug sitzt Johann Zay, der größte Anlagebetrüger Deutschlands. Und der will sich jetzt absetzen. Tun Sie was! Sonst kriegen Sie riesigen Ärger.“
„Also, wenn hier einer Ärger bekommt, dann sind Sie es. Wegen Kindesentführung“, sagte der Polizist und holte wieder sein Funkgerät heraus – ganz langsam.
Felix sah, wie die Stewardess den Warteraum mit einer Kette abschloss und zum Flugzeug ging. Jetzt oder nie, dachte Felix. Er machte einen Schritt rückwärts, zwinkerte Peter zu, dann schwang er herum, tauchte unter der Kette durch und rannte auf den Zugang zum Flugzeug zu. Hinter sich hörte er aufgeregte Rufe. Er rannte durch die Gangway und sah jetzt die Flugzeugtür, gerade war die Stewardess dabei, einen großen Hebel umzulegen und die Tür zu schließen.
„Was ist denn jetzt noch los?“, rief sie, aber da war Felix schon an ihr vorbei ins Flugzeug gestürmt. *„… begrüßen wir Sie auf unserem Flug nach Kingston. Die voraussichtliche Flugzeit wird 7 Stunden und 40 Minuten betragen. Wir bitten Sie nun …“*, sagte eine Stimme aus dem Lautsprecher. „Verdammter Bengel! Mach sofort, dass du hier rauskommst“, kreischte die Stewardess dazwischen. Sie war jetzt gar nicht mehr freundlich. Felix ließ sich nicht beirren: Er suchte die Reihen der Fluggäste ab, die ihn alle erstaunt anblickten. Er musste nicht lange suchen – schon in einer der ersten Reihen saßen sie: Rappke am Gang, in der Mitte Müller, rechts am Fenster der Unbekannte mit der dicken Augenbraue.
„Geben Sie mir mein Geld wieder!“, schrie Felix sie an. Rappke schien ehrlich überrascht. Er strich die Zeitung auf seinem Schoß glatt und sagte äußerst höflich: „Dein Geld? Kennen wir uns? Ich fürchte, da liegt eine Verwechslung vor.“
In diesem Augenblick fühlte sich Felix von hinten am Arm gepackt. „Und jetzt, Freundchen, wirst du das Flugzeug verlassen. Und zwar ohne weitere Mätzchen“, sagte eine Männerstimme. „Sonst wird die Sache für deine Eltern sehr teuer.“ Jemand in einer blauen Uniform bugsierte Felix aus dem Flugzeug heraus. Der Griff war so stark, dass es gar keinen Zweck hatte, sich zu wehren. Wahrscheinlich war es der Pilot oder der Co-Pilot. Jetzt war alles verloren.
In der Gangway kamen ihnen die beiden Polizisten mit den Maschinenpistolen entgegen. Aber was bedeutete das? Sie nahmen ihn gar nicht in Empfang, wie er erwartet hatte, sondern rannten an ihnen vorbei. „Lassen Sie den Jungen los!“, rief einer der beiden. Dann verschwanden sie im Flugzeug.
Keine Minute später kamen sie wieder heraus. Zwischen sich führten sie Rappke, Müller und den Unbe-

kannten. Die drei trugen Handschellen.
Felix hörte, wie der Unbekannte zu Rappke sagte: „Du mit deinen Scheißkindern!“
Dann hörte er gar nichts mehr. Denn jetzt stürmten alle auf ihn ein – Sarah, Peter, Gianna, Kai und Max.
„Mensch, das hast du toll gemacht“, sagte Peter. „Dafür, dass du sonst so brav bist ...“
„*Porca miseria*“, sagte Gianna. „War das eine Aufregung!“ [307–309]

1 Verfasse einen Kurzbericht der Geschehnisse am Frankfurter Flughafen.

2 Am Ende kommt Felix die Polizei zu Hilfe und führt die Verbrecher in Handschellen ab. Hat dir die Polizei schon einmal geholfen? Bei der Erfüllung welcher Aufgaben hast du die Polizei selbst schon erlebt? Sprecht über eure Erfahrungen.

Polizei und Militär

M 29

Bundeswehrsoldat beim Einsatz im Ausland

Polizei auf Streife

Innere und äußere Sicherheit

M 30

Über die Bestimmung der Aufgaben des Staates gibt es verschiedene Auffassungen. Weitgehende Übereinstimmung herrscht aber darin, dass der Staat die innere und äußere Sicherheit gewährleisten muss. Das bedeutet: Er muss das Land vor äußeren Feinden schützen und verhindern, dass der einzelne Bürger Opfer von Übergriffen anderer Bürger wird. So schreibt schon der berühmte deutsche Gelehrte und Staatsmann Wilhelm von Humboldt (1767–1835), „dass die Erhaltung der Sicherheit sowohl gegen auswärtige Feinde als innerliche Zwistigkeiten den Zweck des Staates ausmachen und seine Wirksamkeiten beschäftigen muss“.

3 Ordne die Fotos (M 29) den beiden Aufgaben des Staates zu und finde wirklichkeitsnahe Beispiele, die den Unterschied zwischen Gefährdungen der inneren von Gefährdungen der äußeren Sicherheit verdeutlichen.

Nach Humboldt (M 30) sollte sich der Staat auf die Sorge um die innere und äußere Sicherheit beschränken. Heute sind sich viele darin einig, dass der Staat auch für sozialen Ausgleich in der Gesellschaft sorgen sollte, ohne dabei nur Fragen der Sicherheit im Blick zu haben. Der Markt allein sei unfähig, Gleichheit der Chancen herzustellen.

M 31 Die Förderung gleicher Chancen als Zweck des Staates

Noch eine Aufgabe übernimmt der Staat in modernen Gesellschaften: Das ist die sogenannte Umverteilung: Er nimmt den Reichen Geld weg, um es den Ärmeren zu geben, damit alle einigermaßen gleiche Bedingungen haben. Auch will er die Schwäche des Marktes ausgleichen. Der Markt nimmt keine Rücksicht auf die Startbedingungen der Menschen. Er ist blind dafür, was sie mitbringen, um sich in der Welt durchzuschlagen.

Würden zum Beispiel Studienplätze an Hochschulen allein und ausschließlich über den Markt verteilt und viel Geld kosten, wäre es für arme Familien schwer, die Gebühren für ihre Kinder zu bezahlen. Viele Kinder würden von der Chance, auf die Universität zu gehen, ausgeschlossen sein und ihre Möglichkeiten nicht ausschöpfen.

Das wäre ungerecht und möglicherweise auch ineffizient **[siehe Info]**. Talentierte Kinder armer Leute könnten keine Karriere machen, keine Unternehmen gründen, keine Erfindungen machen oder auch nicht als Krankenhausärzte den Menschen dienen. In vielen Unternehmen und Verwaltungen kann nur der richtig aufsteigen, der einen Hochschulabschluss hat.

Es wäre für sie und für die Gesellschaft schlecht, wenn Kindern armer Leute dieser Weg versperrt wäre.

Viele Universitäten haben jetzt in Deutschland Studiengebühren eingeführt. Die Politiker streiten darüber. Schon ohne Studiengebühren haben Kinder aus Familien, die mit Bildung nicht viel am Hut haben, schlechte Schulabschlüsse. Sie gehen seltener an Hochschulen, unter anderem weil die Eltern das Geld für Miete und das Essen der Kinder nicht aufbringen können oder wollen. Aber auch, weil die Kinder es vielleicht selbst gar nicht für möglich halten, dass sie es an eine Uni schaffen würden. Ihnen fehlen in der Familie Vorbilder, die ihnen zeigen, dass Studieren Spaß macht und sie nach oben bringt.

Winand von Petersdorff, 2007

Studenten in einem Hörsaal – in vielen deutschen Bundesländern müssen Studenten inzwischen Gebühren für ihr Studium bezahlen.

INFO

Effizienz

Effizient (von lateinisch „efficere“: bewirken, zustande bringen) sein bedeutet, mit den zur Verfügung stehenden Mitteln einen möglichst hohen Ertrag zu erreichen oder einen bestimmten Ertrag mit einem möglichst geringen Aufwand an Mitteln zu erzielen. Mittel und Ertrag müssen nicht unbedingt aus einem Geldbetrag bestehen. So kann es z. B. effizient sein, sich mit anderen zusammen auf eine Klassenarbeit vorzubereiten, wenn man nur wenig Zeit zur Verfügung hat. Auch die Art und Weise, wie man zusammenarbeitet, kann mehr oder weniger effizient sein. Im schlechtesten Fall ist sie ineffizient, also gar nicht effizient.

Sicher, sogar ein Verbrechen lässt sich auf effiziente Weise begehen. Effizienz kann aber auch moralisch sinnvoll sein. Wer z. B. seine häusliche Arbeit effizient erledigt, hat mehr Zeit, jemanden zu besuchen, der krank ist und Hilfe braucht.

4 Trage die Argumente zusammen, mit denen der Journalist Winand von Petersdorff in M 31 begründet, dass der Staat für sozialen Ausgleich sorgen soll.

5 Diskutiert darüber, weshalb viele Kinder ärmerer Eltern nicht studieren.

6 Finde eigene Beispiele für effizientes Verhalten (siehe Infokasten).

Renovierungssteuer

M 32

Die Finanzierung staatlicher Leistungen

M 33

Zur Erfüllung seiner Aufgaben braucht der Staat viel Geld. Er muss Polizisten bezahlen, die Betrüger wie Rappke festnehmen, er braucht finanzielle Mittel für die Gesundheitsversorgung der Bürger, er unterstützt diejenigen, die arbeitslos* geworden sind, er muss Straßen instand halten und, und, und. Den größten Anteil seiner Einnahmen machen die Steuern aus. Diese werden beispielsweise verwendet, um die Beschäftigten im öffentlichen Dienst (z.B. Lehrer und eben Polizisten) zu bezahlen und soziale Unterschiede auszugleichen. Ein gutes Beispiel hierfür ist der Solidarzuschlag, der erhoben wird, um die ostdeutschen Bundesländer zu unterstützen. Die Steuerlast, die der einzelne Bürger trägt, ist abhängig von seinem Einkommen. Personen, die viel verdienen, müssen einen höheren Anteil ihres Einkommens versteuern als schlechter verdienende. Im oberen Einkommensbereich sind 42 Prozent des Einkommens an Steuern zu bezahlen, während bis zu einer bestimmten Einkommenshöhe gar keine Steuern bezahlt werden müssen. Auch damit will der Staat einen sozialen Ausgleich schaffen.

An den Steuern entzünden sich immer wieder Diskussionen. Dass zu hohe Steuern verlangt werden, ist *eine* Kritik. Die Begründung: Besonders leistungswillige Bürger sehen keinen Sinn mehr, viel zu leisten, wenn der Staat von ihnen zu viel Steuern verlangt. Eine andere Kritik lautet, dass es cleveren Reichen zu leichtgemacht wird, der Zahlung der Steuern zu entgehen. Auch dass das Steuersystem zu kompliziert sei, beanstanden manche Leute.

7 An den Steuern entzündet sich immer wieder Kritik in der Politik und in der Bevölkerung. Erkläre die Aussage von M 32. Worin besteht ihr Witz?

8 Schreibe die Hägar-Geschichte weiter.

9 Wozu erhebt der Staat Zwangsabgaben wie etwa Steuern (M 33)? Informiere dich eventuell zusätzlich im Internet, z. B. auf der Netzseite des Finanzministeriums, über Steuern (bundesfinanzministerium.de). Dort gibt es eine Liste mit gut verständlichen Worterklärungen.

10 Überlege anhand von M 32 und M 33, wofür die Abgaben an den Staat verwendet werden sollen. Fasse deine Ergebnisse schriftlich zusammen.

Gründung eines Unternehmens

Obwohl die Anlagebetrüger gefasst sind, wird die Firma „Heinzelmännchen“ das Geld, das sie verloren hat, wohl kaum zurückerhalten. Das ist aber nicht so schlimm. Der alte Herr Friedmann, der es in Amerika zu Wohlstand gebracht hat, ist inzwischen in seiner alten Heimatstadt eingetroffen. Zum Glück verzichtet er darauf, die Goldmünzen erstattet zu bekommen. Zudem war auf die Ergreifung des Anführers der Betrüger-Bande eine Belohnung von 10 000 Euro ausgesetzt, die den Kindern zugesprochen wird, weil mit ihrer Hilfe die Verbrecher gefasst werden konnten. Diese gute Nachricht haben ihnen Max Färber und Martha gerade persönlich überbracht. Gemeinsam sitzen nun alle in der alten Ziegelei, die sich Herr Friedmann unbedingt ansehen wollte. Auch Felix’ Eltern und Sarah, die Tochter von Herrn Schmitz, sind dabei.

M 34 Ein Stadtanzeiger wird geplant

„Hören Sie mal, junger Mann, wenn man so ein Angebot bekommt, dann redet man nicht lange von Problemen. Dann greift man zu. Okay?“ Man merkte Martin Friedmanns Stimme an, dass er gewohnt war, Anordnungen zu geben.

Felix’ Mutter hatte bisher geschwiegen. Jetzt boxte sie ihrem Mann mit dem Ellbogen in die Seite und zischte: „Was gibt es denn da noch zu zögern?“

„Sag ja, Papa!“, rief Felix. „Dann bleiben wir in Schönstadt. Ich will nicht nach Berlin.“

„Na gut, wenn ihr meint.“

„Vielleicht können wir unseren Schatz ja auch noch in die Firma einbringen.“

„Keine schlechte Idee“, sagte Herr Friedmann. „Eine stille Beteiligung an der neuen *Stadtanzeiger GmbH*. Dann kommen die Kinder nicht in Versuchung, ihr Geld irgendwelchen Anlagehaien in den Rachen zu werfen. *Verlagshaus Blum, Friedmann & Co.* Klingt nicht schlecht.“

„Ich könnte auch noch was beitragen“, sagte Kai. „Ich habe 1 200 Euro gespart. Die würde ich gerne in die Firma einbringen.“

„Aber du gehörst doch zur Firma dazu“, sagte Felix.

„Ich will aber, ich hab noch was gutzumachen.“

Nun meldete sich wieder Herr Friedmann zu Wort: „Darüber könnt ihr euch später noch unterhalten. Jetzt müssen wir erst mal den neuen Chefredakteur des *Stadtanzeigers* fragen, ob er den Job überhaupt will.“

Sein Vater stand da wie ein Schuljunge, fand Felix.

„Ich weiß gar nicht, ob ich das kann. Ich war ja noch nie Chefredakteur.“ – „Jetzt ist aber wirklich genug!“, rief Herr Friedmann. „Felix, dein Vater hat ja gesagt. Auf Ihr Wohl, Herr Chefredakteur. Gebt mir die Magnum!“ Er nahm die Flasche von Max und trank einen großen Schluck.

„Das sieht ja nach einem richtigen Happy End aus“, sagte Martha. „Und wenn der *Stadtanzeiger* an die Börse geht, dann müssen Sie mir rechtzeitig Bescheid sagen. In so ein Zukunftsunternehmen will ich investieren.“

„Aber keine Manipulationen beim Kurs“, sagte Max streng.

„Worauf Sie sich verlassen können“, antwortete Felix.

„Wenn wir ein Stück vom *Stadtanzeiger* kaufen, dann ist Felix gewissermaßen der Chef von seinem Vater“, meinte Peter. „Dann hat er ihm eigentlich nichts mehr zu sagen.“

„Man soll das Fell des Bären nicht verteilen, ehe er erlegt ist“, erwiderte Felix’ Vater.

Nun wickelte Peter die Forelle aus der Folie und zerteilte sie mit seinem Taschenmesser. Jeder nahm ein kleines Stück. Man konnte nicht sagen, dass sie besonders gut schmeckte: ohne Salz, dafür mit Sand und Moos.

Felix merkte, dass ihn jemand am Arm beiseite zog. Es war Sarah. „Ich wollte dir noch etwas sagen: Ich finde euch in Ordnung. Geld verdienen muss nicht immer doof sein.“

„Das ist nett von dir. Aber ich habe selbst gemerkt, dass Geld auch ganz schön gefährlich ist.“

„Am schönsten ist es wohl, wenn man es hat und nichts dafür tun muss.“ [336–337]

1 Sarah findet, dass Geld verdienen nicht immer „doof“ (Z. 59) sein muss, und Felix hat erkannt, dass Geld auch „ganz schön gefährlich“ (Z. 61) ist. Erfinde selbst entweder eine Geschichte zu Sarahs Einsicht oder eine Geschichte zu dem Thema „Geld kann ganz schön gefährlich sein“.

Auf den Geschäftsplan kommt es an

M 35

Damit die Gründung eines Unternehmens nicht scheitert, müssen einige grundsätzliche Überlegungen angestellt werden. Hier einige Beispiele:

A. Die Geschäftsidee:
- Welche Geschäftsidee hast du? Welches Produkt oder welche Dienstleistung willst du anbieten?
- Wie groß ist die Nachfrage nach deinem Angebot?
- Was kostet dein Produkt / deine Dienstleistung?

B. Einschätzung des Marktes:
- An welche Kunden denkst du?
- Was wünschen diese Kunden genau?
- Mit welcher Werbung könntest du sie am besten erreichen?

C. Die Konkurrenten:
- Welche Konkurrenten gibt es?
- Was bietet die Konkurrenz an?
- Was kostet dein Produkt / deine Dienstleistung bei der Konkurrenz?

D. Standort:
- Wo solltest du das Produkt / die Dienstleistung am besten herstellen oder anbieten?
- Wo gibt es nicht schon zu viele mächtige Konkurrenten?

E. Sonstige Überlegungen:
- Möchtest du dein Unternehmen allein gründen oder mit Partnern? Mit einem oder mehreren Partnern?
- Wer kommt als Partner in Frage? Ist sie / er zuverlässig?
- Wie wird sich die Sparte, in der du tätig sein willst, entwickeln?
- Wie wird die Nachfrage nach deinem Angebot in Zukunft voraussichtlich aussehen? Handelt es sich vielleicht nur um eine Mode?

M 36

Eine besondere Geschäftsidee: die Beförderung von Personen in einer modernen Fahrrad-Rikscha. Rikschas werden üblicherweise in Ländern Asiens eingesetzt. Die ursprünglichen Rikschas werden von Menschen gezogen.

2 Stell dir vor, du wolltest gern ein Beförderungsunternehmen gründen, das Personen in hochmodernen Fahrrad-Rikschas transportiert, und würdest einen Geschäftsplan aufstellen. Beantworte deshalb, soweit du kannst, die Fragen A. bis E., und zwar auf wirklichkeitsnahe Weise. (Teilweise musst du Vermutungen anstellen.)

Hände weg von der Natur – Wie sollten wir mit anderen Lebewesen umgehen?

Sollten wir Tiere für menschliche Zwecke nutzen?

Gibt es gute Gründe, Tiere zu quälen?

Was heißt es, „Respekt“ vor der Natur zu haben?

Können Salatköpfe glücklich sein?

Wann ist ein Leben ein „artgerechtes Leben“?

Ist es gerechtfertigt, Tiere zu töten?

Was spricht gegen Plastikbäume?

Müssen wir das Leiden anderer Lebewesen achten, oder dürfen wir mit Tieren machen, was wir wollen?

Allen Lebewesen soll es „wohl“ ergehen – was heißt das?

Solche philosophischen Fragen wirft Anna Sewell (1820–1878) in ihrem Buch „Black Beauty“ auf. Das Buch aus dem 19. Jahrhundert erzählt die Geschichte eines schwarzen Hengstes von der Geburt bis zu seinem Tod. Zunächst richtete sich Anna Sewell an Pferdepfleger, Kutscher und Stallburschen in der Absicht, sie zu einer rücksichtsvolleren Behandlung der Tiere zu veranlassen, die in ihrer Obhut stehen. Aber auch Kinder lasen das Buch bald, und bis heute interessieren sie sich sehr für das Schicksal von Black Beauty. Denn erstmals wurde aus der Perspektive des Tieres, aus der Sicht Black Beautys selbst erzählt. Auch deshalb gehen den Lesern die Erlebnisse besonders nah, denn das Leiden von Pferden, die durch Menschen schlecht behandelt werden, wird einfühlsam und anschaulich dargestellt.

Direkt nach der Geburt geht es dem Hengstfohlen Black Beauty noch sehr gut. Es wächst, von seiner Mutter liebevoll umsorgt, friedlich auf grünen Wiesen heran. Der Besitzer ist gut zu Black Beauty; das Fohlen verlebt eine glückliche und zufriedene Kindheit. Doch eines Tages, als Black Beauty herangewachsen ist, muss der tierliebe Besitzer den jungen Hengst verkaufen. Zunächst kommt Black Beauty zum Gutsbesitzer Gordon nach Birtwick Park. Dort fühlt sich der junge Hengst noch wohl; er hat Freunde, der Besitzer behandelt ihn anständig. Auch der Pferdepfleger John Manly ist tierlieb und kennt sich mit Pferden gut aus. Der junge Stallbursche Joe Green ist immer freundlich zu Black Beauty, bis auf ein einziges Mal, als er aus Ahnungslosigkeit das erschöpfte Pferd falsch behandelt. Black Beauty wird krank, erholt sich aber schnell wieder; der Stalljunge Joe ist sehr traurig über seinen Fehler und will alles über Pferde lernen, um nie wieder etwas falsch zu machen.
Wegen der Krankheit seiner Frau muss Mr. Gordon nach drei Jahren sein Gut und die Pferde, auch Black Beauty, verkaufen. Mit diesem Tag beginnt für das Pferd eine Zeit voller Entbehrungen. Der Hengst arbeitet als Kutschpferd bei einem Grafen, in einem Mietstall als Leihpferd, als Reit- und als Droschkenpferd. Black Beauty verliert immer wieder Freunde. Er muss unfähigen Kutschern gehorchen, viel zu schwere Lasten ziehen, ohne ausreichend Futter und Ruhepausen schwerste Arbeiten verrichten und in schlechten Ställen mit dunklen und zu kleinen Boxen leben. Nur bei der Familie von Jeremiah Barker in London geht es Black Beauty noch einmal gut. Hier wird er gut und angemessen behandelt. Ansonsten aber erfährt das Tier am eigenen Leibe, wie sehr Pferde unter der Gedankenlosigkeit und dem Egoismus der Menschen leiden. Nach vielen schweren Jahren kommt Black Beauty durch einen glücklichen Zufall zu seinem guten alten Pferdepfleger und Stallknecht Joe Green zurück, der ihn schon von der Kindheit an kennt. Hier ist Black Beauty in guten Händen, und der Hengst verlebt seine letzten Lebensjahre an einem, wie er selbst sagt, glücklichen Ort.
Der Leidensweg Black Beautys beginnt mit dem Umzug nach Birtwick Park. Das Leben auf der Weide ist zu Ende, er wird in Zukunft als Reitpferd eingesetzt. Die dann folgende sehr unterschiedliche Behandlung Black Beautys durch verschiedene Menschen wirft die Frage auf, was eigentlich andere Lebewesen vom Menschen unterscheidet und wie wir mit ihnen und unserer Mitwelt umgehen sollten.

1 Sieh dir die Bilder genau an und lass deine Gedanken schweifen. Was verbindest du mit einem Pferd?

Was unterscheidet Tiere vom Menschen?

M 1 Verstand und Instinkt

Der Gutsbesitzer Gordon ist der Auffassung, dass Tiere und Menschen unterschiedliche Wesen sind, die aber gut zusammen leben können. Er meint, Gott habe den Menschen den Verstand und den Tieren den Instinkt gegeben. Hin und wieder, so meint Mr. Gordon, ist dieser Instinkt zuverlässiger als der Verstand.

1 Wodurch unterscheiden sich aus deiner Sicht Mensch und Tier? Schreibe auf, welche Gemeinsamkeiten und Unterschiede du siehst.

2 Zeige an Beispielen, was Mr. Gordon damit meinen könnte, dass der Instinkt zuverlässiger als der Verstand sei?

M 2 Ein intelligenter Affe?

3 Glaubst du, dass es intelligente Tiere gibt? Besitzen diese Tiere die gleiche Intelligenz wie Menschen, oder siehst du Unterschiede? Begründe deine Stellungnahme.

4 Lies die folgenden beiden Texte genau durch. Stelle in deinem Heft zusammen, welche Fähigkeiten die Autoren den Tieren zuschreiben und welche nicht.

Der Philosoph Dominik Perler (* 1965) vertritt in einem Interview zu seinem Buch „Der Geist der Tiere“ folgende Auffassung zum Unterschied von Mensch und Tier:

M 3 Der Unterschied liegt in der Sprache

Der eigentliche Unterschied liegt in der Sprachfähigkeit. Ich meine nicht die Signalsprache; die finden wir bei Tieren auch. Sie warnen sich zum Beispiel gegenseitig vor Feinden, mit sehr wirkungsvollen Systemen. Aber was wir Sprache nennen, das beherrschen sie nicht. Was wir Sprache nennen, hat drei Ebenen. Erstens verfügt man nur über eine Sprache, wenn man die Bedeutung von Sätzen und Wörtern versteht. Zweitens haben wir den Satzbau mit bestimmten Bausteinen, die nach bestimmten Regeln zusammengestellt werden. Drittens handeln wir mit Sprache, wir setzen sie ein, um Fragen zu stellen, Wünsche zu äußern oder Befehle zu erteilen. Nur Lebewesen, die über Sprache mit allen drei Ebenen verfügen, beherrschen eine Sprache. Das können nur Menschen. Und damit haben wir einen Vorteil gegenüber Tieren: Wir können über etwas reden, das abwesend ist oder noch gar nicht existiert; wir können Pläne schmieden und uns Ziele setzen.

Dominik Perler, 2007

Der niederländisch-amerikanische Tierforscher Frans de Waal (* 1948) geht davon aus, dass einige Tiere eine Fähigkeit haben, die man nur dem Menschen zutraut.

M 4 Auch Tiere haben Einfühlungsvermögen

Der Bonobo, ein wenig bekannter Menschenaffe, ist uns genetisch so nahe wie der Schimpanse. Als eine Bonobo-Frau namens Kuni sah, wie ein Star gegen die Glasscheibe ihres Geheges im britischen Twycross-Zoo prallte, ging sie hin und nahm sich seiner an. Kuni hob den benommenen Vogel auf und stellte ihn vorsichtig auf die Füße. Als er sich nicht bewegte, warf sie ihn ein bisschen hoch, aber der Vogel flatterte bloß. Mit dem Star in der Hand kletterte Kuni dann in den Wipfel des höchsten Baums und klammerte die Beine um den Stamm, so dass sie beide Hände für den Vogel frei hatte. Vorsichtig entfaltete sie seine Flügel, nahm jeweils einen zwischen die Finger ihrer Hände und spreizte sie, dann schickte sie den Vogel wie ein kleines Modellflugzeug in die Richtung, die aus ihrem Gehege heraus führte. [...] Kuni folgte nicht einfach einem fest verdrahteten Verhaltensmuster, sondern passte ihren Beistand exakt der besonderen Situation eines Tieres, an, das von ihr selbst völlig verschieden war. Sie konnte sich in die Daseinsbedingungen eines anderen Tieres einfühlen.

Frans de Waal, 2006

Der Pferdepfleger und Kutscher John Manly ist der Ansicht, dass Menschen und Tiere Freunde sein können.

Können Menschen und Tiere Freunde sein?

M 5

5 Was bedeutet für dich „Freundschaft“? Schreibe eine kurze Begriffserklärung.

6 Mit welchen Tieren können Menschen befreundet sein?

John erzählt viele Geschichten von Pferden und Hunden, die ihren Besitzern das Leben retteten. Er war der Meinung, die Menschen schätzten die Freundschaft ihrer Tiere einfach nicht hoch genug ein und behandelten sie nur selten so, wie sie es verdienten.

Freundschaft mit allen Tieren?

M6

Die zwölfjährige Schülerin Nora K. hat mit dem Philosophen Vittorio Hösle (* 1960) über längere Zeit einen Briefwechsel geführt. Darin ging es u. a. auch um die folgende Frage:

Haben Tiere eine Seele?

M 7

Mir hat sich eine Frage gestellt: Haben Tiere wirklich keine Seele? Das war doch auch Renés Frage, oder? Er ist zu dem Schluss gekommen, dass Tiere keine Seele haben, stimmt's? Ich weiß nicht recht, was ich dazu sagen soll, denn bei unserem Hund kann man viele Eigenschaften feststellen, die eigentlich zu einer Seele gehören. Zum Beispiel: Er kann Freude, Schmerz, Trauer (wenn er jault) und auch ein bisschen Heimweh empfinden. [...] Vielleicht haben Tiere auch eine Art Tierseele? Oder eine halbe Seele? Was meinst du denn?

Vittorio Hösle, 1998

7 Stelle dir vor, Nora hätte den Brief an dich geschickt. Schreibe ihr einen Antwortbrief.

8 „Wenn ich ein Tier wäre, ...“ – Welches Tier wärest du gern? Schreibe eine Geschichte dazu. Vergleicht eure Texte in der Klasse.

Erst der Mensch, dann das Tier?

Eines Tages muss Black Beauty eine viel zu schwer beladene Kutsche einen Berg hinaufziehen. Die Dame, die in der Kutsche sitzt, sagt dem Kutscher, er solle den Wagen abladen, um Black Beauty die Arbeit leichter zu machen. Sie vertritt folgendes Argument:

M 8 Dürfen wir Tiere für unsere Zwecke nutzen?

[Wir haben[kein Recht, einem Tier ohne irgendeinen Grund Leid zuzufügen. Wir nennen sie dumme Viecher, weil sie nicht reden können. Aber bloß weil sie uns nicht sagen, wie es ihnen geht, heißt das nicht, dass sie nicht auch leiden können.

[143–144]

1 Für welche Zwecke dürfen die Menschen Tiere nutzen, für welche nicht? Stelle eine Liste mit zwei Spalten zusammen.

Der Philosoph Immanuel Kant ist der Auffassung, dass Menschen Tiere gebrauchen dürfen.

M 9 Tiere sind Mittel für den Menschen

Wir haben gegenüber den Tieren direkt keine Pflichten, sondern die Pflichten gegenüber den Tieren sind indirekte Pflichten gegen die Menschen. Denn die Tiere sind nur als Mittel da, weil sie sich ihrer selbst nicht bewusst sind. Der Mensch aber ist ein Zweck an sich selbst*. Man kann nicht mehr fragen kann: „Warum ist der Mensch da?“, was man bei Tieren schon fragen kann. Die grausame Behandlung der Tiere steht der Pflicht des Menschen gegen sich selbst entgegen; weil sie das Mitgefühl an ihrem Leiden im Menschen abstumpft. Dadurch wird eine der Moralität im Verhältnis zu anderen Menschen sehr dienliche, natürliche Anlage geschwächt.

nach Immanuel Kant, 1791

2 Lies den Text sehr genau und notiere alles, was dir unklar ist. Warum dürfen wir, laut Kant, Tiere als Mittel nutzen?

3 Wie beurteilst du die Ansicht, dass wir bei Tieren keine „direkten Pflichten“ (Z. 1) haben?

4 Darf man Tiere aus der Sicht von Kant behandeln wie man will? Begründe deine Stellungnahme.

Der Philosoph Arthur Schopenhauer (1788–1860) formulierte Kritikpunkte an den Äußerungen Kants zum moralischen Verhältnis des Menschen zu den Tieren

M 10 Mitleid* mit Tieren

Mitleid mit allen lebenden Wesen garantiert am besten gutes Verhalten. Wer davon erfüllt ist, wird zuverlässig keinen verletzen, keinen beeinträchtigen, keinem wehtun, vielmehr mit jedem Nachsicht haben und jedem helfen, so gut er kann. Mitleid nimmt auch die Tiere in ihren Schutz. Die Auffassung, dass es gegen Tiere keine Pflichten gebe, ist eine empörende Rohheit und Barbarei. Sie beruht auf der gegen jede Einsicht stehende Auffassung, dass Tiere und Menschen verschieden sind, dass Tiere kein Bewusstsein, kein Ich haben, fast wie leblose Dinge sind. Das ist z. B. gegenüber Affen oder Hunden usw. ganz empörend und nur ein Kniff, um die Tiere zu Sachen herabzustufen. Aber Tiere sind sich durchaus ihres Ichs und der Welt bewusst.

nach Arthur Schopenhauer, 1840

5 Welchen Ansichten von Kant widerspricht Schopenhauer, welche teilt er? Schreibe aus der Sicht von Schopenhauer einen Brief an Immanuel Kant.

6 „Aus Mitleid folgt der beste Schutz anderer Lebewesen!“ Finde Beispiele für oder gegen diese These.

Der englische Philosoph Jeremy Bentham (1748–1832) argumentiert so:

Für eine neue Ethik

M 11

Der Tag wird kommen, an dem auch den übrigen Geschöpfen die Rechte gewährt werden, die man ihnen nur durch Tyrannei vorenthalten konnte. Man hat bereits erkannt, dass die Schwärze der Haut kein Grund ist, einen Menschen schutzlos den Launen eines Peinigers auszuliefern. Eines Tages wird man erkennen, dass die Zahl der Beine oder die Behaarung der Haut sämtlich unzureichende Gründe sind, ein empfindendes Lebewesen dem gleichen Schicksal zu überlassen. Welches andere Merkmal könnte die unüberwindliche Grenzlinie sein? Ist es die Fähigkeit zu denken oder vielleicht die Fähigkeit zu sprechen? Doch ein erwachsenes Pferd oder ein erwachsener Hund sind weitaus verständiger und mitteilsamer als ein Kind, das einen Tag, eine Woche oder sogar einen Monat alt ist. Die Frage ist nicht: Können sie denken? Oder: Können sie sprechen? Sondern: Können sie leiden?

nach Peter Singer

7 Welche Lebewesen haben aus der Sicht von Bentham das Recht, dass wir sie berücksichtigen?

8 Was bedeutet dann *berücksichtigen*: was dürfen wir, was nicht?

Unversöhnliche Grundpositionen?

M 12

Die anthropozentrische* Position	Die pathozentrische* Position
Sie leitet sich her von dem griechischen Wort *anthropos*, der Mensch. Die Bedürfnisse und Interessen des Menschen stehen im Vordergrund. Im Interesse des Menschen selbst ist es wichtig, die Um- und Mitwelt zu erhalten und mit den verschiedenen Lebewesen vernünftig umzugehen.	Sie leitet sich her von dem griechischen Wort *pathos*, das Leiden oder Leidensfähigkeit bedeutet. Aus dieser Sicht sollten alle Lebewesen, die leidensfähig und empfindungsfähig sind, gleichermaßen berücksichtigt werden, egal ob Mensch oder Tier.

9 Versuche, die Argumente der Philosophen Kant, Schopenhauer und Bentham den Grundpositionen zuzuordnen. Begründe deine Zuordnung.

10 Probiere aus der Sichtweise der Grundpositionen, ob diese Nutzung gerechtfertigt ist oder nicht. Die Schafherde eines Bauern, das Aquarium im Wohnzimmer und der Blindenhund sind Beispiele.

Müssen Tiere dem Menschen immer gehorchen?

Die Pferde, von denen Anna Sewell in ihrer Geschichte erzählt, müssen ihren Kutschern, Pflegern und Besitzern gehorchen. Sie müssen tun, was der Kutscher will, egal, ob sie Lust dazu haben oder viel lieber in der Sonne auf der Weide tollen oder grasen wollen oder in ihrer Box stehen möchten. Sie sind Renn-, Reit- oder Kutschpferde, und damit sie ihre Aufgabe richtig erfüllen können, müssen sie gehorchen. Schon die Mutter gibt Black Beauty folgenden Rat mit auf den Lebensweg:

M 13 „Sei immer willig!“

„Du bist aus einer besseren Zucht. Hier in der Gegend war dein Vater sehr bekannt, dein Großvater hat zweimal das große Rennen in Newmarket gewonnen. Deine Großmutter war das sanfteste Pferd der Welt – und ich bin mir sicher, dass du noch nie gesehen hast, wie ich beiße oder schlage. Ich hoffe, du wirst niemals schlechte Gewohnheiten annehmen. Sei immer willig, schlage und beiße nicht einmal im Spiel.“

[10]

1 „Sei immer willig“, sagt die Mutter zu Black Beauty. Was hältst du von diesem Ratschlag? Schreibe auf, was du Black Beautys Mutter erwidern würdest.

M 14 „Gehorsam muss sein.“

Gehorsam muss sein – auch für den jungen Hund. Zwei wichtige Gehorsamsübungen sind auch schon für den ganz jungen Hund zwingend, und es darf nicht versäumt werden, rechtzeitig damit zu beginnen: Er muss lernen, zu seinem Herrn zu kommen, wenn dieser das fordert, und auch das Kommando „Sitz!“ sollte er bald beherrschen. Beide Aufgaben begreift der junge Hund recht schnell, wenn konsequent auf ihrer Ausführung bestanden wird. Das Kommando „Platz!“ gehört ebenso in den Lernbereich des Junghundes.

nach Doris Baumann, 1997

2 Manche Hundehalter gehen mit ihren Hunden zu einer Hundeschule. Informiere dich darüber, was sie dort alles lernen.

3 Müssen Tiere ihren Besitzern immer gehorchen, oder wo liegt die Grenze? Lies dazu M 15 und M 16.

Ginger, eine Freundin von Black Beauty in Birtwick Park, erzählt, dass es ihr einmal ganz besonders schlimm ergangen sei. Der junge Mr. Ryder, Samson genannt, hatte keinerlei Mitgefühl, stattdessen nur eine laute Stimme, eine grobe Hand und kalte Augen. Ginger erzählt:

M 15 Absoluter Gehorsam?

„Vom ersten Moment an spürte ich, dass er mir meine Lebenslust austreiben wollte. Er wollte aus mir ein ruhiges, gehorsames Stück Pferdefleisch machen. Pferdefleisch. So dachte er über uns!“ Ginger stampfte mit dem Huf auf, als ob allein der Gedanke an ihn sie wieder wütend machte. Dann erzählte sie weiter. „Wenn ich nicht genau das machte, was er wollte, geriet er völlig außer sich. Er hetzte mich an der Longe so lange im Kreis, bis ich müde war. Ich glaube, er trank ziemlich viel. Und je mehr er trank, desto schlimmer wurde es für mich.

Eines Tages ließ er mich lange arbeiten. Am Abend legte ich mich müde, verzweifelt und wütend in meine Box. Am nächsten Morgen kam er schon ganz früh wieder und ließ mich endlos lange an der Longe im Kreis rennen. Danach ließ er mich kaum für eine Stunde in Ruhe. Dann war er schon wieder da, diesmal mit dem Sattel, dem Zaumzeug und einem neuen Gebiss. Ich weiß gar nicht, was dann genau geschah. Er saß auf, und ich muss irgendetwas getan haben, was ihn aufregte – und er riss an meinen Zügeln. Mit dem neuen Gebiss tat das unglaublich weh, und ich stieg. Das machte ihn noch wütender, und er fing an, auf mich einzuprügeln. Jetzt wurde ich richtig wütend und fing an, mit allen Mitteln gegen ihn zu kämpfen. Ich stieg, schlug aus, buckelte, aber er blieb im Sattel und bearbeitete mich brutal mit seiner Peitsche und den Sporen. Aber mir war alles egal, ich wollte ihn nur loswerden. Endlich gelang es mir. Nach einem schrecklichen Zweikampf fiel er herunter.

[30–31]

Die Bedürfnisse beachten

M 16

Ein Hund, der einen kleinen oder großen Menschen anknurrt, teilt ihm in seiner Sprache mit, dass es jetzt genug ist, dass ihm irgendetwas nun zu viel wird, dass man aufhören muss und ihn in Ruhe lassen soll. Man muss dann dafür sorgen, dass das Tier seine an sich ja gelegentlich auch berechtigte Drohung möglichst nicht wiederholen muss. Auch Kinder müssen lernen, dass bestimmte Sachen einzig dem Hund gehören und für andere tabu sind. So lernen sie den nötigen Respekt vor den Bedürfnissen anderer Lebewesen. Tiere müssen sich nicht alles gefallen lassen, genauso wenig wie ein Mensch.

nach Claudia Ludwig, 2000

4 Wann dürfen sich Tiere gegen die Behandlung der Menschen wehren?

5 Wie lernt man am besten, die Bedürfnisse von Tieren zu verstehen und zu beachten? Schreibe ein paar Vorschläge auf und diskutiere sie mit deinen Mitschülern.

6 Wenn die Menschen gut mit den Tieren umgehen, ist es dann in Ordnung, dass sie ihnen dienen? Zeige an selbst gewählten Beispielen, wann Tiere uns zu Recht dienen und wann es falsch ist, sie für unsere Zwecke zu nutzen.

Als Black Beauty den Hort seiner Kindheit und somit auch seine Mutter verlassen muss, erklärt sie ihm, wie sie die Menschen sieht und formuliert noch einen Herzenswunsch:

Ein guter Pferdebesitzer

M 17

„Natürlich gibt es viele verschiedene Menschen. Da sind die rücksichtsvollen wie unser jetziger Besitzer, dem jedes Pferd gerne dient. Dann sind da die grausamen Männer, die nie ein Pferd oder einen Hund besitzen dürften. Und dann gibt es noch die Idioten. Sie sind zu dumm, zu eitel oder zu sorglos, um mit einem Pferd umzugehen. Die haben mehr Pferde auf dem Gewissen als jeder andere, einfach weil sie keine Ahnung haben. Sie meinen es nicht so, aber das Ergebnis ist genau so schlimm. Ich hoffe, du wirst gute Besitzer haben.“ [18–19]

Auf dem Pferdemarkt

M 18

7 Black Beauty wird immer wieder verkauft. Einer ihrer Besitzer, Jeremiah Barker, will ein guter Besitzer sein. Wie sollte er sich verhalten? Schreibe die wichtigsten Ratschläge auf, die du ihm mit auf den Weg geben würdest.

Haustiere und Zootiere – zur Unterhaltung des Menschen?

Nach der glücklichen Kindheit muss sich Black Beauty von seiner Mutter trennen und wird auf das Gut Birtwick Park verkauft. Dort geht es ihm gut, aber er ist dennoch nicht ganz zufrieden.

M 19 Die Freiheit fehlt

John bürstete meine Mähne und meinen Schweif, bis er ganz seidig auf den Boden fiel, und redete viel mit mir. Natürlich konnte ich ihn nicht verstehen, aber ich begriff immer besser, was er meinte und was er von mir wollte. Ich mochte ihn sehr gerne, er war sanft und freundlich und schien immer zu wissen, wie ein Pferd denkt. Beim Putzen nahm er Rücksicht auf die empfindlichen und kitzligen Stellen. Wenn er den Kopf putzte, war er so vorsichtig mit den Augen, als wären es seinen eigenen. [...] Ich war in meinem neuen Zuhause sehr glücklich, und ich möchte nicht unzufrieden wirken, aber es gab eine Sache, die ich wirklich vermisste. Jeder war gut zu mir, und ich hatte einen hellen, luftigen Stall und das beste Futter. Was konnte mir da noch fehlen? Freiheit! Mehr als drei Jahre lang hatte ich meine Freiheit auf der Weide genossen. Und jetzt musste ich plötzlich brav im Stall stehen. [25–27]

1 Kannst du Black Beauty verstehen? Welche Erfahrungen fehlen ihm wohl? Stelle eine Liste mit all den Dingen auf, die Black Beauty vermissen könnte und die er „in Freiheit" genießen würde.

2 Stelle dir vor, du arbeitetest auf dem Gut und könntest mit dem Pfleger von Black Beauty, John Manly, sprechen. Was würdest du ihm sagen? Schreibe einen Brief an Mr. Manly.

M 20 Ein Fragebogen

1. Hältst du zuhause ein Haustier? Wenn ja, welches, und warum hältst du eins? Wenn nein: warum nicht?
2. Was ist aus deiner Sicht wichtig für ein Haustier, welche Lebensbedingungen braucht es?
3. Gibt es Tiere, die du niemals als Haustier halten würdest? Begründe deine Entscheidung.
4. Geht es Tieren, die als Haustier gehalten werden, immer schlechter als Tieren in Freiheit?

3 Beantworte die Fragen in deinem Heft.

4 Vergleicht und besprecht die Antworten im Unterricht.

5 Wie wichtig ist aus deiner Sicht Freiheit für Tiere? Spielt ein Gespräch zwischen einem Reitpferd, einem Wildpferd, einem Kanarienvogel, einer Katze und einem Löwen im Zirkus.

6 Vergleicht eure Gespräche mit der antiken Fabel von dem Wolf und dem Hund.

Der Wolf und der Hund

M 21

Ein abgemagerter Wolf traf einen satten Hund und fragte ihn: „Wovon bist du so wohlgenährt? Ich bin stärker als du und komme um vor Hunger."
„Kein Problem", sagte der Hund, „du musst nur meinem Herren dienen."
„Was muss ich tun?"
„Du musst die Türschwelle bewachen und dafür sorgen, dass keine Diebe ins Haus kommen."
„Das will ich gern tun", sagte der Wolf. „Jetzt bin ich bei Schnee und Regen in den Wäldern. Unter einem Dach leben und in Ruhe satt werden, das ist viel leichter."
Als sie zum Haus schritten, bemerkte der Wolf die abgeschabten Stellen am Hals des Hundes.
„Wovon hast du das?", fragte er. „Ach, das ist weiter nichts", meinte der Hund. „Sag es mir, Hund."
„Nun, sie denken, dass ich beiße, und binden mich daher tagsüber an, damit ich abends ausgeruht umherschweifen kann. Sie bringen mir mein Futter, ohne dass ich dafür arbeiten muss."
„Sag, kannst du immer gehen, wohin du willst?", fagte der Wolf.
„Nein, das nicht", sagte der Hund.
„Dann genieße, was dir gefällt, Hund. Ich bleibe lieber frei", sprach der Wolf und ging in den Wald.

nach Babrios, um 100 n. Chr.

Adolf Freiherr Knigge war ein berühmter Schriftsteller des 18. Jahrhunderts. Er hat sich mit allgemeinen Vorschriften und Lebensregeln zum Umgang mit Menschen beschäftigt und sich auch die Frage gestellt, wie Menschen mit Tieren umgehen sollten und ob der Mensch Tiere einsperren sollte.

Tiere im Käfig?

M 22

Ich habe immer nicht begreifen können, welche Freude man daran haben kann, Tiere in Käfigen und Kasten einzusperren. Der Anblick eines lebendigen Wesens, das außerstand gesetzt ist, seine natürlichen Kräfte zu nützen und zu entwickeln, darf keinem verständigen Menschen Freude gewähren. [...] Noch abgeschmackter aber scheint es mir, wenn man sich an einem Vogel ergötzt, der seinen schönen wilden Gesang hat vergessen müssen, um vom Morgen bis zum Abend die Melodie einer elenden Polonaise zu pfeifen, oder wenn man Geld ausgibt, um einen Hund zu sehen, den man gelehrt hat, eine Bewegung wie ein Tanzmeister zu machen.

nach Adolf Knigge, 1783

7 Wie begründet Knigge, dass wir Tiere nicht in Käfigen einsperren sollten? Stelle sein wichtigstes Argument dar.

8 Wenn Knigge Recht hat: Dürfen wir dann auch keine Nutztiere halten? Sammelt Argumente für oder gegen das Halten von Nutztieren und diskutiert darüber.

Tiere im Gehege

M 23

Wohlmeinende, aber schlecht informierte Leute denken, Tiere in freier Wildbahn seien „glücklich", weil sie „frei" sind. [...] Dann wird ein solches Tier von den bösen Menschen gefangen und in eine winzige Gefängniszelle gesperrt. Mit seinem „Glück" ist es damit vorbei. Es sehnt sich entsetzlich nach seiner „Freiheit" und denkt nur noch daran, wie es entkommen kann. [...] Aber es ist nicht wahr. Das Leben der Tiere in der Wildnis wird von Zwang und Notwendigkeit bestimmt, sie leben in einem unerbittlichen System von Macht und Unterwerfung, in einer Welt, in der es Furcht im Überfluss gibt und Nahrung knapp ist, in der ein Revier rund um die Uhr verteidigt werden muss und Parasiten [Schmarotzer] nie auszurotten sind. Was bedeutet in so einer Welt Freiheit? [...] Ein Tier, ob im Zoo oder in der Wildnis, bewohnt einen bestimmten Raum, wie Schachfiguren sich über ein Schachbrett bewegen – jeder Zug bedeutet etwas. Wenn eine Eidechse, ein

Bär oder ein Reh an einer bestimmten Stelle steht, dann ist das genauso wenig zufällig, genauso wenig „frei" wie die Stellung eines Springers auf einem Schachbrett. Beide künden von einem Muster, einer Absicht. [...] Wenn Sie zu einem Haus gingen, die Tür einträten, die Leute, die dort wohnen, hinaus auf die Straße scheuchten und riefen: „Geht! Ihr seid frei! Frei wie ein Vogel! Hinaus mit euch!" – meinen Sie, die Leute würden vor Freude tanzen? Bestimmt nicht. Vögel sind nicht frei. Die Leute, die Sie gerade vertrieben haben, würden protestieren: „Was gibt dir das Recht, uns hinauszuwerfen? Das ist unser Zuhause. Das gehört uns. Wir wohnen hier schon seit Jahren [...]." Und genau das sagen die Tiere auch. Tiere haben ein Revier. Das ist die Grundlage für ihre Orientierung. Nur in einem festen Revier können sie die beiden Aufgaben bewältigen, die ihnen die Wildnis ihr Leben lang stellt: Nimm dich in Acht vor deinen Feinden, suche Nahrung und Wasser. [...] Ein Haus ist ein komprimiertes Revier, in dem wir unsere Grundbedürfnisse in Sicherheit und in nächster Nähe erfüllen können. Das Gegenstück für ein Tier ist ein gutes Zoogehege [...]. Wenn ein Tier an diesem einen Ort alle Orte findet, die es braucht – einen Beobachtungsposten, einen Ruheplatz, Nahrung, Wasser, einen Platz, an dem es baden und sich pflegen kann und so weiter –, und wenn es feststellt, dass es gar nicht mehr jagen muss, weil alle Tage lang der Fressnapf gefüllt wird, dann wird ein Tier seinen Lebensraum im Zoo genauso in Besitz nehmen, wie es sich in einem neu gefundenen Raum in der Wildnis einrichten würde. [...] Man könnte sogar anführen, dass ein Tier, könnte es mit Verstand seine Lebensbedingungen wählen, sich für den Zoo entscheiden würde, denn der Hauptunterschied ist, dass es im Zoo keine Parasiten und keine Feinde gibt, dafür Nahrung im Überfluss, anders als in der Wildnis, wo daran stets Mangel herrscht. Überlegen Sie doch: Würden Sie nicht auch lieber im [Hotel] Ritz leben, Zimmerservice und medizinische Versorgung kostenlos, statt auf der Straße, wo keiner sich um Sie kümmert? [...]

In der Fachliteratur finden sich massenhaft Berichte über Tiere, die die Möglichkeit hatten zu fliehen und die trotzdem geblieben sind oder die entflohen und zurückkehrten. [...] In einem europäischen Zoo wurde einmal das Gatter zu einem Wildgehege offen gelassen, und ein Rudel Rehe entwich. Aus Furcht vor den Besuchern flohen sie in einen nahe gelegenen Wald, der einen eigenen Rehbestand hatte und weitere Tiere hätte ernähren können. Trotzdem kehrten die Zootiere schon bald in ihr Gehege zurück. In einem anderen Zoo ging ein Arbeiter frühmorgens zu seiner Baustelle, ein Bündel Bretter auf der Schulter, als zu seinem Schrecken aus dem Morgennebel ein Bär auftauchte und direkt auf ihn zukam. Der Mann ließ die Bretter fallen und lief um sein Leben. Die Zoobelegschaft machte sich sogleich auf die Suche nach dem entlaufenen Bären. Sie fand ihn in seiner Grube, wohin er über den umgestürzten Baum, der ihn auch in die Freiheit geführt hatte, zurückgeklettert war. Vermutlich hatte der Lärm der zu Boden prasselnden Bretter ihn erschreckt.

Yann Martel, 2007

9 Die Hauptperson in dem Roman „Schiffbruch mit Tiger" von Yann Martel ist der Sohn eines Zoodirektors. Er ist dafür, Tiere im Zoo zu halten. Stelle seine Argumente zusammen. Welche leuchten dir ein, welche nicht?

Viele Zoos weisen die Kritik zurück, sie würden Tiere nicht artgerecht halten und sie quälen, indem sie sie einsperren. Dagegen werden die positiven Ziele der Haltung im Zoo angeführt:

M 24 Tiere im Zoo

Tiere sind in freier Wildbahn weder „glücklicher" noch „freier". [...] Tiere brauchen ein Revier; ein korrektes Zoogehege ist ein Territorium wie jedes andere. Man kann das Verhalten der Tiere erforschen und tiermedizinisches Wissen gewinnen. Durch spezielle Zuchtprogramme zur Arterhaltung und durch Auswilderungsprojekte werden bedrohte Tierarten (z. B. bestimmte Affen, Bären, Tiger) gerettet. Die Tiere leben in naturnahen Umgebungen. Die Menschen lernen etwas über die Lebensweise der Tiere. Durch die Möglichkeit der Beobachtung von Tieren wird der Naturschutzgedanke unterstützt. Tierpatenschaften fördern den angemessenen Umgang mit Tieren. Die Zootiere sind weniger verhaltensauffällig als früher.

10 Recherchiert im Internet unter „Pro Zoo" und vergleicht, welche weiteren Ziele dort genannt werden. Führt eine Pro- und Contra-Diskussion in der Klasse durch (s. S. 226).

Necken, spielen, ausnutzen – oder: Wo fängt Tierquälerei an?

Nur ein Spaß?

M 25

Dick, ein junger Knecht, kam manchmal auf unsere Koppel, um in der Hecke nach Brombeeren zu suchen. Wenn er genug gegessen hatte, dann machte er sich noch einen kleinen Spaß mit uns Fohlen, wie er es nannte. Er warf mit Steinen und Stöcken nach uns und scheuchte uns über die Wiese. Er störte uns nicht sehr, weil wir einfach davonrannten – aber manchmal traf uns ein Stein, und das tat weh. Als Dick wieder mal seinen „Spaß" hatte, wusste er nicht, dass unser Besitzer auf dem Nachbarfeld stand und ihn beobachtete. Der sah, was vor sich ging, sprang über die Hecke und gab Dick eine solche Ohrfeige, dass er vor Schmerz aufschrie. Sobald wir unseren Herrn sahen, kamen wir neugierig angetrabt, um zu sehen, was jetzt passierte. „Du Tierquäler!", sagte er. „Es ist gemein, die Fohlen zu hetzen. Das ist nicht das erste und nicht das zweite Mal, aber ganz sicher das letzte Mal. Hol deinen Lohn ab und verschwinde, ich will dich nie mehr auf dem Hof sehen!"

[00-00]

1 Ist es in Ordnung, Tiere zu necken? Wo hört aus deiner Sicht der „Spaß" auf?

2 Der Besitzer bezeichnet Dick als Tierquäler, gibt ihm eine Ohrfeige und entlässt ihn. Wie beurteilst du die Reaktion des Pferdebesitzers (Z. 13 f., 19 f.)?

3 Darf man Tiere niemals quälen? Führe Gründe für deine Entscheidung an.

Fünf Verbote für Kinder im Umgang mit Tieren

M 26

Kinder dürfen Tiere nicht ärgern oder gar quälen. Es gibt keine Entschuldigung dafür, wenn ein Kind einem Tier Stress oder gar Schmerzen zufügt. Gewalt gegenüber Lebewesen darf nicht hingenommen werden. Tiere sind lebendige Wesen sie sind kein lebloses Spielzeug! Kinder brauchen Regeln und Grenzen, sie müssen Verantwortung, Hilfsbereitschaft und Respekt lernen. Was Kinder nicht dürfen:

- Tiere wie Spielzeug behandeln
- Tiere beim Essen oder Schlafen stören
- Tieren wehtun, sie verletzen
- an der Leine zerren
- Tiere in Behälter einsperren

nach Claudia Ludwig 2000

4 Stelle in deinem Heft der Liste oben eine andere Liste gegenüber: Was Kinder dürfen.

Der Philosoph Immanuel Kant spricht sich deutlich dagegen aus, Tiere nur aus Spaß zu quälen.

Mit Tieren forschen?

M 27

Wenn Forscher lebendige Tiere zu Experimenten nehmen, so ist es zwar grausam, obwohl es gleich zu etwas Gutem gewandt wird. Weil nun die Tiere als Instrumente* des Menschen betrachtet werden, so geht's an, aber auf keine Weise als ein Spiel.

Immanuel Kant, 1791

5 Teilst du die Ansicht von Kant, dass man Tiere zwar nicht aus Spaß quälen darf, aber für wichtige Experimente schon?

6 Recherchiere im Internet, wozu Tierversuche dienen, und stelle in einer Liste Tierexperimente gegenüber, die du erlauben oder die du verbieten würdest.

In London mussten die Kutschpferde zu der Zeit, in der die Geschichte von Black Beauty spielt, noch Aufsatzzügel tragen. So ein Aufsatzzügel zwingt die Pferde, den Kopf ständig hoch zu halten, damit es elegant aussieht. In Birtwick Park erzählt Ginger Black Beauty von diesen Zügeln.

M 28 Aufsatzzügel für die Schönheit

„Du kennst keinen Aufsatzzügel, aber du kannst mir glauben: Das ist furchtbar! Ich reiße meinen Kopf gerne hoch, so wie alle Pferde. Aber stell dir vor, du wirfst deinen Kopf ganz hoch, und dann wird er von einem Riemen festgezurrt. Von einem besonderen Gebiss führt der straff gespannte Zügel über den Kopf und zwischen den Ohren bis zu deinem Rücken. Stundenlang kannst du deinen Kopf nur immer noch höher recken – oder ihn gar nicht bewegen.“

„Ich sah einfach nicht ein, warum ich für einen albernen Modetick gequält wurde. Was gab ihnen das Recht, mich leiden zu lassen?“

Ein anders Pferd aus Birtwick Park ergänzt: „Warum schneiden sie nicht die Ohren ihrer eigenen Kinder spitz zu? Warum schneiden sie ihnen nicht die Nasen ab, damit sie schöner aussehen? Das eine macht so viel Sinn wie das andere. Mit welchem Recht quälen und misshandeln sie Gottes Kreaturen?“ [33, 34, 42]

1 Was hältst du von diesen Argumenten? Sind sie gerechtfertigt?

Auch heute sollen Tiere modisch aussehen.

M 29 40 Milliarden Dollar für den Vierbeiner

Die Modewoche für Haustiere in New York hat luxuriöse Accessoires [Zubehör] für den gehobenen Geschmack auf den Laufsteg gebracht. Vor Einkäufern aus der ganzen Welt zeigten Bulldoggen, Chihuahuas und Fox-Terrier Designer-Modelle aus etwa zwanzig Modehäusern. Was jedoch bei Frauchen und Herrchen Freudenschreie auslöst, macht aus dem Hund ein Maskottchen. Schwanzwedeln Fehlanzeige! Während sich die meisten Hunde im wahrsten Sinne bereits pudelwohl in der eigenen Haut fühlen, darf es für die Besitzer immer ein bisschen mehr sein. Man will schließlich auffallen. Also zeigt Chai, eine Bulldogge mit kurzem Haar und blauen Augen, den Zuschauern am Sonntag kurzerhand einen mit Strass bestickten Umhang aus rosa und bronzefarbenen Satin. Der letzte Schrei oder einfach zum Heulen? [...] In Amerika geben Besitzer laut einer Statistik des Verbands der Hersteller für Haustierprodukte rund 40 Milliarden Dollar jährlich für ihre vierbeinigen Freunde aus. Das entspricht dem Wert von über 13 Millionen diamantenen Kolliers [Halsketten] für Hunde.

Internet

2 Ist es Tierquälerei, wenn Hunde- oder Katzenbesitzer ihren Tieren Kleider anziehen oder Schmuck anhängen? Begründe deine Stellungnahme.

Wie das Raubtier, so der Mensch – Ist es erlaubt, Tiere zu erlegen?

Noch bevor Black Beauty zwei Jahre alt ist, muss er unfreiwillig bei einer Jagd zusehen. Mit Jagdhunden hetzen Jäger auf Pferden über die Ländereien und versuchen, Hasen zu erlegen. Dabei wird Black Beauty Zeuge folgender Szene:

Hasenjagd

M 30

Der Hase raste an uns vorbei und versuchte das kleine Wäldchen zu erreichen. Hinter ihm kamen die Hunde, sprangen über die Böschung und rasten jaulend über das Feld. Sechs oder acht Reiter sprangen direkt hinter den Hunden über den Bach. Der Hase wollte sich durch die Hecke zwängen, aber er war zu dick; er versuchte zur Straße zu fliehen, aber es war zu spät. Mit einem letzten wilden Jaulen machten sich die Hunde über ihn her. Wir hörten noch einen Schrei, und dann war es vorbei. Einer der Jäger kam mit seiner Peitsche und trieb die Hunde von dem Hasen weg – sonst hätten sie ihn in Fetzen gerissen. Der Jäger hielt den blutigen Hasen an dem Bein hoch, und die Jagdgesellschaft war sehr zufrieden. [13]

1 Warum sind die Jäger sehr zufrieden?

2 Kannst du die Freude der Jäger nachvollziehen?

3 Beschreibe das Bild in allen Einzelheiten.

M 31

4 Der Titel des Bildes lautet „Jäger vor dem Tiergericht“. Spielt eine Verhandlung vor dem Tiergericht. Worin besteht die Anklage? Was kann der Jäger als Verteidigung vorbringen? Wie lautet das Urteil?

Argumentation der Jägerschaft

M 32

Gerhard Thomas arbeitet seit über 40 Jahren als Förster im Landkreis Kleve, und seit ebenso vielen Jahren ist er Jäger – aus Überzeugung und aus Leidenschaft. Gerhard Thomas ist Mitglied des Jagdverbandes Nordrhein-Westfalen. Für ihn steht beim Jagen das Naturerlebnis im Vordergrund. Das „Beute machen“ sei nur ein kleiner Teil der Jagd, betont er.

Ein scheinbar nur kleiner Teil, der aber offensichtlich einen großen Stellenwert einnimmt. Denn nach der Jagd wird nicht das Naturerlebnis gefeiert, sondern die zur Strecke gebrachten Wildtiere. Das hat Tradition, und auch die gilt es mit überzeugenden Argumenten aufrechtzuerhalten. Denn die Jagd, erklärt Gerhard Thomas, ist vor allem notwendig, weil sie durch *„nachhaltige Bewirtschaftung von Wildtieren auch der Erhaltung der Art dient und weil sie übermäßige Wildschäden“* verhindert.

Mit anderen Worten: Ohne die Jagd würde das ökologische* Gleichgewicht aus dem Ruder laufen. Da die natürlichen Feinde von beispielsweise Rot- und Schwarzwild hierzulande nicht mehr vorhanden sind, wirken die Jäger regulierend in das Gleichgewicht der Wildbestände ein. Denn zu viele Wildschweine schädigen nicht nur die Wälder, sondern auch die Felder der Bauern. Auch zu viel Rotwild würde zu großen Waldschäden führen, argumentieren die Jäger. Denn das Rotwild bevorzugt neben Baumrinden vor allem junge Baumtriebe.

Jörg Mayer, 2007

Der Philosoph Helmut Kaplan (* 1952) hat die am häufigsten angeführten Argumente pro und contra Jagd zusammengestellt.

M 33 Die Jagd von Tieren – pro und contra

„Der Mensch geht seit ewigen Zeiten auf die Jagd. Diese ist ein in Jahrtausenden gewachsenes Kulturgut und gehört ebenso zum Menschen wie Ackerbau und Viehzucht.	„Die Jagd ist heute überholt, weil die Gesellschaft die Jagd als Quelle von Nahrung und anderen unersetzlichen Produkten längst überflüssig gemacht hat.
„Die Jagd gewährleistet einen raschen und schmerzlosen Tod. Die Tötung durch den Jäger ist für die Tiere oft ein Segen, da der ‚natürliche' Tod oft mit viel mehr Leiden verbunden ist."	„Bei der Jagd geht es grausam zu. Auf Hasen darf nur geschossen werden, wenn sie laufen, auf Vögel meist nur, wenn sie fliegen. Das bedeutet, dass viele Schüsse ihr Ziel verfehlen und die Tiere schwer verletzen."
„Jagd ist angewandter Naturschutz. Es gibt kein natürliches ökologisches* Gleichgewicht mehr. Der Jäger muss in das ökologische Gefüge eingreifen, um das Gleichgewicht aufrechtzuerhalten."	„Das ökologische Ungleichgewicht haben die Menschen geschaffen, nicht die Tiere. Die Jagd ist zudem ökologisch schädlich: Hege der Tiere und Jagd orientieren sich an den eigennützigen Interessen der Jäger."

5 Führt eine Debatte, in der ihr eure Auffassungen, die Argumente der Jägerschaft und die von Kaplan aufgegriffenen Argumente vortragt und diskutiert. Wählt dazu die Form der Pro- und Contra-Diskussion. Die Pro- und Contra-Gruppe sitzen sich gegenüber, es darf im Wechsel immer ein Argument pro Gruppe vorgetragen werden. Einer muss die Gesprächsleitung übernehmen und darauf achten, dass immer abgewechselt wird.

6 Bewertet die vorgetragenen Argumente im Klassengespräch.

7 Die Bilder der folgenden Geschichte sind durcheinander geraten. Ordne die Bilder so, dass eine sinnvolle Geschichte entsteht, und erzähle sie.

M 34 Zurück zur Natur?

8 Was ist deiner Auffassung nach die Aussage der Geschichte?

9 Manche Menschen sagen: „Auch die Hunde jagen und töten die Hasen oder Kaninchen, dann darf das der Mensch auch!“ Was sagst du zu diesem Argument?

Der englische Philosoph John Stuart Mill (1806–1873) war der Auffassung, die Natur könne, so wie sie ist, kein Vorbild für moralisches Handeln sein.

Die Natur ist kein Vorbild

M 35

Die Natur tut so gut wie alles, für das die Menschen bestraft werden. Die Natur mordet die überwiegende Mehrzahl aller lebendigen Wesen, und zwar auf dieselben gewaltsamen und heimtückischen Weisen, mit denen die schlechtesten Menschen anderen das Leben nehmen. Sie pfählt Menschen, zermalmt sie, wirft sie wilden Tieren zur Beute vor, verbrennt sie, lässt sie verhungern und erfrieren und hat noch hundert andere scheußliche Todesarten in Reserve. Sie tötet Menschen, von deren Leben das Wohlergehen eines ganzen Volkes abhängt, ohne Bedenken. Selbst da, wo sie nicht zu töten beabsichtigt, verhängt sie Qualen. Ein einziger Orkan zerstört die Hoffnungen eines ganzen Jahres; ein Heuschreckenschwarm oder eine Überschwemmung vernichten eine ganze Provinz, eine kleine chemische Veränderung einer essbaren Wurzel lässt Millionen Menschen Hungers sterben. Kurz: alles, was die schlechtesten Menschen tun, verüben die Naturkräfte in größerem Maßstab. Die Natur ist voll von Dingen, die, wenn sie von Menschen begangen werden, als die größten Übel gelten. Daher können wir unser Handeln nicht am Lauf der Natur ausrichten.

John Stuart Mill, um 1850

Eine Katze und eine Maus kommen in eine Bäckerei. „Ich möchte bitte ein Stück Pflaumenkuchen mit Sahne“, sagt die Maus. „Und Sie?“, fragt die Verkäuferin die Katze. „Mir bitte ein bisschen Sahne auf die Maus.“

10 Warum können wir laut Mill unser Handeln nicht an der Natur ausrichten?

11 Kennst du Argumente, die menschliches Handeln damit rechtfertigen, dass sie sich auf die Natur berufen? Stelle einige Beispiele vor.

INFO

Der logische Aufbau eines wertenden Urteils

Wer einfach damit argumentiert, dass etwas deshalb *gut* sei, *weil* es in der Wirklichkeit auch *vorkommt*, begeht einen *logischen* Fehler. Man kann aus der Beschreibung dessen, *wie* etwas *ist*, keine Schlussfolgerungen mit einer Bewertung ziehen. Wenn man ein wertendes Urteil fällen will, braucht man immer mindestens auch eine *wertende* Voraussetzung. Wer argumentiert: „Weil es in der Natur vorkommt, dass Tiere andere Tiere fressen, dürfen auch wir Menschen Tiere fressen“, hat aus der Beschreibung eines Zustandes ein wertendes Urteil abgeleitet. Er spricht nicht aus, dass er glaubt, alles sei gut, was in der Natur vorkommt. Man spricht in diesem Fall von einem Sein-Sollen-Fehlschluss*.

Ein logisch gültiges wertendes Urteil braucht immer mindest eine beschreibende und eine wertende Voraussetzung.

Salat oder Hamburger:

Ist es in Ordnung, Tiere zu töten und zu essen?

M 36 Jenseits von Wurst und Käse

Stell [dir] vor, eines Tages landen fremde Wesen aus dem All auf unserem Planeten. [...] Sie sind unglaublich intelligent und dem Menschen weit überlegen. [Sie] haben [...] die Menschheit in kürzester Zeit besiegt und eingesperrt. Eine beispiellose Terrorherrschaft beginnt. Die Außerirdischen benutzen die Menschen zu medizinischen Versuchen, fertigen Schuhe, Autositze und Lampenschirme aus ihrer Haut, verwerten ihre Haare, Knochen und Zähne. Außerdem essen sie die Menschen auf, besonders die Kinder und Babys. Sie schmecken ihnen am besten, denn sie sind so weich, und ihr Fleisch ist so zart.

Ein Mensch, den sie gerade aus dem Kerker holen, schreit die fremden Wesen an:

„Wie könnt ihr so etwas tun? Seht ihr nicht, dass wir Gefühle haben, dass ihr uns wehtut? Wie könnt ihr unsere Kinder wegnehmen, um sie zu töten und zu essen? Seht ihr nicht, wie wir leiden? Merkt ihr denn gar nicht, wie unvorstellbar grausam und barbarisch ihr seid? Habt ihr denn überhaupt kein Mitleid* und keine Moral?“

Die Außerirdischen nicken.

„Ja, ja“, sagt einer von ihnen. „Es mag schon sein, dass wir ein bisschen grausam sind. Aber seht ihr“, fährt er fort, „wir sind euch eben überlegen. Wir sind intelligenter als ihr und vernünftiger, wir können lauter Dinge, die ihr nicht könnt. Wir sind eine viel höhere Spezies, ein Dasein auf einer ganz anderen Stufe. Und deshalb dürfen wir alles mit euch machen, was wir wollen. Außerdem, selbst wenn unser Verhalten nicht ganz in Ordnung sein sollte – eines steht trotzdem fest: Ihr schmeckt uns halt so gut!“

nach Richard David Precht, 2007

M 37

„Und das Wichtigste: Es muß immer wie ein Unfall aussehen.“

1 Wie findest du das Verhalten der Außerirdischen in M 36? Kommt es dir bekannt vor?

2 Der Zeichner von M 37 hat unter sein Bild einen Satz gesetzt, den man eher mit Mordkumpanen in Verbindung bringt. Was hältst du davon, dass das Schlachten von Tieren mit Mord gleichgesetzt wird?

3 Stellt euch vor, der Schlachter und die beiden Lehrlinge würden wegen Mordes angeklagt. Bereitet Anklage und Verteidigung vor und spielt den Mordprozess durch.

Viele Menschen, und auch viele Philosophen, streiten sich über die Frage, ob man Tiere, die wir als Lebewesen achten, schlachten und essen darf. Dazu einige wichtige Auffassungen:

M 38 Von Beruf: Fleischer

Einmal im Jahr wurde bei uns zuhause ein Schwein geschlachtet, und alle halfen mit. Normalerweise durfte ich als kleiner Junge nie zusehen, aber ich habe mich versteckt und durch ein Schlüsselloch gesehen, wie das Schwein mit dem Bolzenschussapparat betäubt und dann abgestochen wurde. Danach durfte ich beim Entborsten, Ausnehmen und Zerschlagen des Schweins dabei sein. Das Schwein blieb dann zwei Tage am Deckenhaken unserer Diele hängen, damit es auskühlte. Der Hausschlachter zerlegte anschließend das Schwein in Braten, Schnitzel, Schinken, Koteletts. Das ausgelöste Fleisch wurde beschnitten, zu attraktiven Braten zerteilt, und die Zuschnitte wurden zu Mettwurst verarbeitet. [...] Heute bin ich Fleischer. Das Töten von Tieren, das Zerlegen und Produzieren von Fleisch ist für mich ein ganz natürlicher Vorgang. Ich habe keine Gewissensbisse, weil das Tier durch die fachgerechte Betäubung keine Schmerzen empfinden kann. Diese Tiere sind Nutztiere, und die meisten Leute wollen auf ihren Sonntagsbraten nicht verzichten.

Menschen dürfen Tiere schlachten

M 39

Ein Gesetz, das verbietet, die Tiere zu schlachten, ist mehr in Aberglauben und Mitleid gegründet als in der gesunden Vernunft. Die Vernunft lehrt uns, dass es notwendig ist, um unseres Nutzens willen uns mit den Menschen zu verbinden, aber keineswegs mit den Tieren oder mit anderen Dingen, deren Natur von der menschlichen Natur verschieden ist.

nach Baruch de Spinoza, 1677

Der Mensch braucht tierische Nahrung

M 40

Das Mitleid mit Tieren muss nicht so weit führen, dass wir uns der tierischen Nahrung zu enthalten hätten. Dies beruht darauf, dass in der Natur die Fähigkeit zum Leiden gleichen Schritt hält mit der Intelligenz. Der Mensch würde durch die Entbehrung tierischer Nahrung mehr leiden als das Tier durch einen schnellen und unvorhergesehenen Tod, welchen man durch Chloroform [ein Betäubungsmittel] noch mehr erleichtern sollte. Ohne tierische Nahrung hingegen würde das Menschengeschlecht im Norden nicht einmal mehr bestehen können. Aus demselben Grund lässt der Mensch das Tier auch für sich arbeiten, und nur das Übermaß der auferlegten Anstrengung wird zur Grausamkeit.

nach Arthur Schopenhauer, 1840

4 Wie wird in M 38 bis M 40 das Schlachten von Tieren begründet?

5 Sieh dir das Bild (M 42) genau an. Lass eines der Schweine erzählen, wie es ihm geht.

Gegen Massentierhaltung

M 41

Die Grundaussage „Ehrfurcht vor dem Leben" [s. S. 135] wird nicht in jedem Fall eine vegetarische Lebensweise zur Folge haben müssen, obwohl für viele Menschen Fleischverzicht die einzig mögliche Verhaltensänderung angesichts des massenhaften Tierleids darstellt. Ziel muss aber die radikale Verminderung des Fleischverzichts sein, und vor allem die Aufhebung des Billigfleisches. Massentierhaltungen, massenhafte Tiertransporte und industrielle Schlachtungen bedürfen strengster Auflagen. Die Bedürfnisse der Tiere nach Bewegung, Nahrung, Fortpflanzung und Geselligkeit müssen garantiert werden.

nach Karrelmann/Schnelting, 1992

6 Hälst du es für eine gute Idee, vegetarisch zu leben? Begründe deine Meinung.

7 Entwerft Plakate für oder gegen vegetarische Ernährung.

M 42

Wie sollte man Tiere behandeln, die ausgedient haben?

Bei dem freundlichen Droschkenkutscher Jerry Barker arbeitet Black Beauty lange Zeit mit Captain, einem ehemaligen Armeepferd, zusammen. Nach einem schlimmen Unfall mit einem Brauereiwagen, den ein betrunkener Kutscher gelenkt hatte, verletzt sich Captain schwer an der Flanke. Der Tierarzt und auch der Besitzer Jerry taten alles, was sie konnten, damit Captain nicht leiden musste. Der Tierarzt war aber der Auffassung, dass sich Captain nie wieder richtig erholen würde. Er würde wohl, so der Tierarzt, nur noch für die Arbeit vor einem Lastkarren taugen.

M 43 Ausgediente Tiere

Am Anfang schien es so, als ob Captain sich erholen würde. Aber er war einfach nicht mehr der Jüngste. Seine sprichwörtliche Rossnatur und Jerrys Pflege hatten es ihm möglich gemacht, so lange vor der Droschke zu gehen. Jetzt fiel er völlig in sich zusammen. Der Tierarzt meinte, Captain könnte vielleicht noch ein paar Pfund einbringen, wenn man ihm ein bisschen Zeit lassen würde. Jerry lehnte entrüstet ab! Er wollte seinen treuen Diener nicht für ein paar Pfund in eine ungewisse Zukunft verkaufen.

[132]

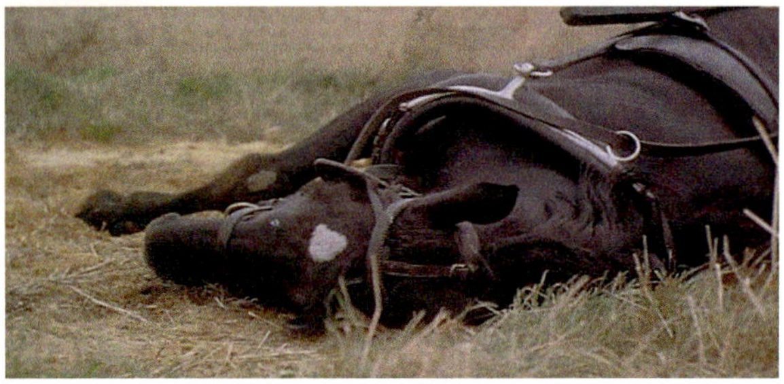

1 Was glaubst du, was hat Jerry mit Captain gemacht? Erzähle ein Ende für die Geschichte.

2 Was sollte Jerry aus deiner Sicht mit seinem treuen alten Diener machen? Überlege dir verschiedene Möglichkeiten. Begründe deine Vorschläge.

Der Philosoph Immanuel Kant (1724–1804) spricht sich dafür aus, dass man einem alt gewordenen Tier für geleistete Dienste dankbar sein und ihm ein gutes Leben gestalten muss.

M 44 Menschlichkeit gegenüber Tieren

Weil Tiere in gewissem Sinne den Menschen ähnlich sind, so sehen wir, wenn jemand Tiere richtig behandelt, eine Pflicht des Menschen gegen sich selbst und gegen die Menschheit. Wenn zum Beispiel ein Hund seinem Herrn sehr lange treu gedient hat, so ist das ein ähnlicher Fall wie beim Menschen, deswegen muss ich es belohnen und den Hund, wenn er nicht mehr dienen kann, bis an sein Ende zu erhalten. Denn dadurch befördere ich meine Pflicht gegen die Menschheit, wo ich solches zu tun schuldig bin. Wenn also jemand seinen Hund totschießen lässt, weil er ihm nicht mehr das Brot verdienen kann, so handelt er nicht gegen die Pflicht gegenüber dem Hund, aber er verletzt dadurch die Freundlichkeit und Menschlichkeit in sich.

Immanuel Kant, 1791

3 Warum sollen wir nach Kant unseren treuen Haustieren einen schönen Lebensabend schenken?

4 Ist Kants Argument überzeugend? Schreibe einen Brief an Kant.

Bei dem Jagdunfall hat sich auch das Pferd von George Gordon schwer verletzt.

Der Gnadenschuss

M 45

Die Jäger holten den Doktor, den Tierarzt und natürlich auch den Gutsbesitzer Gordon. Der Tierarzt, Dr. Bond, sah nach dem schwarzen Pferd, das stöhnend im Gras lag. Er betastete seine Beine und schüttelte den Kopf – eines der Beine war gebrochen. Irgendjemand rannte zum Haus und holte ein Gewehr. Nach einem lauten Knall war alles wieder furchtbar still. Das schwarze Pferd bewegte sich nicht mehr. [14]

5 Darf man Pferden den Gnadenschuss versetzen, wenn sie sehr schwer verletzt oder sehr krank sind? Wäge pro und contra ab.

Bestattung von Tieren?

M 46

Die meisten Menschen wünschen sich die Beerdigung ihres lieb gewonnen Haustieres, im eigenen Garten, unter einem schönen alten Baum oder in einem ruhigen Park. In den meisten Fällen ist dies aber nicht möglich. Deshalb steigt die Nachfrage nach Tierfriedhöfen. Es gibt auch für Tiere die Erd- und Feuerbestattung. Die Tiere werden in Schachteln oder kleine Särge aus Pappkarton oder Holz gelegt. Man kann auch Erinnerungskarten kaufen, in die ein Foto vom Tier eingeklebt werden kann.

6 Recherchiere, welche Tierarten im eigenen Garten beerdigt werden dürfen und welche nicht. In Deutschland regelt dies das „Tierische Nebenprodukt-Beseitigungsgesetz“ vom 25. 10. 2004

7 Erkundige dich, wo der nächste Tierfriedhof ist.

Ein Friedhof für Tiere

M 47

Einige Tiere werden von den Menschen genutzt und dafür auch getötet. Andere werden nach ihrem Tod von den Menschen beerdigt. Was unterscheidet Nutztiere und Haustiere, was rechtfertigt diese unterschiedliche Behandlung?

Bei der Bestattung des Haustieres auf dem Tierfriedhof können die Tierbesitzer eine kleine Trauer- oder Abschiedsrede halten.

8 Stell dir vor, dein liebstes Haustier ist nach einem erfüllten und glücklichen Leben gestorben. Schreibe eine Grabrede oder entwerfe eine Traueranzeige. Würde dir ein solches Grab wie das für Balco gefallen? Was würdest du ändern?

Den Tieren ein Zuhause geben – um jeden Preis?

Als Fohlen lebte Black Beauty so, dass er sich wohlfühlte: auf einer schönen großen Weide mit einem klaren Teich in der Mitte.

M 48 Ich hatte viel Spaß

Am Ufer standen ein paar Bäume, an den tiefen Stellen wuchsen Seerosen und Binsen. Auf der einen Seite sahen wir auf einen Acker, auf der anderen über ein Tor auf das Haus unseres Herrn. Am oberen Ende der Wiese lag ein Tannenwäldchen, am unteren Ende ein rasch fließender Bach, der durch eine steile Böschung fast verborgen wurde.

[...]

Außer mir gab es noch andere Fohlen auf unserer Weide, die alle älter als ich waren. Ich lief mit ihnen um die Wette und hatte viel Spaß.

[9]

1 Male ein Bild, auf dem Black Beauty als glückliches Fohlen zu sehen ist.

Am Ende seines Lebens kommt Black Beauty zu guten Menschen und trifft den alten, freundlichen Stallburschen Joe Green wieder, der schon in Birtwick Park für Black Beauty gesorgt hatte. Black Beauty atmet auf.

M 49 Endlich zu Hause

Ich lebe jetzt schon ein ganzes Jahr an diesem glücklichen Ort. Joe ist der beste und freundlichste Pfleger, den ich je hatte. Meine Arbeit ist leicht und angenehm, und ich spüre, wie meine alte Kraft und mein Temperament allmählich zurückkehren. [...] Meine [Besitzer] haben versprochen, dass ich nie wieder verkauft werde, und ich muss nichts mehr fürchten. Und so endet meine Geschichte. Meine Leiden sind vorüber, und ich bin endlich zu Hause angekommen.

[157]

2 Was bedeutet der Ausdruck „zu Hause angekommen" (Z. 10)? Brauchen auch Tiere ein Zuhause?

3 Du siehst auf dieser Anzeige eines Tierheims ein Kaninchen, zwei Katzen und einen Vogel, die ein Zuhause suchen. Versuche dir vorzustellen, welche Lebensbedingungen die Tiere gern vorfinden würden. Schreibe dann aus der Sicht eines der Tiere, welche Lebensbedingungen es sich für sein neues Zuhause wünscht.

4 Was bedeutet das Wort „artgerecht"? Schlage in einem Lexikon nach und schreibe ein paar Vorschläge auf, wie man das Wort erklären kann.

M 50 Schutz der Großtrappe

Die Trappe zählt [mit einer Flügelspannbreite von über zwei Meter] zu den größten flugfähigen Vogelarten der Erde. Steppenähnliche Landschaften mit ausgedehnten Brachen [unkultivierte Flächen] sind idealer Lebensraum. Noch 1934 gab es in Brandenburg 3700 Trappen, heute sind es 67. Um das Aussterben der Großtrap-

pen zu verhindern, hat das Umweltministerium Brandenburg ein Schutzprojekt „Großtrappe" ins Leben gerufen.
Die Trappen im Schongebiet östlich von Rathenow bei Buckow sorgten 1996 für Schlagzeilen. Beim Ausbau der Bahn-Hochgeschwindigkeitsstrecke Berlin-Hannover, die durch das Schutzgebiet führt, wurden auf einer Länge von sechs Kilometern sieben Meter hohe Erdwälle aufgeschüttet. Kostenpunkt: 20 Millionen Mark [≈ 10 Millionen Euro]. Damals lebten 16 Trappen in diesem Gebiet, was eine Boulevardzeitung veranlasste, vom „teuersten Vogel der Welt" zu sprechen – eine Trappe sei nach dieser Rechnung wohl über eine Million Mark wert. Heute zählen die Vogelschützer bei Buckow schon wieder 35 Tiere.

Internet

5 Hat sich der Auswand deiner Meinung nach gelohnt oder hätte man das Geld anders besser verwenden können?

6 Warum sollen wir uns dafür einsetzen, Tiere vor der Ausrottung zu bewahren?

Erhaltung der Arten aus ökologischen* Gründen?

M 51

Sibirische Tiger, Okapis, Panda-Bären, Orang-Utans und bestimmte Delphin-Arten sind von der Ausrottung bedroht. Doch die Taiga-Wälder von Sichote-Alin [in Sibirien] stehen und fallen nicht mit den letzten dreihundert Tigern, die heute noch durch ihr Unterholz streifen. Das Gleiche gilt auch für die Okapis im Ituri-Urwald [in Zentralafrika], die Panda-Bären in China und die letzten Orang-Utans auf Sumatra und Borneo. Und jedem Delphin-Freund sei versichert, dass kein Ozean kippt, nur weil die Wale aus ihm verschwinden. [...] Die Vergiftung des Trinkwassers und die Zerstörung der schützenden Ozonschicht verursachen gewaltigen Schaden an den biologischen Kreisläufen der Natur. Der Artentod von Tigern, Okapis, Panda-Bären, Orang-Utans und Walen tut es nicht. Allem Anschein nach möchten wir viele Tiere vor der Ausrottung bewahren, obwohl sie für das Ökosystem, in dem sie leben, absolut entbehrlich sind. Ja, Menschen bringen mitunter sogar viel mehr Geld und Energie dafür auf, ökologisch verhältnismäßig unwichtige Tiere zu retten, als einige ausgesprochen wichtige Insekten, Mikroben und Bakterien. Die Ökologie ist also bestimmt nicht der einzige Beweggrund, der dazu antreibt, etwas für bedrohte Tierarten zu tun. Und das ist auch gut so. Sollten wir uns z. B. darüber freuen, dass jedes Jahr auf diesem Planeten Menschen an Hunger sterben, weil sie nun nicht mehr jeden Tag essen müssen und damit natürliche Ressourcen, wie die Tropenwälder, geschont werden?
Wenn wir respektieren, dass Menschen einen anderen Wert haben als Gummibäume, dann, weil sie sehr komplex empfinden können. Doch empfinden, leiden oder sich freuen kann eben auch ein Hund, eine Katze, ein Schwein, ein Tiger oder ein Elefant. [...] Ein Artenschutz, der das Lebensrecht hochkomplexer Lebewesen außer Betracht lässt, macht so gesehen keinen Sinn – dieses Lebensrecht ist das einzige ethische Argument.

nach Richard David Precht, 2006

7 Was hält der Philosoph Richard David Precht (* 1964) davon, dass wir die Arten aus ökologischen Gründen erhalten müssen, d. h. um das Gleichgewicht der Natur zu bewahren?

8 Was ist für ihn der wichtigste Grund für den Artenschutz?

Müssen wir auch Pflanzen als Lebewesen achten?

Im Buch von Anna Sewell geht es vor allem um den Schutz von Tieren, besonders von Pferden. Ganz selbstverständlich dürfen die Tiere frisches Gras und Heu, aber auch Butter- und Gänseblümchen fressen. Anna Sewell stellt nicht die Frage, ob man eigentlich Pflanzen essen darf oder wie man mit Pflanzen umgehen sollte. Anders der dänische Märchendichter Hans Christian Andersen (1805–1875). Er schrieb ein Märchen über ein Gänseblümchen, das in der Nähe eines Landhauses, im schönsten grünen Gras und warmem hellem Sonnenschein heranwuchs. Das Gänseblümchen freundete sich, unbeachtet von den Menschen, mit einer Lerche an, die Tag für Tag angeflogen kam und sang.

M 52 Das Gänseblümchen

Die kleine Gänseblume war so glücklich, als ob ein großer Festtag sei, und doch war es nur ein Montag. Alle Kinder waren in der Schule; während sie auf ihren Bänken saßen und etwas lernten, saß sie auf ihrem kleinen grünen Stengel und lernte auch von der warmen Sonne und allem ringsumher, wie gut Gott ist; und es gefiel ihr recht, dass die kleine Lerche alles, was sie in der Stille fühlte, so deutlich und schön sang. Und die Gänseblume blickte mit einer Art Ehrfurcht zu dem glücklichen Vogel, der singen und fliegen konnte, empor, war aber gar nicht betrübt, dass sie es selbst nicht konnte. „Ich sehe und höre ja!“, dachte sie. „Die Sonne bescheint mich, und der Wind küsst mich! O wie reich bin ich doch beschenkt worden!“

Eines Tages aber wurde der Vogel gefangen und in einen Vogelkäfig gesperrt. Das Gänseblümchen wollte helfen und trösten, aber es konnte nichts für den Vogel tun.

In derselben Zeit kamen zwei kleine Knaben aus dem Garten; der eine von ihnen trug ein Messer in den Händen, groß und scharf wie das, welches das Mädchen hatte, um die Tulpen abzuschneiden. Sie gingen gerade auf die kleine Gänseblume zu, die gar nicht begreifen konnte, was sie wollten.
„Hier können wir ein hübsches Rasenstück für die Lerche ausstechen!“, sagte der eine Knabe und begann dann um die Gänseblume herum ein Viereck zu schneiden, so dass sie mitten in dem Rasenstück stehenblieb. „Reiße doch die Blume ab!“, sagte der andere, und das Gänseblümchen zitterte vor Angst, denn abgerissen zu werden, hieß ja das Leben zu verlieren; und nun wollte es noch gar zu gern leben, da es mit dem Rasenstück zu der gefangenen Lerche in den Käfig sollte. „Nein, lass es stehen!“, sagte der andere Knabe, „sie ist so niedlich!“ Und so blieb es stehen und kam mit in den Käfig der Lerche.

Nachdem die beiden Jungen den Vogelkäfig ausgeschmückt hatten, vergaßen sie den Vogel und das Gänseblümchen und ließen beide allein zurück. Der Vogel aber, der vor Durst umkam, rührte das Gänseblümchen nicht an. Er starb, und das Gänseblümchen ließ die Blätter traurig und krank zur Erde hängen.

Erst am nächsten Morgen kamen die Knaben, und als sie den Vogel tot erblickten, weinten sie, weinten viele Tränen und gruben ihm ein niedliches Grab, welches mit Blumenblättern verziert wurde. Des Vogels Leiche kam in eine rote, schöne Schachtel; königlich sollte er bestattet werden, der arme Vogel! Als er lebte und sang, vergaßen sie ihn, ließen ihn im Käfig sitzen und Durst leiden; nun bekam er Schmuck und viele Tränen.
Aber das Rasenstück mit dem Gänseblümchen wurde in den Staub der Landstraße hinausgeworfen. Keiner dachte an die, welche doch am meisten für den kleinen Vogel gefühlt hatte und ihn so gern trösten wollte.

Hans Christian Andersen, um 1840

1 Wie gehen die Kinder mit dem Vogel und der Blume um? Ist ihr Verhalten verständlich?

2 Ist es in Ordnung, die Blume mit dem Rasenstück wegzuwerfen? Begründe deine Stellungnahme.

3 Haben Blumen auch einen Wert an sich? Lies dazu folgende Auffassungen.

Albert Schweitzer (1875–1960) war Arzt, Theologe und Philosoph. Nach seiner Ansicht waren nicht nur Menschen und Tiere, sondern auch Pflanzen wertvolle Lebewesen. Ein guter Mensch, so meinte Schweitzer, betrachte alles Leben als heilig. Der wichtigste Grundsatz lautet:

Ehrfurcht vor dem Leben

M 53

Ich bin Leben inmitten von verschiedene Lebewesen, die alle leben wollen. Ich muss allem, das Willen zum Leben hat, die gleiche Ehrfurcht vor dem Leben entgegenbringen wie dem eigenen. Wirklich gut ist der Mensch nur, wenn er allem Leben, dem er beistehen kann, hilft und sich scheut, irgend etwas Lebendigem Schaden zu tun. Er fragt nicht, ob ein Leben Anteilnahme verdient oder es empfindungsfähig ist. Das Leben selbst ist ihm heilig. Er reißt kein Blatt vom Baume ab, bricht keine Blume und hat Acht, dass er kein Insekt zertritt. [...] Ein ethischer Mensch übernimmt Verantwortung gegenüber allem, das lebt.

nach Albert Schweitzer, 1923

INFO

Neben der anthropozentrischen* und der pathozentrischen* (s. S. 117) gibt es noch eine dritte Grundposition: die biozentrische* Position. Sie leitet sich von dem Wort bios her, das Leben bedeutet. Alle Lebewesen (Pflanzen, Tiere, Menschen) haben einen Eigenwert und müssen geachtet und berücksichtigt werden. Alles, was lebendig ist, hat einen Anspruch auf Schutz und muss seinen Lebensbedingungen gemäß geschützt werden.

4 Ist die Ehrfurcht gegenüber allen Lebewesen eine gute Richtschnur?

5 Zeige an verschiedenen Beispielen, wo wir Pflanzen mit der gleichen Ehrfurcht berücksichtigen können und wo nicht.

Die Philosophin Angela Kallhoff ist der Auffassung, man müsse alle Wesen achten, die ein *gutes Leben* haben können. Dazu gehören auch Pflanzen, denn sie können *gedeihen* oder aber nicht *gedeihen.* Pflanzen *streben*, anders als zum Beispiel Steine, nach der besten Ausnutzung ihrer Umweltbedingungen. Daneben gibt es auch noch andere Meinungen.

Das gute Leben der Pflanzen

M 54

Pflanzen sollten erhalten und geschützt werden, weil sie Teil der menschlichen Heimat sind, weil sie schöne Erlebnisse ermöglichen und einen Erholungsraum bieten. Schließlich verdienen Pflanzen aufgrund ihrer Fähigkeit zu einem guten Leben einen moralischen Respekt. So wie Menschen für sich einen angestammten Lebensraum beanspruchen, sollte dieser auch Pflanzen zuerkannt werden.

nach Angela Kallhoff, 2002

M 55 Pflanzen haben keine Interessen

Nichtempfindungsfähige Lebewesen, z. B. Steine, Autos, aber auch lebende Wesen wie Pflanzen und Bakterien haben keine Interessen im moralischen Sinne. Zwar kann man sagen: Auch Pflanzen haben Bedürfnisse, sie brauchen z. B. Wasser zum Leben. Warum nicht auch Pflanzen Interessen zuschreiben? Das Bedürfnis einer Pflanze nach Wasser ist jedoch rein *funktional*. Pflanzen *benötigen* Wasser in dem gleichen Sinne, wie ein Auto Benzin *braucht*. Zweifellos macht es einen Unterschied, ob wir unsere Pflanzen gießen, unsere Autos betanken oder nicht. Aber es macht keinen Unterschied *für die Pflanzen* oder *für das Auto*.

nach Johann Ach/Andreas Gaidt, 1993

6 Kann man Pflanzen mit Autos vergleichen und sie wie Sachen behandeln oder muss man darauf achten, ob es ihnen gutgeht?

7 Was folgt aus den Ansichten der Philosophen Angela Kallhoff, Johann Ach und Andreas Gaidt für den Umgang mit Pflanzen?

8 Dürfen wir Pflanzen, wenn wir sie als Lebewesen achtsam behandeln, auf keinen Fall nutzen? Oder kann man „Achtung“ und „Nutzung“ verbinden? Finde Beispiele, in denen Menschen Pflanzen zugleich nutzen und achten.

Der Philosoph Klaus Michael Meyer-Abich (* 1936), der eine biozentrische* Grundposition vertritt und für den Eigenwert aller Lebewesen eintritt, plädiert trotzdem nicht gegen die Nutzung von Pflanzen und Tieren.

M 56 Die Bestimmung der Pflanzen und Tiere

Kann sich nicht der Lebenssinn einer Blume in ihrem Eigenwert gerade darin erfüllen, dass sie den besonderen Tisch oder das Kleid schmückt? Und zeugt es nicht von Achtung des Werts, wenn Kopfsalat, Zucchini, Tomaten und Paprika mit kaltgepresstem Olivenöl und teurem Essig zu einem Salat werden? Ist eine Welt, in der es so prächtige Salate gibt, nicht doch schöner als ohne diese? Und wird die Schönheit der Welt nicht gesteigert, wenn ein Fisch kunstvoll angerichtet und gegessen wird? Ist der Fisch nur das bedauernswerte Opfer unseres Lebens von anderem Leben, oder erfüllt sich die Bestimmung des Fisches im Ganzen der Natur auch darin, dass einige Fische durch ein Fest in Freude und Schönheit aufgehen?

nach Klaus Michael Meyer-Abich, 1990

9 Findest du die Auffassung von Meyer-Abich richtig? Können Tiere und Pflanzen ihre wahre Bestimmung darin finden, wie sie zum Essen angerichtet werden?

10 Stell dir vor, du seist ein Fisch oder ein Salatkopf. Schreibe aus dieser Sicht einen Brief an Meyer-Abich.

11 Prüfe an einigen Beispielen, ob auch Pflanzen, die dem Menschen nicht direkt nützen, dennoch wichtig und schützenswert sind.

12 Welche Bedeutung haben Pflanzen für den Menschen? Stellt eine Liste auf.

In das Leben der Pferde, von denen im Roman Black Beauty erzählt wird, greifen die Menschen sehr stark ein. Nicht nur Aufsatzzügel, sondern auch Zaumzeug, Sattel und Geschirr engen die Tiere ein. Einmal unterhalten sich Black Beauty und seine Freundin Ginger im Obstgarten von Birtwick Park über die Unsitte der Menschen, ihnen Scheuklappen anzulegen. Ginger empört sich sehr.

Soll der Mensch die Natur nach seinen Vorstellungen verändern?

M 57

„Ich würde vorschlagen“, sagte Ginger und blähte ihre Nüstern, „dass die weisen Menschen dafür sorgen, dass alle Fohlen in Zukunft ihre Augen mitten auf der Stirn tragen, anstatt auf der Seite. Sie glauben ja so fest daran, dass sie alles verbessern können, was Gott gemacht hat.“ [44]

13 Kennst du noch andere Beispiele, in der die Menschen die Natur verbessern wollen? Prüfe, ob es wirklich Verbesserungen sind.

14 Welchen Maßstab könnte es für den richtigen Umgang mit anderen Lebewesen geben? Lies dazu die beiden folgenden Texte.

Achtung der Mitgeschöpfe*

M 58

Die unerschütterliche Grundlage sind die Gemeinschaftsgefühle der Menschen – das Verlangen nach Einheit mit unseren Mitgeschöpfen. Das gemeinschaftliche Leben ist dem Menschen so natürlich und vertraut, dass er sich niemals – außer in einigen Ausnahmefällen – anders denn als Mitglied eines Ganzen denkt. Die Einsicht, dass in einer Gesellschaft die Interessen aller Mitglieder gleichermaßen geachtet werden, die Stärkung der Gemeinschaftsbindung und die Verstärkung des Miteinander bewirken, dass der Einzelne ein stärkeres Eigeninteresse daran hat, das Wohlergehen des anderen in seiner Lebensführung zu berücksichtigen. Dies verhilft ihm auch dazu, im praktischen Handeln seine Gefühle mehr und mehr mit dem Wohl der anderen abzustimmen. Fast instinktiv wird er zu einem Wesen, dem es selbstverständlich ist, auf die anderen Rücksicht zu nehmen.

John Stuart Mill, 1871

Der Philosoph Ludwig Siep (* 1942) argumentiert, dass wir Menschen unsere Um- und Mitwelt als „Kosmos“, als Wohlordnung des Ganzen sehen, die nicht von Gott oder der Natur geschenkt ist, sondern um die sich der Mensch kümmern soll.

Die Wohlordnung des Ganzen

M 59

Ein sozialer Kosmos, in dem eine Vielfalt von Kulturen und deren Mischungen sich wechselseitig befördert, statt zusammenzustoßen oder einander zu überwältigen – also eine soziale Wohlordnung. Fast ebenso schwierig ist die Erhaltung eines natürlichen „Kosmos“, in dem vielfältige Formen, Landschaften, Arten, einzelne Lebewesen leben und gedeihen, ohne dass alles gleichgemacht wird durch große und gleiche Städte, Verkehrssysteme, industrielle Landwirtschaft oder zuviel technischen Fortschritt.

nach Ludwig Siep, 2007

15 Was bedeuten die Begriffe „Mitgeschöpf“ (M 58, Z. 3) und „Kosmos“ (M 59, Z. 1, 8). Erarbeite ein Cluster zu beiden Begriffen (vgl. S. 224).

16 Versucht, die Texte M 58 und M 59 mit euren Begriffserläuterungen zu erklären.

17 Die Um- und Mitwelt als „wohlgeordneter Kosmos“ – wie könnte das aussehen? Gestaltet eine Collage und organisiert in eurer Schule eine Ausstellung.

Little Miss Sunshine – über Schönheit und Medien

Spieglein, Spieglein an der Wand …

1 Suche dir ein Bild aus und schreibe eine passende Geschichte dazu.
2 Warum hast du gerade dieses Bild ausgewählt?

Die junge Schauspielerin Abigail Breshin, die die Rolle der Olive in dem Film „little Miss Sunshine“ spielt.

Little Miss Sunshine

In dem Film „Little Miss Sunshine“ von 2006 geht es um die Familie Hoover, deren Tochter Olive an einem überregionalen Schönheitswettbewerb teilnehmen kann. Die Familie macht sich in einem alten VW-Bus von ihrem Heimatort nach Kalifornien auf, damit Olive Hoover, die du oben auf dem Filmplakat sehen kannst, sich zur Wahl zur Little Miss Sunshine stellen kann. Die Familie besteht aus dem Vater Richard, der Mutter Sheryl, dem Sohn Dwayne, dem Großvater, dem Onkel Frank und eben der Tochter Olive, die uns mit ihrer Geschichte durch dieses Kapitel begleiten wird.

Wann ist man schön?

Olive bekommt die Nachricht, dass sie an dem Schönheitswettbewerb „Little Miss Sunshine“ teilnehmen darf, durch einen Telefonanruf. Auf dem Foto siehst du ihre Reaktion darauf.

1 Schreibe eine Geschichte, in der Olives Gedanken und Gefühle deutlich werden, nachdem sie erfahren hat, dass sie an dem Wettbewerb teilnehmen darf.

M 1

Eigentlich sind Schönheitswettbewerbe eine komische Sache. Wenn man einmal genau darüber nachdenkt, weiß man auf einmal gar nicht mehr so genau, was in einem solchen Wettbewerb beurteilt wird.

2 Wann ist eine Person eigentlich schön?

3 Was kann alles an einer Person schön sein (Haare, ...)? Stelle eine Liste zusammen.

4 Schau dir deine Liste noch einmal genau an, suche dir zwei Dinge heraus und erkläre, wann diese zwei Dinge für dich besonders schön sind (Haare sind besonders schön, wenn ...).

In der Anfangsszene des Films „Little Miss Sunshine“ sieht man einen Schönheitswettbewerb im Fernsehen. Bei solchen Wettbewerben treten trotz der Unterschiedlichkeit der Teilnehmerinnen in ihrem Aussehen doch immer Frauen auf, die bestimmte Kriterien erfüllen. Sehr dicke Frauen sind beispielsweise nie unter ihnen. Darum muss man sich die Frage stellen, ob es nicht eine gemeinsame Vorstellung aller Menschen davon gibt, was schön ist.

Wer ist die Schönste?

M 2

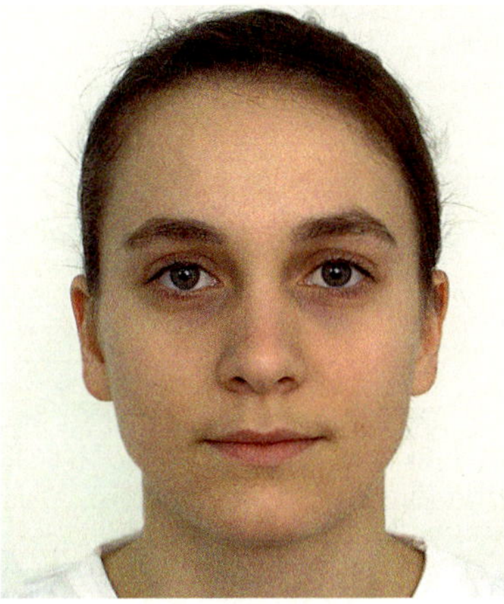
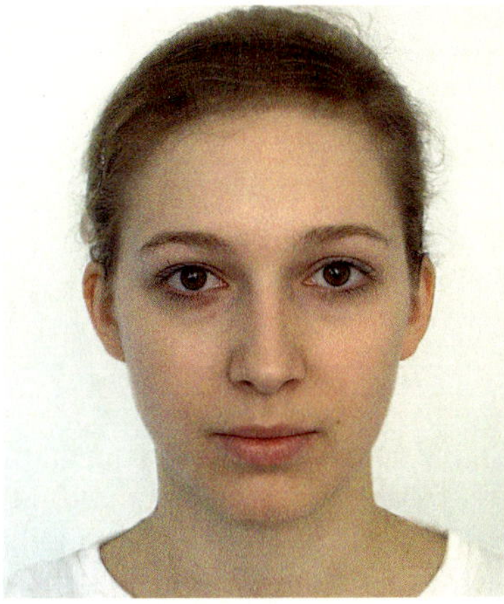
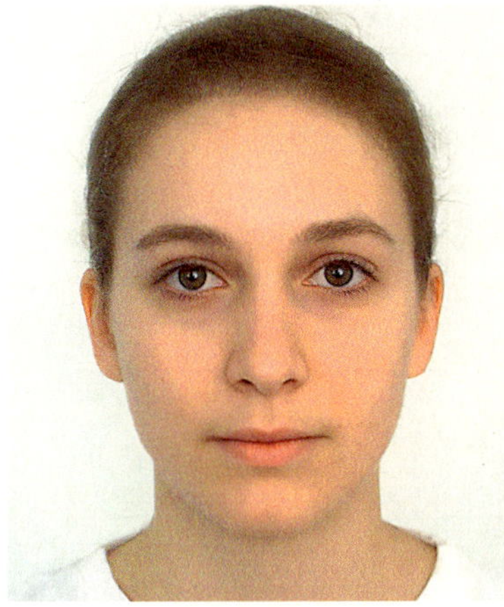

5 Betrachte die Bilder. Welche Frau findest du am schönsten? Begründe deine Wahl.
6 Tragt eure Ergebnisse zusammen. Gibt es eine Frau, die die Mehrheit gewählt hat?
7 In einem Experiment hat man herausgefunden, dass sich die meisten Menschen für die Frau entscheiden, die das Bild rechts zeigt. Welche Gründe könnte es dafür geben?

Es gibt bestimmte allgemein anerkannte Merkmale von Schönheit

M 3

Ende der 1980er Jahre fotografierte Judith Langlois von der University of Texas 32 weibliche Gesichter. Am Computer verschmolz sie immer jeweils zwei dieser Gesichter so miteinander, dass in dem neuen Bild 50% des einen und 50% des anderen Gesichtes enthalten waren. Dann verschmolz sie zwei dieser Kunstgesichter wieder zu einem neuen Durchschnittsbild (es enthielt nun also vier Gesichter). Diesen Prozess setzte sie fort, bis es nur noch ein Frauengesicht gab.
Alle so entstandenen Kunstbilder wurden in Befragungen nach ihrer Schönheit bewertet. Das Ergebnis war eindeutig. Die Durchschnittsgesichter wurden als schöner wahrgenommen als die ursprünglichen natürlichen Gesichter. Je mehr Gesichter in das Durchschnittsbild einflossen, als desto schöner wurde das neue Gesicht bewertet. Später fand man in weiteren Experimenten heraus, dass ein Teil des Effekts, dass die durchschnittlichen Gesichter als attraktiver gelten, auf das Konto der „glatten Oberfläche“ geht. Durch den Verschmelzungsprozess der einzelnen Gesichter kommt es zu einer makellosen Haut. Je mehr Schichten übereinander gelegt werden, desto glatter wird die Haut. Makellose Haut ist also eine weitere Hauptursache dafür, dass wir ein Gesicht als schön beurteilen. Und noch eine dritte Zutat für Schönheit haben die Forscher diskutiert: die Symmetrie*. Durch das Verschmelzen der Gesichter werden die Durchschnittsbilder nämlich auch symmetrischer. Die Forscher sind sich allerdings nicht einig, eine wie große Rolle diese Zutat der Symmetrie für die Schönheit eines Gesichtes spielt, sicher sind sie sich nur, dass sie eine Rolle spielt.

nach Ulrich Renz, 2006

8 Beschreibe den Versuch mit deinen eigenen Worten und erkläre, warum viele Menschen die zusammengesetzten Bilder als schöner wahrnehmen.

M 4 Symmetrie*: Gesichter und der Goldene Schnitt*

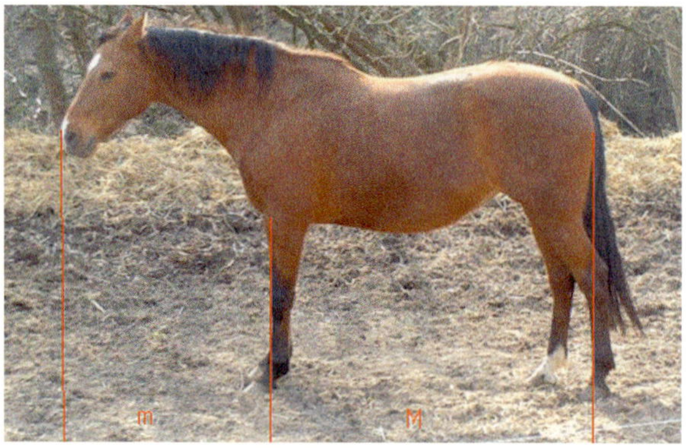

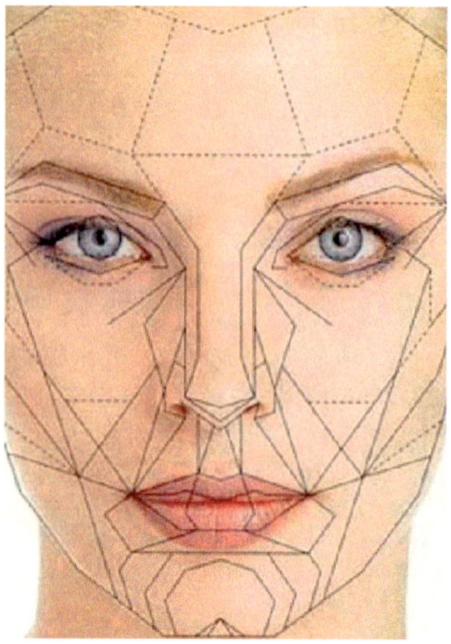

9 Weise an dem Gesicht der Frau auf dem rechten Bild aus M 2 nach, dass alle drei genannten Merkmale der Schönheit vorhanden sind.

Jetzt haben wir drei Merkmale von Schönheit bei einem menschlichen Gesicht kennengelernt: Durchschnittlichkeit, schöne Haut und Symmetrie (ein Begriff, den du aus dem Mathematikunterricht kennst). Das Merkmal der Symmetrie wollen wir uns noch etwas genauer betrachten. Die Linien im Bild oben rechts (M 4) zeigen, dass das Gesicht auf eine bestimmte Weise symmetrisch ist, im Bild links sieht man, dass zwischen den beiden Zähnen ebenfalls ein bestimmtes symmetrisches Verhältnis besteht. In den Bildern ist der sogenannte „Goldene Schnitt" zu erkennen.

M 5 Der Goldene Schnitt

Der Goldene Schnitt ist ein bestimmtes Verhältnis zweier Größen. *Zwei Strecken stehen im Verhältnis des Goldenen Schnittes, wenn sich die größere Strecke (Major) zur kleineren Strecke (Minor) so verhält wie die Summe aus beiden zur größeren.*

Das klingt komplizierter als es ist. Man kann den Goldenen Schnitt sehr schön am „Speerträger" M 6, einer Statue des griechischen Bildhauers Polyklet (um 430 v. Chr.) erkennen. Hier ist das Verhältnis von der ganzen Statue zum größeren Teil (dem Unterkörper) genauso groß wie das Verhältnis des großen Teils zum kleineren (Oberkörper).

Die alten Griechen entdeckten den Goldenen Schnitt; die Bezeichnung „Goldener Schnitt" stammt allerdings erst aus dem späten Mittelalter und lässt erkennen, dass dieser Proportion damals besondere Bedeutung beigemessen wurde, sie wurde auch „göttliche Proportion" genannt.

Auf den Goldenen Schnitt trifft man erstaunlicherweise auch in der Natur. In der Pflanzenwelt findet man

das Sternfünfeck (Pentagramm), bei dem sich die Diagonalen im Goldenen Schnitt teilen, bei der Glockenblume oder dem Efeuaralienblatt, in der Tierwelt entspricht der Seestern am deutlichsten dieser Form.

Wahrscheinlich hat der Mensch den Goldenen Schnitt bei der Natur abgeschaut. Die Proportionen in der Natur waren ihm bekannt und vertraut, er hat sie als naturgemäß und schön empfunden. An vielen Gebäuden, Plastiken und Gemälden aus der Antike und später in der Renaissance („Wiedergeburt" der Antike) kann man den Goldenen Schnitt erkennen.

Der Goldene Schnitt ist, wie schon angedeutet, symmetrisch. Im goldenen Schnitt entsteht das Bild der Vollkommenheit jedoch nicht durch die Gleichheit der Teile, sondern durch die Gleichheit der Proportionen. Die Verhältnisse der Teile Minor zu Major und Major zum Ganzen sind immer gleich.

„Der Speerträger“ von Polyklet

M 6

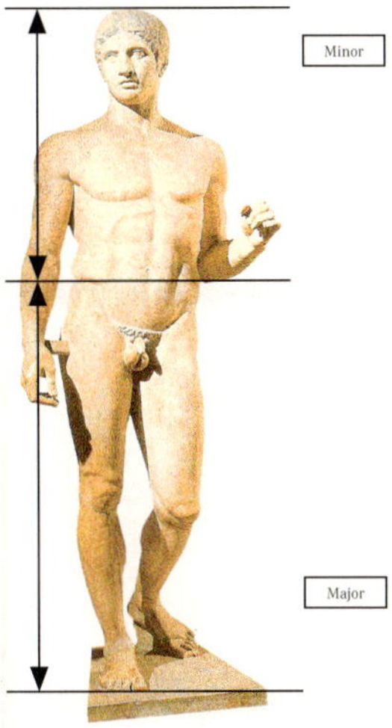

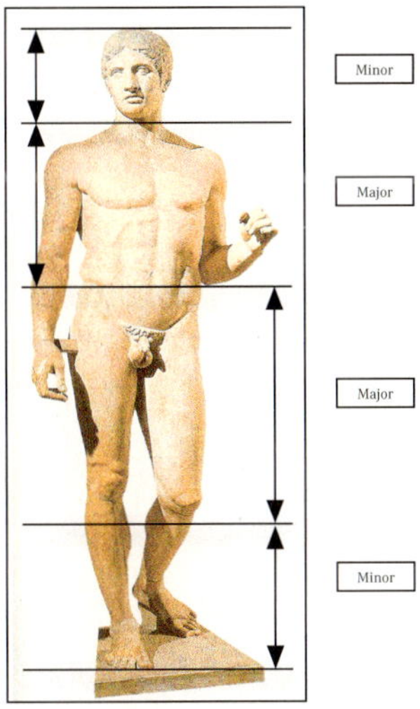

10 Verfasse einen kurzen Text, in dem du einem Mitschüler, der nie etwas vom Goldenen Schnitt gehört hat, diesen Begriff erklärst. Mache dir anhand der Statue des „Speeträgers“ klar, inwieweit der Goldene Schnitt hier verwirklicht ist.

11 Man hat versucht, mithilfe des Goldenen Schnitts das „optimale“ Gesicht zu finden (M 3). Was sagst du zu diesem Versuch? Welche Probleme oder Gefahren könnten darin liegen, wenn das „optimale Gesicht“ gefunden würde?

Im Zusammenhang mit der Teezeremonie haben buddhistische Mönche in Japan aber noch eine andere Vorstellung von Schönheit entwickelt. Sie nennen sie Wabi Sabi.

Wabi Sabi*, was ist das denn? – die Schönheit der Vergänglichkeit

M 7

Der junge Sen no Rikyû war begierig darauf, alles über die Kunst des Teeweges, seine Zeremonien und Riten zu lernen, und wandte sich an Meister Takeno Jo-o. Der Meister wollte prüfen, ob Rikyû für diesen Weg geeignet sei, und schickte ihn in seinen Garten, um dort mit dem Rechen für Ordnung zu sorgen. Rikyû machte sich sogleich eifrig ans Werk und arbeitete den ganzen Tag, während Jo-o ihn heimlich dabei beobachtete. Als er seine Arbeit beendet hatte, betrachtete Rikyû sein Werk: Alles war sauber und makellos. Doch irgendetwas stimmte noch nicht. Da lief Rikyû zum Kirschbaum, der in voller Blüte stand, und schüttelte ihn, sodass vier oder fünf Blütenblätter herabfielen und sanft zu Boden glitten. Da wusste Jo-o, dass Rikyû dem Teeweg alle Ehre machen würde, und hieß ihn als seinen Schüler willkommen.

In diese[r] Geschichte ist das Herz von Wabi Sabi enthalten. Rikyû, der im 16. Jahrhundert den Teeweg mit der berühmten Teezeremonie entscheidend prägte, zeigt, wie der Augenblick durch das Unvollkommene und Zufällige eine unverwechselbare Gestalt bekommt. Schönheit liegt nicht in der Perfektion, sondern in der Einzigartigkeit. Erst die Blütenblätter auf dem perfekt geordneten Garten machen ihn zu etwas Besonderem. Vielleicht wird der nächste Wind sie wieder fortwehen, aber der Augenblick ihres Anblicks zählt und macht ihn zu einer individuellen Erfahrung. [...] Diese Schönheit im Angesicht des nicht aufzuhaltenden Wandels der Welt ist das Geheimnis von Wabi Sabi.

Wir leben in einer Zeit und Kultur, in der wir dem Einzigartigen und Unwiederbringlichen kaum mehr Aufmerksamkeit schenken. Wenn wir an Schönheit denken, dann haben wir keine Bilder von der Vergänglichkeit des Lebens vor Augen. Unser Schönheitsverständnis ist geprägt von allem, was neu und makellos ist.

Christopher A. Weidner, 2007

12 Was bedeutet der Satz „Schönheit liegt nicht in der Perfektion, sondern in der Einzigartigkeit“ (Z. 22)? Wie unterscheidet sich diese Haltung von den Schönheitsidealen*, die ihr in den vorangehenden Materialien kennengelernt habt? Warum nennt man Wabi Sabi auch die „Schönheit der Vergänglichkeit“?

13 Finde Dinge, die nach Wabi Sabi schön sein könnten. Fertige zu diesem Thema eine Collage an. Was hältst du von dieser Vorstellung von Schönheit?

Schön wie kein anderer

Schön ist ein Mensch also, wenn er „durchschnittlich“ aussieht und gleichmäßige Proportionen hat. Und das finden dann alle zu jeder Zeit und an allen Orten schön. Kann das stimmen?

M 8 Schönheiten?

1 Schau dir die Bilder genau an. Was findest du schön, was weniger schön?

2 Warum zieht sich eine Frau diese hochhackigen Schuhe an, warum haben einige Maoris (Ureinwohner von Neuseeland) Tatoos, wie du sie auf dem Bild siehst?

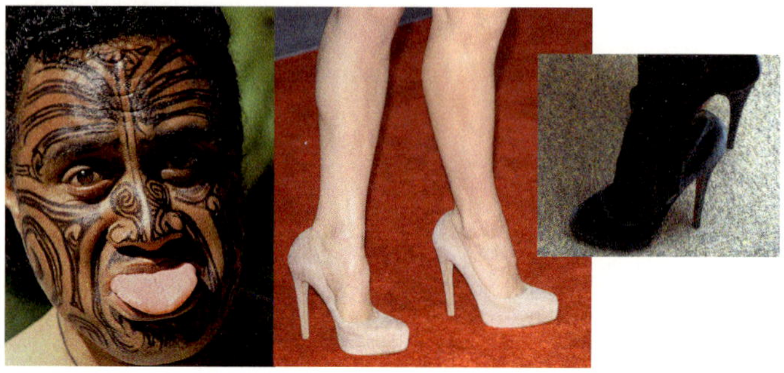

Die Bilder zeigen Schönheitsmode aus zwei verschiedenen Kulturen. Doch in diesem Bereich scheint das Merkmal dafür, dass etwas als schön gilt, nicht Durchschnittlichkeit zu sein oder Symmetrie, wie wir eben gelernt haben. Es scheint also noch ein zweites Prinzip zu geben.

3 Wodurch könnte das Schönheitsempfinden des Menschen noch geprägt sein? Wir finden das Gesicht eines Menschen schön, wenn es symmetrisch ist, wir finden Mode schön, wenn ...

M 9 Natürliche Schönheit und Mode* – Gleichmaß und Einzigartigkeit

Bei der Schönheit müssen wir zwei Dinge voneinander unterscheiden: auf der einen Seite die natürliche Schönheit des Körpers, wie Gott ihn erschaffen hat oder in den wir am Ende der Pubertät hineingewachsen sind. Für diesen Bereich gilt: Es ist schön, was gleichmäßig ist, symmetrisch, durchschnittlich. Doch auf der anderen Seite gibt es neben der natürlichen Schönheit die Mode. Jede Kultur und jede Epoche entwickelt hier ihre eigenen Vorstellungen von Schönheit, die sie auch weitergibt. Die Mode empfinden die Mitglieder dieser Kultur – und zumeist nur sie – als attraktiv. Was der einen Kultur als Lieblichkeit erscheinen mag, kann für die andere nichtssagend oder sogar abartig sein: ein Spieß durch die Nase, ein bestimmter (seltener) Stoff, ein Pisspott auf dem Kopf (den man vielleicht Zylinder nennt), Klumpfüße (wie sie bei den Chinesen geschätzt wurden), schwarz lackierte Zähne ... In der Mode wird Schönheit nicht durch Gleichmäßigkeit oder Durchschnittlichkeit bestimmt. Hier gilt eher: Schön ist, was mich hervorhebt. Durch die Mode kann der Einzelne sich selbst darstellen, seine „Einzigartigkeit“ pflegen. Man kann sich das größte, bunteste oder zierlichste Tatoo stechen lassen oder die pinksten, höchsten oder spitzesten Pumps anziehen, um diese Einzigartigkeit unter Beweis zu stellen.

nach Ulrich Renz, 2006

4 Welche beiden Bereiche, in denen man von Schönheit sprechen kann, werden in M 9 angesprochen? Welche Maßstäbe für Schönheit gelten jeweils in diesen Bereichen?

5 Stellt euch in Form von kurzen Referaten gegenseitig verschiedene Schönheitsideale aus verschiedenen Zeiten und Kulturen vor.

In verschiedenen Zeiten und in verschiedenen Regionen der Erde haben sich völlig unterschiedliche Schönheitsmoden entwickelt. Wie kommt es aber, dass sich bestimmte Moden überhaupt entwickeln? Wir wollen uns ein Beispiel genauer anschauen.

Lotusfüße

M 10

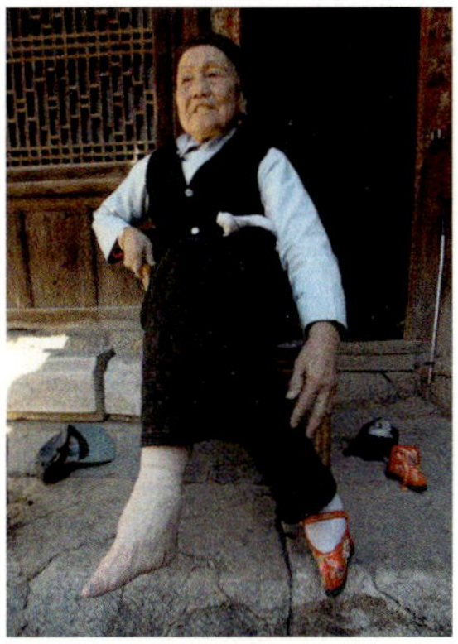

Von klein auf, spätestens im Alter von sieben Jahren, wurden chinesischen Mädchen noch bis ins 20. Jahrhundert durch ihre Mütter die Füße mit strammen Bändern eingebunden, um die Form der Füße zu beeinflussen. Beim ersten Einbinden wurden vier Zehen von den Bändern unter die Fußsohle gebunden, bis die Knochen brachen. Nur der große Zeh blieb stehen, denn der Fuß sollte später an eine Mondsichel erinnern. Vorher verklumpte er unter den Bandagen, blutete und eiterte. Lebenslange Schmerzen und eine stark eingeschränkte Bewegungsfähigkeit wurden selbstverständlich in Kauf genommen, ja sogar begrüßt, denn sehr kleine, gebundene Füße und die daraus resultierende Leidensfähigkeit erhöhten den Wert eines jungen Mädchens auf dem Heiratsmarkt enorm.

nach BR-online und dradio.de

6 Was glaubst du, wie sich ein solches Schönheitsideal entwickeln konnte?

Schönheitsideale*

M 11

Durch das, was Menschen kaufen, und durch die Kleidung, die sie an ihrem Leib tragen, zeigen sie, wie viel Geld sie besitzen. Menschen, die teure Dinge kaufen und sie zeigen, erhalten Bewunderung von ihren Mitmenschen. Dies beeinflusst die Schönheitsideale der Gesellschaft: Das, was besonders teuer ist, empfinden viele Menschen als schön, weil es viel Bewunderung einbringt.

In zahlreichen Epochen waren es gerade die Frauen, an denen man erkennen konnte, wie viel Geld der Mann hatte. Das konnte man an ihren Kleidern, aber auch an ihrem Körper erkennen. Wenn eine Frau zarte kleine Hände und Füße und eine schlanke Taille hatte, dann sahen die anderen Menschen, dass sie es nicht nötig hatte, körperlich zu arbeiten. Der Mann schien genug Geld zu haben, um beide zu ernähren. Da kleine Hände und Füße und eine schlanke Taille also zeigten, dass der Mann viel Geld hat, wurde dies zu einem gesellschaftlichen Schönheitsideal.

Ähnlich war es mit der Kleidung der Frau: Als schön wurde die Kleidung empfunden, die anzeigte, dass der Mann viel Geld verdiente. Das waren vor allem wieder solche Dinge, die zeigten, dass die Frau selbst nicht arbeiten musste: weite Kleider, aufwändige Hüte, alles Dinge, die eine praktische Arbeit kaum möglich machen.

nach Thorstein Veblen, 1971

7 Erkläre diese Theorie von Thorstein Veblen (1857–1929) mit eigenen Worten und stelle einen Bezug zur Mode der Lotusfüße her.

8 Kennst du weitere Beispiele, die sich mit der Theorie von Veblen erklären lassen?

Die Lotusfüße als Schönheitsideal

M 12

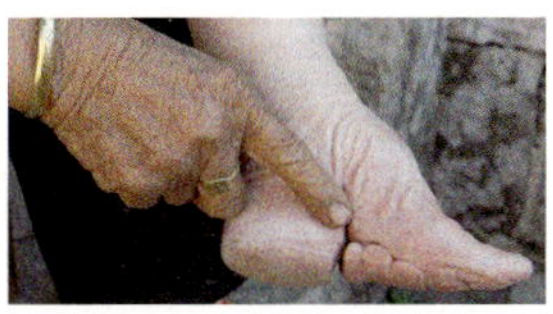

Frauen mit Lotosfüßen waren meist nicht mehr in der Lage, sich ohne fremde Hilfe weitere Strecken fortzubewegen. Zu dieser Zeit galt es gar als unschicklich für eine wohlhabende Frau das Haus zu verlassen. Die reichen Frauen ließen sich sowieso in einer Sänfte tragen, die von allen Seiten verhängt war. Dass eine arbeitende Tätigkeit damit unmöglich war, galt als Zeichen von Wohlstand: Man konnte es sich leisten, die Frau als Ausstellungsobjekt zu behandeln. Kleine Füße, zarte Hände, eine schmale Taille galten als Körpermerkmale der Oberschicht.

In-Sein – Out-Sein: die Bedeutung von Mode*

Der Mensch ist erfinderisch. Um schöner zu wirken, als er von Natur aus ist, macht er sich zum Beispiel Kleidung, die Mängel verbergen und Vorteile herausheben kann. Mode ist also ein spannendes Thema. Sie scheint einem Wandel unterlegen zu sein, d. h., das, was modisch ist, wechselt von Zeit zu Zeit. Aber auch zu einer Zeit gibt es gleichzeitig unterschiedliche Moden.

M 13 Marcel und die Mode

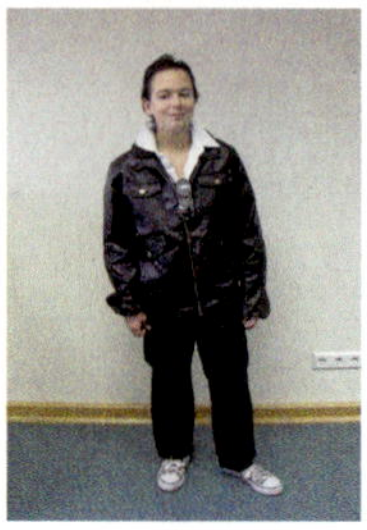

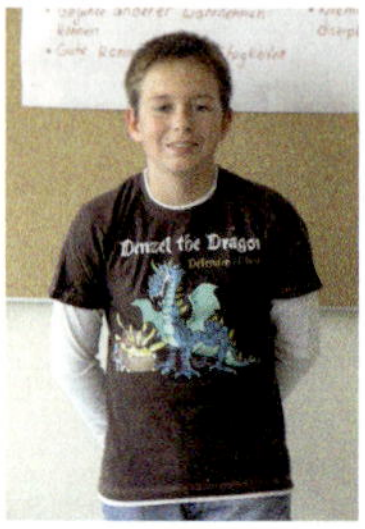

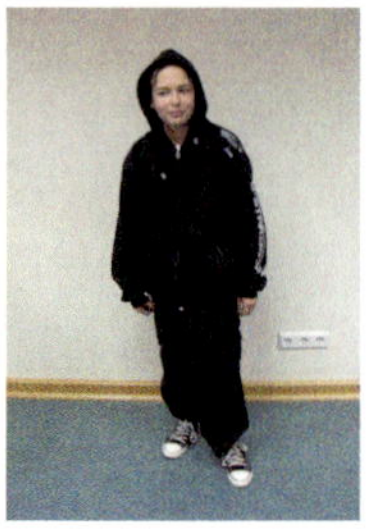

1 Beschreibe die fünf Bilder genau. Wie wirkt Marcel jeweils auf den Bildern?
2 Welches „Outfit" steht ihm am besten? Warum?

M 14 Wie hast du dich gefühlt, Marcel? – ein Interview

Frage: In welchen Sachen hast du dich am wohlsten gefühlt?

Marcel: Am wohlsten habe ich mich in den Sportklamotten gefühlt, weil die locker, cool und lässig sind.

Frage: Warum würdest du das T-Shirt mit dem Drachen nicht mehr anziehen?

Marcel: Naja, es passt modisch nicht mehr, weil jetzt T-Shirts mit coolen Typen mit viel Schmuck und Hip Hop Style angesagt sind.

Frage: Es gibt also Sachen, die du lieber anziehst als andere?

Marcel: Ja, ich trage gern Markenklamotten, mein Vater bringt mir die aus Amerika mit; erst machen sich alle lustig, und nach zwei Monaten ist das dann hier modern, und alle sind neidisch. Und ich trage sehr gern Polohemden, die sind chic, aber nicht zu chic ... Aber auf Familienfesten trage ich auch schon mal einen Anzug oder eine Stoffhose, weil ich finde, dass man auf Familienfesten chicer angezogen sein soll. Wenn es etwas Besonderes ist, soll man sich auch besonders kleiden. In der Schule kommt es eher komisch an, wenn ich ein Hemd anziehe.

Frage: Wo holst du dir Anregungen her, was du anziehen könntest?

Marcel: Meistens von meinem Vater, der weiß, was modisch ist, manchmal sehe ich aber auch selbst etwas, was mir gefällt. Aber für mich muss es nicht zu auffällig sein.

Frage: Was spielen Medien für eine Rolle bei der Mode allgemein?

Marcel: Ich orientiere mich meistens an Sportlern, die kommen auch im Polohemd – wie ich – und ganz locker, der Rene Adler [Torwart bei Bayer 04 Leverkusen und Marcels großes Vorbild*] hat eine gute Mischung aus chic und sportlich ... David Beckham ist mir dagegen zu übertrieben.

3 Warum gibt es eigentlich Mode? Warum tragen wir nicht alle die gleiche Kleidung? Beantworte die Frage mithilfe von M 3.
4 Stell dir vor, deine Schule hätte eine Schuluniform eingeführt. Schreibe eine Geschichte darüber, wie du deinen ersten Tag darin erlebst. Berücksichtige die folgenden Situationen: Wie fühlst du dich in der Schule, wenn du alle um dich herum siehst? Wie fühlst du dich im Bus auf dem Nachhauseweg, wenn du der Einzige oder die Einzige in dieser Schuluniform bist?

Die Bedeutung von Mode

M 15

Bei der Mode geht es um die Selbstdarstellung und Selbstdefinition des Menschen innerhalb seiner Gemeinschaft, ganz vorneweg um Status. Nicht der Körper an sich steht dabei im Mittelpunkt, sondern seine *Veränderung* – etwa durch Kleidung, Frisur, Schmuck, Tätowierung, Bemalung, Piercing etc. Mode transportiert immer eine Botschaft. Der Mensch will entweder seiner Einzigartigkeit Ausdruck verleihen, sich von anderen absetzen, oder aber seine Zugehörigkeit demonstrieren – zu einer Schicht, Altersklasse oder Subkultur [Gruppe].

Ulrich Renz, 2006

5 Welche Erklärung gibt Ulrich Renz dafür, dass es Mode gibt?

6 Wie kann man durch Kleidung seine „Einzigartigkeit“ beweisen? Nenne Beispiele.

7 Was bedeutet eigentlich „zu einer Schicht, Altersklasse oder Subkultur“ (Z. 10) zu gehören? Nenne Beispiele. An welchen Kleidungsstücken kann man erkennen, wer zu welcher Gruppe gehört?

8 Erläutere die Bedeutung der Kleidung von Marcel (M 14) mit den Begriffen, die du jetzt kennst. Was sagt die Kleidung jeweils aus?

9 Erfinde dich neu: Zeichne ein Bild von dir, das dich in einer vollkommen anderen Rolle zeigt. Vergleicht eure Zeichnungen. Ihr könnt euch natürlich auch fotografieren …

Wir haben über Mode schon viel gelernt und können mit dem neuen Wissen die nächste Frage auch schon fast beantworten: Wie erklärst du dir, dass sich Mode durch die Zeit immer wieder wandelt?

David Beckham und seine Frisuren

M 16

David Beckham, Kapitän der britischen Fußball-Nationalmannschaft, im Mai 2002 (Bild links). Etliche Männer nahmen sich ein Beispiel und hatten schließlich die Beckham-Frisur (Bilder Mitte). Schon 2003 sah Beckham dann wieder ganz anders aus (Bild rechts).

10 Was will David Beckham, was wollen die anderen mit ihrer Frisur? Wie könnte sich aus diesen unterschiedlichen Motiven ein Wechsel der Mode ergeben?

M 17 Philosophie der Mode – Nachahmen und „Sich-Abheben“

Nach Auffassung des deuten Philosophen Georg Simmel (1858–1918) besitzt der Mensch einen natürlichen Trieb, andere nachzuahmen. Dieser ist die Voraussetzung für die Entstehung von Mode.
Die Nachahmung gibt dem Einzelnen die Sicherheit, bei seinem Handeln nicht alleinzustehen. Gleichzeitig aber befriedigt Mode für andere auch das Bedürfnis des „Sich-Abhebens“. Wer also Mode nicht dazu benutzt, seinen Nachahmungstrieb zu befriedigen, wird sie dazu benutzen, sich von anderen abzuheben. Zur Zeit Simmels hoben sich meist obere gesellschaftliche Schichten von den unteren ab. Die Nachahmung durch die unteren „zwangen“ die oberen Schichten wiederum, sich erneut abzuheben, und somit entstand ein Kreislauf des „Modern- und Unmodern-Seins“. Sobald eine tiefere Schicht beginnt sich die Mode einer oberen Schicht anzueignen, wird diese sich wieder eine neue suchen.
Auch – oder vielleicht gerade – heute gilt dieser Kreislauf noch immer, wenngleich es weniger die Schichten sind, die Mode vorgeben. Punks, Raver, Skater, Skins, Snobs sind nur einige wenige Beispiele, wie großenteils junge Menschen versuchen sich voneinander abzuheben. Auch werden junge Menschen kaum dieselbe Mode tragen, die auch ihre Eltern tragen, um sich von diesen abzuheben.
Wo von den beiden Bedürfnissen der Absonderung und des Zusammenschlusses aber auch nur eines fehlt, so wird laut Simmel die Mode aufhören zu existieren.

nach Georg Simmel

M 18 Eltern und Kinder

M 19 T-Shirt „Fashion kills“

11 Zeichne die Theorie vom „Sich-Abheben“ und „Sich-Anpassen“ und wie daraus ein Wechsel der Mode wird.

12 Erläutere M 18 mithilfe deines neu erworbenen Wissens.

13 Wie ist deine Einschätzung: Wenn es Schulkleidung gibt, hört dieser Mechanismus des Sich-Hervorhebens und des Sich-Anpassens in der Schule dann auf?

14 Der Kölner Künstler Olec entwirft T-shirts mit dem Aufdruck: „Fashion kills Personality“, also: Mode tötet die Persönlichkeit. Stimmst du dieser Aussage zu? Versuche Argumente für die eine und für die andere Sicht zu finden.

Innere und äußere Schönheit – und ihr Zusammenhang

In der Nacht vor dem Wettbewerb zur „Little Miss Sunshine" übernachtet Olive mit ihrem Großvater zusammen in einem Motelzimmer. Der Großvater bringt Olive zu Bett. Doch Olive hat plötzlich Zweifel ...

1 Was, denkst du, könnte Olive am Abend vor ihrem großen Auftritt wohl durch den Kopf gehen? Schreibe einen inneren Monolog.

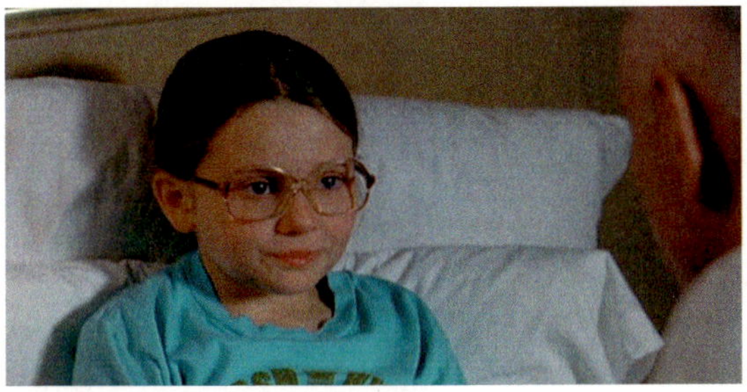

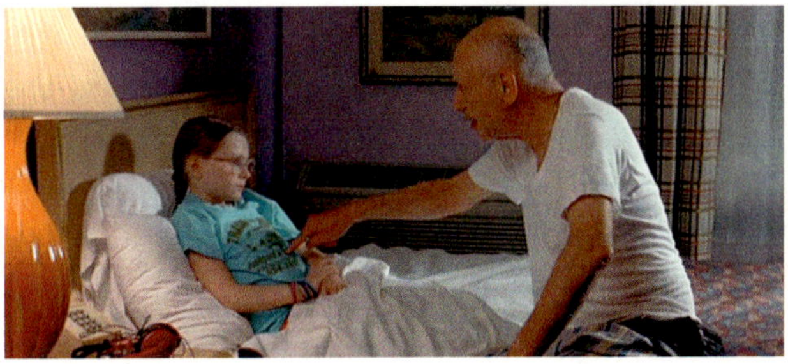

Das Gespräch zwischen Olive und ihrem Großvater

M 20

Grandpa: Zeit für deinen Schönheitsschlaf. Gute Nacht!
Olive: Opa?
GP: Ja?
O: Ich hab ein bisschen Angst vor morgen.
GP: Soll das ein Witz sein, du wirst sie total umhauen, sie werden gar nicht wissen, was sie getroffen hat.
O: Opa?
GP: Ja?
O: Bin ich hübsch?
GP: Olive, du bist das schönste Mädchen auf der ganzen Welt!
O: Nein, das sagst du nur so!
GP: Nein, gar nicht wahr, ich bin wie verrückt in dich verliebt, und das nicht, weil du Köpfchen hast [...], sondern weil du hübsch bist – innen und außen.

Olive zweifelt an ihrer Schönheit. Doch der Großvater beruhigt sie und sagt, dass er sie „innen und außen" (Z. 15) hübsch findet.

2 Verfasse einen Text für die Schülerzeitung, in dem du darlegst, wann für dich eine Person innerlich schön ist und warum du innere Schönheit für wichtig hältst.

Die schöne Seele*

M 21

Ich bin Friedrich Schiller. Im Hauptberuf bin ich eigentlich Dichter. Doch ich hatte auch eine Zeitlang eine Professur für Philosophie. Was also ist Schönheit? Ich behaupte, Schönheit ist Freiheit in der Erscheinung. Was bedeutet das? Es bedeutet, dass z. B. ein Mensch nicht wegen seiner äußeren Merkmale schön oder hässlich ist, sondern aufgrund seiner inneren Haltung. Wenn jemand unfrei und unglücklich ist, geht er gebeugt, er hat einen krummen Rücken und schleicht leise umher, damit er nicht auffällt. Wenn sich jemand aber frei fühlt, geht er aufrecht und stolz durch sein Leben. Dann kann er auch aus innerer Überzeugung Gutes für andere tun. Seine Schönheit leuchtet dann von innen heraus. Er hat eine schöne Seele.

3 Wann ist man nach Meinung des Dichters Friedrich Schiller (1759–1805) „innerlich schön"? Für wie überzeugend hältst du diese Haltung?

Unsere Gesellschaft hat vor allen Dingen Strategien entwickelt, äußere Schönheit zu verbessern: Dabei wäre es doch auch interessant, darüber nachzudenken, wie man die innere Schönheit entwickeln könnte. Man kann an ihr arbeiten, würde Annemarie Schürmann sagen …

M 22 Interview mit Annemarie Schürmann vom Buddhistischen Zentrum Berlin

Frage: Was macht für Sie innere Schönheit aus?

Annemarie Schürmann: Ich finde, das verkörpert der Buddha ganz wunderbar. Er sitzt ganz gelassen da, er ruht in sich selber, er strahlt Glück aus, Zufriedenheit, die von innen kommt. Wenn man seine Augen anschaut, sieht man ganz viel Liebe und Mitgefühl, einfach dieses gute Herz, für andere da zu sein. Ich glaube, das ist die Schönheit, die von innen kommt. Diese Qualitäten versuchen wir hier zu entwickeln.

F: Wie kann man denn so etwas trainieren, dass man zufrieden mit sich selbst ist und ruhig, um dadurch die innere Schönheit zu fördern?

AS: Das hat Buddha gelehrt, und das versuchen wir hier anzuwenden. Eine Methode ist die Meditation. In der Meditation versuchst du deinen Blick nach innen zu wenden und deine eigenen Qualitäten zu entwickeln und zu entfalten.

4 Wann ist man nach Annemarie Schürmann innerlich schön? Vergleiche mit der Ansicht Friedrich Schillers. Welche Ansicht findest du plausibler und warum?

5 Was ist Meditation? Informiere dich. Wie kann man durch Meditation an seiner inneren Schönheit arbeiten?

Wir kennen jetzt den Unterschied zwischen innerer und äußerer Schönheit. Haben die beiden eigentlich etwas miteinander zu tun? Kann man von außen erkennen, wie jemand innerlich ist? Dieser Frage wollen wir uns jetzt widmen.

6 „In einem schönen Körper wohnt eine schöne Seele! In einem hässlichen natürlich eine hässlichere, das ist sonnenklar.“ Stimmst du dieser Aussage zu?

M 23 Was schön ist, ist auch gut?

7 Um unsere Frage zu beantworten, wollen wir ein Experiment machen. Bewerte bitte die Fotos der beiden Menschen in M 23 mithilfe des folgenden Schemas.

ungesellig	←——→	**gesellig**
unzufrieden	←——→	**zufrieden**
faul	←——→	**fleißig**
unintelligent	←——→	**intelligent**
fantasielos	←——→	**kreativ**
unsympathisch	←——→	**symphatisch**
erfolglos	←——→	**erfolgreich**
langweilig	←——→	**aufregend**
unzugänglich	←——→	**zugänglich**
unehrlich	←——→	**ehrlich**

8 Vergleicht eure Ergebnisse. Wer von den beiden wird als geselliger, zufriedener, etc. eingeschätzt? Was fällt auf?

Wie wirkt Schönheit?

M 24

Mithilfe von Fotos wurden viele Menschen gebeten, die abgebildeten Personen einzuschätzen. Die Ergebnisse sind erschreckend eindeutig. Es gibt ausgeprägte Ähnlichkeiten in der Einschätzung, was Attraktivität betrifft: Je attraktiver die präsentierten Gesichter waren (die linke Person gilt in diesem Fall als die attraktivere Person), desto erfolgreicher, zufriedener, sympathischer, intelligenter, geselliger, zugänglicher, aufregender, kreativer und fleißiger wurden die Personen eingeschätzt. Für unattraktive Gesichter gilt das Gegenteil: Je unattraktiver, desto eher unterstellten die Befragten negative Eigenschaften. – Ein kleiner Trost für alle, die mit ihrem Aussehen weniger zufrieden sind: Im Alltag spielen auch solche Faktoren, die man in einem Experiment bewusst unterdrückt, eine wichtige Rolle: z. B. Kleidung, Lächeln, Frisur, Schmuck, o. Ä. Und durch das richtige Outfit kann man einem schlechten Eindruck durchaus entgegenwirken. – Dennoch: Schöne Menschen haben einen dicken Bonus. Gerade in Situationen, in denen es auf den ersten Eindruck ankommt, genießen sie viele Vorteile. Und das nur, weil wir scheinbar so aufgeklärten Menschen des 21. Jahrhunderts auf einen simplen Fehlschluss hereinfallen: „Was schön ist, ist auch gut."

nach beauty-check, 2002

9 Vergleiche die Erkenntnisse des Textes mit euren eigenen Ergebnissen. Erkläre den letzten Satz des Textes.

10 Was kann man tun, damit man nicht in diese „Vorurteilsfalle" tappt?

Menschen versuchen natürlich mit ihrer Kleidung oder Frisur bestimmte Signale nach außen zu senden, wie sie gern gesehen werden wollen. Das haben wir auf den Seiten 146–148 ja gelernt. Das bietet manchmal wertvolle Hinweise darauf, wie diese Person sein könnte. Doch wir sollten uns bei der Beurteilung von anderen Menschen nicht nur auf das Äußere verlassen. Innere Schönheit ist eben meistens nicht von außen zu erkennen.

Unser Schönheitsideal*: Schlank sollte man sein ...

Auf der Fahrt zum Schönheitswettbewerb hält Familie Hoover an einer Raststätte. Am Tisch entwickelt sich ein Gespräch.

M 25 Das Gespräch im Restaurant

Olive: Mom, wie teuer darf es denn sein?

Mom: Ich würde sagen 4 Dollar, alles unter 4 Dollar ist o.k.

Olive: O.k.

Die Kellnerin kommt an den Tisch

Kellnerin: Hi, sind Sie soweit?

Alle geben ihre Bestellungen auf, dann kommt Olive an die Reihe.

Kellnerin: Und du?

Olive: Ich, ähh, Entschuldigung – o.k., ich weiß, was ich will, ich hätte gerne die Waffeln und ähh, ich weiß nicht, was heißt „à la mode“?

Kellnerin: Das heißt, dazu gibt's ein Eis.

Olive: O. K., dann „à la mode“.

Mom: Zum Frühstück?

Olive: Du hast gesagt 4 Dollar!

Mom: O. K., du hast Recht.

Kellnerin: Na dann, bin gleich wieder da. [...]

Vater: Olive, soll ich dir mal was über Eis erzählen?

Olive: Ja?

Vater: Weißt du, Eis wird hauptsächlich aus Sahne gemacht, und die wird aus Kuhmilch hergestellt. Sahne hat sehr viel Fett.

Mom *(vorwufsvoll)*: Richard!

Vater: Was? Sie wird's sowieso rausfinden!

Olive: Was werde ich rausfinden?

Vater: Naja, wenn man Eis isst, wird das Fett in dem Eis zu Fett in deinem Körper. Also, wenn du eine Menge Eis isst, dann wirst du vielleicht dick, wenn nicht, bleibst du hübsch schlank, Schätzchen.

Opa: Olive, Richard ist ein Idiot, ich mag Frauen, die 'n bisschen was auf den Knochen haben.

Olive: Wieso regen sich alle so auf?

Mom: Nein, niemand regt sich auf, Schätzchen. Ich möchte nur, dass du verstehst, dass es o.k. ist, dünn zu sein, es ist auch o. k. dick zu sein, wenn du das willst. Was immer du willst, es ist o.k.

Vater: Olive, ich möchte dir eine Frage stellen. Diese Frauen bei der „Miss Amerika“-Wahl, sind die dünn oder sind die dick?

Olive: Naja, die sind dünn, schätze ich.

Vater: Ja, ich schätze, die essen nicht viel Eis.

Die Kellnerin kommt mit den Bestellungen wieder an den Tisch und stellt Olive das Eis hin.

1 Was bewegt den Vater? Warum spricht er so? Was ist der Mutter wichtig?

2 Was rätst du Olive? Soll sie das Eis essen? Schreibe die Szene weiter und begründe, warum du die Szene auf diese Weise weitergeschrieben hast.

Im Film möchte Olive das Eis zunächst nicht. Dann fangen die anderen Familienmitglieder an, Olives Eis zu essen, und versichern sich gegenseitig, dass das Eis unglaublich lecker sei. Eis macht vielleicht dick, aber es schmeckt eben einfach auch richtig lecker, scheinen sie zu sagen. Es dauert nicht lange, und Olive nimmt sich ihren Löffel: „Esst nicht alles auf ...“

3 Welcher Gedanke könnte Olive dazu gebracht hat, das Eis dann doch zu essen?

Lebensbejahung

M 26

Heute möchte ich von der sogenannten „Daseinsfreude“ reden. Was es mit ihr auf sich hat, lässt sich am besten verstehen, wenn man Menschen bei der Mahlzeit beobachtet. Es gibt Menschen, die empfinden Essen als lästig, sie können es nicht genießen, auch wenn sie noch so vorzügliche Speisen serviert bekommen. Ein anderer Typ von Mensch sind die Kränklichen, die nur, weil es ihr Arzt sagt, etwas essen. Dann haben wir den Feinschmecker, der sich voller Erwartung an den Tisch setzt, dem aber nichts gut genug zubereitet ist. Dann haben wir noch den Vielfraß, der sich voll Gier auf sein Essen stürzt und so viel isst, dass er Bauchschmerzen bekommt. Zum Schluss aber gibt es den Menschen, der einen gesunden Appetit mit an den Tisch bringt, sich seines Essens freut, aber aufhört, wenn er genug hat. So wie dieser Mensch mit gesundem Appetit verhalten sich die Menschen, die besonders „daseinsfreudig“ sind, allen Dingen im Leben gegenüber. Sie haben eine freudig bejahende und zugreifende Haltung in Bezug auf das Leben.

nach Bertrand Russell

4 Welches Verhalten erwartest du von einem Menschen, den der englische Philosoph Bertrand Russell (1872–1970) „lebensbejahend“ nennt?

5 Würde Russell Olive zu- oder abraten, das Eis zu essen?

6 Arbeitet gemeinsam das aktuelle gesellschaftliche Schönheitsideal für Jungen und Mädchen heraus. Gestaltet Plakate dazu.

7 Wie können diese Schönheitsideale dazu führen, dass Einzelne ihr Leben nicht mehr genießen können?

Das Ideal vom schlanken Körper

M 27

Das Ideal vom schlanken, schönen Körper lässt viele Jugendliche die eigene Figur in einem deutlich negativen Licht sehen: Bereits im Alter von zwölf Jahren haben 18 % der Mädchen und 5 % der Jungen schon einmal eine Diät gemacht [...]. Und fast ein Drittel der Jugendlichen zwischen 13 und 16 ist unzufrieden mit der eigenen Figur. Doch nicht nur das Gewicht wird beim Blick auf den eigenen Körper kritisch beäugt, auch vermeintlich zu kurze Beine, zu große Füße oder die angeblich zu dicke Nase stören das Selbstbild. Einige Mädchen würden sogar eine Operation in Betracht ziehen, um ihren Körper zu verschönern [...]. Die Untersuchung zeigte auch, dass die Beschäftigung mit dem eigenen Körper mittlerweile für beide Geschlechter sehr wichtig ist. [...] Der starke Wunsch, dünn und damit schön zu sein, erhöht die Gefahr, dass die Jugendlichen eine Essstörung wie Magersucht oder Bulimie entwickeln, [so sagen die Wissenschaftler]. Unter solchen ernsthaften Essstörungen leidet laut einer anderen Studie über ein Fünftel aller 11- bis 17-Jährigen, wieder vor allem Mädchen. Neben Auslösern wie dem Vergleich mit Medienvorbildern gibt es allerdings für diese krankhaften Essstörungen tieferliegende Ursachen, betont das Robert-Koch-Institut, das die Studie durchführte. Diese Ursachen sind vielfältig und ergeben sich immer aus einer Mischung gesellschaftlicher, familiärer und persönlicher Risikofaktoren.

Scarlet Löhrke, 2007

8 Welche Kerngedanken liefert M 27? Erkundige dich, was Essstörungen sind.

Olive in der Umkleidekabine

M 28

9 Was denkt Olive jetzt wohl?

10 Was würdest du Olive sagen? Schreib deinen Kommentar auf. Versuche einzubeziehen, was du in diesem Kapitel bisher gelernt hast.

Käufliche Schönheit – schminken, kämmen, liften lassen?

Nachdem die Familie am Veranstaltungsort des „Little Miss Sunshine-Wettbewerbs“ angekommen ist, soll Olive sich im Umkleideraum auf ihren Auftritt vorbereiten. Die anderen Teilnehmerinnen sind alle schon da und machen sich fertig.

M 29

1 Was machen die Teilnehmerinnen wohl alles, um beim Publikum besonders gut anzukommen? Ein paar Dinge kannst du schon auf den Filmbildern sehen.
2 Warum machen sie das? Beziehe ein, was du bisher gelernt hast.
3 Findest du es in Ordnung, dass sich alle schöner machen, als sie von Natur aus sind? Begründe.
4 Wie ist das bei dir? Was machst du, um schöner zu sein?

Es gibt inzwischen nicht nur die Möglichkeit, sich zu schminken, die Haare zu machen und schöne Kleidung anzuziehen. Inzwischen ist Schönheit noch in einem ganz anderen Sinne käuflich geworden. Von Tatoos über Piercings bis hin zu Schönheitsoperationen ist heute alles möglich. Da stellt sich natürlich die Frage: Sollte es da eine Grenze geben oder ist alles erlaubt? Müssen bei Kindern und Jugendlichen besondere Regelungen gelten?

M 30

5 Das Foto zeigt ein Werbeplakat einer Firma für Schönheitsbehandlungen. Erkundige dich, welche Techniken hinter den Begriffen auf dem Plakat stehen.
6 Welche dieser Techniken würdest du selbst unter welchen Umständen anwenden, welche nicht? Begründe.
7 Stelle Richtlinien für Schönheitsbehandlungen für Kinder auf. Berücksichtige dabei die Behandlungen auf dem Plakat, aber auch andere, die du kennst: Piercings, Tatoos, Anlegen von Segelohren, Fett absaugen ...
8 Vergleiche deine Vorschläge mit den Vorschlägen der Politiker, von denen du in M 30 erfährst. Wie beurteilst du die Vorschläge der Politiker?
9 Gestalte ein eigenes Plakat mit dem Titel „Natürliche Schönheit ist ...“

Regierung lehnt Schönheits-OPs für Jugendliche ab

M 31

Der Wunsch nach maßgeschneiderter Schönheit wächst. [...] Allein in Deutschland ist die Zahl [von Schönheitsoperationen] von einigen Hunderttausend auf zuletzt mehr als eine Million drastisch gestiegen. [...] Eine Umfrage ergab: Schon unter den 9- bis 14-Jährigen wünscht sich jedes fünfte Kind eine solche Behandlung. „Der Trend geht dahin, den eigenen Körper passend zu machen", sagt die Kölner Psychologin Gerhild von Müller.

Um diese Entwicklung zu bremsen, drängen nun [...] Politiker, medizinisch unnötige Schönheits-OPs an Minderjährigen zu verbieten. „Ich bin klipp und klar für ein Verbot solcher Eingriffe bei Minderjährigen", sagte der SPD-Politiker Karl Lauterbach. Brustvergrößerungen oder das Absaugen von Fett bei 15-jährigen Mädchen seien Ausdruck eines verirrten Schönheitsideals. Unterschieden wird bei dem Wunsch nach einem Verbot allerdings [...] zwischen Operationen aufgrund erlittener Verletzungen und angeborener Fehlbildungen [...] einerseits und operativen Eingriffen ohne medizinische Notwendigkeit andererseits. Nur letztere stehen zur Diskussion.

Die Folgen [einer Operation] seien oft nicht absehbar und weder von den minderjährigen Patienten noch ihren Erziehungsberechtigten seriös abschätzbar, meint dazu der Berufsverband der Kinder- und Jugendärzte (BVKJ). Mögliche Komplikationen, wie beispielsweise Infektionen, innere Blutungen oder missglückte Eingriffe würden häufig vor einer OP nicht ausreichend berücksichtigt. Nach einer US-Untersuchung kommt auf 5000 Fettabsaugungen sogar ein Todesfall. Aber auch die psychischen Probleme werden häufig unterschätzt.

„Häufig werden vermeintliche Körperdefekte, wie eine krumme Nase, zu kleine oder zu große Brüste als die Ursache für persönliche Probleme angesehen, dass man zum Beispiel keine Freunde oder Partner findet", sagt von Müller. Nach der Operation merkten sie dann, dass ihr eigentliches Problem auch durch eine Schönheitsoperation nicht gelöst sei. „Beziehungs- und Kontaktschwierigkeiten lassen sich eher durch Beratung und Psychotherapie überwinden." [...]

Der Berufsverband der Kinder- und Jugendärzte fordert in seiner Stellungnahme darüber hinaus, auch Piercings und Tätowierungen von Minderjährigen grundsätzlich zu untersagen.

nach Nicola Korte, 2008

Der eigenen Schönheit kann man also inzwischen nachhelfen. Mit Bildbearbeitungsprogrammen kann man aber noch viel mehr erreichen als nur mit Schminke und Friseur. In M 32 siehst du drei Bilder einer Fotoproduktion. Das erste Foto zeigt das Modell noch ungeschminkt, auf dem zweiten ist es fertig geschminkt, und auf dem dritten ist das Gesicht mit dem Computer nachbearbeitet worden.

Fotoproduktion

M 32

10 Beschreibe die Bilder. Was verändert sich von Bild zu Bild?

11 Bringt Zeitschriften mit in den Unterricht und untersucht die Bilder, besonders die auf dem Titelblatt, genau. Probiert selbst, mit dem Computer Bilder so zu verändern, dass sie auf ein Titelblatt kommen könnten.

12 Wie stehst du dazu, dass alle Zeitschriften nur noch bearbeitete Fotos abdrucken?

Und wenn man dem Schönheitsideal* nicht entspricht?

Wir haben in den letzten Teilkapiteln gesehen, dass Menschen mit Mode* oder Schminke oder sogar Schönheitsoperationen versuchen, Schönheitsidealen zu entsprechen. Mit diesen Schönheitsidealen wird man überall konfrontiert, besonders aber in einem Schönheitswettbewerb. Olive hat nach allerlei Abenteuern auf der Fahrt zum Wettbewerb „Little Miss Sunshine" schließlich ihren Auftritt. Auf dem Foto unten siehst du ein Bild aller Teilnehmerinnen.

M 33 Die Teilnehmerinnen des Wettbewerbs

Olive unterscheidet sich in ihrem Aussehen, wie sie sich zurechtgemacht hat und wie sie sich präsentiert, deutlich von den anderen Teilnehmerinnen. Das merkt auch das Publikum dieser Veranstaltung und belächelt Olive sogar schon, bevor sie mit ihrem Bühnenprogramm begonnen hat. Was könnte man als Familienangehöriger angesichts dieser Situation tun?

1 Beschreibe das Bild genau.

2 Stell dir vor, Olive wäre deine kleine Schwester. Beschreibe kurz, wie du dich in dieser Situation fühlen würdest. Was würdest du tun?

M 34 Die Lösung des Bruders

Dwayne, der Bruder von Olive kommt, nachdem er die Auftritte der anderen Mädchen gesehen hat, aufgeregt in den Umkleideraum, in dem sich Olive umzieht, und sagt zu seiner Mutter, die Olive beim Ankleiden hilft: „Mom, ich will nicht, dass Olive da rausgeht. [...] Ich will nicht, dass diese Leute Olive beurteilen. Scheiß auf sie." Mom: „Jetzt ist es zu spät." – Dwayne: „Nein, es ist nicht zu spät. Du bist die Mutter, und es ist deine Aufgabe, sie zu beschützen. Alle werden sich über sie lustig machen, Mom. Lass sie nicht auf die Bühne gehen. Sie ist keine Schönheitskönigin, ist sie einfach nicht."

3 Warum sagt der Bruder das? Wie findest du seinen Vorschlag? Schreibe eine Antwort aus der Sicht der Mutter.

Die Lösung der Familie

M 35

Die Mutter antwortet Dwayne: „Olive ist, wie sie ist, sie hat dafür gearbeitet, sie hat alles dafür gegeben, wir können ihr das jetzt nicht wegnehmen. Ich weiß, du willst sie beschützen, aber wir müssen Olive Olive sein lassen." Dann geht sie zu Olive und schaut ihr in die Augen: „Olive, sieh mich an. Wenn du das nicht machen willst, ist das o. k. Wir haben damit kein Problem, weißt du, und wir sind trotzdem stolz auf dich." Weil ihr Großvater mit ihr ein Programm einstudiert hat, will Olive auftreten. Sie beginnt eine Art Stripteaseshow. Das Publikum, das sie schon wegen ihres Aussehens seltsam angeguckt hat, ist entsetzt und regt sich auf, zum Teil geht es sogar hinaus. Sobald die ersten gehen, steht Olives Vater auf und klatscht mit. Die anderen Familienmitglieder folgen. Als die Veranstalter Olive von der Bühne jagen wollen, steigen die Familienmitglieder unter Protest des Publikums und der Veranstalter mit auf die Bühne und fangen an mitzutanzen.

4 Mit der Tanzeinlange reagiert die Familie darauf, dass Olives Aussehen und Bühnenprogramm den Veranstaltern und dem Publikum nicht gefällt. Beschreibe die Gemeinsamkeiten und die Unterschiede zwischen dieser Reaktion der Familie und dem Vorschlag des Bruders (M 34). Welche Reaktion findest du besser? Beziehe auch die Antwort der Mutter auf den Vorschlag von Dwayne mit ein.

Familienkonferenz*

M 36

Beziehungen innerhalb der Familie sind wichtig. Zur erfolgreichen Bewältigung des Lebens gehört für den Menschen nicht nur das Vorhandensein von [...] Nahrung und Kleidung, sondern auch die Erfahrung von gelungenen Beziehungen. In gelungenen Beziehungen handeln die Personen offen und ehrlich miteinander, so dass Sicherheit und Vertrauen zueinander wachsen. Die Basis für eine gute Beziehung von Eltern zu ihrem Kind ist Liebe, Anerkennung und Vertrauen. So bilden Kinder und Jugendliche Selbstvertrauen, Selbstbewusstsein und Eigenständigkeit aus.

Die Beziehung zu den Eltern ist auch wichtig, was die Einstellung zu Schönheitsidealen betrifft: Studienergebnisse zeigen, dass sich Kinder und Jugendliche, die Vertrauen zu ihren Eltern haben und sich von ihnen angenommen fühlen, ein besseres Verhältnis zu ihrem Körper entwickeln – sie fühlen sich in ihrer Haut eher wohl als Teenager, die keine gute Beziehung zu den Eltern haben. Zudem können offene Gespräche in der Familie – zum Beispiel über Schönheitsideale und Vorbilder* – dazu beitragen, das Selbstvertrauen der Jugendlichen in der Auseinandersetzung mit den gängigen Idealen zu stärken. Der Wunsch, Anerkennung durch das Aussehen zu erlangen, wird weniger wichtig, wenn man in der Familie deutlich gezeigt bekommt, dass man als Person wertgeschätzt wird.

nach Scarlet Löhrke, 2007, und Internet

5 Formuliere einen Brief an deine Eltern, in dem du ihnen den Inhalt von M 36 darstellst. Bitte sie, dir in einem Antwortbrief auch zu schreiben, was sie an dir mögen.

6 Bewerte die Vorgehensweise von Olives Familie vor dem Hintergrund dessen, was du mithilfe von (M 36) gelernt hast.

7 Wie kann man seine Familienangehörigen und Freunde unterstützen, wenn sie den gesellschaftlichen Schönheitsidealen nicht entsprechen?

8 Wir haben ein Gespräch über Schönheitsideale mitbekommen: die Restaurantszene (M 25). Ist dies deiner Meinung nach ein offenes Gespräch mit der Familie, wie es M 36 fordert? Schreibe M 25 ggf. um.

Diese und jene Schönheit(en) und die Medien …

M 37 Olive und der Schönheitswettbewerb im Fernsehen

Am Anfang des Films „Little Miss Sunshine“ taucht dieses Bild auf. Wir haben den Film an dieser Stelle „eingefroren“. Um sich auf ihren Auftritt bei der Wahl zur „Little Miss Sunshine“ vorzubereiten, schaut sich Olive das Video einer Miss-Wahl immer und immer wieder vor dem Fernseher an. Dabei versucht sie, die Posen, die Blicke und die Mimik nachzumachen, die sie bei den Teilnehmerinnen abschaut.

1 Inwiefern beeinflussen die Medien unsere Vorstellungen darüber, was wir als schön ansehen?

2 Kennst du Fernsehsendungen oder Jugendzeitschriften, die sich mit dem Thema Schönheit auseinandersetzen? Schreibe eine Liste.

In dem folgenden Text (M 38) äußern Schülerinnen ihre Meinung, inwiefern sie durch das Fernsehen beeinflusst werden, wenn es um das Thema Schönheit geht.

Schönheit im Fernsehen

M 38

Anna (15) [...] sieht in der Darstellung dieser Schönheiten sogar eine Gefahr: „Man sollte im Fernsehen nicht so viele solche Frauen zeigen. Ja, denn die hässlichen oder nicht so attraktiven Frauen denken dann, wenn sie überall nur noch hübsche Frauen sehen, dann guckt mich ja bald niemand mehr an, dann muss ich mich wohl auch unter das Messer legen." Die Berliner Hauptschülerinnen geben dem Fernsehen sogar die Schuld für Magersucht und Bulimie. Franziska (16): „Das hat doch erst durchs Fernsehen angefangen. Seitdem das mit den Medien so ist, gibt es so etwas doch viel öfter. [...] Seitdem es im Fernsehen ist, ist auch Schönheitschirurgie* so verbreitet." Selina (16) ist der Meinung, man würde von selbst niemals darauf kommen, „weil man sich selbst doch eigentlich nie wirklich hässlich findet. Das kommt alles durch andere Leute und besonders durch das Fernsehen". Die Gymnasiastin Theres (18) gibt zu, sich an dem durch die Medien vermittelten Schönheitsideal* zu orientieren. Allerdings ist sie der Ansicht, dass sich das Ideal von einer perfekten Frau dahingehend gewandelt habe, dass zunehmend die Ausstrahlung und Natürlichkeit zu wichtigen Faktoren geworden seien. Bei ihr persönlich habe sich parallel dazu eine entgegengesetzte Vorstellung etabliert: „[...] aber ich glaube, es wird jetzt langsam genau anders herum. Ich hab das Gefühl, dass die Medien sagen, dass das neue Schönheitsideal eine tolle Ausstrahlung ist, aber bei mir ist es jetzt so, dass ich perfekt sein möchte, wie die Medien es vorher dargestellt haben." Eine interessante Behauptung, die nahelegen würde, dass den Medien doch eine nachhaltige Wirkung zukommt. [...] Gina (16) ist sogar der Ansicht, dass man als hübsch nur die Menschen bezeichnen könne, die vor der Gesellschaft als Schönheit gelten oder „als hübsch, eben als Ideal, was immer gilt". Kim (15) sieht einen Zusammenhang zwischen dem Berühmtheitsgrad einer Person und ihrer Schönheit. Sie hat den Eindruck, berühmte Menschen seien auch gleichzeitig schön.

Anna Tasja Flügel, 2005

3 Welche Wirkungen des Mediums Fernsehen werden in (M 38) angesprochen? Fasse die Hauptpunkte mit eigenen Worten zusammen.

4 Mache Vorschläge, was die Medien (Fernsehen und BRAVO etc.) machen könnten, um die von den Schülern genannten negativen Wirkungen abzumildern.

5 Der Musiksender MTV hat eine Sendung ausgestrahlt, in der er Zuschauern die Möglichkeit gegeben hat, sich durch Schönheitsoperationen wie ein Star umoperieren zu lassen. Wie beurteilst du eine solche Sendung?

Dove-Werbung

M 39

6 Diese Werbeanzeige der englischen Kosmetikfirma Dove (Taube) versucht einen anderen als den üblichen Weg zu gehen. Wie würden die interviewten Mädchen aus (M 38) wohl dieses Plakat finden?

7 Wie findest du persönlich diese Werbekampagne? Diskutiert in der Klasse.

Wie Medien wirken ...

Wir wollen uns einmal die Frage stellen, ob die Medien uns tatsächlich beeinflussen und wie diese Beeinflussung aussehen kann ...

M 40 Medien und Gewalt?

1 Betrachte die Karikatur. Was will der Zeichner mit seinem Bild aussagen?

2 Diskutiert in eurer Lerngruppe die Frage, ob Kinder durch den Konsum von Medien (Fernsehen, PC Spiele usw.) gewaltbereiter werden.

3 Führt ein Partnerinterview durch. Folgende Fragen sollen dabei beantwortet werden:
a) Hast du dir schon einmal Gedanken gemacht, ob dich das Fernsehen, das Internet, Computerspiele oder Filme irgendwie beeinflussen?
b) Was für ein Einfluss könnte das sein?
c) Reizt es mich, einen Film zu sehen oder ein Computerspiel zu spielen, der oder das nicht für meine Altersklasse zugelassen ist? Wenn ja, warum?
d) Glaubst du, dass Medien auf Kinder anders wirken als auf Erwachsene?

M 41 Wissenschaftliche Betrachtung der Medienwirkung*

Es gibt eine Forschungsrichtung, die besagt, dass Kinder und Jugendliche durch das, was sie in den Medien konsumieren, dazu angeregt werden, die beobachteten Verhaltensweisen nachzuahmen (Stimulus-Response-Theorie). Kinder und Jugendliche orientieren sich in aller Regel an den dargestellten Helden eines Films. Wenn ein Held eines Films, mit dem sich die Jugendlichen identifiziert haben, zur Lösung von Konflikten Gewalt einsetzt, scheinen die jugendlichen Zuschauer eher bereit zu sein, Gewalt als Lösungsmittel für Probleme anzuerkennen, so die Theorie. Auffallend sei in diesem Zusammenhang, dass sich Mädchen und junge Frauen nicht mit den Tätern, sondern viel häufiger mit den Opfern von Gewaltdarstellungen identifizieren. Der Konsum von Gewaltdarstellungen führe bei ihnen also eher zu Angst als zu Aggression.

Diese hier dargestellte Theorie ist aber nicht unumstritten. Eindeutige Aussagen darüber, inwieweit Medien eine direkte Auswirkung auf das Verhalten von Kindern und Jugendlichen haben, kann man nicht treffen. Es scheint eher so zu sein, dass Freunde, Familie und die Schule in diesem Zusammenhang eine wichtige Rolle spielen.

4 Welche Wirkungen von Medien werden in M 41 beschrieben?

5 Wie würde ein Vertreter der Stimulus-Response-Theorie die Karikatur M 40 bewerten?

6 „Freunde, Familie und die Schule spielen in diesem Zusammenhang eine wichtige Rolle" (Z. 21 f.). Erkläre, wie diese Rolle aussehen könnte. Wie sollten sich Freunde, Familie und Schule verhalten, damit Gewalt in den Medien bei Schülern und Schülerinnen nicht zur Nachahmung führt?

Man sollte nicht nur die Wirkung von Gewaltdarstellungen in Fernsehen und Computerspielen untersuchen, sondern auch die Auswirkungen, die Fernsehkonsum jenseits von diesen Sendungen hat.

Fernsehen macht Kinder dick, krank, dumm und traurig

M 42

Fernsehen als Intelligenzkiller

Das Ergebnis: Die Kinderzimmer der PISA-Verlierer sind bereits bei den meisten Viertklässlern häufiger mit Fernseher, Spielkonsole und Computer ausgerüstet als bei ihrer Gegengruppe. Bei Migrantenkindern [Kinder, deren Eltern aus einem anderen Land als Deutschland stammen] sind es 44 Prozent, bei der deutschen Vergleichsgruppe 22 Prozent. Besitzen beide Eltern maximal einen Hauptschulabschluss, steigt der Unterschied sogar auf 43 zu 11 Prozent. Gewusst habe man das eigentlich schon immer. Jetzt sei dieses Wissen jedoch erstmals empirisch [d. h., man kann das Wissen wissenschaftlich beweisen] bewiesen, so das Fazit von NRW-Schulministerin Barbara Sommer bei der Vorstellung der Studie. Und die belegt in der Tat: Je häufiger Kinder fernsehen oder an Spiele-Konsolen sitzen, desto dicker sind sie und desto weniger leistungsstark sind sie in der Schule. Getoppt wird das noch zusätzlich, wenn die Kinder viel Zeit mit gewalttätigen Ballerspielen verbringen.

Internet, 2007

7 Welche Wirkungen des Fernsehens werden in M 41 beschrieben? Schreibe die Hauptmerkmale stichwortartig ins Heft.

Macht Fernsehen wirklich „dick, dumm, krank und traurig"?

M 43

[...] Die Forderung, keinen Fernsehapparat und keine Videokonsole bzw. Computerspiele für Kinder unter zehn Jahren im eigenen Kinderzimmer, erscheint mir [...] nicht nur unrealistisch, sondern auch gefährlich. Gefährlich deshalb, weil sie möglicherweise das Gewissen der Eltern beruhigen könnte, mit der Auslagerung der „gefahrvollen" Medien aus dem Kinderzimmer genug getan zu haben. Dass dies nicht immer der richtige Weg sein muss, weiß die Medienpädagogik schon seit langem. Denn alle Studien und alle Erfahrungen in medienpädagogischer Elternarbeit zeigen, dass die Rolle der Eltern für die Mediennutzung von Kindern einen ganz entscheidenden Faktor darstellt. Fernsehen muss nicht dumm, dick, gewalttätig und traurig machen, wenn Eltern den Fernsehkonsum ihrer Kinder sinnvoll begleiten. Wenn dies geschieht, dann können sie aus dem Fernsehen auch etwas lernen, sogar dann, wenn der Fernsehapparat in ihrem Zimmer steht. Aber – und dies muss natürlich zugestanden werden – dazu sind nicht alle Eltern fähig.

Stefan Aufenanger, 2007

8 Welche Meinung vertritt der Journalist Stefan Aufenanger in Bezug auf die schädliche Wirkung des Fernsehens?

9 Wie kann man diese Wirkungen seiner Meinung nach verhindern?

10 Wie könntest du dir eine sinnvolle Begleitung deines Medienkonsums vorstellen?

11 Erarbeite ein Regelwerk für den Medienkonsum für Kinder und Jugendliche. Besprich mit deinen Eltern konkrete Regelungen für die Nutzung von Fernsehen, Internet, Handy und Spielkonsole. Du kannst folgende Adresse zu Hilfe nehmen: http://schau-hin.info/.

Medien-Realitäten

1 Führt in der Klasse eine Umfrage zum Thema Vorbilder* durch. Folgende Fragen sollen dabei beantwortet werden: Welche Vorbilder hast du? Was findest du an diesen Menschen so gut? Woher beziehst du deine Informationen über diese Personen?

M 44

Vorbilder und Idole 2002

Gibt es eine Person/Gruppe, für die Du besonders schwärmst?

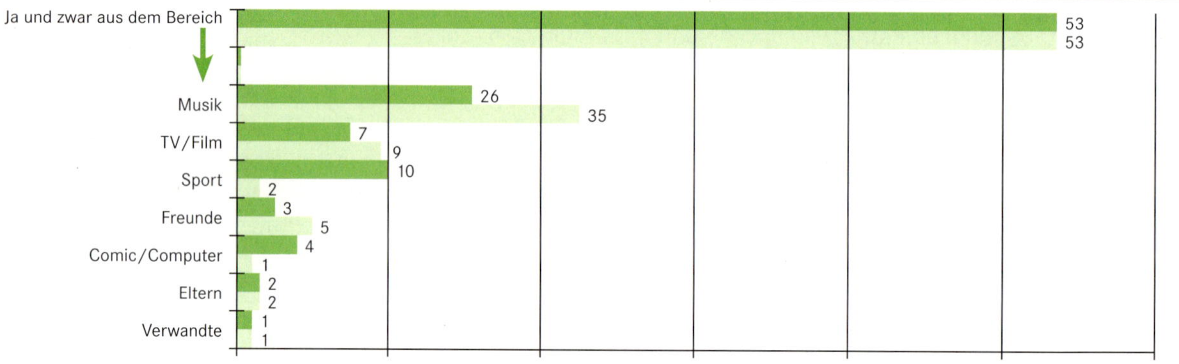

Quelle: JM 2002, Angabe in Prozent ■ *Person,* ■ *Gruppe* *Basis alle Befragten, n" 1.062*

2 Schau dir die oben abgedruckte Statistik genau an. Was sagt diese Statistik über die Idole aus, die Jugendliche haben?

3 Die meisten Vorbilder stammen aus dem Medienbereich. Wo liegen nach deiner Meinung die Gründe dafür?

4 Wenn man für eine Person oder eine Gruppe schwärmt, muss man sich ja auch ein Bild von ihr machen. Woher bekommen wohl die befragten Jugendlichen ihre Informationen?

M 45

Der Umgang mit Vorbildern

Für viele Wissenschaftler gehört es zum Erwachsenwerden dazu, dass man sich als junger Mensch an Vorbildern orientiert. Das können ganz unterschiedliche Vorbilder sein. Man geht davon aus, dass die Jugendlichen in der heutigen Zeit sich nicht mehr an einem, an dem Vorbild orientieren, sondern sich aus verschiedenen Angeboten jeweils das heraussuchen, was ihnen als passend und sympathisch erscheint. Das kann z. B. das Outfit eines bestimmten Musikers sein, das Aussehen bestimmter Filmstars oder das Verhalten bestimmter Figuren in Fernsehserien, die man „cool“ findet. Die Vorbildfunktion hat dabei verschiedene Stufen: Es kann sein, dass man bestimmte Personen aus den Medien einfach gut findet, das wäre eine eher niedrige Stufe; es kann aber auch sein, dass es zu einem sogenannten „wanne-be-Effekt“ kommt, der dazu führt, dass man tatsächlich genau so sein will wie sein Idol.

5 Kennst du jemanden, der Mitglied in einem Fanclub ist? Warum wird man deiner Meinung nach Mitglied in solch einem Club?

6 Denke weiter. Wozu kann die Orientierung an einem Vorbild im schlimmsten Fall, aber auch im besten Fall führen? Vgl. dazu S. 26/27.

Liefern die Medien auch falsche Vorbilder?

M 46

Wenn man sein Menschenbild z. B. nur aus dem Showbusiness beziehen würde, wäre dies tatsächlich eine einseitige Ausrichtung. An die Welt des Showbusiness und der Homestories von sogenannten Prominenten sind oft Werte wie Reichtum und Schönheit gebunden oder die ausschließliche Ausrichtung auf Vergnügen und Genuss. Andererseits werden in den Medien auch große Leistungen und Verdienste ins Blickfeld gerückt. Man sollte sich bewusst sein, dass teilweise aus puren Marktinteressen Stars und damit Idole aufgebaut werden. Auch hier sollten Wertvorstellungen und Vorbilder ausgleichend aus verschiedenen Quellen bezogen werden können.

7 Welche Chancen und Gefahren im Hinblick auf die Orientierung an Medienstars spricht M 46 an?

Kurz vor dem Auftritt bei der „Little Miss Sunshine"-Wahl sieht Olive, dass ihr großes Vorbild, Miss Californien, an einem Stand Autogramme gibt. Sie bekommt ein Autogramm, dabei entsteht folgendes Gespräch:

Olive und ihr großes Vorbild

M 47

Olive: Miss Californien? Essen Sie Eis?
Miss Californien: Ich liebe Eis. Meine Lieblingssorte ist Schokoladen-Kirsch-Eis.

8 Erinnere dich. Warum stellt Olive diese Frage an Miss Californien?
9 Inwiefern ist Miss Californien hier ein gutes Vorbild, worin könnten Probleme liegen?

Vom Universum und vom Staunen über das Leben

A

B

1 Schau dir die beiden Buchtitel an. Was haben sie gemeinsam?

In den beiden Büchern, die ihr in diesem Kapitel kennenlernt, geht es um den Platz des Menschen im Weltall. In dem Buch „Hallo, ist da jemand?“ erzählt der norwegische Sternforscher Joakim seiner Nichte Camilla, warum er Astronom geworden ist. Entscheidend war für ihn eine besondere Nacht, als er acht Jahre alt war.
Es war die Nacht, in der sein Vater mit seiner Mutter ins Krankenhaus gefahren war, weil diese ein Kind bekommen sollte. „Ein Brüderchen“, wie Joakim immer wiederholte, weil er davon fest überzeugt war. Solange seine Tante Helene noch nicht da war, sollte er allein bleiben. Er erzählt, wie er die Eltern abfahren sieht.

Ein ganz normaler Tag?

Ich stand noch lange an der Tür. Als ich wieder ins Haus ging und die Tür hinter mir zuzog, kam mir das Haus genauso leer vor wie draußen der Weltraum. Ich weiß noch, dass ich in mein Zimmer zurückging und mich vor dem Fenster auf einen Stuhl setzte. Dort blieb ich lange sitzen und starrte die Sterne am Himmel an. Ich glaube, ich fragte mich, ob da draußen wohl Planeten* sein konnten, auf denen es Leben gab, oder ob der Erdball der einzige im ganzen Universum* sei. Ich war jedenfalls im Moment in diesem Haus das einzige lebende Wesen, und das fand ich ein bisschen langweilig. [...]
Ich weiß noch, dass ich zum Fenster ging und das Rollo hochzog. Es jagte mit einem Knall hoch, dann blieb es hängen und rollte sich in vielen Drehungen auf. Ich blickte zum funkelnden Sternenhimmel hoch. Ich hatte noch nie einen so klaren Nachthimmel gesehen.

[A; 9–10]

In der Stadt ist es schlecht möglich, einen klaren Nachthimmel mit vielen Sternen zu sehen, weil das Licht die Sterne verblassen lässt. Aber am Meer oder in den Bergen kann man, wenn der Himmel nicht von Wolken bedeckt ist, sogar die Milchstraße* sehen.

2 Sicherlich hast du schon einmal einen klaren Sternenhimmel gesehen. Welche Fragen und Gedanken zum Universum sind dir dabei durch den Kopf gegangen?

3 Stellt in eurer Klasse eine Liste von solchen Fragen zusammen und versucht, diese in eine sinnvolle Reihenfolge zu bringen.

4 Bestimmt Spezialisten für einzelne Fragen, die dazu Antworten im Internet oder in der Schulbibliothek suchen und in der Klasse vortragen.

Ein Besucher aus dem All

M 1 Mika hängt im Apfelbaum

Plötzlich jagte eine Sternschnuppe über den Himmel. Es schien, als ob sie genau vor mir in den Garten fallen könnte. [... Da ...] hörte ich aus dem Apfelbaum im Garten Geschrei und Gebrüll. Für ein oder zwei Sekunden glaubte ich, meine Eltern wären mit meinem Brüderchen aus dem Krankenhaus zurückgekommen. Aber das, was ich gehört hatte, war etwas anderes. Ich beugte mich aus dem Fenster und entdeckte einen kleinen Jungen, der am Hosengummi im Apfelbaum hing. Und das war Mika.

[...]

„Wer bist du?“, fragte er.

Mir lag genau dieselbe Frage auf der Zunge, und ich fand es ein bisschen ungerecht, dass er mir zuvorgekommen war. Schließlich war nicht ich plötzlich in seinen Garten gefallen [...].

„Ich heiße Joakim“, sagte ich.

„Und ich bin Mika. Warum stehst du übrigens auf dem Kopf?“

[...]

„Du bist hier der, der auf dem Kopf steht“, sagte ich.

Mika zog den Daumen aus dem Mund und spreizte die Finger.

„Wenn sich zwei Leute begegnen, und einer steht auf dem Kopf, lässt sich nicht immer so leicht sagen, welcher von beiden richtig herum steht“, meinte er.

Ich war so verblüfft über diese Antwort, dass ich nicht wusste, was ich nun sagen sollte.

Mika zeigte auf den Boden:

„Auf jeden Fall wäre es nett, wenn du mir auf die Oberfläche dieses Planeten hinaufhelfen könntest.“

„Herunter!“, rutschte es mir heraus.

„Nein, hinauf!“, sagte Mika.

[...]

„Ich habe gesehen, dass dieser Planet einen Mond hat“, sagte er. „Wenn ihr dorthin fahrt, fahrt ihr dann nach oben? Oder fahrt ihr nach unten?“

„Nach oben“, sagte ich.

[...]

„Aber wenn ihr auf dem Mond landet, dann müsst ihr doch sicher auf die Mondoberfläche hinunter?“

Jetzt musste ich scharf nachdenken. Ich nickte.

[...]

„Irgendwo zwischen diesem Planeten und dem Mond wird also alles auf den Kopf gestellt?“

[A: 13–19]

1 Das Foto haben Astronauten auf dem Mond aufgenommen. Wie passt das Bild zu der Diskussion zwischen Mika und Joakim über „oben“ und „unten“?

2 Dass ein Besucher von einem fremden Planeten im Apfelbaum landet und wie ein kleiner Junge aussieht, ist eher unwahrscheinlich. Wie könnte deiner Meinung nach ein Besucher aus dem All aussehen? Male oder beschreibe ihn.

3 Ein astronomisch interessierter Schriftsteller hat sich einen solchen Besuch aus dem All vorgestellt. Vergleiche seine Vorstellungen mit deinen und erzähle die folgende Geschichte weiter.

Auf einem Fantasieplaneten

M 2

Auf einem Fantasieplaneten Formicolos nennen die Bewohner ihre Sonne „Ennos". Gerade wollen einige zu einem Flug ins All starten: Die merkwürdigen Wesen sehen tatsächlich aus wie Ameisen: Ein großer Kopf mit Fühlern und einem Paar starrer Augen ruht auf einem schlanken Rumpf, der nach unten kräftiger wird. Zwei behaarte Beine tragen den schwarz glänzenden Körper. Anders als Ameisen bewegen sich diese Wesen jedoch aufrecht. Bei jedem Schritt vibrieren die dünnen Fühler. [...]
Die Ameisenwesen gehen zu einer Art Fließband, auf dem gepolsterte Sessel montiert sind. Als auch das letzte Insektenwesen angekommen ist, hält das Fließband an. [...] Das Fließband gleitet in eine schwach beleuchtete Röhre mit großen Bullaugen. „Wir begrüßen Sie an Bord des Raumschiffs Intergalaxos und freuen uns, dass Sie mit uns eine Reise durch den Kosmos* unternehmen wollen", sagt eine höfliche Stimme aus dem Lautsprecher. „Unser Ausflug führt zu einem Planeten, auf dem intelligente Wesen leben. Im Laufe ihrer Entwicklungsgeschichte haben sie sogar ein gewisses kulturelles Niveau erreicht – trotz ihrer kleinen Köpfe mit den winzigen Augen und den beiden muschelförmigen Hörorganen. Die Bewohner dieser fernen Welt sehen seltsam aus: Zwei dicke Fühler hängen vom oberen Teil ihres Körpers herab. An den Enden sind sie jeweils mit Greifwerkzeugen ausgestattet. Die Lebewesen gehen aufrecht. Allerdings scheint ihnen das nicht sehr angenehm zu sein. Denn viele zwängen sich in rollende Kisten, die sie selbst steuern, oder sie fahren in langen Blechschlangen von einem Bau zum anderen. Mit geflügelten Maschinen fliegen sie um ihren Planeten. Viel gäbe es noch zu erzählen von dieser Zivilisation in den Tiefen des Weltalls. Wie wir leben sie in Völkern und führen auch gegeneinander Krieg, obwohl sie oftmals gar nicht wissen, warum. [...] Sie bezeichnen sich übrigens selbst als ..."

Helmut Hornung, 1992

4 Schreibe eine Fortsetzung der angefangenen Geschichte.

Leben, wie wir es kennen, ist auf den anderen Planeten unseres Sonnensystems nicht möglich. Es fehlt das Wasser, und es ist entweder zu heiß oder zu kalt. Auf dem riesigen Planten Jupiter, der größtenteils aus giftigen Gasen besteht, herrscht z. B. eine Durchschnittstemperatur von 160 Grad minus. Aber es könnte vielleicht auch ganz andere als die uns bekannten Lebensformen geben. Auf dem nebenstehenden Bild hat sich ein Zeichner vorgestellt, wie schwebende und liegende Geschöpfe in den oberen Jupiterwolken aussehen könnten.

5 Lies M 3 und diskutiere mit deinen Mitschülern die Vorstellung des Zeichners.

Fremdartige Lebewesen

M 3

Würde man jemanden, der absolut nichts darüber weiß, bitten, sich Meereslebewesen vorzustellen, ist es recht unwahrscheinlich, dass seine Fantasie Wesen wie den Haifisch oder gar Schalentiere zaubern würde. Genauso ergeht es den Astronomen, wenn sie sich über mögliches Leben im Universum Gedanken machen. Dass man [... bisher auf dem Mars z. B.] nichts fand, was man von der Erde her als Leben kennt, heißt im Grunde nur, dass es auf dem Mars völlig fremdartige Lebewesen geben könnte, die wir daher nicht einmal erkennen. Alles Leben auf der Erde besteht aus Zellen*, die auf Kohlenstoffatomen aufgebaut sind. Die oberen Schichten des Planeten Jupiter beispielsweise sind reich an Substanzen, die sich ebenfalls aus Kohlenstoff, Stickstoff und Wasserstoff zusammensetzen. Daher ist der weltbekannte, amerikanische Astronom Carl Sagan nur einer von vielen Autoren, die es für möglich halten, dass sich aus diesen Substanzen erst lebendige Zellen und schließlich Wesen entwickeln könnten. [...]

1994

Die Frage nach dem Mittelpunkt der Welt

M 4 Die Erde ist nicht besonders groß

Und dann hüpfte Mika wie ein Känguru durch den Garten. Zuerst mit leichten, vorsichtigen Sprüngen, dann stieß er sich so energisch ab, wie er konnte. „Dieser Planet kann nicht besonders groß sein", sagte er.
Schon wieder machte er eine so seltsame Aussage. Er war doch wohl nicht so hoch gesprungen, dass er den ganzen Erdball im Blick hatte?
„Er hat nämlich keine besonders große Schwerkraft", erklärte Mika. „Hier kann ich doppelt so hoch springen wie zu Hause auf dem Planeten, von dem ich komme. Wenn du mit mir nach Hause kämst, würdest du vielleicht überhaupt keinen Sprung schaffen." [A; 20]

1 Was sind überhaupt Planeten? Ist die Erde auch ein Planet?

M 5 Mittelalterliche Himmelskarte

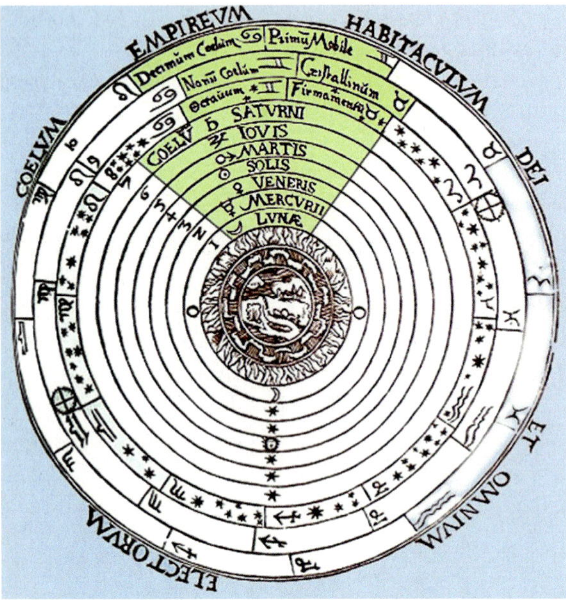

Das Wort Planeten* kommt aus dem Griechischen und bedeutet „Die Umherirrenden". Schon im Altertum, als man nachts viel besser als heute in unseren beleuchteten Großstädten die Sterne beobachten konnte, hatte man festgestellt, dass die meisten Sterne einen festen Standort haben und sich nur einmal in einer Nacht insgesamt um den Polarstern drehen. Man nennt sie deshalb Fixsterne*. Aber einige stehen immer wieder an anderen Stellen auf Bahnen, die man sich viele Jahrhunderte nicht erklären konnte. Man nennt sie deshalb Wandelsterne oder Planeten.

2 Die mittelalterliche Himmelskarte gibt das Weltbild wieder, das zuerst der griechische Philosoph Aristoteles beschrieben hat. Was steht im Mittelpunkt? Die vierte Schale um den Mittelpunkt ist mit Caelum solis, d. h. Himmelshöhe der Sonne, bezeichnet. Was meinte der mittelalterliche Zeichner wohl damit?

3 Versuche mithilfe des folgenden Textes eine Antwort zu finden und aufzuschreiben.

M 6 Zur Geschichte der Astronomie

Vor fast 2000 Jahren verfasste der griechische Naturforscher Ptolemäus als erster astronomische Bücher. Darin beschrieb er, wie sich seiner Erkenntnis nach die Sterne und Planeten am Himmel bewegten. [Wie Aristoteles] hielt Ptolemäus die Erde für den Mittelpunkt der Welt. Die Sonne, die Sterne und alle anderen Himmelskörper, so meinte er, wanderten um die Erde. Über tausend Jahre lang glaubten alle, dass Ptolemäus Recht hatte. Niemand ahnte, dass sein Weltbild falsch war.
Nikolaus Kopernikus war ein polnischer Astronom. Er lebte fast 1400 Jahre nach Ptolemäus. Kopernikus beschäftigte sich lange mit den Vorstellungen des Ptolemäus. Er wusste, dass etwas damit nicht stimmte. Kopernikus fand heraus, dass nicht die Sonne um die Erde kreist. Es ist genau anders herum! Die Erde und die übrigen Planeten kreisen um die Sonne. Kopernikus befürchtete, dass seine Erkenntnisse bei den Leuten nicht gut ankommen würden. [...] Kopernikus' Befürchtungen waren berechtigt. Die Menschen waren empört, als sie sein Buch lasen. Sie glaubten lieber,

dass die Erde der Mittelpunkt der Welt sei. Jahrelang war es verboten, Kopernikus' Ideen auch nur auszusprechen. Die wenigen, die seiner Meinung waren, behielten das lieber für sich. Einer von ihnen war der italienische Astronom Galileo Galilei. Er hatte Kopernikus' Buch gelesen und war sich sicher, dass er Recht hatte. Eines Tages hörte er von einer neuen Erfindung: dem Fernrohr. Damit konnte man Dinge betrachten, die weit weg waren. Galileo konnte es nicht fassen, dass noch niemand den Himmel mit dem Fernrohr beobachtet hatte! Er war von der Idee so begeistert, dass er sich sein eigenes Fernrohr baute. [...]
Isaac Newton war ein englischer Naturwissenschaftler. Für sein Gesetz der Schwerkraft wurde er berühmt. Die Schwerkraft ist eine unsichtbare Kraft, die auf der Erde alles in Richtung Boden zieht. Ohne Schwerkraft würden wir davonschweben! Nach Newtons Ansicht sorgt die Schwerkraft dafür, dass der Mond um die Erde wandert. Er vermutete, dass auch die Sonne Schwerkraft ausübt. Das würde erklären, warum die Erde und die anderen Planeten um die Sonne kreisen und nicht ins All abdriften. Newtons Gesetz der Schwerkraft ist es zu verdanken, dass die Menschen die Theorien des Kopernikus und des Galileo verstanden und anerkannten.

Will Osborne/Mary Pope Osborne, 2003

Der persische Astronom Al-Sufi hatte schon im 10. Jahrhundert den Andromeda-Nebel beschrieben, aber noch nicht geahnt, dass dieser ein Sternsystem außerhalb unserer Milchstraße* sein könnte. Der Philosoph Immanuel Kant hatte 1755 als erster die Idee, dass es außer der Milchstraße, zu der unsere Sonne gehört, noch unvorstellbar viele ähnliche Sternsysteme, die sogenannten Galaxien*, geben könnte.

4 Warum haben sich die Menschen wohl so lange gegen die Vorstellung gewehrt, dass die Erde nicht im Mittelpunkt des Weltalls steht? Sammle mögliche Gründe.

Galilei hatte mit seinem Fernrohr entdeckt, dass die Venus genau wie der Mond Phasen hat, und darin einen Beweis für die Lehre des Kopernikus gesehen, dass sie sich nicht um die Erde, sondern genau so wie die Erde als Planet um die Sonne dreht. Aber eine vom Papst eingesetzte Heilige Kongregation [Versammlung] hatte 1616 diese Lehre des Kopernikus verurteilt und Galilei bei Androhung der Folter verboten, diese weiter zu verbreiten. In seinem Schauspiel über das Leben des Galilei lässt der Dichter Bertolt Brecht (1898–1956) einen jungen Mönch auftreten, der selber Mathematik und Physik studiert hat, aber die Entscheidung der Heiligen Versammlung für richtig hält. Er nennt Galilei dafür einige Gründe.

Es liegt kein Auge auf uns

M 7

Erlauben Sie, daß ich von mir rede. Ich bin als Sohn von Bauern in der Campagna aufgewachsen. Es sind einfache Leute. Sie wissen alles über den Ölbaum, aber sonst recht wenig. [...] Es geht ihnen nicht gut, aber selbst in ihrem Unglück liegt eine gewisse Ordnung verborgen. [...] Sie schöpfen die Kraft, ihre Körbe schweißtriefend den steinigen Pfad hinaufzuschleppen, Kinder zu gebären, ja zu essen aus dem Gefühl der Stetigkeit und Notwendigkeit, das der Anblick des Bodens, der jedes Jahr von neuem grünenden Bäume, der kleinen Kirche und das Anhören der sonntäglichen Bibeltexte ihnen verleihen können. Es ist ihnen versichert worden, daß das Auge der Gottheit auf ihnen liegt, [...] daß das ganze Welttheater um sie aufgebaut ist, damit sie, die Agierenden [Handelnden], in ihren großen oder kleinen Rollen sich bewähren können. Was würden meine Leute sagen, wenn sie von mir erführen, daß sie sich auf einem kleinen Steinklumpen befinden, der sich unaufhörlich drehend im leeren Raum um ein anderes Gestirn bewegt, einer unter sehr vielen, ein ziemlich unbedeutender! Wozu ist jetzt noch solche Geduld, solches Einverständnis in ihr Elend nötig oder gut? Wozu ist die Heilige Schrift noch gut, die alles erklärt und als notwendig begründet hat, den Schweiß, die Geduld, den Hunger, die Unterwerfung, und die jetzt voll von Irrtümern befunden wird? [...] Es liegt also kein Auge auf uns, sagen sie. [...] Niemand hat uns eine Rolle zugedacht außer dieser irdischen, jämmerlichen auf einem winzigen Gestirn, das ganz unselbständig ist, um das sich nichts dreht? Kein Sinn liegt in unserm Elend [...].

Bertolt Brecht, 1943

5 Der junge Mönch verteidigt den Beschluss der Heiligen Kongregation. Welche Gründe nennt er?

6 Wieweit kannst du ihnen folgen?

7 Was könnte Galilei darauf erwidern?

M 8

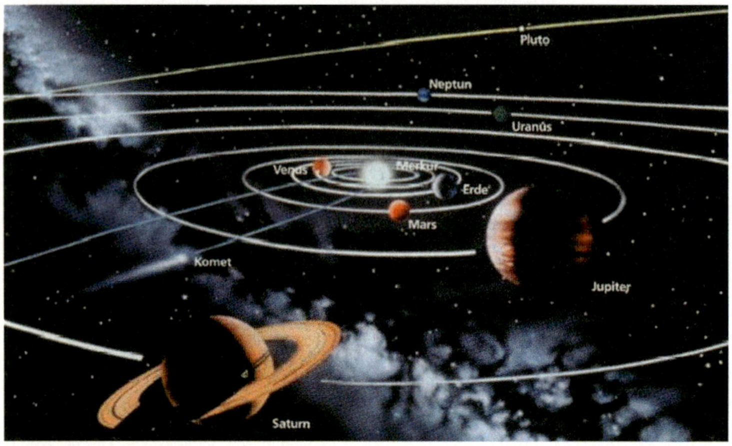

Auf dem Bild siehst du die neun Planeten. Mit diesem Satz kannst dir die Reihenfolge merken: **M**ein **V**ater **e**rklärt **m**ir **j**eden **S**onntag **u**nsere **n**eun **P**laneten.

Neuerdings zählt man den Pluto nicht mehr zu den Planeten, sondern genau so wie Ceres, Charon und Xena zu den Kleinplaneten. Unrealistisch ist auf dem unteren Bild, dass alle Planeten in kurzer Entfernung in einer Reihe stehen. Realistisch dargestellt sind aber die Größenverhältnisse unserer Sonne zu ihren Planeten.

M 9

8 Schreibe in dein Heft die Worte des Merksatzes untereinander und neben jedes Wort den Planeten, der mit dem gleichen Buchstaben anfängt.

9 Suche einen Vergleich aus deiner Umwelt für das Größenverhältnis von Erde, Sonne und Jupiter.

„Weißt du, wie viel Sternlein stehen?“

Alle Sterne sind Sonnen

M 10

Gleich danach ging die Sonne auf, und der neue Tag begann. Mika zupfte an meinem Pullover und zeigte zur roten Sonnenscheibe hoch.
„Wie heißt dieser Stern?“, fragte er.
„Das ist die Sonne“, sagte ich.
Mika spreizte die Finger und fuchtelte damit herum. Dann sagte er:
„Alle Sonnen sind Sterne und alle Sterne Sonnen. Nur haben nicht alle Sterne Planeten, die sie umkreisen, und deshalb nennt niemand einen solchen Stern ‚Sonne‘.“
Ich begriff, dass Mika Recht hatte, und ich hatte Lust, selber auch etwas Kluges zu sagen.
„Ein Stern, der keine Planeten hat, um sie anzustrahlen, ist sicher sehr einsam“, sagte ich. „Denn wenn ein Stern keine Planeten hat, die er anstrahlen kann, dann kann doch auch niemand zu ihm hochblicken, wenn er zu einem neuen Tag aufsteht.“
„*Du* kannst doch zu ihm hochblicken“, sagte er.
„Ich?“
Er nickte zweimal.
„Du kannst zu dem einsamen Stern hochblicken, wenn er zu einer neuen Nacht aufsteht.“
Erst jetzt ging mir auf, wie er das gemeint hatte. Er sagte:
„Je schwärzer die Nacht ist, umso mehr Sonnen können wir am Himmel sehen. Solange Tag ist, sehen wir nur unsere eigene.“ [A: 22–24]

1 Die Erde passt mehr als eine Million Mal in die Sonne. Der Durchmesser der Sonne ist viermal größer als die Entfernung zwischen Erde und Mond. Wie ist es dann möglich, dass all die vielen tausend winzigen Sterne, die man am Himmel sehen kann, auch Sonnen sind? Versucht in eurer Arbeitsgruppe, eine Erklärung dafür zu finden.

Planeten und Fixsterne*

M 11

Wenn du in einer klaren, dunklen Nacht zum funkelnden Sternenhimmel aufblickst, kannst du rund 3 000 bis 5 000 Sterne am Himmel erblicken. Es sind alles Sterne, die zu unserer eigenen Galaxie*, der Milchstraße*, gehören. Insgesamt gibt es rund 100 Milliarden Sterne in unserer Galaxie, aber sichtbar sind fürs bloße Auge nur die hellsten. Am einsamen Meeresstrand weitab von jeder „Lichtverschmutzung“ ist der Himmel dagegen mit Sternen übersät. Sterne sind ferne Sonnen wie unsere: kosmische Körper aus Gas, die durch ihre große Masse so stark zusammengepresst werden, dass der immense Druck im Inneren eine Kernfusion [Verschmelzung der Atomkerne] auslöst: [...] Unsere Sonne verbrennt in der Sekunde so 14 Millionen Tonnen Materie. Planeten bringen dagegen nicht genügend Masse auf, dass eine Kernfusion in ihrem Inneren stattfinden könnte. Die Planeten unseres Sonnensystems, auch „Wandelsterne“ genannt, strahlen nur deshalb manchmal noch heller als die Sterne vom Himmel, weil sie uns so nahe sind. Doch ihr Licht stammt nicht von den Planeten selbst, sondern ist reflektiertes Sonnenlicht. Neben unserer Sonne gibt es noch zahllose andere Sonnen – die Fixsterne. Sie verändern ihre Position am Himel kaum und wirken daher wie „fixiert“. Sehen können wir nur einen Bruchteil von ihnen – die hellsten und nächsten. Und die sind bereits so weit weg, dass ihre Entfernung nicht mehr in Kilometern, sondern Lichtjahren* angegeben wird. Unser nächster Nachbar ist Proxima Centauri im südlichen Sternbild Zentaur. Er ist 4,2 Lichtjahre weit weg – so lange braucht sein Licht zu uns. [...]

M 12 Die Milchstraße*

Was genau ist die Milchstraße? Es ist der Blick von innen auf die große, sternenreiche Galaxis, zu der die Sonne gehört – insgesamt 100 Milliarden Sterne, verteilt auf einer dünnen Scheibe mit Spiralarmen. Weil wir innerhalb der Galaxis leben, ist es schwer, sich die äußere Form vorzustellen, denn wir schauen genau auf den Querschnitt der Scheibe. [...] Unsere Sonne steht etwa 25 000 Lichtjahre vom Mittelpunkt dieser Spirale entfernt. Die Scheibe hat einen Durchmesser von 100 000 Lichtjahren, aber eine sehr viel geringere Dicke. Die Sterne sind in der Mitte der Milchstraße dicht zusammen. Wenn du mit einer Stecknadel in das Bild stechen würdest, hättest du rund eine Million Sonnen zerstört.

nach Simon u. Jaqueline Mitton, 1999

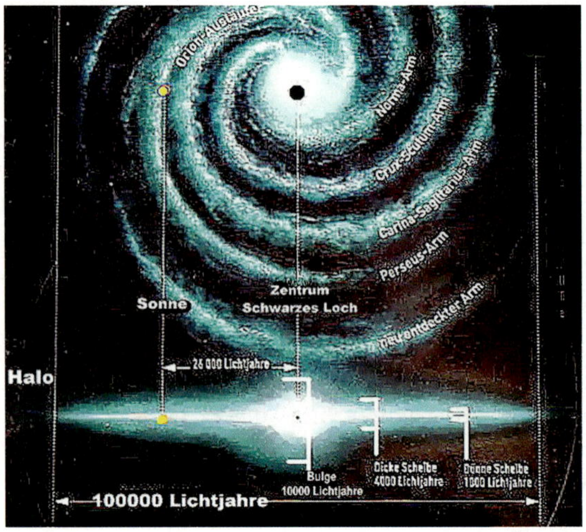

M 13 Andere Galaxien*

Das Hubble-Weltraumteleskop wurde 1990 in eine Erdumlaufbahn gebracht und umkreist die Erde in 590 km Höhe in 95 Minuten. Das Hubble-Teleskop hat den tiefsten Einblick in der Geschichte der Menschheit in den Tiefen des Alls geliefert. Auf dieser einmaligen Aufnahme (unten) sind mindestens 1 500 Galaxien in diversen Stadien ihrer Entwicklung dargestellt. Die Aufnahme [...] wurde aus 342 separaten Aufnahmen zusammengesetzt. In einem für das menschliche Auge völlig dunkel erscheinenden streichholz-schachtelgroßen Himmelsausschnitt enthüllt das Hubble Space Teleskop nach 10-tägiger Belichtung eine riesige Ansammlung von Galaxien. Einige der roten Galaxien gehören zu den ältesten Objekten des Universums, werden von uns jedoch aufgrund ihrer enormen Entfernung und der endlichen Ausbreitungsgeschwindigkeit des Lichts so gesehen, wie sie vor Milliarden von Jahren waren.

nach H. Lesch, 2001

2 Was ist der Unterschied zwischen Planeten und Fixsternen?

3 Was ist das Besondere an dem Hubble-Weltraumteleskop?

4 Stell dir vor, dass du einem Schüler aus der Grundschule in einer Mail oder einem Brief den Unterschied zwischen einem Sonnensystem und einer Galaxie erklären sollst. Was würdest du schreiben?

Wie groß ist das Weltall – wie klein ist der Mensch?

In dem Jugendroman „Auf unbekanntem Stern“ von Anton Kolnberger geht es um einen ersten Versuch, den Mars mit einem atomkraftgetriebenen Weltraumschiff zu erreichen. Der deutsche Ingenieur Peter Bergen ist zu seiner Freude auserwählt, zusammen mit fünf Kollegen aus anderen europäischen Ländern die abenteuerliche Reise zu unternehmen. Am 21. Tag aber wird ihr Raumschiff von einem Meteor getroffen und aus der Bahn geworfen. Mit 84 000 Stundenkilometer treiben sie steuerlos im All. Verzweifelt versuchen die Männer den Schaden zu reparieren. Aber an den nächsten 50 Tagen entfernen sie sich immer weiter von ihrem ursprünglichen Ziel.

Einer unbekannten Endlosigkeit entgegen

M 14

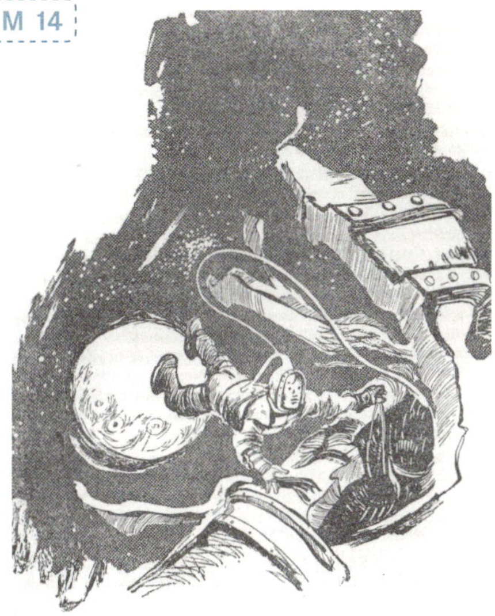

Oft in den folgenden Tagen und Wochen ihrer Arbeit, in denen die Schwierigkeiten und Komplikationen wuchsen und sie vor ein unlösbar scheinendes Problem um das andere stellten, wünschte John, ein neuer Zusammenstoß möchte ihrer aussichtslosen Lage ein schnelles, gnädiges Ende bereiten. Aber nichts mehr dergleichen geschah. Unbeirrt zog das Schiff, immer langsam um seine Achse kreisend, seine Bahn, einer unbekannten Endlosigkeit entgegen. Der Abstand vom Mars vergrößerte sich seit dem Tage der Katastrophe immer mehr und mehr, bis der schon so nahe gewesene Planet nach 14 Tagen wieder ein glitzernder roter Stern unter Millionen anderen war und sie ihn im Verlauf der nächsten Wochen ganz aus dem Auge verloren. Dafür wuchsen ihnen andere Weltkörper entgegen, die größer und größer wurden, um dann ebenso langsam wieder an ihrer Seite, über oder unter ihnen im Meer der übrigen Sterne unterzutauchen. [B: 39]

1 Wie würdest du dich als Besatzungsmitglied fühlen? Was würdest du in dein Tagebuch schreiben?

2 Diskutiert in der Klasse, ob angesichts der Gefahren und der enormen Kosten die Weltraumfahrt für die Menschen sinnvoll ist.

Am 62. Tag, als sie gerade die Steuerdüsen repariert haben, werden sie von einem unbekannten Planeten angezogen. Obwohl sie noch versuchen gegenzusteuern, kommt es zu einer Bruchlandung. Peter Bergen ist der einzige Überlebende.

In einer fremden Welt

M 15

Bergen bemühte sich, durch die Öffnung in der Schiffswand ins Freie zu kriechen. Dabei spürte er, dass ihn seine Knie bei jeder Bewegung stachen. Das musste von einer Prellung herrühren.
Er wunderte sich, dass er nach dem Schrecklichen der letzten Stunde – oder wie lange mochte es her sein – einfach sich erheben und fortbewegen konnte.
Dann befand er sich plötzlich außerhalb des Schiffes. Er stand auf dem Gipfel eines Berges und schaute im versinkenden Licht des Tages auf eine fremde, neue Welt.

Wo war er, auf welchem Stern unter den Millionen? [...]

Er befand sich auf halber Höhe in einem riesigen Kessel, dessen Wände brennend rote Kupferfelsen zu sein schienen. Weit dahinter, wie schwimmend in der lichtgeschwängerten Ferne himmelhohe, rauchende Bergkegel.

Vor ihm, in der Mitte des Felsenkessels, lag auf einer Bergkuppe das Schiff. Man sah die aufgerissenen Wände in dem glatten stählernen Leib. Die Fallschirme hingen halbgeöffnet und verbeult über den Bug, der schräg gegen den Himmel ragte.

[...]

Nun war er allein, auf einem Weltkörper irgendwo in der Unendlichkeit.

[...] Wohl zog eine Sonne darüber ihre Bahn, wohl war eine Luft um ihn, warm und voll belebender Frische, aber nichts Lebendes war zu sehen, zu vernehmen, kein Laut drang an sein Ohr, kein Vogel flog durch die Luft, kein Grashalm wuchs, soweit er sah, und kein Baum, kein Strauch. Er schien das einzige lebende Wesen zu sein auf dieser Kugel aus Stein und Licht.

Da überfiel ihn von neuem das Ungeheuerliche seiner Situation. Er, eine winzige Kreatur der Erde, war herausgehoben aus ihr und [...] war nun irgendwo ... irgendwo in den ewigen Räumen.

Wie lange würde es dauern, bis auch er den Toten im Schiffe folgen würde? Noch Wochen, noch Monate hatte er mit dem, was das Schiff barg, zu leben. Aber einmal würde das zu Ende sein, dann war nichts mehr übrig von dem ganzen kühnen Unternehmen als ein Wrack, das bewegungslos irgendwo auf einem Stern seinen aufgerissenen Bug gegen das Weltall reckte. Nichts würde denen da unten auf der Erde Kunde bringen von dem, was geschehen war ...

Aber, war es denn so sicher, dass es hier kein Leben gab? Er befand sich auf einem hohen Gebirge ... Vielleicht befand er sich nur in einer Höhe, in der es keine Vegetation mehr gab.

Es gab Luft und Wärme, also würde es auch Wolken geben und Regen ... oder sollte das dritte Element hier fehlen?

[...] Er würde aus dem Wrack das Wasser und alle Lebensmittelvorräte bergen und sich aus Überresten der Schiffsausstattung eine Hütte bauen. In ihr würde er abwarten, bis seine Knie wieder geheilt waren. Dann würde er den Abstieg ins Tal versuchen.

[B: 44–47]

3 Was meint Peter Bergen mit den „ewigen Räumen" (Z. 38)?

4 Wie mag die Geschichte weitergehen? Schreibe eine Fortsetzung.

5 Diskutiert darüber, ob Peter Bergen tatsächlich auf einem unbekannten Planeten gelandet sein könnte, auf dem Leben möglich ist.

M 16 Verkleinerungsmodell 1

Wenn wir unser Sonnensystem hundertmillionenmal verkleinern würden, dann würde die Erde auf die Größe einer Apfelsine von zwölf Zentimetern Durchmesser zusammenschrumpfen. [...] Den Mond hätten wir uns in dem gleichen Maßstab als eine 3,5 Zentimeter große Kugel vorzustellen, welche die apfelsinengroße Erde in 3,80 Meter Entfernung umkreist und dabei also eine Bahn von 7,60 Metern Durchmesser beschreibt. [...]

Dann aber kommt schon der erste große Sprung: die Sonne wäre in dem gleichen Modell bereits 1,5 Kilometer entfernt, und sie würde auch mit einem Durchmesser von rund vierzehn Metern – also fast anderthalbmal die Höhe eines der üblichen Sprungtürme in einem Freischwimmbad – in kein normales Gebäude mehr hineinpassen. [...] Bis zum äußeren Rand unseres Sonnensystems, bis zur Bahn des Pluto, hätten wir in unserem Modell immerhin schon zwei recht strapaziöse Tagesmärsche zurückzulegen: bis zum 6 Zentimeter großen Pluto wären es nämlich schon fast sechzig Kilometer! [...] Wer getraut sich zu schätzen, wie weit in unserem Gedankenmodell (Maßstab 1 : 100 Millionen), in dem eine vierzehn Meter hohe Sonne in 1,5 Kilometern Entfernung von einer apfelsinengroßen Erde umkreist wird, der nächste Fixstern, die allernächste, uns „benachbarte" Sonne von uns entfernt zu denken wäre? Wer Lust dazu verspürt, mag es nachrechnen: α Centauri, unsere Nachbarsonne, [...] läge bei unverändertem Maßstab nämlich bereits auf dem Mond.

Hoimar von Ditfurth, 1978

6 Zieht die beiden folgenden Modelle über die Entfernungen im Weltraum in eure Überlegungen mit ein. Teilt die in M 16 angegebenen Entfernungen und Größen durch 100 und überlegt, ob das Sonnensystem dann in euer Klassenzimmer passen würde.

Die Rakete, mit der Peter Bergen unterwegs war, hätte mit ihrer Geschwindigkeit von 84 000 Kilometer in der Stunde 54 000 Jahre bis zu dem nächsten Fixstern gebraucht. Dabei ist es äußerst unwahrscheinlich, dass gerade dieser Fixstern von einem bewohnbaren Planeten umkreist wird.
Bei dem ersten Modell geht es nur um die Entfernung bis zum nächsten Fixstern. Um sich die Entfernung bis zur nächsten Galaxis, dem Andromeda-Nebel, klar zu machen, muss man sich in einem zweiten Modell vorstellen, dass das gesamte Sonnensystem so klein wie ein Staubkorn von 1 / 10 Millimeter ist. Vom Deutschen Museum in München aus gesehen ergibt sich folgendes:

Verkleinerungsmodell 2

M 17

Sonne, Erde und die übrigen Planeten sind in diesem Maßstab gar nicht mehr zu sehen, nicht einmal mit einer Lupe. Ein Lichtjahr ist nun 80 Zentimeter lang, Proxima Centauri [s. M 10] knapp dreieinhalb Meter entfernt; die gesamte Galaxis misst 80 Kilometer im Durchmesser. Die Sonne befindet sich allerdings nicht im Zentrum unseres Sternsystems. Aus diesem Grund liegt der Nabel der Milchstraße im mehr als 22 Kilometer entfernten Starnberg. Und wo, bitte, geht's zum Andromeda-Nebel? Entscheiden wir uns für den Südosten, begeben wir uns zum Münchner Hauptbahnhof und fahren mit dem Zug bis ins türkische Istanbul. Erst dort hätten wir die Spiralarme der Nachbargalaxie erreicht.

Helmut Hornung, 1992

7 Erkläre mithilfe der Abbildung den Unterschied von Sonnensystem, Galaxis und Universum.

„Das ewige Schweigen dieser unendlichen Räume macht mich schaudern." So schrieb der französische Philosoph und Mathematiker Blaise Pascal um 1660. Er war ein bedeutender Forscher, und heute noch wird die Maßeinheit für den Luftdruck und eine Programmiersprache für Computer nach ihm benannt. Aber dass es außerhalb unserer Milchstraße noch unzählige andere Galaxien gibt, war ihm noch nicht bekannt.

8 Wie verstehst du den Satz Pascals? Stell dir vor, du könntest ihm in einem Brief von diesen neuen Entdeckungen berichten und ihm dabei auch deine Gedanken über die Winzigkeit und Wichtigkeit des Menschen mitteilen. Was würdest du schreiben?

Wie alt ist die Welt – wie kurz ist unser Leben?

Peter Bergen beschließt, den unbekannten Planeten zu erkunden. Nach einer langen Wanderung ist er am Rande einer Schlucht erschöpft eingeschlafen.

M 18 In der Schlucht der Saurier

Als er erwachte, packte ihn das Grauen. Vor ihm, keine zehn Schritte entfernt, war ein triefender, scheußlicher Kopf. Der saß an einem wurmförmigen, sich nach hinten verdickenden Hals, der aus einem gepanzerten Körper von fürchterlicher Größe wuchs. Der Koloss schob sich näher und näher. In dem Schädel lagen bösartige, listige Augen. Aus den riesigen Nasenlöchern prustete in kurzen Abständen eine widerwärtige Nässe.

[...] „Ein Saurier", jagte es durch sein Hirn, „das Ende, das Ende." Ohne noch zu überlegen, riss er den Revolver aus der Tasche, und ehe er noch zwischen die Lichter halten konnte, krachte der Schuss durch die Felsenschlucht. Ein Knall, fünf-, zehnmal von den Wänden zurückgeworfen, zerriss die Stille.

Die Wirkung war ungeheuer. Die ganze Höhle wurde zu einem Hexensabbath, aus unsichtbaren Felsenlöchern, von überall her erhob sich krächzend und pfeifend ein Gewirr von Echsen, die Luft erfüllte sich mit Schnauben und Brüllen von aufgeschreckten Riesentieren.

Das Reptil aber, vom Schlag der Kugel gereizt, zuckte mit dem Kopf blitzschnell zurück, um im nächsten Augenblick mit der ganzen Wucht des säulenmächtigen Halses gegen den Feind vorzuschnellen.

Der Schuss hatte aber auch Bergens Starrheit gelöst. Mit einem Ruck warf er sich zur Seite, stürzte auf Händen und Füßen einige Sprünge weiter und hetzte eine Geröllhalde hinauf. Als er sich im Laufe umwandte, sah er in das aufgerissene Maul des zur maßlosen Wut gereizten Tieres. Mit vorgestrecktem Hals und tappenden Tatzen versuchte es ihm zu folgen. In dem lockeren Schutt aber fand der massige Körper keinen Halt. [...]

Bergen verhielt sich unbeweglich, um das Tier nicht weiter zu reizen. Immer von neuem versuchte die wutentbrannte Kreatur ihres Feindes habhaft zu werden. Dabei schien es, als ob ihr Hals immer länger aus ihrem Körper herauswüchse. [...] Doch sah Bergen, dass das Tier auf dem Geröll trotz aller Bemühungen, ihm näher zu kommen, immer wieder rückwärts rutschte.

Nach einiger Zeit nahm das Brüllen der übrigen Tiere ab, und endlich drehte auch der Saurier sich um und schob seinen massigen Leib in das Wasser zurück. Nur die Echsen flatterten noch aufgeregt kreischend durch die Luft.

Bergen aber wagte nicht, seinen unbequemen Stand zu verlassen. [...]

Er suchte mit den Augen das Gelände ab, und nun sah er erst den ganzen Umfang des Verderbens, in das er geraten war. Es waren nicht ein paar Saurier, die hier ihre Höhle hatten: In einem See, der fast die ganze Schlucht ausfüllte, wälzten sich wohl Hunderte von solchen Scheusalen. Sie streckten ihre Schlangenhälse aus dem dunklen Wasser oder schoben sich in unheimlich schwerfälligen Bewegungen über das schlammige Ufer, das sich bis zum Sturzbach erstreckte. Von allen

Seiten sonst stürzten dunkle Felswände in das tintige Wasser.

Unverwandt starrte Bergen auf dieses urweltliche Bild, mit Entsetzen zuerst, aber dann mit anderen, neuen Gedanken:

So viele, so gewaltige Tiere konnten in einem so engen, abgeschlossenen Wasser nicht leben, sie brauchten Raum. Im Maul des Sauriers, dessen erinnerte er sich genau, hatte er stumpfe Zähne gesehen. Sie waren also keine Raubtiere, sondern Pflanzenfresser. Pflanzen aber gab es hier nicht, von einigen bambusartigen Bäumen abgesehen, die vereinzelt auf der Schutthalde wuchsen. Fliegen konnten die Tiere nicht, also musste der See irgendwohin einen Ausgang haben dahin, wo keine giftigen Nebel waren und wo es für sie etwas zu fressen gab, viel zu fressen.

[...]

Blitzartig wurde ihm klar, [...] dass der Stern, auf dem er war, in einem viel jüngeren Stadium seiner Entwicklung stand als die Erde. [B: 78–81; 61]

Die Saurier haben 160 Millionen Jahre die Erde beherrscht und sind vor etwa 65 Millionen Jahren wahrscheinlich durch eine Umweltkatastrophe ausgestorben, in der die Erde von einem riesigen Meteoriten getroffen wurde.

1 Was weißt du darüber, wie und wann die Erde und das Leben entstanden sind?

Das Universums ist nach heutiger Kenntnis etwa 15 Milliarden Jahre alt. Die Erde ist vor etwa 4,5 Milliarden Jahren, der Mensch vor etwa einer Million Jahren entstanden. Um sich diese ungeheueren Zeiträume etwas besser deutlich zu machen, kann man sich vorstellen, dass die ganze Geschichte des Universums in ein Jahr gepresst wird.

2 Stellt eine Vermutung an, an welchem Datum im Verlauf des Jahres der Mensch auftreten würde, wenn die Geschichte des Universums insgesamt nur ein Jahr lang gedauert hätte. Welche Gründe habt ihr für eure Vermutung?

3 Lies den folgenden Text und fertige eine Tabelle mit Daten und Ereignissen an.

Die Entstehung des Universums als Jahreskalender

M 19

Eine Sekunde dieses Jahres entspricht dann etwa 500 Jahren Echtzeit. [...] Bereits am 19. Januar entstehen die ersten Galaxien*, möglicherweise auch die Schwarzen Löcher in ihren Zentren. [...] Am 28. Januar hat die älteste, heute bekannte Galaxie ihr Licht ausgesandt.

[...]

Dann passiert lange Monate nichts weiter, als dass immer neue Generationen von Sternen immer mehr schwerere Elemente zusammenbrauen, angeheizt durch Galaxienzusammenstöße und Verschmelzungen. Irgendwann Anfang September entsteht auf diese Weise auch die Sonne und mit ihr unser Planetensystem. Erstaunlicherweise wird bereits gegen Ende September das erste Leben – Blaualgen – auf der Erde gefunden. [...] Was in den Monaten danach auf der Erde passiert, ist weitgehend unklar, es gibt Spekulationen, dass das junge Leben auf der Erde mehrfach neue Anläufe unternehmen musste, weil es möglicherweise durch Kometeneinschläge oder das völlige Einfrieren der Erde wieder ausgelöscht wurde. Neuere Erkenntnisse [...] zeigen aber, dass das Leben wesentlich robuster ist, als bisher angenommen, und sich selbst Kilometer tief in der Erdkruste oder in heißen vulkanischen Quellen auf dem Ozeanboden erhalten kann. Die ersten Wirbeltiere und Pflanzen entstehen jedenfalls erst in der zweiten Dezemberhälfte [...]. Rechtzeitig zu Weihnachten sind auch der Wald, die Fische und Reptilien entstanden. Am 25. Dezember treten die ersten Säugetiere auf den Plan. Am 28. Dezember sterben die Saurier aus und machen damit Raum zur rapiden Entwicklung größerer Säugetiere, die am 30. Dezember um 20:00 Uhr ihre schwerste Prüfung in der Entstehung des Menschen hat. Der Neanderthaler, eine Seitenlinie, lebt 5 Minuten vor Mitternacht, Jesus Christus 15 Sekunden und wir selbst – ein menschliches Leben von 100 Jahren dauert 0,2 Sekunden in diesem Maßstab – ein Wimpernschlag der Geschichte.

Günther Hasinger, 2008

Eine Botschaft an andere intelligente Wesen

Bei seinen Streifzügen auf dem unbekannten Planeten erlebt Peter Bergen eines Tages eine unerhörte Begegnung.

M 20 Menschen von zwei Sternen

Vor ihm stand der Mensch. War es ein Mensch?
Ein Wesen stand ihm gegenüber, so bizarr und seltsam, dass er nicht wusste, sollte er den Anblick grässlich oder schön empfinden. Ein Lebewesen, das aufrecht stand und an dessen Armen und Beinen sich grünliche, fischflossenartige Hautlappen vibrierend bewegten. Ein schmaler Leib schillerte wie ein perlmutternes Schuppengebilde. [...]
Er musste sich bewegt haben, denn das Wesen machte eine abwehrende Geste. Dabei bog sich der ganze Körper in tierhafter Geschmeidigkeit, zitterten die Hautgebilde bis zu den ausgespreizten, mit Schwimmhäuten verbundenen Fingern. [...]
Das war also ein Mensch dieses Planeten; dieses echsenhaft gebildete und doch wieder so schön anzusehende Wesen. Wie so ganz anders hatte er sich die Menschen vorgestellt: als halb affenartige Geschöpfe, behaart, mit engstehenden, tiefliegenden Augen und vorgewölbten Stirnknochen. Bergen trat auf es zu, die beiden Hände vorgestreckt: „Ich komme von der Erde", sprachen seine Lippen, aber vor Erregung kam nur ein verschlucktes, hilfloses Krächzen aus seinem Mund.
Seine Stimme oder die Bewegung seiner Hände musste das Menschenwesen erschreckt haben. Die Hautlappen spannten sich plötzlich, es warf die Arme hoch, und wie ein grotesker Vogel schnellte es sich in die Luft. Mit großen fliegenden Sprüngen hetzte es davon. [...]

In dieser Nacht schlief Peter Bergen nicht, so ungestüm war alles in ihm aufgewühlt. Immer und immer wieder ließ er die einzelnen Phasen des Geschehens dieser Minuten an seinem Geist vorüberziehen, sah diesen Menschen vor sich mit seinem Schuppenleib und den vibrierenden Flugflossen. Wie geschmeidig dieser Körper war, dieses glatte, faltenlose Gesicht: Das war eine Menschenfrau gewesen!
[...] Ob dieses Mädchen ihn für ein Tier, einen anderen Menschen oder einen Gott gehalten hatte: Diese Menschen würden wissen wollen, wer dieses Wesen war, das einem von ihnen im großen Wald begegnete. [...]
Peter Bergen brauchte nicht lange zu warten. Er sah, als er am nächsten Tage wieder am Rande des Waldes stand und in das Tal hinabschaute, dort etwas Unbestimmtes sich bewegen. Später unterschied er zehn bis zwölf dunkle Punkte, die sich der Höhe näherten. Er beobachtete die eigenartige Weise ihrer Fortbewegung. Sie schienen weder richtig zu laufen, noch eigentlich zu fliegen, sondern machten große Sprünge, wobei ihre Flughäute gespannt waren. Sie kamen rasch näher. Dann verschwanden sie hinter einer Hügelstufe. [...]
Sie schienen ihn gesehen zu haben, denn sie blieben stehen. Er erkannte das Mädchen unter ihnen. Die anderen waren vermutlich Männer, denn sie waren größer und kräftiger gebaut und hielten in den Händen verschiedene Dinge, große Steine, Keulen, bogenartige Hölzer und Speere.
[...] Sie redeten nicht, sie bewegten sich nicht. Welch großer Augenblick! Keine Furcht, keine Unsicherheit hemmte Bergens Denken, und er empfand [...] die Einmaligkeit und Größe dieser Stunde.
Sie standen sich noch immer gegenüber, die Menschen von zwei Sternen, und sahen sich unverwandt, unbeweglich an. Warum kamen sie nicht näher? Sollte er sie anrufen, sie auffordern herzukommen? Nein, das war sinnlos. Wie sollten sie begreifen, was er sagte, und was hätte er sprechen sollen? Vielleicht: „Hallo, boys", oder sollte er vielleicht „Grüß Gott" sagen oder „Guten Tag". [...] Und von einem glücklichen Instinkt getrieben

hob er den Arm und riss einen Zweig von dem Baum, unter dem er stand. Dann ging er ruhig und ohne Hast den halben Weg auf die anderen zu und legte mit deutlich sichtbarer Geste diesen auf den Boden. „Komm“, wollte er sagen, „komm mir auf halbem Wege entgegen, du Mensch, wenn du eine Seele hast wie ich, die dich und mich über die Tiere erhebt und uns zu Brüdern macht. So anders auch die Hülle ist, in der diese lebt, lass uns die Hände reichen.“ Und der Mensch des fremden Sternes verstand diesen Akt der Freundschaft. An eigenartigen Lauten, die die Männer von sich gaben, erkannte er, dass sie miteinander sprachen. Jetzt gingen sie auf die Stelle zu, wo der Zweig lag und legten – ein Glücksgefühl stieg in ihm auf, als er es sah – ihre Waffen vor ihm zu Boden.

[B: 104–108]

1 In dem Roman hat sich ein Schriftsteller vorgestellt, wie eine Begegnung zwischen Menschen von verschiedenen Planeten verlaufen könnte. Wie aber könnte eine Botschaft der Menschheit an unbekannte intelligente Wesen im Weltall aussehen?

2 Entwirf in deiner Arbeitsgruppe eine solche Botschaft, die mit einer Rakete ins All geschossen werden soll. Bedenkt dabei, dass die Wesen, die sie möglicherweise nach vielen tausend Jahren zu Gesicht bekommen, sicher keine der auf Erden gesprochenen Sprachen sprechen werden.

Grüße ins All

M 21

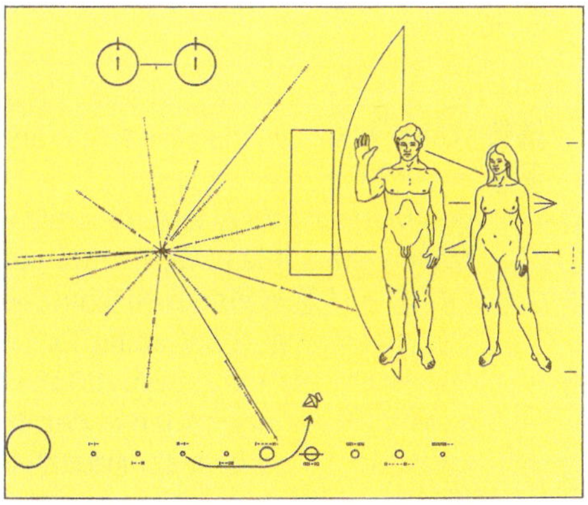

Die kosmischen Grußbotschaften auf den 1972 gestarteten Jupiter-Sonden Pioneer 10 und 11 [...] werden mit Sicherheit nicht in den nächsten 44 000 Jahren gelesen werden – so lange dauert es nämlich, bis die Raumroboter den nächsten Fixstern passieren. Das menschliche Paar [...] steht vor der Raumsonde Pioneer 10, um so die Körpergröße des Menschen darzustellen. Links von ihnen befindet sich die „Pulsarkarte“, die sich **Frank Drake** ausdachte, um den Bestimmungsort unseres Sonnensystems anhand der Entfernungen zu 14 verschiedenen Pulsaren [Sterne mit starker pulsierender Strahlung] zu identifizieren. Die [...] Länge der jeweiligen Linien steht für ihre Entfernung von dem zentralen Punkt, der Sonne. [...] Auf dem unteren Rand der Karte fügte **Carl Sagan** die Sonne und die Planeten hinzu, deren Durchmesser in dem Vielfachen von Wasserstoffwellenlängen angegeben wurden. Auf der Flugbahn, die vom dritten Planeten ausgeht, befindet sich die schematische Darstellung von Pioneer 10. Man sieht, wie sich die Raumsonde zwischen dem größten und dem geringelten Planeten emporhebt.

3 Was hältst du von dem Entwurf der Astronomen Sagan und Drake?

4 Vergleiche ihn mit eurem Vorschlag. Was würdest du übernehmen?

5 Was hältst du überhaupt von der Idee, mit intelligenten Wesen auf anderen Planeten mit einer Botschaft der Menschheit Kontakt aufzunehmen zu wollen?

Peter Bergen wird in den Stamm aufgenommen und findet dort auch Freunde. Das Mädchen, dem er zuerst begegnete, wird seine engste Freundin. Nach einiger Zeit bewirkt der Einfluss des Planeten, dass ihm selbst auch Flughäute wachsen. Als nach zehn Jahren ein Raumschiff von der Erde eintrifft, um ihn zurückzuholen, lehnt er die Rückkehr ab, obwohl man ihm versichert, dass die Flughäute sich zurückbilden würden.

6 Wie beurteilst du Bergens Entscheidung? Hättest du dich auch so entschieden?

Woher kommen die Menschen?

In Joakims Haus hat Mika ein Buch mit Bildern entdeckt, die ihn sehr zu interessieren scheinen.

M 22 „Wo kommt ihr denn dann her?“

[Mika] starrte nur weiter ins Buch. In einer Hand hielt er meine große Lupe. „Gibt es hier in der Nähe viele solche Tiere?“, murmelte er. „Das sind Dinosaurier“, erklärte ich. „Das waren riesige Tiere, die vor vielen Millionen Jahren hier gelebt haben. Aber dann ist etwas passiert, wodurch sie allesamt ausgestorben sind.“
Mika riss die Augen auf:
„Ehe sie sich entwickeln konnten?“
Ich nickte.
„Ehe sie richtige Menschen werden konnten?“, fragte er.
Ich wusste damals schon einiges über die Geschichte der Erde. Aber ich fand die Frage so komisch, dass mir nicht einfiel, was ich antworten sollte.
„Damals hat es hier keine Menschen gegeben“, erklärte ich.
Mika ließ das Buch auf seinen Schoß sinken und sah zu mir hoch. Dann fragte er:
„Wo kommt ihr denn dann her?“

[A: 31]

M 23

1 Woher kommen die Menschen und wie sind sie entstanden?

2 In der Bibel wird im ersten Buch Mose erzählt, dass Gott den Menschen aus Erde geformt und ihm den Lebensatem eingeblasen habe. 1871 begründete der Engländer Charles Darwin (1809–1882) in einem berühmt gewordenen Buch „Die Abstammung des Menschen“ seine These, dass Affen und Menschen sich aus einem gemeinsamen Vorfahren entwickelt hätten. Diese Ansicht hat sich inzwischen in der Wissenschaft allgemein durchgesetzt. Damals gab es aber auch viel Kritik. Was will der Karikaturist mit seiner Zeichnung zum Ausdruck bringen (M 23)?

3 Sammelt Argumente für und gegen Darwins Ansicht und führt ein Streitgespräch zwischen seinen Anhängern und Gegnern.

4 Welche zusätzlichen Argumente kannst du in dem folgenden Bericht über die moderne Forschung an Menschenaffen (Primaten) finden?

M 24 Was Affen alles können

„Die meisten Tiere teilen die Gefühle ihrer Gruppenmitglieder. Das ist für mich Empathie [Einfühlungsvermögen]“, sagt de Waal, der seit 30 Jahren Affen in großen Freigehegen beobachtet. Mäuse (zum Beispiel) sind schmerzempfindlicher, wenn sie mitbekommen, dass andere, ihnen bekannte Mäuse, ebenfalls Schmerzen erleiden.
„Diese Gefühlsübertragung ist die älteste und einfachste Form der Empathie. Sie hat sich aus der Brutpflege entwickelt“, erklärt de Waal. Menschenaffen dagegen hätten auch die höchste Stufe der Empathie erklommen: „Sie können sich in andere hineinversetzen.“ Während seiner Zeit im Arnheimer Burger's Zoo beobachtete de Waal einmal, wie ein Bonobo einen leicht verletzten Star im Gehege fand. Der Affe hob den Vogel auf, trug ihn zu der höchsten Stelle im Gehege, breitete ihm die Flügel aus und schubste ihn hinunter. Der Vogel flog davon. Solche extremen Formen der Empathie

treten wahrscheinlich nur in Gefangenschaft auf, wo es wenig Konkurrenz gibt. Doch sie zeigen, was alles im Affen steckt. [...] De Waal und seine Mitarbeiter versteckten Futter in einer Schachtel, die sich auf zwei Arten öffnen ließ. Aus zwei Schimpansengruppen wählten sie dann ein ranghohes Weibchen aus, denen die Forscher jeweils eine der Methoden beibrachten. Als die beiden Weibchen wieder in ihre Gruppen zurückgekehrt waren, guckten sich die anderen Schimpansen von ihnen ab, wie sie an das Futter gelangen konnten. [...]

Auch die Fähigkeit, den Kummer eines anderen zu spüren und Trost zu spenden, hat der Primatologe in den Katalog äffischen Verhaltens aufgenommen. „Wenn sich zwei Affen streiten, läuft der Verlierer danach zu einem dritten Tier. Das legt ihm den Arm auf den Rücken“, erzählt de Waal – und zeigt kurz darauf das Bild einer jungen Frau, die auf die gleiche Weise ihren Freund tröstet. Ohne die Fähigkeit, sich in den Artgenossen hineinzuversetzen, wäre ein solches Verhalten seiner Ansicht nach undenkbar.

Affen zeigen nicht nur die positiven Seiten empathischen Verhaltens. Wer spürt, was der andere empfindet, der hat auch alle Voraussetzungen, den anderen zu täuschen. De Waal berichtet von einem rangniederen Schimpansen, der zwei unterschiedlich große Portionen Futter gezeigt bekommt. Seinen Kumpanen das Futter ganz zu verschweigen, ist riskant, so etwas dürfte nur der Boss. Also führt der Affe die Gruppe mit großem Geschrei zu der kleinen Futterportion. Als alle fressen, macht sich der rangniedere Affe unbemerkt über die große Portion her. *Katrin Blawat, 2007*

INFO

Die Erschaffung des Menschen in der Bibel

Die Schreiber der Bibel haben für ihren Glauben, dass der Mensch von Gott geschaffen sei, mindestens drei unterschiedliche Bilder benutzt. In der ältesten Schöpfungserzählung im zweiten Kapitel des 1. Buches Mose wird der Mensch Adam genannt, weil er aus Ackererde (hebräisch: Adamá) geformt wurde. So steht es auch im Koran, dem heiligen Buch der Muslime (Sure 30,20 und 40,67). Im ersten Kapitel des 1. Buches Mose wird er dagegen nur durch das Wort Gottes geschaffen. An anderer Stelle (Jesaja 64,7) wird Gott als Töpfer beschrieben, der aus Ton die Menschen gemacht habe. Diese Vorstellung gab es schon in Ägypten. Auf dem ägyptischen Relief aus der Zeit um 1480 v. Chr. aus Theben formt der widderköpfige Gott Chnum auf der Töpferscheibe den Leib der Königin Hatschepsut und deren Ka, ihre Seele, die man sich als zweites Ich vorstellte. Die Sonnengöttin Hathor gibt ihm das Leben. Die Schreiber der Bibel haben also unterschiedliche Bilder gebraucht, um das besondere Verhältnis von Gott und Mensch zum Ausdruck zu bringen. Sie wollten sicher keine genaue wissenschaftliche Darstellung von der Entstehung des Menschen geben. Moderne Theologen sehen deshalb keinen Grund mehr für den Streit mit den Biologen um die Entwicklung des Menschen aus einem gemeinsamen Vorfahren mit den Affen.

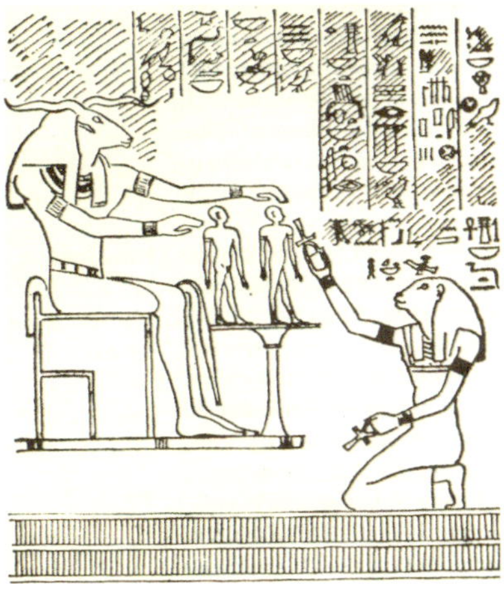

5 Beschreibe die einzelnenStationen in der Entwicklung des Menschen, die der Zeichner in der folgenden Abbildung zum Ausdruck bringt. Wie könnte eine nächste Station aussehen?

M 25

Woher kommt das Leben?

M 26

M 27

M 28

„Zuerst gab es hier unser ...“

Schon damals habe ich mich sehr für die Natur interessiert. Ich sammelte Bücher über Dinosaurier, und in diesen Büchern stand auch einiges über die Geschichte der Erde. Immer wieder unterhielt ich mich mit meinem Vater darüber. Jetzt erzählte ich Mika, dass alles Leben auf unserem Planeten im Meer begonnen hatte.

„Auch die Menschen?“, fragte er.

Ich verneigte mich für diese Frage tief. Dann sagte ich:

„Das Leben auf diesem Planeten ist nur ein einziges Mal entstanden, und zwar vor zwei Milliarden Jahren. Das bedeutet, dass alle Tiere und Pflanzen miteinander verwandt sind.“ [...]

[...] Zuerst gab es hier nur einzellige Organismen* – so wie die Bakterien. Die sind derart klein, dass wir sie nur sehen können, wenn sich irgendwo viele Hunderte davon zusammengeklumpt haben. Aber nach einigen hundert Millionen Jahren bildeten sich dann verschiedene mehrzellige Pflanzen und Tiere.“ [...]

„Wie Tang und Algen und Seesterne und Seeigel. Sie sind so groß, dass wir sie in der Hand halten können. Das kommt daher, dass sie aus vielen tausend winzigen Teilchen zusammengesetzt sind, die wir Zellen* nennen. Bei mehrzelligen Pflanzen und Tieren ist jede Zelle ein bisschen anders als die anderen, weil jede ihre eigene Aufgabe hat.“

Ich glaube nicht, dass Mika jemals einen Seestern in der Hand gehalten hatte. Er begriff sicher auch nicht, was eine Zelle ist. Trotzdem erzählte ich einfach weiter.

„Nach vielen hundert Millionen Jahren schwammen Fische im Meer“, erklärte ich. „Dann entwickelten sich einige Fische zu Tieren, die im Wasser und auf dem Land atmen konnten. Das waren die Amphibien.“ „Gibt es noch immer ‚Amphibien‘?“, wollte Mika wissen.

Mir fielen nur Frösche und Salamander ein. Aber ich erzählte, dass eine ganze Menge solcher Frühformen von Leben auf der Erde überlebt haben.

[...]

Wir diskutierten über so schwierige Fragen, dass ich es fast ein bisschen unheimlich fand.

„Auf deinem und auf meinem Planeten hat sich das Leben aus einfachen einzelligen Organismen entwickelte“, erklärte Mika. „Wie hätte denn sonst alles anfangen sollen? Und dann haben sich ein besserer Sinnesapparat und ein immer besseres Nervensystem entwickelt. Die Entwicklung ging in Richtung eines immer kompli-

zierteren Gehirns und eines ständig wachsenden Bewusstseins von der Welt, in der wir leben." [...]
„Ist es nicht doch seltsam, dass wir so ähnlich sind, wo wir von zwei verschiedenen Planeten kommen?", fragte ich wieder.

[...] „Du meinst, dass ich von dem einen Planeten komme und du von einem ganz anderen?", fragte ich. „Aber wir können uns trotzdem auf demselben Berg treffen?" Er nickte.

[A: 37–39; 74; 72–73]

1 Was erzählt Joakim über die Entstehung des Lebens?

2 Die beiden Bilder auf S. 182 wollen die viele Millionen Jahre lange Geschichte des Lebens andeuten. Wo gibt es Gemeinsamkeiten? Wo gibt es Unterschiede?

3 Das linke Bild gibt die Vorstellung von Charles Darwin (s. M 23) über die Evolution* wieder. Was könnte der Zeichner des rechten Bildes für die freigelassene Fläche vorgesehen haben? Male in dein Heft, was dort hinpassen könnte.

INFO

Evolution: Darwin hatte beobachtet, dass Züchter von Haustieren besondere Exemplare mit kleinen Veränderungen im Körperbau oder in der Farbe auswählten, um mit ihnen nach und nach eine neue Rasse zu züchten. In seinem berühmt gewordenen Buch „Über die Entstehung der Arten" stellte er 1859 dar, dass auf diese Weise im Laufe vieler Millionen Jahre alle Arten und Gattungen der Tiere und Pflanzen aus einem einzigen oder einigen wenigen ursprünglichen Lebewesen entstanden sein könnten. Damit begründete er die sogenannte Evolutionstheorie. Die Veränderung (Mutation) habe sich, wie er es bei den Züchtern gesehen hatte, zufällig ergeben. Die Auswahl (Selektion) konnte natürlich, als es noch keine Menschen gab, nicht von Züchtern vorgenommen werden, sondern ergab sich durch „natürliche Zuchtwahl" bei der Veränderung der Lebensumstände, z.B. wenn das Klima oder die Umgebung sich änderten. Das von ihm formulierte Grundgesetz der Evolution besagt, dass die am besten den veränderten Umständen angepassten Arten von Lebewesen im Kampf ums Dasein überleben. Oft ist dieses Gesetz aber später fälschlich mit „Überleben des Stärksten im Kampf ums Dasein" übersetzt worden.

4 Welche Folgen kann es haben, wenn man dieses vermeintliche Naturgesetz als Grundlage für das politische Handeln nimmt?

Der Keim des Lebens

M 29

Es ist wahrlich eine großartige Ansicht, dass der Schöpfer den Keim alles Lebens, das uns umgibt, nur wenigen oder nur einer einzigen Form eingehaucht hat, und dass, während unser Planet den strengsten Gesetzen der Schwerkraft folgend, sich im Kreise geschwungen, aus so einfachem Anfange sich eine endlose Reihe der schönsten und wundervollsten Formen entwickelt hat und noch immer entwickelt.

Charles Darwin, 1859

Die moderne Biologie folgte weitgehend der Ansicht Darwins. Einige offene Fragen in der Entwicklung des Lebens sind allerdings noch nach wie vor nicht geklärt. Auch darüber, wie die erste lebende Zelle entstanden sein könnte, gibt es sehr unterschiedliche Meinungen. Man hat jedoch eine große Übereinstimmung in den Bauplänen und den Genen aller Lebewesen festgestellt, so dass es sehr wahrscheinlich ist, dass sie sich aus dem Zusammenschluss von Einzellern entwickelt haben, die im Urmeer schwammen.

5 Die ca. 50 Billionen Zellen des menschlichen Körpers schwimmen nach der Darstellung des Naturwissenschaftlers Hoimar von Ditfurth wie die Zellen aller Lebewesen nach wie vor im Urmeer. Welche Erklärung gibt er dafür?

M 30 Das Meer in uns

In dem Körper eines Erwachsenen gibt es innerhalb der Zellen ungefähr 30 Liter und zwischen den Zellen circa 10 Liter sogenannte extrazelluläre [außerhalb der Zellen liegende] Flüssigkeit.

Bis auf den heutigen Tag entspricht die Zusammensetzung der extrazellulären Flüssigkeit unseres Körpers bis in Einzelheiten der Zusammensetzung des Meerwassers. Das erstaunlichste Beispiel betrifft das wechselseitige Mengenverhältnis zwischen den drei biologisch bedeutsamsten Salzen. Im Meerwasser beträgt das Verhältnis zwischen den drei Stoffen nun 100 zu 2 zu 2. Das heißt, auf 100 Teile Kochsalz kommen jeweils 2 Teile der anderen zwei Verbindungen. In unserer extrazellulären Körperflüssigkeit lautet das Verhältnis 100 zu 2 zu 2, sie ist also praktisch identisch. Das bedeutet nichts anderes, als dass die Natur seinerzeit das Meerwasser gleichsam in das Körperinnere mitgenommen hat, als es galt, die Ansprüche der infolge der Vielzelligkeit dorthin verschlagenen Zellen auch weiterhin zu befriedigen.

Aber das ist noch nicht das Erstaunlichste an der ganzen Geschichte. Am erstaunlichsten ist die Tatsache, dass dieses in unserem Körper eingeschlossene „innere Meer“ sauber und in seiner Zusammensetzung konstant bleibt, obwohl es die Versorgung einer Zellmenge übernommen hat, deren Inhalt insgesamt sein eigenes Volumen um rund das Dreifache übersteigt.

[...] Die höheren Lebewesen auf der Erde, und so auch wir selbst, haben eine große Zahl spezialisierter Organe entwickelt, die durch komplizierte und vielfältig miteinander verschlungene Funktionen dafür zu sorgen haben, dass trotz ständig wechselnder Aktivitäten unseres Körpers die Ähnlichkeit zwischen seiner Gewebsflüssigkeit und dem Meerwasser stets erhalten bleibt.

nach Hoimar v. Ditfurth, 1976

M 31

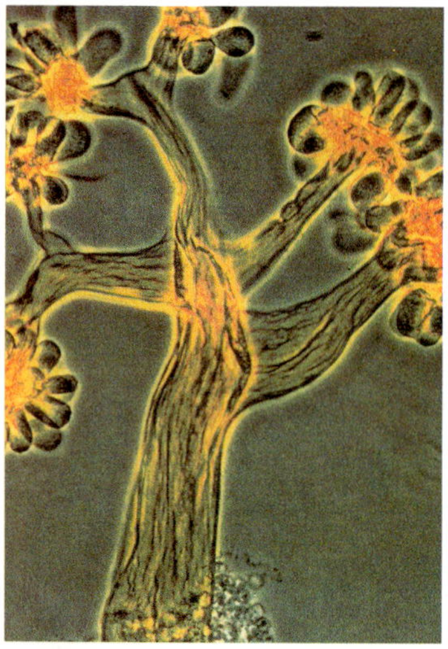

6 Das Bild zeigt winzige einzellige Lebewesen, nämlich bestimmte Bakterien, die sich baumförmig zusammenlagern, wenn es ihnen an Nährstoffen oder Wasser mangelt. Was haben sie mit den einzelnen Zellen der größeren Lebewesen wie Tieren oder dem Menschen gemeinsam und worin unterscheiden sie sich?

Der Mensch und alle größeren Lebewesen sind eine ungeheure Ansammlung von ursprünglich selbständigen einzelligen Lebewesen, die sich durch komplizierte Wechselwirkung besonderer Organe selbst schaffen und erhalten (Autopoiese). James Lovelock hat um 1979 die Frage aufgeworfen, ob man nicht die Erde als ganze ebenso betrachten kann. Der englische Wissenschaftler benennt seine Theorie des „lebenden Systems Erde“ nach der altgriechischen Erdgöttin Gaia.

M 32 Die Gaia*-Theorie

In den letzten drei Milliarden Jahren ist die Durchschnittstemperatur unseres Planeten in etwa gleich geblieben; 700 Millionen Jahre lang hat sich die reaktive Atmosphäre der Erde zwischen hohen Sauerstoffkonzentrationen an der Schwelle des Verbrennens und niedrigen Sauerstoffwerten an der Grenze des Erstickens eingependelt; außerdem scheinen gefährliche Salze kontinuierlich aus den Ozeanen entfernt zu werden – all das deutet darauf hin, dass das Leben als Ganzes wie bei einem Säugetier zielgerichtet organisiert ist.

L. Margulis/D. Sagan, 1999

7 Welche Ansicht vertritt James Lovelock von der Erde?

8 Diskutiert darüber, welche Konsequenzen eine solche Betrachtungsweise der Erde für unser Verhalten und unseren Umgang mit unserer Umwelt haben müsste.

Die Erde – eine erstaunliche Perle zwischen All und Nichts

Alles nur ein Traum?

M 33

„Warum bist du hergekommen?“, fragte ich.
Er sagte:
„Um dich zu treffen. [...]
„Aber das ist ja alles nur ein Traum“, sagte Mika nun wieder.
„Was denn?“
Mika spreizte wieder die Finger, als er antwortete: „Ich habe geträumt, dass ich mit meinem Raumschiff ins All hinausfuhr. Lange Zeit sah ich nur Sterne und Galaxien*. Ab und zu konnte ich auch kurz einen Kometen entdecken. Aber dann kam ich eines Tages in ein Sonnensystem. Zuerst passierte ich ganz am Rand des Sonnensystems einen kleinen kalten Planeten. Dann kam ich an größeren Planeten mit Monden und dicken Ringen vorbei. Und dann entdeckte ich in der Ferne plötzlich eine kleine blaugrüne Perle. Sie sah ein bisschen aus wie ein Bonbon. Konnte das ein Planet sein, auf dem es Leben gab?“
„Das war die Erde“, sagte ich. „Und die ist kein Traum.“
[...]
„Ich wusste die ganze Zeit, dass alles nur ein Traum ist“, sagte Mika. „Aber der Traum ist trotzdem immer weitergegangen.“
[...] Ich überlegte mir das doppelt und dreifach, dann sagte ich:
„Wenn es nur ein Traum war, dass du auf diesen Planeten gekommen bist, dann muss es auch ein Traum sein, dass wir jetzt zusammen auf dem Dach sitzen. Und diesen Traum träumst entweder du oder ich.“
Mika nickte.
[...]
„Dann wüsste ich gern, wer von uns jetzt träumt“, sagte ich.

[A: 82–84]

1 Um wessen Traum geht es wohl in der Geschichte von Joakim und Mika?

2 „Die Erde ist kein Traum“, sagt Joakim. Aber kann man nicht die kleine blaugrüne Perle im All dennoch als etwas Erstaunliches ansehen? Stelle eine Liste mit fünf Eigenschaften unseres blauen Planeten zusammen, die du für erstaunlich hältst, und diskutiere sie mit deinen Mitschülern im Schneeballverfahren (vgl. S. 000).

3 Erstaunlich ist z. B., dass es nachts dunkel ist. Stellt Vermutungen an, warum das so ist.

4 Welche Erklärung geben moderne Naturwissenschaftler in dem folgenden Text?

Die Dunkelheit der Nacht und ihre Bedeutung für das Leben

M 34

Wenn das Weltall unendlich groß wäre und wenn dieses unendlich große Weltall überall gleichmäßig mit Sternen erfüllt wäre, dann müsste der ganze Himmel eigentlich auch nach Sonnenuntergang noch genauso hell leuchten wie die Sonne. Zwar erscheint deren Licht uns immer schwächer, je weiter sie von uns entfernt sind, aber tatsächlich müssten ja an jedem Punkt des Himmels sogar unendlich viele Sterne hintereinander stehen, wenn das Weltall unendlich groß ist.

nach Hoimar von Ditfurth, 1976

Das Problem der einerseits selbstverständlichen, andererseits rätselhaften Dunkelheit des Nachthimmels wurde nach dem deutschen Astronom Heinrich Olbers auch das Olbersche Paradox genannt. [...] Im expandierenden [auseinanderfliegenden] Kosmos* verschwindet das „Paradox“. Einmal erscheint uns das Licht ferner Sterne und Galaxien rotverschoben schwächer, wenn sie sich von uns fortbewegen, und deshalb schwächer in seiner Energie. Zum anderen hat das Universum einen endlichen Anfang, und Sterne haben nur eine endliche Lebensdauer; ab einer gewissen Entfernung (= Vergangenheit) gibt es dann einfach keine Galaxien mehr. [...]
Das große Temperaturgefälle zwischen Sonne und dem übrigen Himmel ist Voraussetzung und ständige Antriebsfeder für das Funktionieren der irdischen Biosphäre. [...] Würde der Nachthimmel mit der Helligkeit der Sonne leuchten, so wäre auch die Erdoberfläche im Laufe der Zeit auf etwa 6 000 Grad aufgeheizt worden.

Reinhard Breuer, 1981

5 Man hört manchmal: Die Welt kann nicht von Gott geschaffen sein. Denn es ist bewiesen, dass sie durch einen Urknall entstanden ist. Was würde George Lemaitre, den du in dem folgenden Text kennenlernst, zu diesem Argument sagen?

M 35 Die Urknalltheorie*

Dass das Weltall einmal unvorstellbar klein gewesen und dann explodiert sein könnte, hatte schon in den 20er Jahren der belgische Jesuitenpater und Physiker Georges Lemaitre vermutet – ein Mann, der am Observatorium des Vatikans arbeitete, eine einflussreiche Stellung an der päpstlichen Akademie der Wissenschaften innehatte. [...] Lemaitre suchte nach einem Weltmodell, das Raum für einen Schöpfungsakt ließe. Dafür setzte er sich mit den Gleichungen der Relativitätstheorie auseinander und stellte fest, dass nach Einsteins Lehre das Universum keineswegs statisch ist, sondern sich ausdehnen oder zusammenziehen kann. Was stand am Anfang dieser Bewegung? Lemaitre dachte, ein „Uratom" sei vor Äonen explodiert und habe dadurch Raum, Zeit und Materie hervorgebracht. [...] Zu Lemaitres Kummer zeigte Einstein sich wenig beeindruckt, er warf dem belgischen Priester vor, die physikalischen Zusammenhänge nicht richtig begriffen zu haben: Es sei „offenkundig", dass das Universum unendlich, ewig und unveränderlich sei. Die katholische Kirche hingegen war von ihrem Forscher begeistert – im Zünden des Feuerwerks konnte man den Schöpfungsakt erkennen.

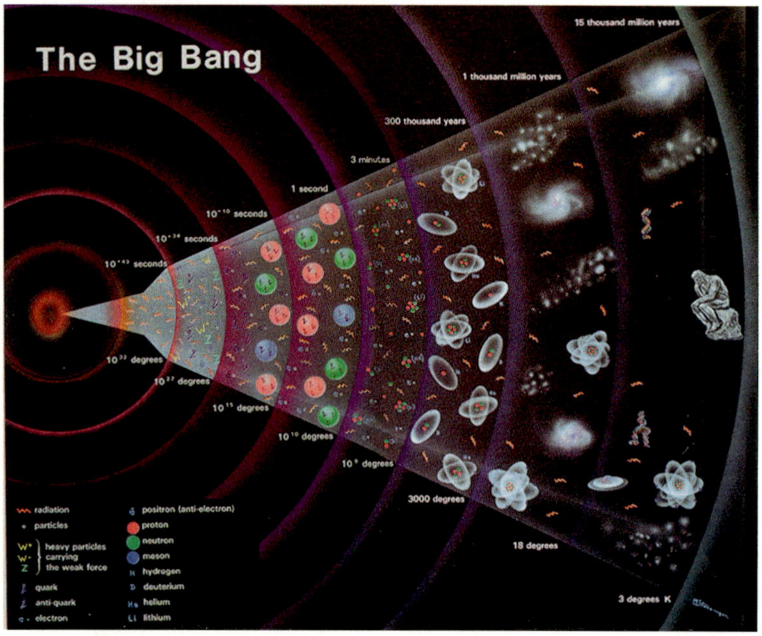

Die heutige Wissenschaft folgt weitgehend Lemaitre. Demnach hat man sich das frühe Universum vorzustellen wie den Feuerball einer gerade gezündeten Bombe: Unmittelbar nach der Explosion herrschten darin sehr großer Druck und sehr große Hitze; sobald der Feuerball sich auszudehnen begann, kühlte er allmählich ab. Heute, wie Lemaitre es ausdrückte, „gegen Ende des Feuerwerks", herrscht in den leeren Räumen des Alls eine Temperatur von genau minus 271 Grad Celsius. Damit liegt die Temperatur des Universums drei Grad über dem absoluten Nullpunkt – ein Nachglühen des Urknalls. Die allgegenwärtige Energie der „kosmischen Hintergrundstrahlung" zeigt, dass es einmal einen heißen Anfang gegeben haben muss.

Stefan Klein, 2000

INFO

Urknall: Die Erde ist also eine winzige Perle in einem explodierenden Universum. Mit rasender Geschwindigkeit fliegt es auseinander. Ein hauchdünnes Gleichgewicht zwischen zwei völlig entgegengesetzten Kräften war notwendig, damit sich das Universum überhaupt entwickeln konnte. Auf der einen Seite gab es die auseinanderstrebende Energie der Urknallexplosion und auf der anderen Seite die anziehende Stärke der Schwerkraft. Wären diese Kräfte unmittelbar nach dem Urknall nur geringfügig voneinander abgewichen, hätte sich das Universum entweder so schnell ausgedehnt, dass die Schwerkraft keine Gelegenheit gehabt hätte, Materie zu bündeln und so Sterne zu bilden, oder das Universum wäre schon längst wieder in sich zusammengefallen.

6 Ist die Stellung des Menschen im Kosmos erschreckend oder bewundernswert? Nehmt dazu Stellung (s. S. 224) und diskutiert anschließend darüber?

7 Welche Stellung beziehen die Philosophen Pascal und Kant in M 36 zu dieser Frage?

Wie groß sind wir Menschen eigentlich? M 36

Es kommt ganz darauf an, mit welchen anderen Dingen wir uns vergleichen! Das kann ganz schön erschreckend sein. Denn wir können in beide Richtungen schauen, ins immer Größere und ins immer Kleinere. Dabei kann man leicht den Überblick verlieren und in Abgründe stürzen. So ging es dem französischen Mathematiker und Philosophen Blaise Pascal (1623–1662), als er sich über die Stellung des Menschen im ganzen Kosmos Gedanken machte. [...] Je weiter und tiefer wir in das Weltall blicken, desto größer wird es für uns. Wir sehen die Sonne und die Planeten, die zu unserem Sonnensystem gehören, das schon ziemlich groß ist. Aber es ist nur ein kleiner Teil der Milchstraße, die man in klaren Nächten über sich wie ein riesiges Sternrad erkennen kann. Und diese Milchstraße* ist wieder nur ein Teil innerhalb von Milliarden ähnlicher Galaxien; und vielleicht geht das, dachte sich Pascal, immer so weiter bis in eine unvorstellbare Unendlichkeit. „Keine Fantasie reicht an sie heran, auch wenn wir mit unseren Gedanken noch so weit in das All reisen." In diesem riesigen Universum scheint der Mensch nur ein winziges Pünktchen zu sein.

Aber wie groß ist er, wenn er etwas betrachtet, das kleiner ist als er! Im Vergleich mit einer Laus ist er ein Riese, stellte Pascal verwundert fest und dachte über das immer Kleinere nach. „An ihrem winzigen Körper zeigt uns die Laus noch unvergleichlich winzigere Teile, Beine mit Gelenken, Adern in ihren Beinen, Blut in ihren Adern, Säfte in diesem Blut, Tropfen in diesen Säften, Dämpfe in diesen Tropfen." Aber auch diese Winzlinge sind noch lange nicht das Ende auf dem Weg zum Allerkleinsten, das im Nichts verschwindet.

„Was also ist der Mensch in der ganzen Natur?", fragte sich Pascal; und er antwortete: „Ein kleiner unbedeutender Punkt vor dem unendlich Großen des Alls; ein Riese gegenüber dem unendlichen Kleinen des Nichts. Er steht in der Mitte zwischen All und Nichts, unendlich weit davon entfernt, die beiden Extreme zu erfassen."

Über diese Stellung im Ganzen des Kosmos war Pascal sehr erschrocken. Er fühlte sich ganz verloren zwischen den beiden Abgründen des Größten und des Kleinsten. Aber zum Glück gab es dann Immanuel Kant [1724–1804], der darüber noch einmal nachdachte, ohne gleich zu zittern und zu erschrecken. 1763 schrieb er, dass wir Menschen doch keine Angst haben müssen, wenn wir begreifen wollen, wie groß wir sind. Wir sollten lieber dieses Spiel zwischen dem unvorstellbar Großen und dem unbegreiflich Kleinen bewundern, in dem der Mensch seine Mittelstellung einnimmt.

Manfred Geier, 2006

8 Wilhelm von Humboldt (1767–1835), der die Berliner Universität gegründet hat, wusste am Anfang des 19. Jahrhunderts noch nichts vom Urknall und unserem heutigen Bild des Weltalls. Wie passen die Gefühle, die er angesichts des Sternenhimmels in einem Brief äußerte, zu den heutigen Einsichten?

Gefühle beim Anblick des gestirnten Himmels M 37

Aber der bloße Gedanke, dass sie [die Sterne] so außer und über allem Irdischen sind, das Gefühl, dass alles Irdische davor so verschwindet, dass der einzelne Mensch gegen diese in dem Luftraum verstreuten Welten so unendlich unbedeutend ist, dass seine Schicksale, sein Genießen und Entbehren, worauf er einen so kleinlichen Wert setzt, wie nichts gegen diese Größen verschwinden, dann, dass diese Gestirne alle Menschen und alle Zeiten des Erdbodens verknüpfen, dass sie alles gesehen haben vom Anbeginn an und alles sehen werden, darin verlier' ich mich immer in stillem Vergnügen beim Anblick des gestirnten Himmels.

Wilhelm von Humbolt, 1825

Die Entstehung der Welt – Zufall oder Bestimmung?

M 38 Woher kommt die Welt?

„Was ist das?“, fragte er.
„Ein ganz normaler Stein“, sagte ich.
Ich fand es sehr einfach, diese Frage zu beantworten. Mika dagegen schnaubte verächtlich. Er sagte:
„Nichts auf dieser Welt ist ganz normal. Denn alles auf der Welt ist ein kleiner Teil des großen Rätsels. Du und ich auch. Wir sind ein Rätsel, das niemand rät.“
Er hielt den Stein hoch, damit ich ihn besser sehen konnte.
Dann sagte er:
„Woher kommt dieser Stein? Er ist natürlich ein kleines Stück von einem Planeten. Und der Planet ist ein kleines Stück vom Universum. Aber was ist das Universum?“
Jetzt schien er um Atem zu ringen. Er sagte:
„Woher kommt die Welt?“
Ich schüttelte nur den Kopf. Auf diese Frage hatte ich keine Antwort. Ich wollte nicht einmal versuchen, das größte aller Rätsel zu erraten.
[...]
„Ein Planet kreist aufgrund der Schwerkraft um die Sonne. Und der Mond zieht das Meer an, und so entstehen Ebbe und Flut.“
Das wusste ich sehr wohl. Aber dann sagte er:
„Meinst du nicht, dass es auch eine Kraft geben muss, die uns aus dem Meer gezogen und uns Augen zum Sehen und einen Kopf zum Denken gegeben hat?“
Ich wusste nicht, was ich sagen sollte, und deshalb zuckte ich nur mit den Schultern.
„Ich wüsste gern, ob denen, die es nicht glauben, ein wichtiger Sinn fehlt“, sagte Mika ganz zum Schluss. [...]

„Glaubst du, dass alles von selber entstanden ist?“, fragte ich. „Oder glaubst du, dass es einen Gott gibt, der alles erschaffen hat?“
„Keine Ahnung“, sagte Mika. „Aber ich glaube nicht, dass die Dinosaurier solche Fragen gestellt haben. [...]“
Jetzt musste ich lächeln und hätte fast losgelacht.
„Aber wir tun es“, sagte ich. „Und auch darin sind wir uns ähnlich.“
Mika lächelte jetzt genauso breit.
„Und das ist vielleicht die aller-, allerwichtigste Ähnlichkeit“, sagte er.
Und dann sagte er etwas, was ich seither nie wieder vergessen habe:
„Wenn es einen Gott gibt, wer ist er dann? Und wenn es keinen Gott gibt, was ist dann das Universum?“

[7A: 76–78]

1 Was meint Mika mit der Kraft (Z. 27)?

2 „Glaubst du, dass alles von selber entstanden ist, oder glaubst du, dass es einen Gott gibt, der alles erschaffen hat?“ Was würdest du auf seine Frage antworten? Tausche dich mit deinem Banknachbarn darüber aus und diskutiere darüber mit deinen Mitschülern.

3 Im 18. Jahrhundert spricht Johann Gottfried Herder (1744–1803) von einer Kraft im Weltall (M 39). Ist es die gleiche Kraft, von der Mika spricht?

4 Diskutiert darüber, ob man auch heute noch so wie Herder von der Welt sprechen kann.

Die Harmonie der Welt Gottes

M 39

Wir begnügen uns meistens, die Erde als ein Staubkorn anzusehen, das in jenem großen Abgrunde schwimmt, wo Erden um die Sonne, wo diese Sonne mit tausend andern um ihren Mittelpunkt und vielleicht mehrere solche Sonnensysteme in zerstreuten Räumen des Himmels ihre Bahnen vollenden. [...] Wenn ich also das große Himmelsbuch aufschlage und diesen unermesslichen Palast, den allein und überall nur die Gottheit zu erfüllen vermag, vor mir sehe, so schließe ich, so ungeteilt als ich kann, vom Ganzen aufs Einzelne, vom Einzelnen aufs Ganze. Es war nur *eine* Kraft, die die glänzende Sonne schuf und mein Staubkorn an ihr erhält; nur *eine* Kraft, die eine Milchstraße von Sonnen sich vielleicht um den Sirius bewegen lässt und die in Gesetzen der Schwere auf meinem Erdkörper wirket. [...] Der Bau des Weltgebäudes sichert also den Kern meines Daseins, mein inneres Leben, auf Ewigkeiten hin. Wo und wer ich sein werde, werde ich sein, der ich jetzt bin, eine Kraft im System aller Kräfte, ein Wesen in der unabsehlichen Harmonie einer *Welt Gottes.*

Johann Gottfried Herder, 1784ff.

Die Stellung der heutigen katholischen Kirche zur Naturwissenschaft

M 40

Der Dialog zwischen Religion und Naturwissenschaft ist [...] in den vergangenen 30 Jahren gut vorangekommen. Papst Johannes Paul II. schrieb in einem öffentlichen Brief: „Die Wissenschaft kann die Religion von Irrtum und Aberglauben reinigen; die Religion kann die Wissenschaft von Götzendienst und falschen Absolutsetzungen reinigen." Im November 2004 veröffentlichte eine Theologenkommission unter Kardinal Ratzinger ein „Orientierungspapier". Die Urknalltheorie und Darwins Evolutionslehre* seien mit dem christlichen Glauben vereinbar, heißt es darin so unmissverständlich wie nie zuvor.

5 In welchem Verhältnis steht die katholische Kirche zur Naturwissenschaft heute?

6 Was hat sich seit Galilei (vgl. S. 169) geändert?

7 Was war zuerst da? Die Henne oder das Ei? Darüber kann man lange streiten. Unter Patt versteht man im Schachspiel ein Unentschieden. Wer sind die „Spieler" in dem folgenden Text von Kitty Ferguson? Was hat das Spiel mit der Frage nach der Henne und dem Ei zu tun?

Die Pattsituation

M 41

Mit dem Versuch, den Glauben an Gott retten zu wollen, indem man aufzählt, was die Wissenschaft alles noch nicht erklärt hat oder wahrscheinlich nicht erklären können wird, begibt man sich auf sehr dünnes Eis. Eine solche Haltung wird unter modernen Theologen abschätzig als Lückenbüßergott-Theologie bezeichnet. Andererseits ist es heute intellektuell nicht mehr vertretbar, den Unglauben lediglich auf die Annahme und die Hoffnung zu gründen, dass die Wissenschaft schließlich doch noch zu umfassenden Erklärungen gelangen wird. Wir gestehen eine Art Pattsituation zu – im Sinne von: Es bleibt ein „Rätsel" –, ob nun Gott [...] oder das Universum die Erste Ursache ist, weil niemand beweisen kann, dass die Wissenschaft in ihrer heutigen Form dieses Rätsel von der Henne und dem Ei jemals endgültig lösen wird.

Kitty Ferguson, 1994

Schöpfungserzählungen und Feiertage der Religionen

1 Was haben die Abbildungen mit Schöpfungserzählungen zu tun? Wie unterscheiden sie sich?

2 Welche Abbildung passt nach deiner Meinung am besten zu einer Schöpfungserzählung?

Im Bann der Sterne – Astrologie*

Nora und Lily sprechen über ihre Klassenkameradin Lenna.

M 1 Interesse an Horoskopen

„Vor allem Lenna mit ihrer Astrologie. Wie ist das mit dir? Richtest du dein Leben auch nach dem Tageshoroskop aus?"
„Vielleicht sollte ich das." Lily fuhr sich mit der Bürste durch ihre Haare und zwang sich zu einem Lächeln. „Vielleicht hätte ich dann bessere Noten."
„Das wage ich zu bezweifeln", lachte Nora. „Außerdem steht ja bekanntlich in jeder Zeitschrift ein anderes Horoskop. Findest du nicht? Weißt du überhaupt, woher das Wort Horoskop kommt?"
Lily schüttelte den Kopf.
„Vom griechischen *horoskopion*, übersetzt heißt es Stundenschauer. Das war ein Werkzeug, mit dem man die Stellung der Planeten bei der Geburt bestimmt hat, und aus der Planetenkonstellation hat man dann das Schicksal gedeutet."
„Echt?"
„Ja. Und ich versteh nicht, wie man auch heute noch an diesen Quark glauben kann. Also ich lese das Horoskop höchstens mal zur Unterhaltung. Und du? Nimmst du die Astrologie wirklich ernst?"
„Na ja, manchmal steht im Horoskop schon was drin, was passt ..."
„Also, ich bin Sternzeichen Jungfrau. Einmal habe ich versehentlich im Horoskop beim Skorpion gelesen und habe das nicht gleich gemerkt. Passt ja echt toll, fand ich. Dann habe ich den Fehler bemerkt und bei Jungfrau nachgeschaut. Das hat auch auf mich gepasst, obwohl da was ganz anderes stand. Man kann das alles irgendwie so interpretieren und im Grunde das herauslesen, was man will. Und deshalb kannst du das Ganze auch nicht ernst nehmen."
„Die Horoskope in den Zeitschriften vielleicht, ja, die sind auch viel zu allgemein. Lenna hat mir gesagt, dass jeder sowieso ein ganz persönliches Horoskop brauchte. So eines, bei dem Geburtsort und Geburtszeit und so berücksichtigt sind."
„Trotzdem", sagte Nora und tippte sich an die Stirn, „wie sollen die Planeten denn mein Leben beeinflussen? Denk doch mal nach! [...]"
„Versteh mich nicht falsch, ich mag [Lenna]. Aber zurzeit kommt sie mir einfach ein bisschen gaga vor."
„Sie will Ben und Flo miteinander verkuppeln, weil die beiden vom Tierkreiszeichen her so gut harmonieren. Hast du das gewusst?" [45–47]

1 Nora, Lily und Lenna haben unterschiedliche Meinungen zu Horoskopen. Wie unterscheiden sie sich?

2 Liest du Horoskope? Glaubst du an den Einfluss der Sternzeichen?

M 2 Alles Zufall oder Schicksal? – ein Test

Schicksal und Horoskope – glaubst du daran? Oder hältst du das alles für Hokuspokus? Mach den Test und finde heraus, wie deine Einstellung deine Beziehung zu Jungs oder Mädchen beeinflusst. Lies die Fragen durch und kreuze jeweils die Antwort an, für die du dich entscheidest.

1. Du denkst an deine(n) beste(n) Freund(in). Im selben Moment klingelt das Telefon. Sie ist dran ...
   (MA) Witzig, dass wir gleichzeitig aneinander denken.
   (MY) Das passiert uns öfter. Wir haben einfach einen magischen Draht zueinander.
   (MO) Reiner Zufall. Das hat nichts mit übersinnlichen Fähigkeiten zu tun.
2. Hast du deinen Glücksbringer immer dabei?
   (MY) Klar! Ohne meinen Talisman gehe ich nie aus dem Haus. Und er hat mir auch schon oft Glück gebracht.
   (MA) Zu wichtigen Dates oder Klassenarbeiten nehme ich meinen Glücksbringer schon mit. Schaden kann er ja nicht.
   (MO) Eigentlich habe ich gar keinen Talisman. Ich trage die Kette mit meinem Glücksstein, weil sie mir gefällt.

3. Liest du dein Horoskop?
   (MA) Ja, oft. Ich glaube aber nur daran, wenn was Gutes drinsteht.
   (MO) Ab und zu. Aber hinterher ärgere ich mich meistens darüber, weil es fast nie stimmt.
   (MY) Immer! Schließlich möchte ich wissen, wie meine Sterne stehen.
4. Zu euch nach Hause kommt der Schornsteinfeger. Als er geht, schüttelt er dir die Hand.
   (MY) Super, das bringt Glück! Die Hand wasche ich heute nicht mehr.
   (MO) Na toll. Ich bin sowieso schon spät dran. Jetzt muss ich mir auch noch mal die Hände waschen.
   (MA) Ob das wirklich Glück bringt? Mal schauen, wie der Tag heute läuft.
5. In letzter Zeit scheinst du vom Pech verfolgt. Was unternimmst du dagegen?
   (MA) Ich bleibe entspannt. Manchmal läuft es eben besser, manchmal schlechter.
   (MY) Zeit für einen neuen Talisman! Mein alter scheint ausgedient zu haben.
   (MO) Ich versuche, positiv zu denken. Die nächste Glückssträhne kommt bestimmt.

Schreibe in dein Heft die Zahlen 1–5 untereinander und daneben die Buchstaben vor der Antwort, die am meisten auf dich zutrifft. Die Buchstaben, für die du dich am häufigsten entschieden hast, stehen für deinen Typ:

(MY) Mystic girl/boy
Ob es Magie und das Übersinnliche gibt? Aber klar! Du glaubst an Schicksal und Horoskope [...]. Überlass nicht alles der Vorsehung. Letztendlich hängt dein Glück nicht von übernatürlichen Kräften, sondern von dir ab! [...]

(MA) Magic girl /boy
Mit Horoskopen und Co. gehst du spielerisch um. Ein bisschen glaubst du schon an Magie und Schicksal, auch wenn du es vielleicht nicht so nennst. Du weißt genau, wann du mit deinem Kopf und wann du mit deinem Gefühl entscheiden sollst. [...]

(MO) Modern girl/boy
Mit Magie hast du nicht viel am Hut. Okay, ab und zu liest auch du dein Horoskop – du würdest dich aber nie davon beeinflussen lassen. Du bist jemand, der mit beiden Beinen auf der Erde steht und sein Schicksal selbst in die Hand nimmt. [...]

nach Anita van Saan, 2006

3 Im Lauf des Jahres steht die Sonne von der Erde aus gesehen vor zwölf verschiedenen Sternzeichen. In welchem Sternzeichen ist jemand bei der Konstellation [der Stellung der Sterne zueinander] auf dem rechts stehenden Bild geboren?

4 Sucht aus einer Zeitschrift Horoskope und lest sie euren Klassenkameraden vor, ohne die Daten und Namen des Tierkreiszeichens zu nennen. Untersucht, ob jemand nur auf Grund der Beschreibung sein Tierkreiszeichen erkennen kann.

M 3

INFO

Astrologie: Im Unterschied zu der modernen wissenschaftlichen Erforschung des Sternhimmels spricht man bei der Deutung der Sternzeichen nicht von Astronomie*, sondern von Astrologie. Sie ist entstanden im antiken Babylon. „Viele Menschen sind felsenfest davon überzeugt, dass es eine große Rolle spielt, ob bei ihrer Geburt die Sonne beispielsweise im Sternzeichen Steinbock oder Krebs stand. Natürlich spielt es eine gewisse Rolle, ob ein Mensch im Winter oder Sommer geboren, also „Steinbock" oder „Krebs" ist. Die Psychologen wissen, dass die ersten Eindrücke eines Kindes sehr wichtig für sein späteres Wesen sind. Im freundlichen Monat Juni sind diese Eindrücke natürlich anders als im Dezember oder Januar. Aber genau so wichtig ist das elterliche Erbgut, und das kann bei zwei Steinbock-Geborenen grundverschieden sein."

Erich Übelacker, 2004

M 4

Du hast vielleicht schon einmal von dem Turm zu Babel gehört. Die Bibel erzählt, dass die Menschen im Osten einen Turm mit einer Spitze bis zum Himmel bauen wollten, um sich einen Namen zu machen (1. Mose 11). Man hat die Trümmer solcher Türme tatsächlich im heutigen Irak am Ufer des Euphrats entdeckt und ausgegraben. Sie waren viele Jahrtausende von Wüstensand bedeckt.

5 Ein Zeichner hat sich vorgestellt, wie der Turm ursprünglich ausgesehen haben könnte. Gehen wir auf eine Zeitreise. Nehmen wir an, du seist vor fast dreitausend Jahren als Händler zum ersten Mal in Babylon gewesen und erzähltest zu Hause in deinem Dorf von deinem Besuch. Wie würdest du den Anblick schildern?

6 Wozu mag ein solcher Turm gedient haben? Lies dazu den folgenden Text.

M 5

Die Anfänge der Astrologie in Babylon

Die frühesten Formen von Astrologie und Astronomie wurden von den babylonischen Priestern entwickelt. Sie beobachteten und deuteten die Himmelsphänomene, legten den Kalender fest und sorgten auf ihren Stufenpyramiden – den Wohnungen der Planeten – für die nötigen Observationen [Beobachtungen]. Zusammen mit anderen „Fachleuten“ waren die Astrologen im letzten Abschnitt der Periode gegen 650 v.Chr. als eine Art Beamte an den Hof des Königs gebunden. Den Omen [hier: Vorzeichen am Himmel] wurde eine große Bedeutung beigemessen, da sie die Welt als eine lebende Ganzheit widerspiegelten. [...] Durch derartige Zeichen konnten sich zwar die Götter zu erkennen geben, ein Omen konnte aber auch bloß ein Zeichen für den Zustand des Universums sein.

Lars Stehen Larsen u. a., 2000

7 Wie beurteilen die Psychologen Eysenck und Nias im folgenden Text die Glaubwürdigkeit der Astrologie? Schreibe die wichtigste Aussage ins Heft.

8 Was hat sich ihrer Ansicht nach heute gegenüber den alten Zeiten geändert?

M 6

Über die Glaubwürdigkeit der Astrologie

Wer an die Astrologie glauben möchte, sollte sich vor Augen halten, dass es für ihre Lehren keine wissenschaftliche Grundlage gibt.

In alten Zeiten glaubten die Menschen an die Vorhersagen und Ratschläge [...], weil die Astrologie ein selbstverständlicher Bestandteil ihres magischen Weltverständnisses war. Himmelskörper galten als Wohnsitz oder Zeichen der Götter, die in direkter Beziehung zu Ereignissen auf der Erde standen. Von den riesigen Entfernungen zwischen der Erde und den Planeten und Fixsternen hatte man keinerlei Vorstellung. Jetzt, da man diese Entfernungen berechnen kann und auch berechnet hat, können wir erkennen, wie unendlich klein die Gravitations [Schwerkraft-]- und anderen Kräfte sind, die von den fernen Planeten und den unabsehbar weiter entfernten Fixsternen ausgehen. Es ist einfach ein Irrtum sich vorzustellen, dass die im Augenblick der Geburt von Sternen und Planeten ausgeübten Kräfte in irgendeiner Weise unsere Zukunft formen könnten. Auch ist es nicht richtig, dass die Positionen entfernter Himmelskörper gewisse Tage oder Zeitabschnitte für ein bestimmtes Handeln geeigneter machen oder dass das Sternzeichen, unter dem jemand geboren wurde, darüber entscheidet, wie sehr oder wie wenig er mit anderen Menschen zusammenpasst. [...] In unsicheren Zeitläufen sehnen sich viele nach der Bequemlichkeit, sich bei ihren Entscheidungen leiten und lenken zu lassen. Sie glauben nur zu gern an ein Schicksal, das von Kräften außerhalb ihrer eigenen Kontrolle vorherbestimmt ist. Wir müssen jedoch alle [...] erkennen, dass unsere Zukunft bei uns selber liegt und nicht in den Sternen.

Hans Jürgen Eysenck/David Nias, 1984

Marduk – Herr über Himmel und Erde in Babylon

Babylonischer Schöpfungsmythos

M 7

Einst war eine Zeit, da es weder Himmel noch Erde gab. Es gab nichts auf der Welt als Wasser und die zwei großen Wesen, die über es herrschten. Das frische, süße Wasser gehörte Apsu, und das Salzwasser Tiamat.

Aus ihrer Vermählung entsprangen alle Götter, z.B. Anu, der Gott des Himmels, und Ea, sein weiser und starker Sohn. Dessen Herrschaft wurde bedroht durch die Urdrachen Apsu und Tiamat. Tiamat erschuf schreckliche Bestien mit scharfen Hauern und übergenug Klauen; in ihre Adern tat sie Gift statt Blut. Als alle Götter, die Ea zum Kampf ausschickt, im Anblick der Bestien Reißaus nehmen, schickte er zuletzt seinen heldenhaften Sohn Marduk. Die Götter versprachen Marduk, dass er das Oberhaupt sein wird, wenn er Tiamat besiegt.

Tiamat war toll vor Wut und ging blindlings, ohne nach rechts oder links zu schauen, auf ihren Widersacher los, mit aufgerissenem Mund, bereit, ihn zu verschlingen; und als sie tobend vor Zorn und Schmach vorstürmte, zogen auch die Götter, die an ihrer Seite ritten, ihre Waffen zum Kampf.

Doch Marduk war schneller. Kaum sah er, dass sie auf ihn losging, da breitete er schnell wie der Blitz sein Netz über ihren Weg und fing sie ein. Dann rief er den Sturmwind, der in der Nachhut seines Heerzugs marschiert war; der Sturmwind preschte vor und fuhr zwischen die klaffenden Kiefer Tiamats, so dass sie ihre Lippen nicht mehr schließen konnte. Ungesäumt spannte Marduk seinen Bogen und schoss seinen Pfeil in den weit geöffneten Mund; und der Pfeil fuhr in ihren Schlund, riss ihre Adern auf und durchstieß ihr Herz. Als dann ihr großer Körper taumelte und niederfiel, fesselte er sie und löschte ihr Leben aus; und auf ihren hingestreckten Leib setzte er seinen Fuß. [...] Als Ea und seine Gefährten sahen, was Marduk getan hatte, da waren sie übervoll der Freude und Erleichterung; und eilten zu ihm mit Geschenken und Tributen. Doch Marduk wollte nicht bleiben, sie entgegenzunehmen, denn schon wandte er sich neuen Taten zu; für ihn war das Ende Tiamats nur der Anfang seiner eigenen, neuen Ordnung. Er nahm die hingestreckte Leiche seiner Feindin, zweiteilte sie wie eine Auster, und die eine Hälfte hob er hinauf als Firmament des Himmels. Dann schritt er die Länge der Wasser unter jenem Firmament aus und maß ihre Weite; von der anderen Hälfte des Körpers der Tiamat machte er eine Bedeckung für sie; und diese Bedeckung war das Fundament der Erde. Und er setzte Anu in das Reich über dem Firmament ein und Enlil in das Reich, das zwischen Firmament und Erde war, und Ea in das Reich der Wasser, die unter der Erde waren. So wurde Anu der Gott des Himmels, Enlil der Gott der Lüfte, und Ea der Gott der Tiefe.

Dann teilte Marduk all den anderen Göttern ihren Platz zu, und er schuf Lichter, die am Himmel scheinen sollten – die Sonne, den Mond und die Sterne –, und er legte Zeit und Dauer ihres Laufs fest. Den Sternen schuf er Bahnen, und er bestimmte die Länge der Monate; und er öffnete ein Tor im Osten, aus dem die Sonne am Morgen kommen, und ein Tor im Westen, wohin sie sich am Abend zurückziehen sollte.

Doch siehe, als all dies seine Ordnung hatte, liefen die Götter bei ihm zusammen und beschwerten sich bitterlich. „Großer Marduk", schimpften sie, „du hast uns Orte und Plätze gegeben und jedem von uns eine Auf-

gabe bestimmt. Doch keinen hast du bestimmt, uns zu dienen und für unseren Unterhalt zu sorgen, während wir unserer Pflicht nachgehen. Wer soll unsere Wohnstätten pflegen und uns unser Essen bereiten?"

Als Marduk diese Worte vernahm, verfiel er in tiefes Nachdenken. Doch dann erhellte sich auf einmal sein Antlitz. „Ich weiß nun, was ich tun werde", sprach er bei sich. „Ich werde Blut und Knochen nehmen und eine kleine Puppe formen. Ihr Name soll Mensch sein. Der Mensch soll den Göttern dienstbar sein und für ihren Unterhalt sorgen, während sie ihren Pflichten obliegen!"

Darauf versammelten sich die Götter in großer Freude um Marduk. „Großer Marduk", riefen sie, „du hast unsere Last erleichtert und unsere Mühen gemindert, und wir wollen dir unsere Dankbarkeit erweisen mit dem Bau eines Tempels auf Erden, wo auch du von deinen Mühen ausruhen magst. Jahr um Jahr werden wir zu diesem Tempel pilgern, dir unsere Ehrfurcht bezeugen und dein Lob singen."

So schunden und mühten sie sich volle zwei Jahre mit Ziegeln und Mörteln, und im dritten Jahr war die Stadt Babylon aufgerichtet, und über ihr erhob sich der Palast von Esangila, der Tempel des Marduk.

nach Theodor H. Gaster, 1983

1 Was hältst du von dieser Geschichte?

2 Wie unterscheidet sie sich von einem Zeitungsbericht?

3 Warum haben die Menschen in Bablyon wohl solche Geschichten erzählt? Wer könnte ein besonderes Interesse daran gehabt haben?

4 Ihr könnt in der Lerngruppe aus Papier Figuren ausschneiden oder ausreißen und auf dem Overheadprojektor die Geschichte nachspielen. Stelle eine Vermutung an, bei welcher Gelegenheit diese Geschichte ursprünglich vorgetragen oder aufgeführt wurde.

In einem Roman über den babylonischen König Nebukadnezar II. hat ein Schriftsteller eine solche Gelegenheit beschrieben. Nebukadnezar hatte viele Nachbarvölker unterworfen, darunter auch Israel und Judäa, und beherrschte um 600 v. Chr. ein großes Reich von seiner Hauptstadt Babylon aus, die er prächtig ausbauen ließ.

M 8 Nebukadnezar auf dem Mardukfest

Der zehnte Tag des Neujahrsfestes dämmerte herauf. Sobald es hell wurde, strömten die Menschen auf den Tempelplatz. [...]

Der König kam in seiner Kutsche herangefahren, gefolgt von seinen Hofbeamten. Die Leute schoben und schubsten sich beiseite, um wenigstens einen flüchtigen Blick auf ihn werfen zu können, winkten und jubelten ihm zu. Doch der König sah stur geradeaus.

Die Priester schafften ihm Platz, und er fuhr in den Tempelbezirk ein. [...]

Nun kam Leben in die Priester. Sie begannen ihren monotonen Singsang, der Oberpriester trug eine kleine Mardukstatue herbei. König Nebukadnezar küsste die Füße des Götterbildes. [...] Der König nahm die Schultern zurück und hob den Kopf. Heute führte er die wichtigste Prozession des ganzen Jahres an. Mit dem Gesicht zur Sonne, die sich langsam über die Stadtmauer schob, schritt er die Prozessionsstraße hinab. Marduk und die anderen Stadtgötter folgten nach. Die Leute riefen:

„Sieg für Marduk!"

„Mach deine Feinde nieder, Marduk!" [...]

Die Trompeten schmetterten ohrenbetäubend, als wollten sie den Lärm von vielen Schlachten imitieren, und die Bürger in Babylon und auf dem Land schrien:

„Marduk! Vernichte deine Feinde! Rette deine Diener! Beschütze die Erde!" [...]

Ein junger Priester, dessen Brust die Ausmaße einer Kiste hatte, stieg auf ein Podium und erhob die Stimme zu einem Geheul:

„Finsternis über der Tiefe! Der Donner kracht. Das Wasser fließt in zwei großen Strömen herab. Auf der einen Flut reitet Apsu, der Gott des Süßwassers, und sein Gesicht strahlt vor Helligkeit. Auf dem anderen Strom reitet Tiamat, die Göttin des Salzwassers, und sie ist dunkel und grollt. Die Gischt sprüht hoch auf, Nebelschwaden wabern um sie her, und Blitze zucken auf und nieder.

Neue Götter werden geboren: Lahmu, Lahamu, Anschar, Kischar, dann Anu, der Gott der Luft, und Enki, der Gott der Erde. Sie sind tapfer und mutig und wild, aber die Eltern Apsu und Tiamat wollen sie töten. [...]

Marduk verbündet sich mit der Sonne. Als Anschar, Enki und Anu vor Tiamat zurückweichen, schließt Marduk einen Vertrag mit den anderen Göttern. Wenn er Tiamat besiegen kann, dann darf er allen anderen Göttern vorsitzen und allein über das Schicksal der Welt bestimmen." [...]

Die mächtige Stimme des Priesters durchschnitt die Luft. Er trug seine Geschichte ohne Pathos vor, beinahe gefühllos, doch seine Worte machten den Krieg der Götter lebendig. [...] „Auf, zum Haus des Akitu!", riefen die Priester mit einer Stimme. Sie hielten das Bild Marduks hoch und eilten auf das weiße Haus zu.

Da erhoben sich maskierte Männer in Schwarz aus dem Gras, in dem sie gelauert hatten, wie Heuschrecken, sie tauchten plötzlich in den Bäumen auf und sprangen vom Dach des Akitu-Hauses. Ein wildes Geschrei, ein Gerangel und Geschiebe – die Priester des Marduk prallten auf die schwarzen Mächte der Tiamat. Staub wirbelte auf, als sie die Schwerter zogen, die Trommeln dröhnten, die Trompeten schmetterten, und die Menschen schrien und kreischten in gespielter Angst.

Tiamats Truppen wurden geschlagen und flüchteten mit Angstgebrüll. Die Priester, die Marduk auf den Schultern trugen, marschierten siegesbewusst ins Akitu-Haus. Jetzt gehörte es Marduk.

[...]

Nun waren alle Priester im Raum. Jeder bekam einen Kelch, der mit Wein gefüllt war. Sie warteten mit erhobenen Kelchen auf Nebukadnezar.

„Dem Beschützer Babylons, dem unbesiegbaren Gott!", rief er und warf den Kopf zurück. Er leerte seinen Kelch mit einem einzigen Zug. Und die anderen taten es ihm nach.

Die gewöhnlichen Götter wurden dann in einem Kreis um Marduk aufgestellt. Nebukadnezar trat an Marduks Seite und ließ seine Augen über den Ring der Götter schweifen, deren Gesichter ausdruckslos und leer waren. Er betrachtete die konzentrierten Mienen der Priester und verzog die Lippen. *Jedes Jahr dasselbe Theater. Sie machen so ernste Gesichter, als glaubten sie an das ganze Trara ...*

Nebukadnezar räusperte sich und zitierte die hohepriesterlichen Worte:

„In diesem heiligen Kreis wird das Schicksal der Menschen und Tiere, der Äcker und der Stadt entschieden." Seine Stimme klang kalt und hochmütig. [...]

Er verkündete seine und Marduks Entscheidung: Es hätte auch im neuen Jahr über dem gesamten Euphratgebiet zu regnen, damit die Kanäle und Flüsse genügend Wasser führten. [...]

„So soll es sein!", rief er. „Zu Ehren des allmächtigen Gottes Marduk, der das Geschick des Himmels und der Erde festlegt!" Er starrte in die leblosen Gesichter der Götterstatuen und in die intensiven Augen der Priester, die wieder ihren Singsang anstimmten. [...]

Nun kommen die Hohepriester der verschiedenen Götter nach vorne. Etwa hundert Männer stehen unten an der Treppe, heben die Arme und rufen:

„Du, König Nebukadnezar, bist der fleischgewordene Gott Marduk! Die Götter haben dich gewählt. Sie geben dir die Schlüssel zu ihrem Königreich. Die Schlüssel zu ihrer Macht. Die Schlüssel zu ihrer Herrschaft!"

Einer tritt vor und überreicht dem König einen goldenen Schlüssel, und Nebukadnezar hebt ihn hoch über seinen Kopf, als wäre er ein Schwert.

Im nächsten Augenblick haben sich alle Bürger von Babylon auf den Boden geworfen und beten ihren König an.

Dann stehen sie wieder auf und rufen: „Heil unserem König Nebukadnezar!" [...] Einige schreien auch: „Heil unserem Gott Nebukadnezar."

Frederick Pelser/Sylvia Renz, 1997

5 Was hält Nebukadnezar nach dieser Darstellung selbst von dem Fest und dem dabei aufgeführten Schauspiel?

6 Warum nimmt er daran teil?

INFO

Mythos*/Mythen: Geschichten von übermenschlichen Wesen, die ungeheure Fähigkeiten besitzen und nach denen sich die Menschen in ihren Handlungen richten, nennt man Mythen. Sie finden sich in allen Religionen und liefern die Begründung für Herrschaftsformen, Feste, religiöse Riten und Sitten.

7 Worin gibt es Ähnlichkeiten zwischen dem Mythos vom Götterkampf des Marduk und der Herrschaft Nebukadnezars?

Der jüdische* Sabbat und die Schöpfungserzählung im ersten Kapitel der Bibel

Salah, ein muslimischer Junge in Frankreich, unterhält sich am Telefon mit seiner jüdischen Freundin Sarah. Dabei erfährt er, wie in jüdischen Familien der Sabbat* gefeiert wird:

M 9 Darf die Fantasie am Samstag arbeiten?

„Und du, wann bist du geboren?“
„Am 18. März. Und du?“
„Na, so was! Ich bin auch im März geboren. Ich bin ein Fisch.“ „Glaubst du an Sternzeichen?“, fragte Sarah.
„Jemand hat mir mal gesagt, Fische wären sehr energisch, und das bin ich“, antwortete Salah.
„Also, ich bin ein Fisch und für keine zwei Pfennig energisch. Es gibt Mädchen in meiner Klasse, die glauben an das Horoskop wie an den lieben Gott.“
„Glaubst du an Gott?“ So eine Frage! dachte Sarah und suchte nach einer Antwort. „Oma glaubt an Gott, und ich hab sie sehr lieb. Opa glaubte auch an ihn. Er sagte, als er in Auschwitz war, habe er versprochen, wenn Gott ihn da herausholen würde, wolle er den Sabbat einhalten, das heißt die Samstagsruhe.“
„Was muß man samstags machen?“, fragte Salah. [...]
„Frag lieber, was man nicht machen darf! Man darf nicht arbeiten, nicht schreiben, nicht nähen, nicht stricken, nicht säen, nicht kochen, nicht Auto fahren und kein Licht anmachen.“ [...]
„Und wie isst man am Samstag?“ „Oma bereitet das Essen freitags für zwei Tage vor und isst dann kalt. Sie sagt, dass sie froh sei, einen Tag nicht in die Küche zu müssen.“ „Und was darfst du samstags machen?“
„Man darf beten, singen, laufen, nachdenken, in die Synagoge gehen.“ [...]
„Darfst du samstags lesen?“ „Natürlich.“
„Aber da muss die Fantasie doch arbeiten.“
„Die Fantasie darf das, glaube ich.“

Susie Morgenstern, 1987

1 Wieso hat der Sabbat in jüdischen Familien so eine große Bedeutung?
2 Erkundige dich im Internet und in Lexika über die Bedeutung des Sabbats und anderer jüdischer Feste.

M 10 Die Juden in der babylonischen Gefangenschaft

Nach 18 Monaten Belagerung stürmen die Truppen des babylonischen Königs Nebukadnezzar durch eine Bresche in der Stadtmauer ins Zentrum. Plündernd ziehen sie durch die Straßen. Vom Tempel, dem Kulturzentrum der Israeliten, schleppen sie die Opfergeräte aus Kupfer, Gold und Silber fort. [...] Seither ist die Lade samt den beiden steinernen Gebotstafeln verschollen.
Jerusalem liegt in Schutt und Asche. Die meisten Stadtbewohner und viele andere Judäer müssen den Weg nach Babylonien antreten. [...] Im Kampf gegen Babylons Truppen verloren die Israeliten alles, was ihre religiöse Identität symbolisiert: Tempel, Opferaltar, Staat, König. Nebukadnezar verschleppt bei seinen Strafaktionen [...] etwa 20 000 Menschen, vor allem die geistige und wirtschaftliche Elite. Der babylonische König will nicht nur den jüdischen Staat schwächen – er braucht auch dringend Arbeitskräfte. An Euphrat und Tigris wachsen gigantische Bauwerke empor. [...] Hat der Gott Israels sein Volk verlassen? Die Götter, die die siegreichen Babylonier bei prächtigen Prozessionen feiern, scheinen mächtiger zu sein als er. Und wie sollen die Treugebliebenen ihren Gott verehren? Bislang war ihr Glaube an den Tempel in Jerusalem gebunden: Nur dort waren Opfer vor Gott gültig. Nun aber werden die Gläubigen Hunderte Kilometer vom heiligen Ort entfernt festgehalten. Der Boden des Auslands gilt zudem als unrein: Hier kann es keinen neuen Tempel, keinen Opferkult geben. Propheten erheben in dieser Zeit der Krise als Mahner, Warner oder Heilsverkünder die Stimme. Es sind Männer und Frauen, die sich von Gott berufen fühlen, zu ihrem Volk zu sprechen – und die von den Menschen wegen ihres Charismas [ihrer Ausstrahlung] verehrt werden. Die Propheten gelten [...] als Verkünder göttlichen Willens [...]. Danach ist Gott

also auch dort in der Fremde, ohne Tempel und Opfer gegenwärtig! Geleitet von dieser Überzeugung, revolutionieren Priester und Gelehrte ihren Glauben. [...] Nicht mehr das Opfer und der Tempel in Jerusalem stehen im Mittelpunkt des Kultes, sondern religiöse Texte, Rechtsordnungen, Gebote und Gebräuche.

So entsteht als neuer Gottesdienst die Sabbatfeier – ursprünglich war der Sabbat ein Vollmondfest am Jerusalemer Tempel. Die Reformer lösen nun das Fest vom Mondzyklus und verbinden es mit dem Brauch, Tagelöhnern und Arbeitstieren alle sieben Tage eine Pause zu gewähren. Anstelle des heiligen Ortes tritt eine heilige Zeit. [...]

All das isoliert die Juden von Völkern des Zweistromlandes – und ermöglicht es ihnen, in dem scheinbar übermächtigen Babylon die eigene Identität zu bewahren. Im Exil [Verbannung] disputieren Priester und Gelehrte zudem heftig über die Bedeutung der von ihnen leidvoll erfahrenen Geschichte und die Inhalte ihres Glaubens – und sie schreiben die Grundlagen ihrer Religion nieder. Die Texte dieser Zeit werden zum schriftlichen Fundament des jüdischen Glaubens. Es entstehen grundlegende Abschnitte der Thora [der fünf Bücher Mose], der „Willensoffenbarung Gottes". [...] Das Volk Israel wird seither durch eine Religion zusammengehalten, die alle Landesgrenzen überschreiten kann.

nach Insa Holst, 2005

M 11

3 Der Maler Eduard Bendemann hat 1832 versucht, die Stimmung darzustellen, in der die Juden anfangs in der Gefangenschaft in Babylon waren. Stellt des Bild M 12 nach und sprecht über die Gefühle, die die einzelnen Personen in ihrer Haltung ausdrücken.

4 Welche Bedeutung hat der Sabbat für die jüdische Gemeinde in Babylon? Wie mögen sich die Gefühle der auf dem Bild dargestellten Menschen durch die Einführung des Sabbats verändert haben?

In der babylonischen Gefangenschaft formulieren die jüdischen Priester noch einmal eine Schöpfungserzählung, die sich von der der Mardukpriester deutlich unterscheidet. Sie ist zwar später entstanden als die Erzählung über die Erschaffung des Menschen aus Erde (vgl. S. 181), steht aber in der Bibel vor diesem gleich am Anfang im ersten Kapitel.

Ein jüdischer Festgesang über die Schöpfung

M 12

1 Im Anfang schuf Gott Himmel und Erde; [2] die Erde aber war wüst und wirr, Finsternis lag über der Urflut, und Gottes Geist schwebte über dem Wasser.
[3] Gott sprach: Es werde Licht. Und es wurde Licht. [4] Gott sah, dass das Licht gut war. Gott schied das Licht von der Finsternis, [5] und Gott nannte das Licht Tag, und die Finsternis nannte er Nacht. Es wurde Abend, und es wurde Morgen: erster Tag.
[6] Dann sprach Gott: Ein Gewölbe entstehe mitten im Wasser und scheide Wasser von Wasser. [7] Gott machte also das Gewölbe und schied das Wasser unterhalb des Gewölbes vom Wasser oberhalb des Gewölbes. So geschah es, [8] und Gott nannte das Gewölbe Himmel. Es wurde Abend, und es wurde Morgen: zweiter Tag.
[9] Dann sprach Gott: Das Wasser unterhalb des Himmels sammle sich an einem Ort, damit das Trockene sichtbar werde. So geschah es. [10] Das Trockene nannte Gott Land, und das angesammelte Wasser nannte er Meer. Gott sah, dass es gut war. [11] Dann sprach Gott: Das Land lasse junges Grün wachsen, alle Arten von Pflanzen, die Samen tragen, und von Bäumen, die auf der Erde Früchte bringen mit ihrem Samen darin. So geschah es. [12] Das Land brachte junges Grün hervor, alle Arten von Pflanzen, die Samen tragen, alle Arten von Bäumen, die Früchte bringen mit ihrem Samen darin. Gott sah, dass es gut war. [13] Es wurde Abend, und es wurde Morgen: dritter Tag.
[14] Dann sprach Gott: Lichter sollen am Himmelsgewölbe sein, um Tag und Nacht zu scheiden. Sie sollen Zeichen sein und zur Bestimmung von Festzeiten, von Ta-

gen und Jahren dienen; 15 sie sollen Lichter am
Himmelsgewölbe sein, die über die Erde hin leuchten.
So geschah es. 16 Gott machte die beiden großen Lich-
ter, das größere, das über den Tag herrscht, das kleinere,
das über die Nacht herrscht, auch die Sterne. 17 Gott
setzte die Lichter an das Himmelsgewölbe, damit sie
über die Erde hin leuchten, 18 über Tag und Nacht herr-
schen und das Licht von der Finsternis scheiden. Gott
sah, dass es gut war. 19 Es wurde Abend, und es wurde
Morgen: vierter Tag.
20 Dann sprach Gott: Das Wasser wimmle von leben-
digen Wesen, und Vögel sollen über dem Land am Him-
melsgewölbe dahinfliegen. 21 Gott schuf alle Arten von
großen Seetieren und anderen Lebewesen, von denen
das Wasser wimmelt, und alle Arten von gefiederten
Vögeln. Gott sah, dass es gut war. 22 Gott segnete sie
und sprach: Seid fruchtbar, und vermehrt euch, und
bevölkert das Wasser im Meer, und die Vögel sollen
sich auf dem Land vermehren. 23 Es wurde Abend, und
es wurde Morgen: fünfter Tag.
24 Dann sprach Gott: Das Land bringe alle Arten von
lebendigen Wesen hervor, von Vieh, von Kriechtieren
und von Tieren des Feldes. So geschah es. [...] 26 Dann
sprach Gott: Lasst uns Menschen machen als unser Ab-
bild, uns ähnlich. Sie sollen herrschen über die Fische
des Meeres, über die Vögel des Himmels, über das
Vieh, über die ganze Erde und über alle Kriechtiere auf
dem Land. 27 Gott schuf also den Menschen als sein
Abbild; als Abbild Gottes schuf er ihn. Als Mann und
Frau schuf er sie. 28 Gott segnete sie, und Gott sprach
zu ihnen: Seid fruchtbar, und vermehrt euch, bevölkert
die Erde, unterwerft sie euch, und herrscht über die
Fische des Meeres, über die Vögel des Himmels und
über alle Tiere, die sich auf dem Land regen. [...] 31 Gott
sah alles an, was er gemacht hatte: Es war sehr gut. Es
wurde Abend, und es wurde Morgen: der sechste Tag.
2 So wurden Himmel und Erde vollendet und ihr gan-
zes Gefüge. 2 Am siebten Tag vollendete Gott das Werk,
das er geschaffen hatte, und er ruhte am siebten Tag,
nachdem er sein ganzes Werk vollbracht hatte. 3 Und
Gott segnete den siebten Tag und erklärte ihn für hei-
lig; denn an ihm ruhte Gott, nachdem er das ganze
Werk der Schöpfung vollendet hatte.

1. Mose 1,1–2,3

5 In einer Kirche auf Sizilien hat ein Künstler um 1180 zu jedem der sieben Tage der Schöpfung ein Wandmosaik geschaffen. Die Bilder sind hier jedoch durcheinander geraten. Ordne die Bilder den passenden Tagen zu.

6 Vergleiche diese Schöpfungserzählung mit der der Mardukpriester in M 7. Wo gibt es Ähnlichkeiten, wo gibt es Unterschiede. Achte besonders auf den vierten, sechsten und siebten Tag.

7 An den Wiederholungen erkennt man, dass der Text wahrscheinlich zu einer Feier oder einem Fest vorgetragen wurde. Zu welchem Festtag passt der Text?

8 Manchmal hört man, dass in der biblischen Schöpfungserzählung der Mensch die „Krone der Schöpfung“ sei. Wenn du genau liest, wirst du merken, dass die Priester etwas anderes als die gesegnete Vollendung der Schöpfung ansahen. Was ist damit gemeint?

Kreationismus* – der Glaube an die Erschaffung der Welt in sieben Tagen

Ist die Bibel ein wissenschaftliches Lehrbuch?

M 13

In dem Abenteuer-Fantasyfilm „Die vergessene Welt“ geht es um eine Expedition zum Oberlauf des Amazonas im Jahre 1911. Dort sollen nach Ansicht Professor Challengers auf einem unzugänglichen Hochplateau noch Dinosaurier leben. Sein Kollege Professor Summerlee, der das nicht glauben will, begleitet ihn zusammen mit einem Journalisten und einem Großwildjäger. Bevor sie endgültig in die Wildnis aufbrechen, machen sie Station bei einem Missionar, der ihnen helfen soll, eingeborene Träger zu finden. Dieser versucht später mit allen Mitteln zu verhindern, dass sie von dem Hochplateau zurückkehren und die Nachricht von den Dinosauriern nach Europa bringen. Beim Abendessen vor dem Aufbruch versucht der Missionar, Reverend Kerr, die Männer von ihrer Expedition abzubringen. „Sie werden bei uns keine Dinosaurier finden“, erklärt der Missionar. „Sie haben recht“, stimmt Professor Summerlee ihm zu. „Die Dinosaurier sind bereits vor 60 Millionen Jahren ausgestorben.“ Aber der Missionar ist nicht einverstanden: „Sechzig Millionen Jahre, meine Güte! Eine lange Zeit. Nein! Diese Erde ist erst sechstausend Jahre alt. Das lässt sich leicht an Hand der biblischen Überlieferung berechnen.“ „Schließt diese Berechnung auch Fossilien [versteinerte Lebewesen] mit ein?“, fragt Professor Summerlee mit einem ironischen Unterton. „Selbstverständlich!“, antwortet der Missionar. „Fossilien sind Lebewesen, die mit der Sintflut ausgelöscht worden sind.“ „Also solche, die es nicht mehr in die Arche geschafft haben?“, fragt Summerlee spitz. Der Missionar erklärt: „Mir ist durchaus bewusst, Professor, dass Sie mit meinem Standpunkt nicht übereinstimmen. Aber wissen Sie, Ihre Evolutionstheorie [s. S. 183] ergibt für mich überhaupt keinen Sinn.“ „So wie für mich die Erschaffung der Welt in sieben Tagen“, ist die Antwort des Professors. „In sechs Tagen“, wirft Professor Challenger ein. „Am siebten ruhte er.“ Aber Summerlee fährt unbeirrt fort: „Die Evolutionstheorie ergibt sehr viel Sinn. Sie zeigt, dass die Natur sich entwickelt hat. Von den primitiven Einzellern über die Säugetiere bis zum Menschen.“ „Gott hatte es nicht nötig zu experimentieren“, erwidert der Missionar scharf. „Er hatte bereits von Anfang an die Fähigkeit, den Menschen zu erschaffen.“ „Aber die Bibel ist doch kein Lehrbuch!“, wirft Summerlee ein. „Nein, sie ist das Wort Gottes!“, ist die Antwort. „Sie ist keine Grundlage für seriöse Wissenschaft!“, beharrt der Professor. „Sie ersetzen Gott durch den Menschen!“, lautet der Vorwurf des Missionars. „Und sie ersetzen die Wissenschaft durch Albernheiten!“, ist die Antwort des Professors. Darauf hin verlässt der Missionar den Raum. „Ich weiß, dass der Mann unser Gastgeber ist“, sagt Professor Summerlee entschuldigend. „Aber ich kann solchen Unsinn nicht widerspruchslos hinnehmen.“ Er richtet das Wort an seinen Kollegen Challenger: „Ich hatte ein wenig Unterstützung von Ihnen erwartet.“ Dieser antwortet: „Meine Eltern waren sehr religiöse Menschen. Sie haben mir beigebracht, im Angesicht der Natur Demut zu empfinden. Ich weiß nicht, ob Gott existiert. Aber ich weiß, wenn es ihn nicht gibt, ist der Mensch bestimmt kein Ersatz für ihn.“

1 Spielt das Streitgespräch mit verteilten Rollen. Welche Ansichten vertreten die drei Personen in der Diskussion über die Evolutionstheorie und die Erschaffung der Welt (vgl. S. 183)?

2 Wem würdest du zustimmen? Wem würdest du widersprechen? Begründe deine Meinung.

M 14 Kreationismus – die wörtlich genommene Erschaffung der Welt in sieben Tagen

Die Evolutionstheorie Darwins [s. S. 180] ist zwar wissenschaftlich seit langem anerkannt, doch halten die meisten Amerikaner an Gott als Schöpfer des Menschen fest. Eine Umfrage des Meinungsforschungsinstituts Gallup ergab, dass in den USA rund 45 Prozent der Erwachsenen glauben, dass Gott den Menschen innerhalb der vergangenen 10 000 Jahre geschaffen hat. Das berichtet das Magazin „National Geographic Deutschland". [...] Nur eine Minderheit der Amerikaner, 12 Prozent, glaubt, dass sich die Menschheit ohne das Zutun eines Gottes aus anderen Lebensformen entwickelt hat.

[...] In 31 von 50 Bundesstaaten der USA gibt es zur Zeit juristischen Streit darüber, wie man in der Schule die Entwicklungsgeschichte lehrt. [...] An eine Evolution, wie Darwin sie beschrieb [vgl dazu S. 180], bei der Gott keine Rolle spielt, glauben in Deutschland mit 46 Prozent fast jeder Zweite, in Österreich knapp 41 Prozent, in der Schweiz aber nur jeder Dritte (33 Prozent).

Dabei lässt die Wissenschaft inzwischen kaum noch Zweifel an der Richtigkeit der Theorie Darwins. [...] Heute dient auch die moderne Genetik [die Wissenschaft von den Genen, dem Erbgut] dazu, Darwins Theorie zu untermauern. So zeigen etwa Untersuchungen des Erbguts der Maus, dass sie 30 000 Gene besitzt, von denen 99 Prozent direkte Entsprechungen beim Menschen haben. Diese Ähnlichkeit zwischen Maus und Mensch sowie neues Wissen aus Disziplinen wie Bevölkerungsgenetik, Biochemie und Molekularbiologie stützt, bestätigt und ergänzt Darwins Evolutionstheorie.

Internet

3 Erkunde bei Eltern und Bekannten, was sie über die Entstehung des Menschen denken.

INFO

Biblische Schöpfungserzählungen: Moderne Theologen vertreten die Ansicht, dass die sieben Tage in der ersten Schöpfungserzählung nicht wörtlich, sondern symbolisch [übertragen] zu verstehen seien. Es gehe nicht um die Entstehungsgeschichte der Erde, sondern um die Bedeutung des Sabbats als Tag Gottes.

Im zweiten Kapitel des ersten Buches der Bibel, das die ältere Schöpfungserzählung enthält, wird von der Schöpfung in einer anderen Reihenfolge erzählt. Dort wird der Mensch vor den Pflanzen geschaffen (1. Mose 2,5). Schon daran sieht man, dass es in der Bibel nicht um eine wissenschaftliche Entstehungsgeschichte geht und dass es unsinnig ist, nach ihr das Alter der Erde zu berechnen. Im zweiten Kapitel geht es vielmehr um eine Erklärung, warum die Welt kein Paradies und nicht mehr so ist, wie Gott sie gewollt hat. Adam und Eva sind auch keine individuellen Menschen, sondern Bezeichnungen für jeden Menschen. Adam bedeutet „der Erdling", und Eva bedeutet „die Quelle des Lebens". Die Erschaffung Adams aus Erde, von der auch der Koran berichtet (Sure 3,59), deutet symbolisch* darauf hin, dass jeder Mensch nach dem Tod wieder zu Erde werden wird.

4 Wenn es in der Bibel heißt, Eva sei aus der Rippe Adams geschaffen worden, heißt das, dass sie aus dem Teil des Leibes gemacht wurde, der dem Herzen am nächsten ist. Welche symbolische* Bedeutung könnte man darin sehen?

Der christliche* Sonntag

Ein ganz gewöhnlicher Sonntag

M 15

Jörg wacht auf und weiß sofort, dass heute Sonntag ist. Sonntage spürt er; sie sind anders als die anderen Tage. Sie fangen später an und sind so fremd in ihrer ungewohnten Stille. [...] Dass Erwachsene so lange schlafen können! Jörg wacht immer um die gleiche Zeit auf: kurz vor sieben. Und nun ist es schon fast acht Uhr, als die Eltern endlich aufstehen. Und wie lange das dauert, bis die Dinge so richtig in Gang kommen! Jörg ist halb verhungert, als sie schließlich alle am Kaffeetisch sitzen. [...] Nach dem Kaffeetrinken verschwindet der Vater im Badezimmer. Da kommt er so schnell nicht wieder heraus. Sonntag morgens ist Vaters Badezeit. „Dass mich bloß keiner stört."

Inzwischen bringt die Mutter die Wohnung in Ordnung. [...] Nach einer Weile sagt die Mutter: „Hattest du nicht noch Schularbeiten zu machen?" „Nein", sagt Jörg. „Oder irgend etwas anderes?" Jedenfalls fällt ihm nichts ein.

„Gar nichts?" Die Mutter seufzt. „Du kannst doch nicht den ganzen Tag hier langweilig herumstehen. Willst du mir beim Kartoffelschälen helfen?" Nein, danke, danach ist ihm durchaus nicht zumute. Da will er schon lieber langweilig herumstehen. [...] Pünktlich zum Mittagessen kommt auch der Vater wieder zum Vorschein.

Er strahlt vor Sauberkeit und guter Laune. „Na, mein Kleiner", sagt er. „Was hast du denn den ganzen Morgen getrieben?" „Er hat sich fast zu Tode gelangweilt", sagt die Mutter. Der Vater zieht die Stirne hoch. „Das höre ich aber gar nicht gern." Jörg zuckt die Achseln. „Was soll man sonntags schon machen?" „Ach du meine Güte!", ruft der Vater. „Hast du nicht alle Freiheit zu tun, was dir beliebt? Niemand macht dir irgendwelche Vorschriften. Wenn ich da an unsere Sonntage früher denke! Da war so ziemlich alles verboten, was ein Junge gerne macht. Den ganzen Tag mussten wir in unseren feinen Sonntagssachen herumlaufen, in denen wir uns kaum zu rühren wagten. Und morgens zogen wir geschlossen zur Kirche und wehe ..." „In die Kirche? Du?"

„Ja! Warum denn nicht? Das gehörte zum Programm, genauso wie der Nachmittagsspaziergang – schön sittsam immer die gleichen Wege." Jörg sagt nichts. Irgend etwas, denkt er, stimmt nicht mit den Sonntagen. Wenn ich bloß wüsste, was.

Nach dem Essen wird der Vater unternehmungslustig. Er sieht aus dem Fenster und fragt: „Ob wir eine kleine Ausfahrt wagen?" „Was? Bei diesem Wetter?", platzt Jörg heraus. „Weißt du denn etwas Besseres?" Auf alle Fälle weiß Jörg, dass er die sonntäglichen Ausfahrten nicht ausstehen kann: stundenlang stillsitzen auf dem engen Rücksitz, umnebelt von Vaters Zigarettenrauch, von dem ihm schlecht wird; und nach einem kurzen Spaziergang (der sich sicher nicht allzusehr von Vaters Spaziergängen früher unterscheidet) wieder stillsitzen in irgendeinem überfüllten Lokal mit anderen Leuten am Tisch, die alles mithören, was man redet. „Gibt es nichts im Fernsehen?", fragt die Mutter. Doch, zum Glück! Das Fernsehen hat Vorsorge getroffen für trübe Sonntage. Eine segensreiche Einrichtung! Jetzt brauchen sie sich nicht mehr den Kopf zu zerbrechen, wie sie die Zeit herumbringen sollen. Erst kommt das Wochenmagazin, dann die Kinderstunde, dann ein Kulturfilm über vergessene Alpentäler. Den möchte Mutter sehen; sie hat eine Schwäche für die Berge. Jörg gähnt und blättert das Programmheft durch. [...] Der Vater schaut auch nur mit einem Auge hin; er löst das Kreuzworträtsel aus der Wochenendbeilage.

Nach einem langweiligen Tag fragt Jörg die Mutter am Abend:

„Warum ist eigentlich Sonntag?"

Die Mutter blickt erstaunt zu ihm hinüber. „Warum? Nun ja, weißt du, ich denke mir, dass der Mensch auch mal einen Tag braucht, an dem er sich ausruhen kann. Wenn man sich die ganze Woche abrackert, dann möchte man doch wenigstens *einen* schönen Tag haben." „Und?", fragt Jörg und setzt sich noch einmal auf. „War es ein schöner Tag?" Die Mutter sieht ihn nachdenklich an. „Für dich wohl nicht?", fragt sie.

Jörg seufzt ein wenig. „In den Büchern", sagt er, „da machen die Großen mit den Kindern am Sonntag Spiele. Oder sie basteln etwas. Oder sie erzählen sich Geschichten."

„Ach!" sagt die Mutter. „Ach! In den Büchern!"

Renate Schupp, 1976

1 „In die Kirche? Du?“, fragt Jörg seinen Vater erstaunt. Wie erklärst du dir dieses Erstaunen?

2 „Warum ist eigentlich Sonntag?“, fragt Jörg. Was würdest du ihm antworten?

3 Male ein Bild, fertige eine Collage an oder schreibe eine Geschichte über einen gelungenen Sonntag.

M 16 Zur Geschichte des Sonntags

In der babylonisch-assyrischen Überlieferung war der 7. Tag ein böser Tag. Er war frei für König und Hofstaat. Der 7. Tag war in Rom schon vor der Christianisierung (wahrscheinlich durch die jüdische Gemeinde) eingeführt. Die Tage bestimmten sich nach Götternamen: Saturn, Sonne, Mond, Mars, Merkur, Jupiter, Venus – Namen, die in die Wochentagsnamen fast aller europäischen Sprachen bis heute eingegangen sind. [...] Der christliche Sonntag war zuerst nicht als Ruhetag gestaltet, sondern als Tag des Gottesdienstes, der an die Auferweckung Jesu von den Toten erinnerte. So wie das Osterfest zum Grundfest des christlichen Kirchenjahres wurde, so wurde der Sonntag im Laufe der Zeit der Feiertag, der die christliche Gemeinde versammelte. [...] So wie Jesus, seine Jünger und die Apostel als Juden den Sabbat hielten, so hielt die sich erst langsam von der jüdischen Gemeinde trennende christliche Gemeinde selbstverständlich den Sabbat und den sich allmählich entwickelnden Sonntag. Dieser war durch das Lob des Leben schaffenden Gottes und durch Erinnerung der in Jesu Auferstehung sich erneuernden Schöpfung bestimmt. [...] Erst 321 wird der Sonntag unter Bezug auf das Sabbatgebot zum staatlich verordneten Feiertag. An diesem Ruhetag [...] dürfen keine Gerichtsverhandlungen und Urteilsvollstreckungen stattfinden. Ebenso haben [...] schwere Arbeiten der Sklaven zu unterbleiben, damit die Sklaven Gelegenheit zum Gottesdienstbesuch haben. Später wird in der Gesetzgebung der christlichen Staaten alle schwere Arbeit verboten. [...] Unter Bezug auf 4. Mose 15,31ff. werden schwere Strafen für die „Sabbatschänder“ angeordnet. Wer Gebote übertritt, als Fremder oder Einheimischer, soll ausgerottet werden aus dem Volk. Erst die Reformation beseitigt die staatlichen Strafen für Sonntagsschändung.

Martin Luther, der die evangelische Kirche begründete, forderte: „Sollte man alle Feste abschaffen und allein den Sonntag behalten. Wollte man aber durchaus die Feste [...] der großen Heiligen halten, so sollten sie alle auf den Sonntag verlegt werden, oder es sollte nur Morgenmesse gehalten werde, und man sollte danach den ganzen Tag Werktag sein lassen. Ursache: Missbrauch mit Saufen, Spielen, Müßiggang und allerlei Sünde, so erzürnen wir Gott mehr an den Heiligentagen als an den anderen. Und es ist gerade umgekehrt: dass die Heiligentage nicht heilig, Werktage heilig sind.“ [...] Das Grundgesetz garantiert in Art. 139: „Der Sonntag und staatlich anerkannte Feiertage bleiben als Tage der Arbeitsruhe und seelischen Erhebung geschützt.“

Martin Stöhr, 1995

M 17

4 Die Evangelische Kirche hat ein Plakat zu einer Werbeaktion für den Sonntag herausgegeben. Beschreibe es und suche eine Erklärung, warum es in den Einzelheiten so gestaltet wurde.

5 Stelle aus dem Text M 16 die wichtigsten Informationen zusammen. Wie ist der Sonntag entstanden und welchen Sinn hat er ursprünglich gehabt?

6 Was könnte im Grundgesetz mit „seelischer Erhebung“ (Z. 54 f.) gemeint sein?

Die Arbeitsruhe am Sonntag ist nicht mehr unbestritten

M 18

Mal einen Schokoriegel von der Tankstelle am Sonntag findet Markus Bräuer ja in Ordnung. Aber am Sonntag den Großeinkauf erledigen? Nein, das geht zu weit.
„Erschreckt und entsetzt" ist Pfarrer Bräuer von der Entscheidung des Berliner Abgeordnetenhauses für längere Ladenöffnungszeiten. Bis zu zehn verkaufsoffene Sonntage soll es in der Hauptstadt zudem künftig geben können.
Für Bräuer, der auch Pressesprecher der evangelischen Landeskirche in Berlin ist, eine Horrorvorstellung. „Der Sonntag bietet Zeit zur Muße und ist ein Kulturgut. Da muss man doch keine Waschmaschine kaufen", sagt er.
Manche Menschen möchten das aber. Viele derjenigen, die im Urlaub auf Mallorca oder beim Geschäftsbesuch in New York die Freiheit des shop around the clock schätzen gelernt haben, schütteln über den deutschen Ladenschluss den Kopf. Seit Jahren ist die Öffnungszeit von Supermärkten eines der beliebtesten Streitthemen im Land.

Süddeutsche Zeitung, 10. 11. 2006

7 Was hältst du davon, dass man auch am Sonntag einkaufen kann?

8 Wie fändest du es, wenn du auch am Sonntag zur Schule müsstest? Was würde Jörg (M 15) möglicherweise dazu meinen?

Sonntagsgestaltung – eine Privatsache?

M 19

Die Sonn- und Festtage sind in der Gefahr, entweder weitgehend verdrängt oder zum bloßen Wochenende, zum Ort für Ausflugs- und Sportveranstaltungen u. a. zu werden. Sie werden so ihres ursprünglichen [...] Sinnes beraubt und werden zum Anlass für neue Zwänge, von denen der Mensch nach der ursprünglichen Auffassung des Sonntags an diesem Tag gerade befreit werden sollten. Der „Wochenende-Tourismus" und das geänderte Freizeitverhalten greifen tief in das Leben der Menschen ein. Sonntagsbräuche, festliche Kleidung und Sonntagsessen haben sich zum Teil verloren. Die Sinngebung des Sonntags ist in hohem Maß Privatsache geworden. Manche sind dadurch überfordert und leiden unter „Wochenenddepression" und „Sonntagsneurose". Sie können sich nur mehr durch Arbeit oder einen Freizeit-Stress ausdrücken. Ihre Fähigkeit zu Muße, Fest und Feier ist verkümmert. Das Wochenende wird von der Vergnügungs- und Unterhaltungsindustrie, vom Sport- und Freizeitbetrieb beherrscht. Dadurch kann vielen zur Erholung, Unterhaltung und Zerstreuung geholfen werden, weniger in entsprechendem Maß zur Sinngebung des Sonntags und des Lebens überhaupt. Es besteht kein Zweifel, dass in diesem Zusammenhang auch der Besuch des Sonntagsgottesdienstes, der in vieler Hinsicht ein Gradmesser der Beteiligung am Leben der Kirchen ist, drastisch zurückgegangen ist.

Karl Kardinal Lehmann, 2002

M 20

9 Kardinal Lehmann, der ehemalige Vorsitzende der katholischen deutschen Bischofskonferenz, sieht eine Gefahr in der heutigen Gestaltung des Sonntags: Siehst du auch eine Gefahr für den Sonntag? Diskutiert darüber, ob und wie man dieser Gefahr begegnen könnte.

10 Schau dir das Foto mit den beiden Verkehrszeichen genau an. Könnte man es auch in einem Plakat für eine Sonntagsaktion verwenden? Was müsste man verändern oder hinzufügen, damit es dazu passt?

Das muslimische* Freitagsgebet

„Gibt es bei euch denn keinen besonderen Tag in der Woche?“, fragt Sarah ihren muslimischen Freund Salah (s. M 9), nachdem sie ihm erklärt hat, wie wichtig der Sabbat im Leben einer jüdischen Familie ist. „Doch, das Freitagsgebet“, antwortet Salah nach einigem Nachdenken. „Aber ich habe jetzt keine Zeit mehr, dir das zu erklären“, fügt er hinzu. „Ich muss los. Mein Vater wartet schon“. Sarah ist neugierig geworden und beschließt, sich im Internet kundig zu machen. Sie möchte mehr über den Islam wissen.

1 Was weißt du über den Islam?

2 Stellt in eurer Tischgruppe eine Liste zusammen. In eine Spalte tragt ihr ein, was ihr bereits über den Islam wisst, in eine andere Fragen, zu denen ihr noch Antworten wünscht.

Unter dem Stichwort „Freitagsgebet“ findet Sarah im Internet Folgendes:

M 21 Der wichtigste Wochentag

Der Freitag ist zweifellos der wichtigste Wochentag im Leben des Muslims. [...]

Der Freitag heißt im muslimischen Raum, dem arabischen Namen folgend, Dschuma. Das arabische Wort Dschuma kommt von dem Wortstamm „dschem“, was soviel bedeutet wie „zusammentragen, zusammenbringen“. [...] Der Freitag selbst, der Dschuma, scheint schon vor dem Gebot des Freitagsgebets ein Versammlungstag gewesen zu sein. So heißt es im Koran bei der Verkündung des Freitagsgebets: „O ihr, die ihr glaubt! Wenn am Tage des Versammelns zum Gebet gerufen wird, dann eilt zum (gemeinsamen) Gedenken an Allah und lasst den Handel ruhen. Das ist besser für euch, wenn ihr es nur wüsstet.“ (al-Dschuma, Sure 62/9) [...]

In einem Hadith [mündliche Überlieferung] sagt der Prophet zum Dschuma (Freitag):

„Der beste Tag, an dem die Sonne aufgeht, ist der Freitag: Adam wurde an diesem Tag erschaffen, an diesem Tag ging er ins Paradies ein, und wieder an einem Freitag wurde er aus diesem hinausgeschickt; auch das Jüngste Gericht wird an diesem Tag anbrechen.“ (Muslim, ‚Dschuma‘, 18)

Außerdem teilte er den Gläubigen mit, dass demjenigen, der an diesem Tag die nötige Reinigung vollzieht, in die Moschee geht und die Predigt (Khutba) hört und das Gebet verrichtet, sämtliche Vergehen, die er seit dem letzten Freitagsgebet begangen hat, vergeben werden. Auch eine Warnung dahingehend, dass demjenigen, der diesen Tag missachtet und an drei Dschuma-Gebeten hintereinander nicht teilnimmt, das Herz versiegelt wird, weist auf die Besonderheit dieses Tages hin, wenn auch in einem anderen Sinne.

Internet

INFO

Schöpfung im Islam: Der Koran, das heilige Buch der Muslime, spricht wie die Bibel an vielen Stellen davon, dass Gott die Welt in sechs Tagen geschaffen habe. „Wir haben die Himmel und die Erde und was zwischen beiden liegt, in sechs Tagen geschaffen. Doch es berührte uns keinerlei Erschöpfung!“ (Sure 50, Vers 38)

Der Koran betont jedoch, dass Allah in seiner unerschöpflichen Schaffenskraft nicht am siebten Tag geruht hat, wie die erste Schöpfungserzählung der Bibel sagt, um die Bedeutung des Sabbats zu erklären.

Muslime feiern deshalb nicht den Sabbat oder den Sonntag, sondern den Freitag.

3 Liste die Gründe auf, warum für Muslime nicht der Sonntag oder der Sabbat, sondern der Freitag der wichtigste Tag der Woche ist.

Sarah findet auch noch etwas zur Bedeutung der einzelnen Gebetshaltungen im Islam:

Salat (Namaz) – das vortrefflichste Reisegepäck hin zur anderen Welt

M 22

Das Gebet – Salat, Namaz – gehört zu den besten Wegen, Gott zu verehren

Es bringt uns Gott näher und ist vortrefflichstes Reisegepäck in die Welt der Ewigkeit. Wenn wir in der rechten Weise beten (und nach dem, was wir im Gebet sagen, handeln), werden wir in der Welt des Jenseits zu den Glücklichen zählen.

Unser Prophet [...] Muhammad sprach: „Das Gebet ist wie eine Quelle reinen, klaren Wassers, in der sich der Betende fünfmal am Tage reinigt!“

[...] Gott liebt jene, die zu Ihm beten, und belohnt sie reichlich und wunderbar. Ganz besonders gern hat Gott jene, die seit ihrer Kindheit zu Ihm beten.

Ein jeder Muslim hat täglich fünfmal das Gebet zu sprechen:

Wir beten so:

1. Wir stellen uns in Gebetsrichtung (Qibla) hin, in der Absicht – Niyya – nun das Gebet zu sprechen. Das heißt: Wir nehmen uns vor, ein bestimmtes Gebet zu beten. [...]
2. Nachdem wir diese Absicht gefasst haben, sagen wir:
   Allahu akbar (Übersetzung: Gott ist groß, erhaben). Dabei heben wir unsere Hände in Höhe unserer Ohren empor.
3. Danach – nach diesem „Takbir“ – lassen wir unsere Arme wieder hängen und beten:
   Im Namen Gottes, des sich Erbarmenden, des Barmherzigen!
   Preis sei Gott, dem Herrn der Welten, dem sich Erbarmenden, dem Barmherzigen, dem Herrscher am Tage des Gerichts. Dir allein dienen wir, und Dich allein bitten wir um Hilfe!
   Führe uns den geraden Weg, den Weg derer, denen Du gnädig bist, nicht derer, denen Du zürnst, und nicht der irrenden! [...]
4. Danach gehen wir zur „Ruku'“ über. Das heißt, wir beugen uns soweit, dass unsere Hände die Knie erreichen. [...]
5. Danach knien wir nieder zur „Sagda“. Dass heißt: Wir knien uns nieder und legen dabei unsere Stirn auf die Erde (oder auf Stein oder Holz, Stroh). Und berühren dabei mit unseren beiden Handflächen und den Spitzen unserer beiden großen Zehen den Boden. In dieser Haltung knien wir zur „Sagda“, wobei wir sprechen: Preis und Dank sei meinem Herrn, dem Allerhabenen! [...]
   Dann folgen in ähnlicher Form noch drei Mal Ruku und Sagda wie bei der ersten Rak'a.
9. Nach der vierten Rak'a (oder beim Morgengebet nach der zweiten Rak'a) sitzen wir [...] ruhig auf unseren Knien [Taschahhud]. [...]

und damit ist unser Mittagsgebet beendet.

[...] Beim Gebet stehen wir in Richtung „Qibla“, des Hauses Gottes, der Ka'ba in Mekka. In Richtung jenes Hauses, das Symbol ist für Tawhid (Ein-Gottbekenntnis, Glauben an den Einzigen Gott) und rufen unseren allmächtigen und gütigen Schöpfer und Erhalter an.

Internet

3 Ordne die vier folgenden Bilder den oben beschriebenen Gebetshaltungen zu. Wie nennt man sie?

M 23

Das Gebet gehört zu den fünf Säulen des Islams. So nennen Muslime die wichtigsten Grundsätze ihres Glaubens.

M 24 Die fünf Säulen

1. Das Glaubensbekenntnis [Schahâda]:
Das Glaubensbekenntnis *„La ilaha illa Allah, Muhammadur rasuulu Allah"* muss mit Überzeugung gesagt werden. Dieser Ausspruch bedeutet „Es ist kein wahrer Gott außer Gott (Allah), und Muhammad ist der Gesandte (Prophet) Gottes." Der erste Teil „Es ist kein wahrer Gott außer Gott" bedeutet, dass niemand das Recht besitzt, angebetet zu werden, außer Gott allein, und dass Gott weder einen Partner noch einen Sohn hat.
2. Gebet [Salât]
Muslime verrichten fünf Gebete am Tag. Jedes Gebet dauert nicht länger als ein paar Minuten. Das Gebet im Islam ist die direkte Verbindung zwischen dem Gläubigen und Gott. Es gibt keinen Vermittler zwischen Gott und dem Gläubigen.
Im Gebet fühlt der Gläubige innere Freude, Frieden und Ruhe und dass Gott mit ihm oder ihr zufrieden ist. [...] Die Gebete werden in der Morgendämmerung, am Mittag, am Nachmittag, bei Sonnenuntergang und in der Nacht verrichtet. Ein Muslim kann fast überall beten, draußen, in Büros, Fabriken oder Universitäten.
3. Zakat geben (Unterstützung der Bedürftigen):
Alle Dinge gehören Gott, und der Reichtum ist den Menschen nur anvertraut. Die eigentliche Bedeutung des Wortes Zakat ist „Reinigung" und „Wachstum". *Zakat* geben bedeutet, einen bestimmten prozentualen Anteil von Besitztümern an bedürftige Menschen zu spenden. [...]
4. Fasten im Monat Ramadhan [Saum]:
Jedes Jahr im Monat Ramadhan fasten Muslime von Sonnenaufgang bis Sonnenuntergang. Dabei halten sie sich von Essen, Trinken und Geschlechtsverkehr fern.
Fasten ist förderlich für die Gesundheit, wird jedoch hauptsächlich als Methode der geistigen Selbstreinigung betrachtet. Durch die eigene Einschränkung von den weltlichen Dingen, selbst für eine kurze Zeit, gewinnt der Fastende wahre Zuneigung zu den Hungrigen und eine Weiterentwicklung für sein geistiges Leben.
5. Pilgerfahrt nach Makkah [Mekka]:
Die jährliche Pilgerfahrt *(Hağğ)* ist einmal im Leben Pflicht für die, die körperlich und finanziell in der Lage dazu sind. Über zwei Millionen Menschen kommen jedes Jahr aus allen Ländern der Erde nach Makkah. [...] Männliche Pilger tragen besonders einfache Kleidung, die jegliche Unterscheidung nach Klassen und Kulturen unmöglich macht, so dass alle gleich vor Gott stehen.

Internet

4 Auf der türkischen Flagge findet sich wie auf der vieler anderer muslimischer Länder ein fünfzackiger Stern. Auf der israelischen Flagge dagegen ein sechszackiger mit einem siebten Feld in der Mitte. Warum hat in muslimischen Ländern die Zahl fünf und im Judentum die Zahl sieben so eine hohe Bedeutung?

Hinduistische* Opferfeste und Schöpfungsvorstellungen

Ein deutscher Reisender erlebt in Indien das Sarasvatifest

M 25

Am nächsten Morgen wurde ich früh aus dem Schlaf gerissen. [...] Ich merkte, die Kinder konnten es gar nicht abwarten, hinauszustürmen, bewaffnet mit Korb, Tasche und Beutel. [...]

„Kommt, wir gehen jetzt von einem Laden zum anderen und bitten um Spenden [...]“, sagte Krischna.

„Was wollt ihr denn mit den Spenden machen“, fragte ich erstaunt. „Wir wollen eine Sarasvati mit anderen zusammen kaufen und sie schön schmücken. Weißt du, Sarasvati ist die Göttin der Weisheit und der Kunst. Wir verehren sie, indem wir ein Abbild von ihr auf den Opfertisch bauen und ihr unsere Opfer bringen. Damit unsere Sarasvati die Schönste ist, brauchen wir viele Blumen, Bilder und Girlanden.“ Also deshalb brauchten die drei Korb, Tasche und Geldbeutel. Wir gingen zuerst zum Obsthändler. Der hockte inmitten seiner Früchte auf der Straße. Er ahnte schon, was die Kinder wollten, und gab Radha eine Apfelsine, Krishna und Mahesch jeweils eine Zitrone. Wie viele Kinder mochten heute zu ihm kommen! Da musste er sparsam sein mit seinen Geschenken. [...] Und so ging es von Stand zu Stand und von einem Laden zum anderen. Tasche, Korb und auch der Geldbeutel wurden voller und voller.

Schließlich drängten wir uns durch das Gewühl zu einem Schreibwarenladen. „Wollt ihr dort auch sammeln?“, fragte ich. „Nein, dort kaufen wir neue Hefte. Die soll Sarasvati segnen, wenn wir ihr geopfert haben, damit wir viel lernen und gute Arbeiten schreiben“, erklärte mir Krishna.

In diesem Laden hingen viele, viele Bilder. Meistens waren es Abbildungen von Sarasvati. Sie war als bildhübsche Frau dargestellt. Um ihren Kopf schwebten eine Ente und zwei kleine Elefanten. Das kam mir sehr merkwürdig vor. Ich fragte einen jungen Mann – offensichtlich ein Student – der ein Bild der Sarasvati kaufte, was das zu bedeuten habe. Dabei erfuhr ich, dass jede Hindugottheit auf den Abbildungen ein Lieblingstier hat, an dem man die Gottheit auch erkennen kann. So wird Brahma, der Schöpfergott, der der Mann von Sarasvati sein soll, mit einem Schwan und Sarasvati mit einer Ente gezeichnet. Die beiden Elefanten sollen hingegen eine Eigenschaft Sarasvatis verdeutlichen. Deshalb muss man wissen, was der Elefant für die Hindus bedeutet. Sie schätzen ihn sehr als kluges Tier und bewundern seine gewaltigen Kräfte, mit denen er auch die größten Hindernisse beiseiteräumen kann. Deshalb wählen sie das Bild des Elefanten, wenn sie zeigen wollen, was einer leisten kann und welche Hindernisse er zu beseitigen vermag. Jeder, der in die Schule geht und einen Beruf erlernt, muss Hindernisse überwinden. Das kostet Anstrengung, Geduld und Fleiß. Die Hindus glauben nicht, dass dies alles von selbst da ist. Sie sind vielmehr überzeugt, dass alles Leben und alles, was gedacht und getan wird, von einer höheren Macht, die sie Brahman nennen, verursacht wird. Brahman wirkt durch viele Gottheiten, die nach der Vorstellung der Hindus auch sterblich sind. Sie sind nur viel, viel mächtiger als die Menschen. Die Gottheiten sind eine Erklärung für alles, was es auf der Welt gibt. Z. B.: Warum gibt es Kunst und Wissen? Weil Sarasvati einen Sohn geboren hat, der Kunst und Wissen unter die Menschen gebracht hat. Warum gibt es Reichtum? Weil die Göttin Lakshmi für Reichtum sorgt. Warum gibt es Böses in der Welt? Weil es Dämonen gibt, die Götter und Menschen plagen. Warum besteht die Welt immer noch? Weil Shiva – der von vielen Hindus als der Mächtigste unter den vielen Gottheiten verehrt wird, das Alte zerstört und neues Leben schafft.

Der Hindu glaubt, dass niemand aus eigener menschlicher Kraft allein leben kann. Nicht nur die Kinder, auch die Erwachsenen. Deshalb kauften auch jüngere und ältere Männer Abbildungen Sarasvatis in unserem Schreibwarenladen, um sie zu Hause auf einen kleinen Hausaltar zu stellen. [...] Auch für sie ist das Sarasvati-Puja ein wichtiges Fest.

[...] Dieser folgende Tag sollte der Höhpunkt von Sarasvati-Puja werden. Er begann mit Fasten. Es gab nur eine Tasse Tee zum Frühstück. Dann eilten die Kinder hinaus, um den Platz, an dem ihre Sarasvati aufgestellt wurde, mit Blumen und Girlanden zu schmücken. Bald

kannte man ihn nicht wieder. Wo sonst Abfall und aller möglicher Unrat verstreut lagen, war es jetzt sauber gefegt. Die Hauswand, vor der der Opfertisch stand, war mit Tüchern und Girlanden verhängt. Auf dem Tisch thronte Sarasvati in einem Meer von Blumen.
Nachdem alles fertig geschmückt war, holten Radha, Krishna und Mahesch ihre Opfergaben. Sie hatten nun ihre Festtagskleidung angezogen. Erstmals sah ich sie mit Schuhen. Ehrfürchtig schritten sie zum Opfertisch, verneigten sich und legten Blumen und Früchte als Opfer vor Sarasvati hin. Dann legten sie die Handflächen aneinander, berührten mit den Fingerspitzen die Stirn und verneigten sich nochmals. Darauf holten sie ihre Hefte und breiteten sie vor Sarasvati aus, damit sie diese segne. Erneut verbeugten sie sich mit zusammengelegten Händen und schritten zurück.
Ich beobachte, mit welchem Ernst die Kinder das taten. In diesem Augenblick standen sie ganz allein vor der Gottheit, die sie verehrten. Es störte sie auch nicht das Getümmel ringsherum und die laute Musik, die aus den Lautsprechern tönte.
Doch nach dem Opfer sprangen sie in den Kreis ihrer Freunde, lachten und tanzten vor Begeisterung.
Bald machte sich ein ganzer Trupp von Kindern auf den Weg zum nächsten Opferplatz, um zu sehen, wie er ausgeschmückt war. Es gab viele Opferplätze in der Stadt. Sie wollten so viel wie möglich sehen. Darüber verging der Tag. [...] Und am folgenden Tag ging es weiter. Wieder versammelten sich die Kinder und Jugendlichen am Opferplatz. Jetzt wurde Sarasvati vom Opferaltar heruntergeholt und auf einen geschmückten Karren gesetzt. Und dann marschierte man in langer Prozession durch die Straßen der Stadt. Es war ein fröhlicher Zug, begleitet vom Jubel der Menge. Schließlich bewegte sich der Zug aus der Stadt heraus. „Wohin gehen wir jetzt?“, fragte [ich] Krishna. „Wir übergeben Sarasvati den heiligen Wassern des Flusses, damit sie hinausgetragen wird ins unendliche Meer“, sagte er. Und so geschah es. Keiner war traurig, als Sarasvati, aus Lehm geformt, sich im Wasser auflöste und die Kleider den Fluss hinunterschwammen. Sie wussten: Der Leib vergeht, aber die Seele und auch Sarasvati leben weiter und werden wieder erstehen – bald, im nächsten Jahr. Dazwischen liegen aber noch viele andere Feste, Feste mit den Gottheiten, denen man sein Leben verdankt.

Hans Grothaus, 1988

1 Angenommen, der Reisende konnte nicht zu dem Fest mitkommen und möchte wissen, was die Kinder erlebt haben. Versetze dich in Radha, Krishna oder Mahesch und erzähle ihm, was du erlebt hast?

2 Stell dir vor, dass der Reisende noch mehr über Sarasvati wissen will. Im Internet könnte er die folgenden Informationen finden.

M 26 Die Mythen von Saraswati

In hinduistischen Mythen wird erzählt, Saraswati sei aus dem Gott Brahma geboren worden. Brahma hatte das Verlangen, die Schöpfung hervorzubringen, und begab sich in Meditation, woraufhin sich sein Körper in eine männliche und eine weibliche Hälfte, Saraswati, teilte. Brahma vereinte sich mit ihr, und daraus entstand der Halbgott Manu, der die Welt erschuf. Oft wird auch erzählt, Saraswati entstamme dem Mund des Brahma und sei entstanden, als dieser die Welt durch seine schöpferische Rede erschuf. In einem anderen Mythos ist es Krishna, aus dem Saraswati entsteht. Dieser teilte sich in männlich und weiblich, Geist und Materie (Purusha und Prakriti) um die Welt zu erschaffen.

Internet

3 Wieso spricht man bei diesen Erzählungen von Mythen? Vgl. dazu den Infokasten S. 197.

4 Wie unterscheiden sich die hier zusammengefassten indischen Schöpfungsvorstellungen von denen der Juden, Christen und Muslime?

INFO

Die drei wichtigsten Götter des Hinduismus: Krishna ist eine der zehn Verkörperungen des Gottes Vishnu. Dieser ist als der Erhalter der Welt neben Brahma, dem Schöpfer, und Shiva, dem Zerstörer, einer der drei wichtigsten der vielen Götter Indiens.

Das Universum im Mund Krishnas

M 27

Es gibt die Erzählung vom kleinen Krishna, den seine Freunde zu Unrecht anschuldigen, er habe Schmutz gegessen. Seine Pflegemutter Yashoda stellt sich vor ihn hin und droht mit dem Finger. „Du sollst keinen Schmutz essen, du böser Junge!“, tadelt sie ihn. „Aber das habe ich nicht“, antwortet der Herrscher des Himmels und der Erde, der sich zum Spaß als armseliges Menschenkind verkleidet hat. „So, so! Dann mach den Mund auf“, kommandiert Yashoda. Krishna tut wie ihm geheißen. Er öffnet den Mund. Yashoda bleibt die Luft weg. In Krishnas Mundhöhle sieht sie die gesamte unendliche Weite des Universums, alle Sterne und Planeten des Weltalls und den Raum zwischen ihnen, alle Länder und Meere der Erde und das Leben, das dort herrscht; sie sieht alle Tage der Vergangenheit und alle Tage der Zukunft, alle Gedanken und alle Gefühle, alles Mitleid und alle Hoffnung und die Dreigestalt der Materie; kein Kieselstein, keine Kerze, nicht die kleinste Kreatur fehlt, kein Dorf und keine Galaxie, und auch sich selbst sieht sie und jeden Krümel genau an seinem Ort. „Du kannst den Mund wieder schließen, Herr“, sagt sie ehrfürchtig.

Yann Martel, 2007

5 Versuche, ein Bild zu dieser Geschichte zu malen. Welche Schwierigkeiten tauchen dabei auf?

6 Krishna ist ebenso wie die anderen zahlreichen Götter Indiens nur die bildhafte Verkörperung der Vielfalt des „Einen“, des Brahma. Wie hat der Maler des Bildes M 29 das darzustellen versucht?

M 28

INFO

Kastenwesen: Die indische Gesellschaft ist in vier große Kasten und einige Tausend Unterkasten eingeteilt. Diese müssen einander unterstützen und dürfen Angehörige einer anderen Kaste nicht heiraten oder mit ihnen feiern und essen. Mahatma Gandhi, der Gründer des modernen Indiens, hatte sich dafür eingesetzt, dass die Kastentrennung aufgehoben wurde. In der Verfassung von 1950 wurde sie auch offiziell abgeschafft. Aber besonders auf dem Land halten die Brahmanen diese Ordnung weiter aufrecht. Sie stellen die oberste Kaste der Gelehrten und Priester, die sich mit den uralten Lehren der Götter beschäftigen und ihnen Opfer darbringen. Sie halten sich streng getrennt von den anderen Kasten, besonders aber von den Parias, die zu keiner Kaste gehören.

M 29 Ein Reisender berichtet vom Kastenwesen* in Indien

„Wie oft habe ich Parias auf den Stationen warten sehen [...] bis der Zug kam. Sie saßen Stunden und Stunden auf dem Bahnhof mit Weib und Kind und Sack und Pack. Der Zug läuft ein, die Parias wollen einsteigen, sie suchen sich ein Abteil, in dem kein Brahmane sitzt, sie gehen von Wagen zu Wagen, sie finden kein Abteil, der Zug ist fast leer, aber sie können nicht mit ihm fahren. Wie oft habe ich auch schon gesehen, dass sie ein leeres Abteil fanden, ein Brahmane steigt ein, und schweigend, ohne ein Wort zu sagen, ohne zu zucken oder zu zögern, verlassen sie das Abteil – sie dürfen nicht mit einem Brahmanen dieselbe Luft atmen, sie dürfen nicht im gleichen Raume sein. Am schwersten ist es in der Nacht. Der Zug hält irgendwo, ein Brahmane steigt ein in das Abteil, – alle Männer, alle Frauen, Kinder verlassen das Abteil, suchen sich ein anderes, verlassen den Zug, wenn sie in der Eile kein anderes finden können. Nun sitzen sie auf dem Bahnhof in der Nacht, die Kinder schreien, die Frauen begütigen sie – niemand schimpft, niemand flucht, denn das muss sein, die Gottheit will es. [...] Nachdem Gandhi seinen Sohn an eine Angehörige einer anderen Kaste verheiratet hatte, wurde er ganz ausgestoßen von den Brahmanen, und seine Stellung in Indien selbst war im Grund zerstört. Man kann sich nicht gegen die Kaste vergehen, das ist die größte Sünde.“ [...] „Zu welchen Schwierigkeiten das manchmal führt [...], hat mir ein Fall gezeigt, von dem mir erzählt worden ist, als ich das Dorf besuchte. Da war ein Kind in einen Ziehbrunnen gefallen. Die Mutter schrie um Hilfe und wusste sich keinen Rat. Ein Paria kam vorüber, er hörte die Hilfeschreie der Mutter und wollte ihr helfen. Er sprang in den Brunnen und rettete das Kind. Als er mit dem Kind auf dem Arm nach großer Anstrengung wieder aus der Tiefe emporkam, hatten sich mehrere Dorfbewohner angesammelt, sie hatten die Wehklagen der Mutter gehört. Doch sie begrüßten den Paria nicht als Retter, sondern empfingen ihn mit den schrecklichsten Schimpfworten. Er hatte nämlich das Wasser berührt, und dadurch war der ganze Brunnen für das Dorf unrein geworden. Er war unbrauchbar, und das Dorf war ohne Wasser.“

Herbert Kühn, 1963

7 Beschreibe die Auswirkungen des Kastenwesens in Indien und nimm dazu Stellung.

8 In den Upanishaden, einem der über 2000 Jahre alten heiligen Bücher des Hinduismus, findet sich ein Text (M 30) über die Lehre der Wiedergeburt. Wie versucht der Maler des Bildes M 31 die Wiedergeburt zu veranschaulichen?

9 Überlege, ob der Text M 30 eine Rechtfertigung des in dem Reisebericht (M 29) geschilderten Verhaltens gegenüber den Parias bietet?

M 30 Wiedergeburt als Lohn der guten und schlechten Taten

Welche nun hier [auf Erden] einen erfreulichen Wandel haben,
für die ist Aussicht, dass sie in einen erfreulichen Mutterschoß eingehen,
einen Brahmanenschoß oder Kshatriyaschoß oder Vaishyaschoß [das heißt in den Schoß der Frau eines Brahmanen, eines Kriegers oder eines Bauern oder Kaufmanns];
die aber hier einen stinkenden Wandel haben, für die ist Aussicht, dass sie in einen stinkenden Mutterschoß eingehen,
einen Hundeschoß, oder Schweineschoß
oder in einen Candâlaschoß [d.h. in den Schoß der Frau eines Parias].

M 31

Schöpfungsmythen – wie weit darf man, wie weit sollte man ihnen glauben?

Lenna wollte Flo mit Ben verkuppeln, weil die Sternzeichen nach ihrer Meinung gut zueinander passen. Aber Flo hat sich stattdessen auf der gleichen Party in Emil verliebt, auf der Lenna Claudius kennengelernt hat. Flo berichtet von einem anschließenden Gespräch mit Lenna.

Lenna ist unverbesserlich

M 32

„Claudius ist sehr nett", seufzt Lenna, „aber er ist Zwilling, das passt nicht gerade optimal zu Stier. Ich sollte ihn besser gar nicht erst treffen."

„Lenna", sage ich und lege meine Hand auf ihren Arm, „natürlich triffst du ihn. Mit ihm läuft das alles anders als mit Patrick, ganz bestimmt. Und überhaupt: Patrick ist nicht rücksichtslos, weil er Widder ist, sondern weil er nie gelernt hat, einfühlsam zu sein."

„Das sagst du!" Lenna presst beleidigt die Lippen zusammen. Ich lege meine Hand auf ihre Schulter.

„Krisen und Probleme und blöde Erlebnisse kann man so oder so nicht immer vermeiden, ob mit oder ohne Astrologie."

„Hmm."

„Horoskope lesen macht Spaß, aber das ist auch schon alles. Du nimmst die Astrologie einfach zu ernst."

Lenna schweigt, und ich weiß nicht, was in ihrem Kopf vor sich geht. Aber ich fühle mich jetzt plötzlich ganz klar: Ich denke nicht daran zu glauben, dass das ganze Leben vorbestimmt ist! Ob, wann und in wen wir uns verlieben, welchen Beruf wir wählen und ob wir unsere Ziele erreichen, ist nicht von den Planeten abhängig, sondern von uns selbst!

Marietta hat die Vier in Englisch geschafft, weil sie gebüffelt hat, und nicht, weil die Sterne für sie günstig standen. Malte, der Fisch, kann super zu Lily, dem Wassermann, passen oder auch nicht. Ebenso Ben, der Steinbock. Wer sich nun in wen verliebt, ob sie sich verlieben, ob Marietta eine Weile solo bleibt, ob Noras Verliebtsein von Dauer ist, das alles wird sich irgendwann herausstellen. Niemand kann vorhersagen, was passiert, und das ist auch gut so. Ich habe keine Angst vor der Zukunft. Unser Schicksal steht nicht von vornherein fest, und Glück ist nicht nur Zufall, wir können ganz schön viel dafür tun, zumindest habe ich das neulich mal in einem Buch gelesen. Wäre ich nicht auf Emil zugegangen, dann ...

„Welches Sternzeichen hat er?", fragt Lenna.

„Skorpion."

„Ausgerechnet. Vergiss nicht: Ich habe dich gewarnt."

[...] Lenna ist einfach unverbesserlich.

[151 – 152]

1 Wieso ist Lenna in der Sicht von Flo „unverbesserlich" (Z. 44)?

2 Flo und Lenna sind unterschiedlicher Meinung über die Bedeutung der Sternzeichen. Wie würden sie wohl die Schöpfungsgeschichten beurteilen, die du in diesem Kapitel kennengelernt hast. Welche würde ihnen gefallen, welche würden sie ablehnen?

3 Überlege, ob man an auch an einen Schöpfergott glauben kann, ohne an den Einfluss der Sterne zu glauben.

4 In einer Untersuchung wurden Berufsschüler gefragt, was sie von dem Glauben an einen Schöpfergott halten. Hier zwei der vielen Äußerungen (M 33). Mit wem würde Flo sich besser verstehen? Mit wem Lenna? Führe Gründe an.

Der Schöpfungsglaube in der Sicht von zwei Berufsschülern

M 33

1. Ich glaube *nicht* an Gott ... weil es nie einen gegeben hat. Es heißt ja, die Menschheit würde von Adam und Eva abstammen, aber das stimmt nicht. Forscher haben herausgefunden, dass die Menschen von einem komischen Urvieh abstammen, das vor ein paar Millionen von Jahren gelebt hatte. Und Gott kann es auch nicht geben, es heißt ja, er soll im Himmel mit seinen Engeln leben. Und heute bzw. früher, als die Menschen den Himmel bzw. Sterne und Mond erforschten, hätten sie beim Beobachten des Sternenhimmels Engel sehen

müssen. Dann als die Menschen und Satelliten in den Weltraum geschossen worden sind, hätte man Engel sehen müssen.
Dann, als die beiden Weltkriege begannen, betete doch jeder zu Gott, er möge den Krieg verhindern, aber da es Gott nicht gibt, der den Krieg verhindern konnte, nahm er seinen Lauf. Wenn es Gott geben würde, dann gäbe es auf der Welt bestimmt keine Not.

2. Bei dem Wort Gott denke ich an eine Existenz, die nach der Bibel die Welt erschaffen hat. Ich denke, dass Gott gütig und gnädig zu allen Menschen ist, egal welcher Rasse oder Nation sie angehören. Bei dem Wort Gott denke ich auch, dass Gott uns nach dem Tode eine Art ewiges, sorgenfreies und glückliches Leben schenkt. [...] Bei dem Wort Gott denke ich aber auch an jene Leute, die Gott in Frage stellen, und ich frage mich, ob sie Recht haben. *1984*

M 34

Der griechische Göttervater Zeus hatte mit einer Sterblichen den Sohn Herakles gezeugt. Damit dieser unsterblich werde, legte er ihn seiner schlafenden Gattin Hera an die Brust. Doch Herakles biss so kräftig zu, dass sie erwachte und ihn wegstieß. Dabei spritzte die Milch der Göttin an den Himmel und bildete dort die Milchstraße.

M 35

Die Milchstraße
«Hier – ich kann nicht jedem einzeln die Flasche geben!»

5 Hier findet ihr zwei sehr unterschiedliche mythische Erklärungen für die Entstehung der Milchstraße. Die eine stammt aus der Antike, die andere von einem modernen Zeichner, der auch das Bild auf der letzten Seite gezeichnet hat. Welche gefällt dir besser? Welche ist wohl eher ernst gemeint? Welche dient wohl mehr zur Unterhaltung?

M 36

Alltagsmythen

1. „Ein Opel? Das ist doch kein Auto! Mein Vater hat einen Porsche. Das ist ein Auto!", mein Sven.
2. „Die Natur meint es gut mit uns Menschen", kann man auf einer Anzeige für Mineralwasser lesen.
3. „Die liebe Sonne bringt Freud und Wonne", heißt es in einem Kinderlied.
4. „Leuchte auf, mein Stern Borussia, leuchte auf, zeig mir den Weg ...", singen die Fans von Borussia Dortmund.

6 Manche Sätze in M 36 ergeben, wörtlich genommen, keinen Sinn, drücken aber trotzdem für den Sprecher etwas besonders Wichtiges aus. Nenne andere Beispiele.

7 Flo beschließt, einen Artikel für die Schülerzeitung zu schreiben (s. S. 227) und eine Religionswissenschaftlerin zu fragen, welche Bedeutung die Schöpfungsmythen für uns heute noch haben können. Sie führt ein Interview mit Barbara Sproul, die Bücher mit Schöpfungsmythen aus aller Welt herausgegeben hat. Die Redaktion möchte ein Plakat für die Ankündigung der neuen Ausgabe haben. Wähle die drei wichtigsten Sätze dafür aus.

Wozu brauchen wir Schöpfungsmythen?

M 37

Frau Sproul, Sie haben zwei Bände mit Schöpfungserzählungen aus aller Welt gesammelt und veröffentlicht. Warum haben Sie das gemacht?

Ich glaube, dass es gut ist, wenn die Menschen lesen können, dass es viele verschiedene Vorstellungen von dem Ursprung der Welt und des Lebens in den Religionen gegeben hat. Dadurch lernt man, dass die, die man von den Eltern gehört hat, nicht die einzige ist, und steht den anderen toleranter gegenüber.

Wenn es aber nur eine Welt gibt, kann doch nur eine richtig sein. Oder sind sie alle falsch?

Wörtlich genommen sind diese Mythen, d. h. die Erzählungen von übermenschlichen Wesen mit ungeheuren Fähigkeiten, sicher alle falsch.

Warum ist es dann sinnvoll, sich überhaupt damit zu beschäftigen? Warum reicht es nicht, sich an die Aussagen der Wissenschaft zu halten?

Einmal kann die Wissenschaft auch keine Auskunft geben, was vor dem Urknall war oder wie die erste lebende Zelle entstanden ist. Noch viel weniger sagt sie darüber, warum es überhaupt die Welt und das Leben gibt. Wir brauchen Mythen, um Antworten auf die Fragen zu erhalten: Wer bin ich? Wie soll ich mich in der Welt einordnen? Wie soll ich mein Leben gestalten? Schon, wenn die Mutter ihrem kleinen Kind sagt „Du bist mein Engel!“, „Da lacht die liebe Sonne wieder“ oder „Die armen Blümchen weinen, wenn du sie ausreißt!“ spricht sie in symbolischer*, d. h. übertragener Weise von übernatürlichen Eigenschaften und vermittelt dem Kind dadurch Werte und einen Sinnzusammenhang. Werte und Sinnzusammenhänge brauchen aber auch die Erwachsenen.

nach Barbara C. Sproul, 1991

«Ich bin froh, daß ich fertig bin. – Ich hoffe, es das nächste Mal besser zu machen.»

8 Sollte man Mythen wörtlich nehmen? Was spricht dafür? Was spricht dagegen? Welche Argumente kannst du dem Text M 37 entnehmen?

9 Wie hat wohl der Zeichner des letzten Bildes in diesem Kapitel den Schöpfungsmythos aufgefasst? Begründe deine Ansicht.

Erläuterungen zu 10 wichtigen Begriffen aus jedem Kapitel – zum Lernen und Wiederholen

Erwachsen werden – leben lernen

(Selbst-)Disziplin: In unterschiedlichen Situationen gelten verschiedene Regeln, an die wir uns halten müssen. Das gilt für den Unterricht in der Schule ebenso wie für den Straßenverkehr. Und wer gegen diese Regeln verstößt, wird bestraft, schließlich muss hier *Disziplin* herrschen. Wenn jemand dazu in der Lage ist, sich selbst solche Regeln aufzuerlegen, z. B. zunächst die Hausaufgaben anzufertigen und erst dann zu spielen, nennt man dies *Selbstdisziplin*.

Entscheidung: Wir müssen uns im Leben ständig entscheiden, d. h. wir haben die Wahl zwischen unterschiedlichen Möglichkeiten zu handeln. Die Situationen, in denen dies nötig ist, sind sehr unterschiedlich: Entscheidungen können leicht sein, wie die Wahl zwischen Schoko- und Vanilleeis, sie können aber auch sehr schwierig sein, z. B. die Frage, wie ich mein Leben gestalten möchte.

Erwachsen sein: Das Erwachsenenalter folgt auf Kindheit und Jugend; man kann es aber auf ganz unterschiedliche Art und Weise bestimmen: Zum einen kann man sagen, ein Mensch sei *erwachsen*, wenn er für sich selbst und sein Leben sorgen kann. Biologisch gesehen, ist man *erwachsen*, wenn die körperliche Entwicklung abgeschlossen ist. Rechtlich gesehen, ist man mit dem Abschluss des 18. Lebensjahres ein *Erwachsener*.

Freundschaft: Zu manchen Menschen entwickeln wir im Laufe unseres Lebens ein besonderes Verhältnis: Wir lernen uns gegenseitig besser kennen, verbringen nach Möglichkeit unsere Zeit miteinander und empfinden gegenseitige Zuneigung. Aus diesem Grunde setzt man sich auch für den anderen ein. Und das geschieht alles auf freiwilliger Ebene und nicht, weil man etwa miteinander verwandt ist. Dieses Verhältnis nennt man *Freundschaft*, es ist ein ganz besonderes Verhältnis von Menschen untereinander.

Geistige Übungen: Von der Antike bis in die Gegenwart waren Philosophen davon überzeugt, dass man seinen Geist trainieren kann und durch tägliche Übungen ein gutes Leben führen kann. Eine dieser Übungen besteht darin, sich täglich Zeit zu nehmen und sich an die Lehren zu erinnern, an denen man sich orientieren will; eine andere, sich selbst und die Welt von außen betrachten zu lernen und dadurch Abstand von den alltäglichen Sorgen zu gewinnen.

Gelübde: Ein *Gelübde* ist ein meist im religiösen Zusammenhang verwendeter Begriff, nach dem man in einem feierlichen Rahmen ein Versprechen abgibt und sich damit selbst zu etwas verpflichtet. Ein *Gelübde* soll den inneren Willen wachhalten und verstärken, das Ziel, das man sich gesetzt hat, besser erreichen zu können. Die weltlichen Formen des Gelübdes heißen entweder *Eid* oder *Schwur*.

Ich: Jeder Mensch erfährt im Laufe des Heranwachsens, dass es ihn gibt, dass er eine eigene Person ist. Er kann sich selbst in einem Spiegel erkennen und sieht dort keine andere Person. Jeder Gedanke, jedes Gefühl, jeder Sinneseindruck führt ihn immer wieder auf sich selbst zurück. Sie laufen stets auf einen Punkt hin. Das ist mein *Ich*, und davon spreche ich jedes Mal, wenn ich ein Verb in der ersten Person Singular benutze. Mein *Ich* scheint immer da zu sein, auch wenn ich es nicht bewusst wahrnehme, wie im Schlaf. Trotzdem wache ich am nächsten Morgen auf und fühle mich als dieselbe Person, die am Abend vorher eingeschlafen ist.

Mut: *Mut* bezeichnet im Gegensatz zur Feigheit die lobenswerte innere Einstellung eines Menschen, auch dann eine als richtig und wichtig empfundene Handlung zu wagen, wenn sie in der eigenen Vorstellung mit Unannehmlichkeiten und Gefahren verbunden ist. Davon abzugrenzen ist *Übermut*, in dem Leichtsinn und Unüberlegtheit liegt und der zur Überschätzung der eigenen Kräfte führt.

Schicksal: In diesem Begriff liegt die Annahme, dass die Ereignisse unseres Lebens durch eine übermenschliche Macht vorherbestimmt sind. Solche Schicksalsmächte stellen sich viele Menschen entweder als Person wie eine Gottheit vor oder als unpersönliche Mächte wie z. B. die Sterne, die angeblich unser Leben von Geburt an beeinflussen. Von unseren Vorstellungen, welche Möglichkeiten wir der menschlichen Freiheit einräumen, hängt ab, wie weit wir glauben, dass wir dem *Schicksal* unterliegen und nicht wirklich selbst handeln.

Zeit: Einige Naturwissenschaftler nehmen an, dass die *Zeit* mit dem Urknall (s. S. 30 ff., 186 f.) entstanden sei. Da aber nicht klar ist, ob überall im Kosmos gleiche Zeiten herrschen, bleibt sie eine rätselhafte Erscheinung. Die mit genaugehenden Uhren gemessene *Zeit* ist eine allgemeingültige Grundlage in den Naturwissenschaften. Das Zeitempfinden kann aber von Mensch zu Mensch und von Kultur zu Kultur unterschiedlich sein. Die Zeit, über die man nach persönlichen Wünschen und Interessen frei verfügen kann, in Abgrenzung von den für die Erhaltung des Lebens notwendigen Tätigkeiten wie Arbeit, Schule, Ernährung und Schlaf, bezeichnet man als *Freizeit*.

Altan hat Freunde – Zusammenleben mit anderen

Allaussage: Mit *Allaussage* bezeichnet man in der Logik eine Aussage, die sich auf eine Menge von Sachen, Tieren oder Menschen bezieht und die für jede einzelne Sache, jedes einzelne Tier oder jeden einzelnen Menschen der Menge zutrifft (zutreffen soll). Betrachtet man z. B. die Menge der folgenden drei Gesichter ☺, ☺, ☺, so ist die Aussage „alle Gesichter lachen" hier eine (wahre) *Allaussage*. Für die Menge ☺, ☺, ☹ oder die Menge ☹, ☹, ☺ ist die *Allaussage* „alle Gesichter lachen" falsch, weil mindestens ein Gesicht nicht lacht.

Gewalt: Darunter versteht man die Androhung oder Anwendung von körperlichem oder geistigem Zwang, um jemand anderem den eigenen Willen gegen dessen Widerstand aufzuzwingen. Die Formen und Mittel, mit denen *Gewalt* ausgeübt wird, können dabei offen und brutal (z. B. Zufügung von körperlichen Schmerzen), aber auch versteckt (z. B. ein Klima der Angst zu verbreiten) sein. Die Ausübung von *Gewalt* ist in der Regel nur in einer Notwehrsituation erlaubt und sollte in einer friedlichen Gesellschaft nicht geduldet werden.

Gleichheit: Mit *Gleichheit* ist gemeint, dass alle Menschen, egal welcher Hautfarbe, Herkunft, körperlichen Stärke, Intelligenz oder welchen Geschlechts sie sind, die gleiche Wertschätzung erfahren müssen und die gleichen Menschenrechte haben. Niemand darf bevorzugt oder benachteiligt werden. Der Gedanke der *Gleichheit* aller Menschen, auch vor dem Gesetz, ist einer der wichtigsten Grundgedanken unserer demokratischen Gesellschaft.

Integration (lateinisch integratio = Erneuerung, Wiederherstellung eines Ganzen): *Integration* bezeichnet die Eingliederung von Personen und Personengruppen in andere (größere) Personengruppen (häufig Staaten, wie die Bundesrepublik Deutschland). Dabei erkennen die Personen, die sich integrieren, gemeinsame Grundwerte und Ziele an (Minimalkonsens). Grundlage der *Integration* bleibt die gegenseitige → Toleranz.

Konflikt (lateinisch confligere = zusammenstoßen, streiten): *Konflikte* sind Auseinandersetzungen, Streitereien oder Interessengegensätze zwischen Menschen (aber auch Staaten u. a.), die einen grundlegenden Charakter haben und die nicht leicht zu lösen sind. Der Begriff kann sich aber auch auf innere, seelische Streitfragen beziehen, z. B. in Gewissens*konflikten*. Die Lösung von *Konflikten* ist dann schwer, wenn die Konfliktparteien auf ihren Interessen beharren oder die Interessen zu gegensätzlich sind.

Migration (lateinisch migratio = Wanderung]: Mit diesem Begriff bezeichnet man den dauerhaften Wechsel des Lebensmittelpunktes einer Person oder einer Gruppe von Menschen. Bei der internationalen *Migration* lassen sich die Auswanderung (*Emigration*) aus einem und die Einwanderung (*Immigration*) in ein anderes Land unterscheiden. Wanderungsbewegungen gibt es seit Jahrtausenden. Die Gründe dafür können sehr unterschiedlich sein: Flucht aufgrund von Krieg und Verfolgung oder auch die Hoffnung auf ein besseres Leben.

Mobbing (englisch to mob: anpöbeln, angreifen, bedrängen): In der Regel bedeutet *Mobbing*, einen Menschen ständig und wiederholt zu schikanieren, zu quälen und zu verletzen – häufig in der Schule oder am Arbeitsplatz (dort auch mit dem Ziel, den Mitarbeiter aus dem Betrieb zu entfernen). Typische Mobbinghandlungen sind z. B. Beleidigungen, die Verbreitung falscher Tatsachen, Androhung von Gewalt bis hin zu ihrer Ausübung, Kontaktverweigerung bis hin zum Ausschluss aus der (Klassen-) Gemeinschaft. Das Opfer hat gegenüber dem Täter (oder den Tätern) Schwierigkeiten, sich zu verteidigen, da zumeist ungleiche Machtverhältnisse vorliegen.

Toleranz (lat. tolerare = ertragen, erdulden): Wenn zwei Personen (Personengruppen) einander *tolerieren*, dann lässt die eine die andere gelten, wie sie ist, ohne sie verändern zu wollen. Unterschiedliche Werte, Normen und Überzeugen werden akzeptiert; keiner muss diejenigen des jeweils anderen übernehmen. Es herrscht *Toleranz*; Konflikte können friedlich gelöst werden.

Vorurteil: Ein *Vorurteil* bezeichnet eine (wertende) Aussage, die jemand über eine Sache, Person oder Personengruppe trifft, bevor er sich oder auch ohne dass er sich darüber informiert hat, ob die Aussage wahr oder falsch ist, d. h. welchen Wahrheitsgehalt sie hat.

Zivilcourage (lat. civilis = den Bürger betreffend; französisch courage = Mut, Beherztheit): Jemand, der sich (als Bürger eines Staates) für die Einhaltung der gemeinsamen Grundwerte, für bedrängte oder in Not geratene Mitbürger einsetzt und dabei auch mögliche Nachteile für die eigene Person in Kauf nimmt, zeigt *Zivilcourage*.

Wahrheit und Lüge, gut und böse – zur Frage nach dem rechten Handeln

Autorität: Die *Autorität* ist der Einfluss, den eine Person, eine Gruppe von Personen oder auch eine Sache auf unsere Handlungen haben kann. Bei unseren Entscheidungen über richtige oder falsche Handlungen orientieren wir uns dann an den Vorgaben dieser *Autorität*.

Goldene Regel: In einer sehr bekannten Formulierung lautet die *Goldene Regel*: „Was du nicht willst, das man dir tu', das füg' auch keinem andern zu." Diese Regel gilt fast überall auf der Welt und dient den Menschen seit Urzeiten als Handlungsmaßstab.

Lüge: Eine *Lüge* ist eine Aussage, in der ein Redner seinen Zuhörer bewusst täuschen will, indem er seine Kenntnisse über eine bestimmte Situation verfälscht oder verschweigt. Die Motive für diese Täuschungen, z. B. Höflichkeit oder Eigennutz, können dabei ganz unterschiedlich sein.

Moral/Ethik: *Moral* ist die in einer Gesellschaft vorherrschende Meinung, welches Handeln richtig und welches falsch ist. Die Moralvorstellung hängt meist von den Gewohnheiten und Wertmaßstäben dieser Gesellschaft ab. Im Unterschied dazu versucht die *Ethik* eine allgemeingültige Handlungslehre zu finden, die gesellschaftlich unabhängig ist und allen vernünftig erscheint.

Nützlichkeit: Ein weiteres Kennzeichen für richtiges Handeln ist der *Nutzen* der Handlung. Einige Philosophen, wie z. B. Jeremy Bentham, schlagen sogar als allgemeinen Maßstab vor, dass Handlungen immer dann gut sind, wenn sie den größtmöglichen *Nutzen* für eine größtmögliche Zahl von Menschen erreichen.

Pflicht: Die *Pflicht* gilt oft als ein Grund für richtiges Handeln. Der Philosoph Immanuel Kant unterschied dabei zwischen der *Pflicht*, die uns als Zwang von anderen Menschen aufgetragen wird, und der *Pflicht*, die wir als eigene Verantwortung spüren. Für Kant sind gerade die Handlungen moralisch, die diesem Verantwortungsgefühl und dem eigenen Gewissen entspringen.

Selbstbestimmung: Wir sprechen von *Selbstbestimmung*, wenn Menschen frei entscheiden können, was sie für richtig und falsch halten, und daraufhin ihr Handeln selbst bestimmen. Meistens halten wir *selbstbestimmte* Handlungsregeln lieber ein als vorgegebene Regeln, da wir von ihrer Richtigkeit besonders überzeugt sind.

Sprache: Die *Sprache* ist eine bestimmte Zusammensetzung von Lauten, die es den Menschen ermöglicht, sich zu verständigen. Meistens sind die Begriffe unserer *Sprache* mit der Vorstellung von einem bestimmten Gegenstand oder einer Handlung verknüpft. Da nicht jeder immer dieselbe Vorstellung hat, wie z. B. beim Begriff „gut“, lohnt es sich genau zu prüfen, wovon wir reden.

Vernunft: Als *Vernunft* bezeichnen wir die geistige Fähigkeit des Menschen, seine Handlungen und Absichten kritisch zu beurteilen – z. B. welche Folgen sie haben oder ob wir sie für richtig oder falsch halten – und sich dementsprechend zu verhalten.

Wahrhaftigkeit: Wir bezeichnen eine Aussage dann als *wahrhaftig*, wenn sie mit dem Gedanken oder der Überzeugung des Redners übereinstimmt. Der Redner ist in diesem Fall fest davon überzeugt, die Wahrheit zu sagen, obwohl sich vielleicht später herausstellt, dass er einem Irrtum unterlag.

„Es gibt nichts umsonst“ – Regeln und Gesetze im Staat und im Umgang mit dem Geld

Arbeitslosigkeit: *Arbeitslos* ist jemand, der keine bezahlte Beschäftigung findet, obwohl er eigentlich fähig wäre, einer solchen Tätigkeit nachzugehen. Viele *Arbeitslose* leiden so sehr unter ihrer Situation, dass sie buchstäblich krank werden.

Armut: Manche Fachleute finden, dass *Armut* dann vorliegt, wenn das Einkommen der betreffenden Personen geringer ist als ein bestimmter festgelegter Geldbetrag, den sie pro Tag eigentlich zur Verfügung haben müssten. Andere gehen davon aus, dass sich Armut nur im Verhältnis zu dem bestimmen lässt, was andere Menschen im selben Land haben, die nicht als arm gelten.

Chancengleichheit: Es ist eine verbreitete Auffassung, dass der Staat seinen Bürgern nicht nur umfassende Freiheitsrechte (etwa das Recht, seine Meinung frei zu äußern) zugestehen, sondern auch für mehr *Chancengleichheit* sorgen sollte. So gilt es z. B. vielen als selbstverständlich, dass der Staat Kinder zu fördern habe, die aufgrund ihrer Herkunft eine geringere Chance haben, später eine gute Arbeitsstelle zu bekommen, um sie denen gleichzustellen, deren Chance von vornherein größer ist.

Eigentum: Wir müssen zwischen Besitz und *Eigentum* unterscheiden. Zum *Eigentum* wird eine Sache erst dann, wenn ihr Besitzer über sie frei und nach Belieben verfügen kann, soweit damit kein Recht verletzt wird. Wer z. B. eine Wohnung mietet, ist zwar ihr Besitzer, aber nicht ihr Eigentümer. In allen zivilisierten Staaten wird das Recht auf Eigentum garantiert.

Egoismus/Eigeninteresse: Handelt jemand eigeninteressiert oder *egoistisch* (von lat. ego = ich), zählt für ihn nur der eigene Vorteil. Damit unterscheidet sich der *Egoismus* z. B. vom Altruismus (von lat. alter = der, die, das andere), für den das Wohl der anderen im Vordergrund steht.

Gewinnstreben: In der Regel versteht man darunter das Streben nach der Erzielung eines größtmöglichen Geldbetrags. Das *Gewinnstreben* kann sich für andere schädlich auswirken und sogar der Beweggrund von Verbrechen sein. Andererseits: Wenn z. B. jemand ein Unternehmen gründet, um damit zu Wohlstand zu gelangen, so wird er vielleicht Arbeitskräfte einstellen und so Personen vor der Arbeitslosigkeit bewahren.

Marktwirtschaft: Dabei handelt es sich um eine Wirtschaftsform, bei der sich über den Wettbewerb und das Zusammenspiel von Angebot und Nachfrage entscheidet, was und wie produziert und welcher Preis für die Güter verlangt wird. In einer Planwirtschaft, wie es sie z. B. in der DDR gab, bestimmt hingegen der Staat, was und wie viel produziert wird.

Staat: In einem *Staat* zu leben heißt, dass es eine zentrale Macht gibt, die allein befugt ist, Gesetze zu erlassen und Gewalt anzuwenden, wenn diese missachtet werden. Die weitaus meisten Fachleute sind der Überzeugung, dass ohne eine Staatsgewalt keine geordneten Verhältnisse unter den Menschen möglich sind.

Steuern: *Steuern* sind besondere Abgaben, die der Staat seinen Bürgern auferlegt, um seine Ausgaben zu finanzieren. *Steuern* dienen unter anderem dazu, Verkehrswege instand zu halten, soziale Unterschiede auszugleichen und Lehrer, Polizisten und Bundeswehrangehörige zu bezahlen.

Unsichtbare Hand (engl. unvisible hand): Dieser Ausdruck geht auf den schottischen Gelehrten Adam Smith (1723–1790) zurück. Er setzte sich mit der modernen → Marktwirtschaft auseinander und behauptete, dass Menschen die Fähigkeiten anderer nutzen können, ohne dass diese das beabsichtigen. Das Eigeninteresse (z. B. das Streben nach Gewinn) vieler einzelner Personen trage - wie durch eine *unsichtbare Hand* geleitet - zum Wohlstand eines Landes bei.

Hände weg von der Natur – Wie sollten wir mit anderen Lebewesen umgehen?

Anthropozentrismus: Der *Anthropozentrismus* ist eine ethische Grundposition, nach der zunächst die Interessen und Bedürfnisse der Menschen (griechisch anthropos = der Mensch) moralisch berücksichtigt werden sollten.

Biozentrismus [nach griechisch bios = das Leben]: Der *Biozentrismus* ist eine ethische Grundposition, nach der alle lebendigen Wesen, Pflanzen, Tiere und Menschen möglichst gleichermaßen moralisch berücksichtigt werden sollten.

Instrumentalisierung: So nennt man das Verhalten von Menschen, die andere Lebewesen für die eigenen Ziele und Interessen ausnutzen, ohne deren Bedürfnisse und Interessen angemessen zu berücksichtigen.

Mitleid: *Mitleid* ist ein zentraler Begriff der Ethik. Es ist ein auf leidensfähige Wesen gerichtetes Gefühl, das von deren Leiden ausgeht und den Wunsch zu helfen auslöst.

Mitgeschöpf: So bezeichnet man in einer ethischen oder religiösen Sichtweise andere Lebewesen. Man will damit ausdrücken, dass der Mensch nur zusammen mit anderen Lebewesen leben kann und diese selbst wertvoll und schützenswert sind.

Moralischer Status: Der Begriff gibt wesentliche Merkmale dafür an, inwiefern man bestimmte Wesen moralisch richtig oder falsch behandeln kann und darf (z. B. weil sie leidensfähig oder vernunftfähig sind).

Ökologie: *Ökologie* ist die Wissenschaft von den Wechselbeziehungen zwischen den Lebewesen und ihrer Umwelt. Sie liefert z. B. Gründe, etwas für bedrohte Tier- und Pflanzenarten zu tun.

Pathozentrismus (von griechisch pathos = das Leiden): Dabei handelt es sich um eine ethische Grundposition, nach der die Interessen und Bedürfnisse aller leidensfähigen Wesen berücksichtigt werden sollten.

Sein-Sollens-Fehlschluss: ein Fehlschluss in einer Argumentation, wenn man eine wertende Behauptung unmittelbar aus nur beschreibenden Voraussetzungen ableiten möchte; z. B.: Es gibt Kriege. Kriege sind daher gut.

Zweck an sich selbst: ein Ziel, das man anstrebt, um eigentlich etwas anderes zu erreichen (z. B. lernen, um eine gute Arbeit zu schreiben), sondern das man um seiner selbst willen anstrebt (lernen, um ein kluger Mensch zu werden).

Little Miss Sunshine – über Schönheit und Medien

Familienkonferenz: Die *Familienkonferenz* ist eine bestimmte Form des Gesprächs, in dem alle Beteiligten einer Gruppe sich bemühen, Konflikte gleichberechtigt zu lösen.

Der Goldene Schnitt: Der *Goldene Schnitt* ist eine ganz bestimmte Form von Proportion, in der das Verhältnis vom kleineren Teil (minor) z. B. einer Strecke zum größeren Teil (major) das gleiche ist wie das Verhältnis vom größeren Teil (major) zu ganzen Strecke.

Medienwirkung: Die *Medienwirkungsforschung* geht der Frage nach, welchen Einfluss der Konsum von bestimmten Medien (Fernsehen, Internet, PC-Spiele, Handy) auf das Verhalten und die Einstellungen von Menschen hat.

Mode: Unter *Mode* verstehen wir die Bevorzugung eines bestimmten Aussehens in einer bestimmten Gruppe oder Zeit. Der Begriff lässt sich sowohl auf körperliches Aussehen als auch auf Kleidung beziehen.

Schöne Seele: Mit dem Begriff der *„schönen Seele“* versucht man auszudrücken, dass man einen Menschen nicht aufgrund seiner äußeren Merkmale einschätzt, sondern aufgrund der Ausgeglichenheit seiner inneren Haltung, seines Charakters, seiner „inneren Werten“.

Schönheitschirurgie: Unter *Schönheits-* oder plastischer *Chirurgie* versteht man Operationen, die das Ziel haben, einen Menschen zu „verschönern“ (z. B. Brustvergrößerungen, Fettabsaugungen, Nasenkorrekturen)

Schönheitsideal: *Schönheitsideale* sind von einer bestimmten Gesellschaft geprägte Vorschriften oder Maßstäbe, die besagen, wie man aussehen muss, um als „schön“ zu gelten.

Symmetrie: Ein anderes Wort für *Symmetrie* ist Gleichmaß. Man meint damit, dass bestimmte Maße in einem bestimmten -gleichen - Verhältnis zueinander stehen.

Vorbild: Ein *Vorbild* ist eine Person oder eine Einstellung, an der man sein eigenes Verhalten orientiert. Das kann so weit gehen, dass man genau so wie sein Vorbild redet, handelt und versucht zu denken.

Wabi Sabi: *Wabi Sabi* bezeichnet eine Geisteshaltung, die davon ausgeht, dass Schönheit gerade nicht in der Perfektion (z. B. der Proportionen) liegt, sondern in der Einzigartigkeit einer Person oder Sache.

Vom Universum und vom Staunen über das Leben

Evolution: Nach Charles Darwins berühmtem Buch über die „Entstehung der Arten" (1859) ist das Leben nicht auf einmal einstanden, sondern hat sich über viele Millionen Jahre aus einer gemeinsamen Urzelle durch allmähliche Veränderung (Mutation) und natürliche Auswahl (Selektion) entwickelt.

Gaia: Die *Gaia-Hypothese* besagt, dass man die Erde, besonders die Erdoberfläche, einschließlich der gesamten Biosphäre - der Gesamtheit aller Organismen - als einen lebenden Organismus betrachten kann, der sich selbst erhält. Der Name leitet sich von Gaia ab, der Erdgöttin und großen Mutter der griechischen Mythologie.

Lichtjahre: Die weiten Entfernungen im Weltraum misst man nicht in Kilometern, sondern in *Lichtjahren*. Das Licht legt in einer Sekunde etwas 300 000 km zurück, also fast die Entfernung bis zum Mond. In einem Jahr sind es unvorstellbare 9,5 Billionen km. Die nächste Sonne ist 4,2 Lichtjahre von der Erde entfernt - so lange braucht ihr Licht bis zu uns.

Milchstraße/Galaxien: Die Milchstraße, das nur in sehr klaren Nächten sichtbare helle Band quer über den Himmel, ist in Wirklichkeit eine scheibenförmige Ansammlung von ca. 100 Milliarden Sonnen, eine sogenannte Galaxie, von denen es noch viele Milliarden weitere gibt.

Organismus: So nennt man ein ein- oder vielzelliges, lebendes Wesen, dessen Teile zusammenwirken und ein Ganzes ergeben. Der Begriff wird auch für das gesamte System der Organe eines Lebewesens oder für ein tierisches oder menschliches Gemeinwesen benutzt.

Planeten und Fixsterne: Die *Planeten* kreisen zusammen mit unserer Erde als Begleiter um unsere Sonne. Sie haben kein eigenes Licht, sondern werden von der Sonne angestrahlt. Alle anderen mit bloßem Auge sichtbaren Sterne sind *Fixsterne*, d. h. sie haben eine verhältnismäßig unveränderliche Stellung am Himmel. Sie sind eigentlich Sonnen, die auf Grund der großen Entfernung nicht größer als die Planeten erscheinen.

Staunen: Mit dem *Staunen*, so meinten die großen antiken Philosophen Platon und Aristoteles, fange die Philosophie an. Das Staunen veranlasst uns, das scheinbar Selbstverständliche kritisch zu befragen und im Weiterdenken von einer bloßen Meinung zum Wissen zu kommen.

Universum/Kosmos: Als Universum (von lat. universus: gesamt) bezeichnet man allgemein die Gesamtheit aller Dinge. Im Speziellen meint man damit das Weltall. Die alten Griechen nannten das Weltall Kosmos (von griechisch kósmos: (Welt-)Ordnung, Schmuck, Anstand), weil sie darin vor allem eine besondere Ordnung bewunderten.

Urknall: Als *Urknall* bezeichnet man heute den Anfang des Universums vor etwa 15 bis 20 Milliarden Jahren, an dem die gesamte Masse in einem Punkt unvorstellbar dicht zusammengepresst war.

Zellen: Eine *Zelle* (lateinisch cellula = kleine Kammer, Zelle) ist die kleinste Einheit aller Lebewesen. Es gibt *Einzeller*, die aus einer einzigen *Zelle* bestehen, und Mehrzeller, bei denen mehrere Zellen zu einer Einheit, einem → Organismus, verbunden sind. Der Mensch besteht aus etwa 100 Billionen *Zellen*.

Schöpfungserzählungen und Feiertage der Religionen

Astrologie/Astronomie: Im Unterschied zur *Astronomie*, der wissenschaftlichen Erforschung der Sterne, z. B. ihrer Größen und Entfernungen, beschäftigt sich die *Astrologie* seit der Zeit der alten Babylonier mit dem angeblichen Einfluss der Sterne auf das Schicksal der Menschen. Die Babylonier hatte jedoch keine Ahnung von den durch die *Astronomie* festgestellten ungeheuren Entfernungen im Weltall.

Christlich: Die *christliche* Religion beruht auf dem Glauben, dass der von den Römern gekreuzigte Jesus von Nazareth der Christus ist, d. h. der auferstandene kommende Herr, der das Reich Gottes für alle Menschen herbeiführen wird.

Hinduistisch: Die Religionen Indiens nennt man nach dem Fluss Indus *hinduistisch*. Ihnen gemeinsam ist der Glaube an die Wiedergeburt, an den Sinn des → Kastenwesens und an viele Götter, besonders an Brahma, den Schöpfer, an Shiva, den Zerstörer, und an Vishnu, den Erhalter.

Jüdisch: Die *jüdische* Religion ist die Religion der Hebräer, die um ca. 1200 vor unserer Zeitrechung aus der Sklaverei in Ägypten geflohen sind und in Palästina, dem heutigen Israel, das ihnen von Gott verheißene Land sehen, in dem sie nach seinen Gesetzen leben sollen.

Kastenwesen: Die indische Gesellschaft ist in vier große Gesellschaftsklassen, die *Kasten*, und einige Tausend Unterkasten eingeteilt. Die Mitglieder einer *Kaste* müssen einander unterstützen und dürfen Angehörige einer andere *Kaste* nicht heiraten oder mit ihnen feiern und essen.

Kreationismus: Der *Kreationismus* ist der Auffassung, dass die Beschreibung der Schöpfung der Welt in sechs Tagen im ersten Kapitel der Bibel und im Koran wörtlich genommen werden müsse. Er lehnt deshalb die Evolutionslehre Darwins ab, die eine Entwicklung des Lebens über viele Millionen Jahre lehrt.

Muslim: Das Wort *„Muslim"* bedeutet „der sich (Gott) Unterwerfende". In seinem Bekenntnis zu der Religion des Islams erkennt der *Muslim* Mohammed als letzten Propheten Gottes (Allahs) an. *Muslime* glauben daran, dass der Koran offenbartes Wort Gottes ist, das der Erzengel Gabriel Mohammed übermittelt hat.

Mythos: *Mythen* nennt man Geschichten von übernatürlichen Wesen, die ungeheure Fähigkeiten besitzen und nach denen sich die Menschen in ihren Handlungen richten. Sie finden sich als Erzählungen von Göttern in allen Religionen. Sie werden erzählt, um Feste, religiöse Riten, Sitten und Herrschaftsformen zu begründen.

Sabbat: Der *Sabbat* ist der siebte Tag der Woche (Samstag, Sonnabend), der im Judentum als der Tag Gottes gefeiert wird, an dem er seiner Schöpfung gedenkt. Im Christentum tritt der Sonntag, der erste Tag der Woche, als Tag der Auferstehung Jesu Christi an seine Stelle.

Symbolisch: Eine Aussage oder ein Bild *symbolisch* verstehen bedeutet, sie nicht wörtlich als Tatsache zu nehmen, die auch in einem Zeitungsbericht stehen könnte, sondern sie auf gemeinschaftliche oder seelische Gefühle zu übertragen.

Methodensammlung für Schülerinnen und Schüler

Wahrnehmen und Beobachtungen beschreiben

1. Rollenspiel

Der Begriff „Rolle" stammt aus dem Theater: Schauspieler übernehmen dort Rollen von bestimmten Menschen in einem Theaterstück, die sie auf der Bühne darstellen. Dies greift das Rollenspiel für die Schule auf. Indem etwas (eine Handlung, ein Streit, ein Gespräch usw.) vorgespielt und dargestellt wird, kann man es viel besser begreifen und beurteilen - und außerdem macht es auch allen Beteiligten Spaß, ein Thema mit Rollenspielen zu behandeln. Meistens werden Rollenspiele in kleineren Gruppen vorbereitet.

1. Bei dem *Thema*, um das es geht, solltet ihr zunächst überlegen, ob es gut für ein Rollenspiel *geeignet* ist. So sollte es dabei verschiedene handelnde Personen geben, die ein Problem in unterschiedlichen Sichtweisen betrachten (z. B. bei der Frage, wohin es in den nächsten Urlaub gehen soll, die man in einer Familie im Rollengespräch klären kann).
2. Dann müsst ihr darüber nachdenken, *welche Rollen* es geben soll (falls sie nicht vorgegeben sind) und welche Sichtweisen auf das Problem der Rollenträger einnehmen soll oder wie er, z. B. in einem Streitfall, handeln soll. So kann z. B. in unserem Urlaubsbeispiel der Vater gern in die Berge fahren wollen, die Mutter möchte lieber nach Paris, der ältere Sohn will ans Meer und die Tochter möchte Reiterferien ... Nun müsst ihr die Rollen in eurer Kleingruppe verteilen. Wer ist für welche Rolle am besten geeignet?
3. Nachdem die Rollen verteilt sind, sollte sich jeder Darsteller genau überlegen (und in Stichworten aufschreiben), *was* er alles sagen will und *wie* (lautstark, schüchtern, traurig, beleidigt usw.) er etwas sagen will, um seine Sichtweise zu vertreten. Das kann man mit den anderen Spielern zusammen besprechen; es kann aber auch sein, dass ihr euch dafür entscheidet, die anderen Spieler beim Vorspielen damit zu überraschen - dann hängt viel davon ab, wie die Antworten und Reaktionen im Spiel selbst erfolgen. In diesem Fall ist es sinnvoll, auf die Aussagen der anderen vorbereitet zu sein. Den Anfang des Spiels (wer beginnt?) und das Ende (gibt es eine Lösung?) solltet ihr gemeinsam festlegen.
4. *Wichtig beim Rollenspiel* ist, dass ihr es ernst nehmt und nicht albern werdet, dass ihr laut und deutlich redet - also *wie richtige Schauspieler* handelt.

Die *Zuschauer* (und das sind alle, die gerade nicht spielen) haben die Aufgabe, das Rollenspiel genau zu *beobachten* und den Spielern ihre *Beobachtungen mitzuteilen*, damit es vernünftig ausgewertet werden kann. Folgende Fragen helfen dabei: War das Rollenspiel wirklichkeitsnah? Ist es den einzelnen Spielern gelungen, ihre Rolle glaubwürdig zu spielen? Welche Sichtweisen auf ein Thema oder Problem sind deutlich geworden? Überzeugen die Lösung des Problems oder der Umgang damit?

2. Standbild

Auf dem Bild auf S. 199 will der Maler Eduard Bendemann die Verzweiflung und Hoffungslosigkeit der Juden ausdrücken, die aus dem ihren von Gott verheißenen Land vertrieben und nach Babylon verschleppt wurden. Wenn man das Bild nur beschreibt, kann man sich die Situation und die Gefühle der Menschen damals nicht so gut vorstellen. Erst wenn einige von euch versuchen, das Bild als Standbild nachzustellen und die anderen kontrollieren, ob die Darsteller auch wirklich die gleiche Haltung einnehmen, könnt ihr euch gut in die dargestellten Personen einfühlen und darüber sprechen. In dem Begleittext steht, dass die Juden durch die Einführung des Sabbats ihren Mut wiedergefunden haben. Ihr könnt deshalb versuchen, in einem zweiten Standbild die veränderte Haltung der vier Menschen nach der Einführung der Sabbatfeier darzustellen.
Manchmal kann es sinnvoll sein, eine Problemsituation nicht im Rollenspiel, sondern im Standbild anschaulich zu machen. Wenn ihr z. B. die Eingangsszene aus Kapitel „Altan hat Freunde ..." (S. 36) darstellen wollt, in der Altan von zwei größeren Jungen auf dem Schulhof überfallen wird, kann es bei einem Rollenspiel zu einem ziemlichen Tumult kommen. Das macht vielleicht Spaß, bringt uns aber bei dem, was wir beobachten wollen, nicht weiter. In einem Standbild dagegen könnt ihr genau darstellen, wie ihr die Rollen der beteiligten Personen seht, und die Darstellung anschließend mit dem Modell der Handelnden bei Gewaltszenen vergleichen (S. 37).

Ihr könnt auch einmal versuchen, Begriffe und Ideen als Standbilder darzustellen. Für die verschiedenen Lebensalter des Menschen habt ihr auf S. 30 schon Vorbilder. Ihr braucht sie nur nachzustellen und eure Klassenkameraden raten lassen, was gemeint ist.

Aber vielleicht findet ihr auch für schwierige Ideen, wie die beiden unterschiedlichen Auffassungen von Ethik bei Kant und Bentham (S. 84) zwei Standbilder, an denen man die unterschiedliche Haltung zur Pflicht und Nützlichkeit erkennen kann. Ihr könnt auch bestimmte charakteristische Werkzeuge oder Hilfsmittel hinzunehmen, die das symbolisieren, was ihr mit der Haltung verbindet, z. B. ein Lineal oder einen Zeigestock. Es macht nichts, wenn niemand auf Anhieb rät, was ihr damit meint. Ihr könnt eure Gedankenverbindung anschließend selbst erklären und zur Diskussion stellen.

Texte und andere Medien erschließen

3. Inszenieren auf dem OHP

In vielen Klassen gibt es einen Overheadprojektor. Ihr könnt ihn nutzen, um euer Verständnis einer Geschichte zu überprüfen und auszutauschen. In Gruppen könnt ihr aus Papier Figuren ausschneiden und auf dem Overheadprojektor die Geschichte nachspielen. Dabei kommt es nicht darauf an, dass sie besonders genau getroffen sind. Es genügt, wenn ihr die Umrisse auf ein Blatt skizziert und die Figuren auf die Schnelle grob ausreißt. Durch den Projektor werden die Figuren an der Wand vielfach vergrößert und wirken dann trotzdem sehr eindrucksvoll. Schon die Auswahl ist wichtig für euer Verständnis des Textes. Wie viele Figuren wollt ihr auftreten lassen? Kann man die Situation durch ein Zeichen im Hintergrund andeuten, z. B. eine Palme oder ein Zelt?

Auf diese Weise könnt ihr Marduk und Tiamat (S. 195) wie schon auf dem antiken Wandbild als geflügelte Drachen darstellen, die sich bekämpfen. Auch die Geschichte vom barmherzigen Samariter (S. 96) lässt sich gut darstellen. Etwas schwieriger, aber auch besonders ergiebig kann es sein, wenn ihr theoretische Texte auf dem OHP zu inszenieren versucht. In theoretischen Texten geht es nicht um einzelne Personen und deren Handlungen, sondern um allgemeine Begriffe und deren Zusammenhang. So kann man Georg Simmels Theorie der Mode (S. 148) auf dem OHP darstellen, indem man das „Nachahmen" und das „Sich-Abheben" auftreten lässt und sie in ihrem Gegensatz und ihrem Zusammenspiel zeigt. Kommt ihr mit zwei Figuren aus oder wollt ihr mehrere Nachahmer auftreten lassen?

4. Bildgeschichten zeichnen und schreiben

Mit einer Bildgeschichte kannst du einen längeren Dialog wiedergeben, den du in einem Text gelesen hast. Dabei zeichnest du die sich unterhaltenden Figuren so, wie du sie dir in Gedanken vorstellst, und fügst Sprechblasen hinzu, in die du hineinschreibst, was sie zueinander sagen. Als Vorbilder bieten sich die berühmten „Vater und Sohn"-Geschichten oder die Hägar-Cartoons an. Ist der Dialog sehr lang, muss die Bildgeschichte nicht alles enthalten, was die Personen im Text miteinander reden, sondern nur das wirklich Wichtige. Überlege dir zunächst, wie viele Szenen die Geschichte enthalten soll, und zeichne entsprechend viele Kästen, die du nummerierst. (Mehr als sechs bis acht Kästen sollte deine Geschichte nicht enthalten.) Suche Stellen im Text, die etwas über das Aussehen der Personen aussagen, und empfinde nach, was die Personen im Dialog empfinden, während sie etwas sagen oder gesagt bekommen. Versuche nun die Figuren der Bildgeschichte so zu zeichnen, dass sie erstens äußerlich erkennbar sind und dass zweitens ihr Gesichtsausdruck, ihre Haltung und ihre Gesten den Gefühlen der Personen im Text entsprechen.

Begriffe klären und angemessen verwenden

5. Begriffsdefinition

„Lüge!", „Das war ungerecht!" oder „Gut gemacht!" – Solche Aussagen treffen wir häufig, wenn wir uns mit richtigem und falschem Handeln befassen. Dabei müssen wir uns aber genau vor Augen führen, wovon wir eigentlich sprechen. Es geht nicht nur um die Frage, ob unsere Beobachtung und unser Urteil richtig sind, sondern vor allem darum, was wir mit Begriffen wie „Lüge", „ungerecht" oder „gut" meinen.

Wir müssen diese Begriffe also definieren, ihre Bedeutung eingrenzen. Meistens gibt es nicht *die* eine, richtige Bedeutung – verschiedene Menschen verstehen manche Begriffe oft ganz unterschiedlich. Daher untersuchen wir, mit welcher Bedeutung ein Begriff in unserer Alltagssprache gebraucht wird und ob wir diesen Gebrauch für gut begründbar halten. Folgende Untersuchungsschritte bieten sich dafür an:

- *Modell- oder Beispielfälle bilden*
  Bei einer unklaren Begriffslage von „Lüge“ kann man an Beispielen veranschaulichen, was man als unzweifelhafte Lüge versteht. So lassen sich kennzeichnende Merkmale einer Lüge herausfinden.
- *Entgegengesetzte Fälle suchen*
  Als Kontrast kann man Beispiele suchen, in denen offenbar eindeutig keine Lüge vorliegt. Diese ermöglichen eine kritische Prüfung der Merkmale einer Lüge.
- *Verwandte Begriffe zusammenstellen*
  Zur Ergänzung sollte man sich auch verwandten oder ähnlichen Begriffen wie „Absicht“, „Betrug“ u. a. zuwenden, um den Begriff im größeren Zusammenhang zu sehen.
- *Grenzfälle formulieren*
  Anhand von Grenzfällen, die wir uns auch selbst ausdenken können, prüfen wir die kennzeichnenden Merkmale noch einmal genauer und nähern uns einer eindeutigen Begriffsbestimmung. Wir stellen zum Beispiel fest, dass nicht jede Falschaussage gleich eine Lüge ist.
- *Sicht des Redners berücksichtigen*
  Bestimmte Personen verwenden Begriffe in bestimmten Situationen. Daher empfiehlt es sich, genauer hinzuschauen, wer diese Person ist und welche Absichten oder Gefühle sie hat.
- *Folgen für die Sprache abwägen*
  Eine Begriffsdefinition hat ihre Auswirkung auf unseren Sprachgebrauch, den wir zum Abschluss kritisch prüfen sollten. Sollte ich die Lüge allgemein als „Falschaussage“ definieren, fehlt mir fortan ein Begriff, mit dem ich die Lüge vom Irrtum unterscheiden kann.

6. Clustern

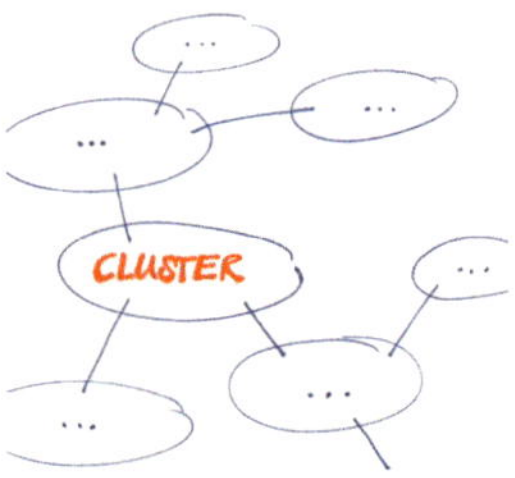

Clustern dient beim Philosophieren dazu, Einfälle, Gedanken und spontane Ideen zu einem Begriff oder einem Problem zu ordnen. Ein philosophischer Begriff (wie zum Beispiel „Glück“) wird in die Mitte eines weißen Blattes geschrieben und als das Kernwort eingekreist.
(Glück)
Die, die über den Begriff philosophieren, schreiben alle Einfälle, Gedanken und Ideen zu diesem Begriff auf und ordnen diese Einfälle in Ideenketten. Dazu baut man Zweige aus eigenen Ideen an den eingekreisten Begriff an. Die eigenen Ideen werden an das eingekreiste Kernwort „angelagert“, ebenfalls eingekreist und mit einem Strich verbunden. Zusammengehörende Ideen bilden einen Zweig, neue Ideen gehen wieder vom Kernwort aus und bilden einen neuen Zweig.

Man unterscheidet *Haupt-* und *Nebenzweige*; in Hauptzweigen hält man *zentrale* Ideen fest, in Nebenzweigen Ideen zu den zentralen Ideen. In die Kreise kann man alles schreiben, was einem einfällt: Wörter, Gefühle oder Gedanken. Wichtig ist aber, dass Clustern spontan und ohne anstrengendes Nachdenken geschieht; man schreibt einfach alle Ideen auf, die im Fluss der Gedanken auftauchen.

Argumentieren und Kritik üben

7. Stellungnahme und Diskussion

Philosophen haben zu allen Zeiten versucht, allgemeingültige Antworten auf die großen Fragen des Lebens zu finden. Wieweit diese aber wirklich allgemeingültig sind, war meist umstritten. Über manche Antwort, die schon viele hundert Jahre alt ist, wird bis heute diskutiert. Weil die Philosophie von der Diskussion und dem Austausch guter Argumente lebt, ist es sinnvoll, dies im Unterricht immer wieder zu üben und so einen eigenen Standpunkt zu finden.
Um mich in der Diskussion mit einem anderen auseinandersetzen zu können, muss ich wissen, welchen Standpunkt er vertritt. Übungshalber können wir das Sprachbild vom eigenen Standpunkt wörtlich nehmen und bei Fragen, bei denen wir uns entscheiden sollen, zwei Punkte in der Klasse markieren, zu denen wir in der uns angemessen erscheinenden Entfernung wortwörtlich „Stellung beziehen“. „Ist die Stellung des Menschen im Kosmos erschreckend oder bewundernswert?“ ist eine solche Frage. Anschließend können wir uns gegenseitig befragen, welche Gründe uns dazu geführt haben, gerade diese Entfernung zu dem einen oder anderen Punkt einzunehmen.
Bei der Diskussion geht es manchmal drunter und drüber, wenn man seine Argumente nicht klar und eindeutig formu-

liert. Ein vollständiges Argument enthält fünf Schritte, die ihr bewusst einüben solltet:

1. Einordnung/ Vorhaben:	„Ich möchte mich zu folgender Frage äußern ...“ „Ich möchte auf das eingehen, was X gesagt/geschrieben hat ...“
2. Bezug/ Thema:	„Die Frage ist ...“ „Er/Sie hat nämlich gesagt ...“ „Dort steht geschrieben ...“
3. These:	„Ich möchte dazu folgende These aufgreifen/aufstellen/umformulieren ...“
4. Begründung:	„Denn das passt zu/widerspricht folgendem Grundsatz ...“ „Denn das passt zu/widerspricht folgendem Beispiel ...“ „Denn das kann man durch folgende Stelle belegen/widerlegen ...“
5. Konsequenz:	„Und deswegen komme ich zu dem Schluss ...“ „Und deswegen bin ich dafür/dagegen, dass ...“

8. Plakate und Schaubilder erarbeiten

Plakate lassen sich am besten auf Fotokarton oder buntem Tonpapier gestalten. Beides gibt es in großen, festen Bögen, lässt sich gut mit Filzstiften beschreiben und auch mit anderem Papier bekleben. Bevor ihr im Unterricht ein Plakat anfertigt, solltet ihr gründlich besprechen, was genau ihr auf ihm darstellen wollt und wie die einzelnen Teile eures Plakats angeordnet sein sollen.

Plakate eignen sich gut dafür, Schaubilder und Tabellen im Klassenraum auszustellen. Schaubilder und Tabellen wiederum helfen, den Inhalt von schwierigen Texten besser zu verstehen. Entwickelst du ein Schaubild, empfiehlt es sich, zuerst im Text die wichtigsten Sätze („Kernsätze“) und/oder Wörter („Schlüsselwörter“) zu unterstreichen. Dann solltest du sie herausschreiben und durch Pfeile oder Linien miteinander verbinden. Mit den Pfeilen oder Linien hebst du hervor, in welcher Beziehung die Schlüsselwörter oder Kernsätze zueinander stehen. Anschließend überträgst du das Schaubild auf das Tonpapier oder den Fotokarton. Zur Verdeutlichung kannst du die Kernsätze oder Schlüsselwörter mit dicken, bunten Filzstiften umranden und die Verbindungspfeile oder -linien deutlich hervorheben. Besteht ein Text im Wesentlichen aus einem Dialog (Zwiegespräch) zwischen zwei Personen, kannst du diese auch zeichnen und den Figuren – wie in einem Comic – Sprechblasen zuordnen, in die du ihre wichtigsten Aussagen hineinschreibst. Eine andere Möglichkeit ist, eine Tabelle mit zwei Spalten zu zeichnen. Für die eine Spalte wählst du als Überschrift den Namen der einen, für die andere den Namen der zweiten Person. Dann schreibst du die Aussagen der beiden Personen untereinander in die jeweilige Spalte. Mithilfe einer Tabelle lassen sich auch die Ergebnisse von Unterrichtsgesprächen übersichtlich zusammenfassen. Habt ihr euch beispielsweise darüber unterhalten, ob es aus Gründen des Tierschutzes erlaubt sein sollte, Fleisch zu essen, könnt ihr das Für und Wider in Form einer Tabelle darstellen.

Gedankliche Kreativität entwickeln

9. Collage

Die Collage ist eine Darstellungsform, die sich besonders dann anbietet, wenn ihr zwei gegensätzliche Ansichten eines Problems präsentieren wollt. Sie ist im eigentlichen Sinne ein „Klebe-Bild“, in dem verschiedene, alltägliche Materialien (Fotos, Zeichnungen, Karten, Stoffe, Textelemente) so zusammengestellt werden, dass sie im Gesamtbild einen neuen Sinn ergeben. Das Bild einer Burg kann im Zusammenhang der einen Collage „gewaltige Macht“ bedeuten und in einer anderen Collage Sinnbild für „ehrenhafte Ritter“ sein. Die einzelnen Elemente müssen keineswegs nur auf eckige oder runde Vorlagen geklebt werden. Sie können in der Zusammenstellung selbst eine neue Form herausbilden.

Die Collage wirkt durch die Summe der vielfältigen Materialien und Ideen und lebt zugleich von den sorgfältig ausgewählten Einzelelementen. Sie kann insgesamt harmonisch wirken oder auch gezielt einen Widerspruch darstellen – je nach Absicht des Gestalters.

Hier sind einige Leitfragen, die bei der Gestaltung einer Collage hilfreich sein mögen:

- Welche Aussage soll mit der Collage dargestellt werden?
- Welche Gestaltungselemente (Farbe, Material, Größe usw.) eignen sich für diese Aussage?
- Wie sollen die Gestaltungselemente aufgebaut sein? Wo liegt der Blickfang? Wie kann ich Kontraste herstellen? Wie verbinde ich Bild- und Textelemente?

10. Gedankenexperiment

Ein Experiment ist ein Versuch, bei dem man hofft, Erfahrungen zu machen, die das Wissen über die Welt, in der wir leben, erweitern. Naturwissenschaftler versuchen auf diese Weise, Gesetzmäßigkeiten in der Natur herauszufinden. Im Gedankenexperiment können wir Gesetzmäßigkeiten unseres Denkens herausfinden. Dabei spielt es keine Rolle, ob die erdachte Situation wirklich möglich ist. Wichtiger ist, dass wir einen neuen Blick auf unsere Wirklichkeit bekommen. Gedankenexperimente beginnen deshalb häufig mit Wendungen wie „Stelle dir vor ...“ oder „Angenommen, dass ...“.
Wenn du dir vorstellst, dass heute Nacht ein Raumschiff von einem anderen Planeten in der Nähe deiner Schule gelandet ist, die Besatzung sich unsichtbar machen kann und nun unsichtbar in der Klasse sitzt und heute Abend einen Bericht zu dem Heimatplaneten schickt, kannst du dich und deine Klassenkameraden mit anderen Augen sehen und beschreiben. Vieles, was dir schon selbstverständlich ist, z. B. dein Schulheft, die Tafel und der Lehrer, erscheint dir dann plötzlich erstaunlich, und du musst überlegen, was dies alles für einen Sinn hat. Mit dem Staunen über das Alltägliche fängt die Philosophie an. Dies hat schon Platon gesagt, einer der großen griechischen Philosophen des Altertums. Von ihm stammt auch das wohl berühmteste Gedankenexperiment, das Höhlengleichnis. Er stellt sich vor, dass alle Menschen in einer riesigen Höhle festgekettet sitzen. Was sie vor sich sehen, ist nicht die Wirklichkeit, sondern sind nur die Schatten der wirklichen Dinge an der Höhlenwand. Was würde passieren, wenn einer sich losreißen könnte und den anderen erzählen würde, dass sie noch nie die wirklichen Dinge gesehen haben?

Wertkonflikte bearbeiten

11. Kartenabfrage

Häufig, wenn man hört, wie ein *neues Unterrichtsthema* lautet, schwirren sofort viele Dinge im Kopf herum: 1. Etwas, was man schon von dem Thema weiß; 2. Fragen, die man sofort stellen möchte; 3. Erwartungen, die man an das hat, was man bei dem Thema lernen möchte. Um all das schnell zu erfahren und aus diesen Erfahrungen ein gemeinsames Vorgehen im Unterricht zu entwickeln, gibt es die Methode der Kartenabfrage:
Hierzu erhält jeder in der Lerngruppe eine begrenzte Anzahl (nicht zu viele, damit man später auch alle anschauen kann) unterschiedlich farbiger Karten. Jeder Farbe ist ein Bereich zugeordnet. Wie viele Bereiche es gibt, wird vorher gemeinsam festgelegt. Mögliche Bereiche wären: „Was ich schon vom Thema weiß“, „Was ich wissen möchte“, „Was ich erwarte, das wir zu diesem Thema im Unterricht machen“ usw.
Damit es nicht unübersichtlich wird, sollte man auch die Anzahl der Bereiche begrenzen. Dann schreibt jeder Schüler die *wichtigsten Gedanken*, die ihm zum Thema zu den einzelnen Bereichen durch den Kopf gehen, deutlich lesbar auf jeweils eine der Karten. Damit die anderen seine Gedanken schnell erfassen können, muss er sie dabei in einzelnen Begriffen oder – höchstens – in kurzen Sätzen zusammenfassen.
Anschließend werden alle Karten mit Magneten an die Tafel oder mit Reißzwecken an eine Pinnwand geheftet. Jetzt betrachten alle in der Lerngruppe alle Karten und ordnen sie durch Umgruppieren gemeinsam zu einer Struktur an, nach der man das neue Unterrichtsthema bearbeiten möchte.
Diese Struktur begleitet dann den Unterricht, und man kann sie immer wieder betrachten und überlegen, was man schon erreicht hat und was man noch erreichen möchte. Verändern lässt sich die Struktur natürlich auch immer. Anwenden kann man die *Kartenabfrage* nicht nur auf Unterrichtsthemen, sondern auch auf einzelne – vielschichtige – Begriffe, wie z. B. Gewalt, Mobbing, Vorurteile u. a.

12. Pro- und Contra-Debatte

Bei einer Pro- und Contra-Debatte tragen die Beteiligten Argumente *für* und *gegen* eine bestimmte Auffassung im Schlagabtausch vor und werten sie aus. So sammelt man z. B. zu der Frage: „Sollte man Tiere im Zoo halten?“ oder „Sollte es erlaubt sein, Tiere auf der Jagd zu erlegen?“ zunächst alle Argumente, die dafür oder dagegen sprechen, Tiere im Zoo einzusperren oder zu jagen. Eine Hälfte der Klasse sammelt in Gruppenarbeit Pro-Argumente, die andere Hälfte sammelt ebenfalls in Gruppenarbeit Contra-Argumente. Nach der Gruppenarbeitsphase beginnt der Schlagabtausch. Die Mitglieder der Pro- und Contra-Gruppen sitzen sich gegenüber. Im Wechsel trägt nun immer einer aus jeder Gruppe ein Argument pro und ein Argument contra vor. Man zeigt durch ein Handzeichen an, dass man etwas vortragen will. Das Argument muss klar und deutlich und möglichst knapp vorgetragen werden.

In der Mitte achtet ein Gesprächsleiter darauf, dass die Teilnehmer immer abwechselnd kurz und knapp vortragen und die Regeln der Debatte einhalten. Wenn sich die Debatte erschöpft hat und die Beteiligten keine neuen Argumente mehr formulieren, ordnet die gesamte Klasse die vorgetragenen Argumente im Klassengespräch noch einmal und wertet sie aus. Dafür ist es hilfreich, dass eine dritte Gruppe die Debatte von außen beobachtet, zentrale Streitpunkte und Argumentationslinien mitverfolgt und aufschreibt und anschließend in die Auswertung einbringt.

Philosophische Gespräche führen

13. Das Placemat-Verfahren

Denken und Lernen scheinen dann besonders erfolgversprechend zu sein, wenn Einzelarbeit und die Zusammenarbeit mit anderen miteinander verbunden sind. Das kann in einem Dreischritt von Denken - Austauschen - Vorstellen (Think - Pair - Share) geschehen: Zunächst erhält jeder für sich Denkzeit, dann arbeitet er mit anderen zusammen, und zuletzt werden die Ergebnisse der Gesamtgruppe vorgestellt. Die für ein Thema oder eine Fragestellung geeigneten Zeiträume gibt die Lehrperson vor.

Das Placemat-Verfahren ist eine Möglichkeit der Umsetzung dieses Dreischritts. „Place Mat" heißt eigentlich Tischset oder Platzdeckchen, besteht aber im Unterricht aus einem großen Bogen Papier, auf dem jede Schülerin/jeder Schüler sowohl ein eigenes Feld hat, als auch in der Mitte ein gemeinsames Feld für die Gruppenergebnisse vorgesehen ist.

Am Beispiel der Frage, welche Bedeutung eure Schule für euch hat (s. S. 20), könnt ihr wie folgt vorgehen:

1. Im ersten Schritt notierst du, ohne mit den anderen zu sprechen, deine eigenen Gedanken dazu in deinem Feld.
2. Im zweiten Schritt tauscht ihr euch über eure Ergebnisse aus. Dazu könnt ihr den Bogen im Uhrzeigersinn so drehen, dass jeder von euch die Ergebnisse der anderen Gruppenmitglieder einsehen kann. Danach versucht ihr euch auf eine gemeinsame Formulierung zu einigen, die ihr in das Feld in der Mitte eintragen könnt. Sie sollte möglichst viel von dem enthalten, was in den Feldern um sie herum geschrieben steht.
3. Im dritten Schritt stellt ihr euer Gruppenergebnis der ganzen Klasse vor, in dem ihr den Bogen für alle sichtbar an eine Wand hängt. Durch einen Vergleich der Gruppenergebnisse kann dann noch ein weiterführendes Gespräch stattfinden.

Philosophische Texte schreiben

14. Texte für Schülerzeitung

In vielen Schulen gibt es Schülerzeitungen, in denen Schüler Artikel zu Themen veröffentlichen können, die sie interessieren. In einem Zeitungsartikel kann der Autor seinen Lesern Wissen, das er sich angeeignet hat, mitteilen oder er kann seine eigene Position zu einer interessanten Frage deutlich machen. Auch bekannte Philosophen schreiben häufig Artikel in Zeitungen, um ihre Auffassungen einem breiten Publikum mitzuteilen. Manchmal erscheint ein paar Tage später eine Antwort von einem anderen Philosophen in der gleichen Zeitung. Zeitungsartikel sind also ein wichtiges Medium für die philosophische Diskussion und für die eigene Meinungsbildung.

Wenn man einen Zeitungsartikel schreibt, dann muss man sich beim Verfassen klarmachen, wer diesen Artikel lesen wird. Wenn die Leser noch kein oder wenig Vorwissen haben (das kommt häufig vor), dann muss man darauf achten, dass man schwierige Sachverhalte auch für diese Leser leicht verständlich darstellt. Das kann sehr anspruchsvoll sein. Wenn ihr z. B. versucht, euren Mitschülern den Goldenen Schnitt (s. S. 142f.) zu erklären, ist das solch ein Fall. Hier bietet es sich an, die Ausführungen im Artikel mit Bildmaterial zu unterstützen. Um euren Artikel interessanter zu machen, könnt ihr noch weitere Informationen z. B. aus dem Internet verwenden; vielleicht könnt ihr auch euern/eure Kunstlehrer/in fragen.

Wenn ihr einen Artikel schreibt, in dem ihr darlegt, wann eine Person für euch innerlich schön ist und warum ihr innere Schönheit für wichtig haltet, dann formuliert ihr mit diesem Text eine eigene philosophische Position. Das Verfassen des Artikels kann euch helfen, euch selbst über eure eigene Position klar zu werden.

Wenn ihr einen Artikel verfassen wollt, müsst ihr euch zunächst überlegen, *was* ihr sagen wollt (Notizen), dann, *wie* man das am besten schreibt (fragt euren Deutschlehrer, welche Art von Artikel man schreiben kann). Ihr solltet in jedem Fall eine interessante Überschrift für euren Artikel finden.

Vielleicht könnt ihr einige von euren Artikeln so zusammenstellen, dass sie „aufeinander antworten" (einige von euch könnten dann auch die Position von Schiller (s. S. 149) oder die des Buddhismus übernehmen, s. S. 150), und die Redakteure der Schülerzeitung fragen, ob sie diese philosophische Debatte veröffentlichen wollen.

15. Referate

Wenn ihr ein Referat übernommen habt, gebt ihr euren Mitschülern Wissen, z. B. zu Schönheitsidealen, weiter, das ihr euch vorher angelesen habt. Der Begriff „Referat“ kommt vom lateinischen „referre“ und heißt übersetzt „überbringen“. Referate werden normalerweise schriftlich ausgearbeitet und mündlich vorgetragen.

Bei der Anfertigung eines Referates lernt ihr, euch selbständig in ein Fachgebiet einzuarbeiten und die Informationen so zu ordnen und aufzuarbeiten, dass eure Mitschüler bei eurem Vortrag interessiert zuhören und eine Menge von euch lernen können.

- *Vorbereitungen:* Die Arbeit an einem Referat beginnt mit der genauen Themenstellung und einer Materialsammlung. Normalerweise bekommt ihr von eurem Lehrer genauere Hinweise dazu. Er kann mit euch gemeinsam z. B. überlegen, in welcher Kultur oder zu welcher Zeit besonders spannende Schönheitsideale existieren oder existiert haben. Ihr solltet euch bei der Vorbereitung des Referates in die Rolle der Zuhörer versetzen und überlegen, was für sie besonders interessant sein könnte oder was schwer zu verstehen ist und deswegen besonders gründlich erläutert werden muss.
- *Aufbau:* Nachdem ihr euch in das Thema eingelesen habt, solltet ihr euch mit dem Aufbau des Referates beschäftigen. In der *Einleitung* nennt ihr das Thema (z. B. „Die Wespentaille im 18. Jahrhundert“) und führt die wichtigsten Aspekte auf, die ihr ansprechen wollt. Im *Hauptteil* legt ihr diese Aspekte ausführlich, verständlich und in ihrem Zusammenhang dar. Am *Ende* des Referates könnt ihr noch einmal die wichtigsten Aussagen zusammenfassen und den Zuhörern Gelegenheit geben, Rückfragen zu stellen.
- *Präsentation:* Auch wenn ihr das Referat schriftlich ausarbeitet, sollte die Präsentation nicht darin bestehen, diesen Text nur einfach abzulesen. Ihr solltet frei sprechen, vielleicht könnt ihr euch Karteikarten mit den wichtigsten Stichworten als Gedächtnisstütze vorbereiten. Es bietet sich beim Thema „Schönheitsideale“ natürlich besonders an, Bildmaterial (z. B. auf Folien) zu verwenden. Aber auch bei Referaten zu anderen Themen ist es sinnvoll, wenn ihr Anschauungsmaterial verwendet, weil die Aufmerksamkeit der Zuhörer dadurch erhöht wird.

Im Idealfall kann das Referat dazu beitragen, eine anschließende (philosophische) Diskussion im Klassenraum anzuregen.

Text- und Bildquellenverzeichnis

Namentlich nicht gezeichnete Texte stammen von den Verfassern der Kapitel. Wenn nicht anders angegeben, sind die Bibeltexte aus der Luther-Ausgabe von 1984 zitiert.

Erwachsen werden – leben lernen

Literarische Texte: A) *Mankell, Henning*: Der Junge, der im Schnee schlief. Übers. v. *Angelika Kutsch*. Umschlagbild: *Peter Knorr*. München: dtv [3]2004. S. 50–51, 122–123, 178, 81–82, 126–127 © 1998 Oetinger Verlag, Hamburg; B) *Mankell, Henning*: Der Hund, der unterwegs zu einem Stern war. Übers. v. *Angelika Kutsch*. Umschlagbild: *Peter Knorr*. München: dtv [9]2008. S. 6, 115, 125–126, 49–50, 232, 14–15, 34, 2, 90–93, 7, 49–50, 60–61 © 1992 Oetinger Verlag, Hamburg;
S. 10: http://cptkour.bloguje.cz/256158-interpretace-fleisch-kombinatu-kapitola-6-.php, 20. 8. 2009; **M 2:** A–C, E, G, H: ddp – D: Foto Xavier Bertral/dpa/picture-alliance – F: Foto Abaca G. Holubowicz/dpa; **M 4:** Cartoon v. Marcus Schäfer. Aus: GEO Wissen „Pubertät", 41/2008. S. 155; **M 5:** Bill Watterson: Calvin und Hobbes – Die Rache des kleinen Mannes. Carlsen Comics. Hamburg: Carlsen 2006. S. 59 © Bulls Pressedienst, Frankfurt/M.; **M 6:** *Bueb, Bernhard*: Lob der Disziplin. Eine Streitschrift. Berlin: List 2006. S. 44f.; **M 8:** *Reiser, Rio*: Ich will ich sein. © Volksmund R. Steiz, Stadum; **M 9:** Konrad Klapheck (* 1935): Der Krieg, 1965. Öl auf Leinwand, 145 x 200 cm. Düsseldorf, Kunstsammlung NRW © 2009 VG Bild-Kunst-Bonn; **M 11:** *Heidegger, Martin*: Sein und Zeit (1928). Tübingen: Niemeyer 1993. S. 126ff. – Foto akg-images, Berlin; **M 14:** nach *Rentsch, Thomas*: Die Konstitution der Moralität. Transzendentale Anthropologie und praktische Philosophie. Frankfurt/M.: Suhrkamp 1999. S. 220f.; **M 15:** *Goscinny/Uderzo*: Asterix und der Kupferkessel. Stuttgart: Delta 1972. S. 12; **M 16:** *Ropohl, Günter*: Sinnbausteine für ein gelingendes Leben. Leipzig: Reclam 2003. S. 16; **M 17:** Globus-infografik/picture-alliance, S 0232; **M 19:** Aus: *Desmarteau, Claudine*: Alles steht oben geschrieben. A. d. Franz. übers. v. *Thomas Minssen*. Zürich: Bajazzo 2003. o. S.; **M 20:** Starke Eltern – starke Kinder® Logo des Deutschen Kinderschutzbundes e. V., Berlin; **M 22:** Aus: *Marcks, Marie*: Krümm dich beizeiten! Heidelberg: Quelle & Meyer 1977. S. 82; **M 23:** s. M 16, S. 17f.; **M 24:** © 2000 Watterson/Bulls Pressedienst, Frankfurt/M.; **M 25:** Aus: Wilhelm Busch (1832-1908): Max und Moritz, 1865; **S. 22:** Jan Smejkal (* 1948): Ohne Titel, 2006. Acryl auf Nessel, 18 x 24 cm. Foto Manfred Wolf, Berlin; **M 27:** Raffael (1483–1520): Die Schule von Athen, 1509-11 (Ausschnitt). Fresko, 450 x 770 cm. Vatikan, Stanza della Segnatura. Foto Erich Lessing/akg-images, Berlin; **M 28:** *Hadot, Pierre:* Wege zur Weisheit – oder was lehrt uns die antike Philosophie? Frankfurt/M.: Eichborn 1999. S. 316, 220; **M 30:** Eisernes Kreuz – Lothar Dellago (* 1940): Die 4 Kardinaltugenden: Tapferkeit. Dreiteilig, Kastanie, 40 cm. Im Besitz des Künstlers; **S. 25:** Foto Nimatallah/akg-imges, Berlin; **M 32:** *Aristoteles*: Nikomachische Ethik. Aus: Digitale Bibliothek Band 2: Philosophie, S. 4750; **M 33:** Mit freundl. Gen. v. Dreistein, H. Fromlowitz, Mülheim; **S. 26:** Leonardo da Vinci (1452–1519): Selbstbildnis, ca. 1512. Turin, Biblioteca Reale – Foto akg-images, Berlin; **M 35:** *Marc Aurel*: Selbstbetrachtungen. Übers. v. *Albert Wittstock*. Stuttgart: Reclam 2001. S. 11 – Foto Erich Lessing/akg-images, Berlin; **M 36:** Bushido: ddp, Merkel: Foto CDU/Andreas Herzau by Katinka Krieger, Kahn: ddp, Birgit Prinz: Foto Florian Eiselt/Ulmer/picture-alliance; **S. 28:** Foto Karl Thomas/allOver/picture-alliance; **S. 29:** Auguste Rodin (1840–1917): Der Denker (Le Penseur), 1889/1906. Bronze. Foto akg-images, Berlin; **M 40:** Die Stufenalter des Menschen. Münster, Westfälisches Landesmuseum für Kunst und Kunstgeschichte; **M 41:** Jean Auguste Dominique Ingres (1780–1867): Ödipus und die Sphinx, 1808. Öl auf Leinwand, 189 x 144 cm. Paris, Louvre. Foto Erich Lessing/akg-images, Berlin; **M 42:** *Ende, Michael*: Momo. Stuttgart: Thienemanns 1973. S. 154, 158; **M 43:** Geo-Wissen, 36/2005, Titel; **M 44:** Prospekt zu: Nimm dir Zeit für eine Reise durch die Zeit. Luxembourg, Musée national d'histoire naturelle, Natur Musée – Service Éducatif; **M 45:** *Haglund, Lisa*: Gedankenspiele. Philosophie für Kinder. München: OMNIBUS (C. Bertelsmann) 2004. S. 149; **M 47:** Aus: Aus: Kölner Stadt-Anzeiger, 2007; **S. 33:** Zeichung v. Katharina Joanowitsch, Hamburg;

Altan hat Freunde – Zusammenleben mit anderen

Literarischer Text: *Fried, Amelie/Probst, Peter*: Taco und Kaninchen – Hilfe für Ali. München: CBJ 2006. S. 12ff., 63ff., 140ff., 60f., 58ff., 91ff., 15f., 105, 30f., 99;
S. 34: Zeichnungen v. Sophie Buckesfeld; **M 2 l:** Foto Jean François Frey/maxppp – **M:** Foto Frank Kleefeldt/dpa – **r:** Foto Stephan Jansen/dpa, alle picture alliance; **M 3:** Zeichnung v. Rudi Hurzlmeier, München; **M 5:** Die drei Affen „Nichts sehen, nichts hören, nichts sagen", um 1925. Bronze, 8 x 11 x 15,8 cm. Berlin, Privatbesitz – Foto akg-images, Berlin; **M 7 l:** Foto Marcus Führer/dpa – **r:** Foto Peter Raider/Chromorange, alle picture-alliance;**M 8:** Zeichnung v. Gerhard Mester, Wiesbaden; **M 10:** © curahumanis, Schweiz; **M 15:** www.aktion-tu-was.de; **M 17:** © Caritas in NRW; **M 19:** *Holofernes, Judith*: Soundso. Berlin: Freudenhaus Musikverlag Patrik Majer/Wintrup Musikverlag Walter Holzbaur; **S. 45:** *Marunde, Wolf-Rüdiger*: Schweinhausen privat. Hannover: Fackelträger 1994; **S. 46:** Foto akg-images, Berlin; **M 21**: *Montaigne, Michel de*: Essais. Ausw. u. Übers. v. *Herbert Lüthy*. Zürich: Manesse [9]1996. S. 231; **M 22**: nach *Ustinov, Peter*: Achtung! Vorurteile. Hamburg: Hoffmann & Campe [13]2004. S. 44; **M 23:** Zeichnung v. Sergio Salma. Aus: Ich, Rassist? Luxemburg: Europäische Kommission – Amt für amtliche Veröffentlichungen der EG 1998; **M 24, 25**: Zeichnungen v. Walter Spanner. Aus: *Fuchs, Walter R.*: Denkspiele vom Reißbrett. München/Zürich: Droemer Knaur 1972. S. 49, 53, 54; **S. 48:** Foto KPA/TopFoto/picture-alliance; **M 26:** *Davis, Jim*: Garfield schläft sich durch. Übers. v. *Regina Berlinghof* u. *Wolf Kugler*. Frankfurt/M.: S. Fischer/ Krüger 1984. 5-22 – © 1984 United Feature Syndicate; **M 27:** Plakat v. Goran Novakovic, Wien; **S. 51 o:** Foto AFP – **u:** Foto Reinhard Dirscherl/okapia; **M 30:** s. M 23. S. 47; **M 31**: *Krüss, James*: In Tante Julies Haus. Hamburg: Oetinger 1969. S. 175; **S. 52:** Foto Mehmet Scholl, Foto Andreas Gebert/dpa/picture-alliance; **M 33:** Text: © Black Fööss, Foto Hardy Schiffler/jazzarchiv/picture-alliance; **M 35:** Aus: Anstöße, Bd. 2. Stuttgart: Klett 1995;**M 36:** „Mein Name ist Ausländer". Aus: GEW. Oldenbourg 1985. S. 16. In: Anstöße, Bd. 1. s. M. 35; **M 37:** Foto serviceplan, © 2009 Die Beauftragte der Bundesregierung für Migration, Flüchtlinge und Integration; **M 39:** © Deutsche Welle, Berlin; **M 40:** Foto Maurizio Gambarini/dpa/picture-alliance; **M 42 l:** Foto v.Christoph Meyer – **r:** Foto dpa/picture-alliance; **S. 58:** Fotos ddp; **M 44:** Aus: Kölner Stadtanzeiger, 16. 5. 2007; **M 45:** Skamira, Vera (Text u. Foto). Aus: Schaumburger Nachrichten, 21. 4. 2008; **S. 59:** Foto ddp;

Wahrheit und Lüge, gut und böse – zur Frage nach dem rechten Handeln

Literarischer Text: *Paolini, Christopher*: Eragon – Das Vermächtnis der Drachenreiter. Übers. v. *Joannis Stefanidis*. München: CBT 2006. S. 216-224, 501, 538f., 226, 58-62, 540f., 568-570;

die Szenenfotos innerhalb des Kapitels stammen aus dem Film „Eragon. Das Vermächtnis der Drachenreiter" von John Davis Wyck Godfrey (Produktion)/Steven Fangmeier (Regie), Fox 2000 Pictures;
S. 63: Foto Erich Lessing/akg-images, Berlin; **M 2:** *Platon*: Sämtliche Dialoge, Bd. II. Hrsg. v. *Otto Apelt*. Hamburg: Meiner ^{2}1998. S. 37f.; **M 4:** nach *Engels, Helmut*: Blaue Schokolade. Hannover: Siebert 2007. S. 100; **S. 64** (Info): nach *Schmidt, Heinrich* (Hrsg.): Philosophisches Wörterbuch. Neu bearb. v. *Georgi Schischkoff*. Stuttgart: Kröner ^{22}1991. S. 444, 766; **M 5:** *Platon*: Der Staat. Übers. u. hrsg. v. *Karls Vretska*. Stuttgart: Reclam 1994. S. 158; **M 8:** *Goscinny, René/Sempé, Jean-Jacques*: Der kleine Nick. Übers. v. *Hans Georg Lenzen*. Zürich: Diogenes ^{3}2006. S. 71; **M 11:** *e. o. plauen* (d. i. *Ohser, Erich*): Die Unterschrift des Vaters. Aus: *Ders.*: Vater und Sohn, Bd. 2. Konstanz: Südverlag 1993. O. S.; **M 12:** *Rousseau, Jean-Jacques*: Emil oder Über die Erziehung. Übers. v. *Ludwig Schmidt*. Paderborn: Schöningh UTB ^{9}1989. S. 83; **S. 68:** Abb. s. M 8, S. 22; **M 14:** Foto picture-press; **M 17:** *Pascal, Blaise*: Schriften zur Religion (= Christliche Meister; Bd. 17). Einsiedeln: Johannes 1982 S. 124f.; **S. 72 o:** dpa-film – **u:** Die Schauspielerin Ronja Forcher, Foto Peter Schatz/picture-alliance; **M 21:** *de Marivaux, Pierre Carlet de Chamblain*: Das Vermächtnis. Aus: *Freese, Hans-Ludwig*: Abenteuer im Kopf. Philosophische Gedankenexperimente. Berlin ^{2}1996. S. 267; **M 22:** *Busch, Wilhelm*: Kritik des Herzens. In: *Ders.*: Zweifach sind die Phantasien. Leipzig: Reclam 1972. S. 21f.; **S. 73:** Zeichnung v. Christina Wagner, Düsseldorf; **M 23–26, 29:** *Law, Stephen*: Philosophie. Abenteuer Denken. Würzburg: Arena ^{2}2002. S 145f., 150f., Zeichnungen v. Daniel Postgate; **M 27, 28, 30:** *Tugendhat, Ernst* u. a.: Wie sollen wir handeln? Schülergespräche über Moral. Stuttgart: Reclam 2004. S. 78f., 82ff., 81f.; **M 31:** © Stiftung Weltethos, Tübingen; **M 33:** *Hoffmann, Heinrich*: Der Struwwelpeter. Frankfurter Originalausgabe. Loewe 1845. S. 3–5; **M 35:** *Kant, Immanuel*: Ausgewählte Schriften zur Pädagogik und ihrer Begründung. Hrsg. v. *Hans-Hermann Groothoff*. Paderborn: Schöningh ^{2}1982. S. 13ff; **M 36:** *e. o. plauen* (d. i. *Ohser, Erich*): Ein Undankbarer. Aus: s. M 11. O. S.; **M 37:** *Gaarder, Jostein*: Sofies Welt. Übers. v. *Gabriele Haefs*. München: Hanser 1993. S. 374f.; **S. 84:** Fotos akg-images, Berlin; **M 38–M 40:** Bundesministerium für Familie, Senioren, Frauen und Jugend (Hrsg.): Die Rechte der Kinder – von logo einfach erklärt. Stuttgart ^{5}2004. S. 31, 36, 56;

„Es gibt nichts umsonst – Regeln und Gesetze im Staat und im Umgang mit dem Geld
Literarischer Text: *Piper, Nikolaus*: Felix und das liebe Geld. Weinheim/Basel: Beltz 1998/2006. S. 6–8, 22–23, 29–32, 178–179, 120–121, 142–143, 156–158, 159–161, 219–221, 307–309, 336–337;
S. 86 ol: Foto Elke Wendtler/dpa – **or:** Foto Martha Mag. Spoerck/Chromorange – **Ml u. ur:** Foto Andreas Gebert/dpa – **Mr:** Foto National Motor Museum/imagestate – **ur:** Foto Jens Kalaene/dpa, alle picture alliance; **M 2:** dpa **S. 90:** Foto Anglerverein Karlsruhe; **M 4:** *Aristoteles*: Politik, 2. Buch. Übers. u. hrsg. v. *Olof Gigon*. München: dtv 1973. S. 71; **S. 91:** Foto Hervé Champollion/akg, Paris; **M 6:** Zeichnung v. Frank Speth, Quickborn; **M 7:** © CJD Oberurff/Hessen; **M 8:** nach *Gersemann, Olaf*: Financial Times Deutschland, 16. 04.2007; **M 10:** *von Petersdorff, Winand*: Das Geld reicht nie. Warum T-Shirts billig, Handys umsonst und Popstars reich sind. Frankfurt/M.: Frankfurter Allgemeine Buch 2007. S. 32f.; **S. 95:** Foto Patrick Pleul/ZB/picture-alliance; **M 11:** Aus: Spektrum der Wissenschaft, 5/2006: Dossier Fairness, Kooperation, Demokratie. Die Mathematik des Sozialverhaltens. S. 65; **M 12:** *Engels, Helmut*: Blaue Schokolade. Geschichten zum Denken und Querdenken. Hannover: Siebert 2007. S. 47; **M 13:** Foto Arno Burgi/dpa-report; **M 14:** Aus: *Patzig Günther*: Die Begründbarkeit moralischer Forderungen. In: *Ders.*: Ethik ohne Metaphysik. Göttingen Vandenhoeck & Ruprecht 1971. S. 45; **M 16:** Foto Arno Burgi/picture-alliance; **M 18:** © Dithard von Rabenau/CH; **M 20:** Zeichnung v. Roger Schmidt, Brunsbüttel; **M 21:** © www.welt.de, 13. 8. 2006; **M 24 l:** Foto Ralf Hirschberger/dpa – **Ml:** Foto Imaginechina Guo guoquan/dpa – **Mr:** Norbert Schmidt – **r:** Foto Uli Deck/dpa, alle picture alliance; **M 26:** istockphoto, Berlin; **M 27:** nach *Baumeister, Roy F.*: Evil. Inside Human Violence and Cruelty. Übers. v. *Carlo Schultheiss*. New York: Holt 1998. S. 376f.; **M 29 l:** Foto Marcel Mettelsiefen/dpa/picture-alliance – **r:** Polizeidirektion Hannover; **M 31:** *von Petersdorff, Winand*: s. M 10. S. 113f.; **S. 108:** Foto Bodo Marks, dpa/picture-alliance; **M 32:** © Bulls Pressedienst, Frankfurt/M.;**M 36:** Foto Stefan Frehde, Langenargen;

Hände weg von der Natur – Wie sollten wir mit anderen Lebewesen umgehen?
Literarischer Text: *Sewell, Anna*: Black Beauty. Deutsche Bearb. v. *Katrin Kaiser*. Illustrationen v. *Don-Oliver Matthies*. München: Omnibus 2007. S. 143–144, 10, 30–31, 18–19, 25–27, 10–11, 33–34, 42, 13, 132, 9, 157, 44;
Szenenfotos aus: Black Beauty. Drehbuch u. Regie: *Caroline Thompson*. © Warner Home Video GmbH, Hamburg 2007; **S. 112 M:** Foto Franz Waldhäusel/Chromorange/picture-alliance; **M 2:** dpa; **M 3:** *Perler, Dominik*: Was unterscheidet Tiere vom Menschen? Interview. Berliner Morgenpost, 7. 1. 2007; **M 4:** *de Waal, Frans*: Der Affe in uns. München/Wien: Hanser 2006. S. 10–17; **M 6:** dpa/picture-alliance; **M 7:** *Hösle, Vittorio/K., Nora*: Das Cafe der toten Philosophen. Ein philosophischer Briefwechsel für Kinder und Erwachsene. München: C. H. Beck ^{3}1998. S. 25f.; **M 9:** nach *Kant, Immanuel*: Eine Vorlesung über Ethik. Hrsg. v. *Gerd Gerhardt*. Frankfurt/M.: Fischer TB 1990. S. 256–258; **M 10:** *Schopenhauer, Arthur*: Preisschrift über die Grundlage der Moral, § 19. Hrsg. v. *Hans Ebeling*. Hamburg: Meiner 1979. S. 128; **M 11:** *Bentham, Jeremy*: Introduction to the Principles of Morals and Legislation. Hrsg. v. *J. H. Burns/H. L. A. Hart*. London 1970. S. 283. Zit. n.: *Singer, Peter*: Praktische Ethik. Stuttgart: Reclam ^{2}1994. S. 84; **S. 117:** Aus: *Henke, R.* u. a. (Hrsg.): Zugänge zur Philosophie, Bd. 1. Berlin: Cornelsen 1995. S. 219; **M 14/S. 118:** nach *Baumann, Doris*: Spiel und Spaß mit meinem Hund. Agility, Mobility, Obedience. Stuttgart: Ulmer 1997. S. 34f. Foto R. Kuhn, Stuttgart; **M 16:** nach *Ludwig, Claudia*: Tiere suchen ein Zuhause. Kinder brauchen Tiere. Infos, Tipps und Geschichten von der Schwangerschaft bis zur Schulzeit. Köln: vgs 2000. S. 70–74; **M 21:** Aus: *Mader, Ludwig*: Antike Fabeln. Zürich: Artemis 1951; **M 22:** nach *Knigge, Adolf Freiherr*: Über den Umgang mit Menschen (1788). Kettwig: Phaidon 1991. S. 334f.; **M 23:** *Martel, Yann*: Schiffbruch mit Tiger. Übers. v. *Manfred Allie* u. *Gabriele Kempf-Allie*. Frankfurt/M.: Fischer TB ^{12}2007. S. 32ff.; **M 26:** nach Ludwig, Claudia: Kinder brauchen Tiere. Köln: vgs 2000. S. 70f.; **S. 123:** Foto Wegler/Juniors Bildarchiv, Ruhpolding; **M 27:** siehe M 9; **S. 124 Mr:** Foto Armin Weigel/dpa; **M 29:** max.de/lifestyle/mode-design/pet-fashion-week-tier-mode; **M 31:** Paulus Potter (1625–1654): Die Verurteilung des Jägers, 1652. Öl auf Leinwand, 84,5 x 120 cm. Leningrad, Ermitage; **M 32:** *Mayer, Jörg*: Argumentation in der Jägerschaft. http://www.wdr.de/tv/servicezeit/tiere_suchen/sendungsbeiträge/2007/1111/00_die-jagd.j **M 34:** *plauen, e. o.*: Zurück zur Natur. In: *Ders.*: Vater und Sohn, Bd. 1. Konstanz: Süd 1993; **M 35:** *Mill, John Stuart*: Der Utilitarismus (1871). Übers. u. hrsg. v. *Dieter Birnbacher*. Stuttgart: Reclam 1976. S. 49f.; **S. 127:** Katze mit Maus. Aus: *Eilert-Overbeck, Brigitte*: Katzen. Rassen, Haltung, Pflege. Fotos v. *Burkhard Kahl* u. *Hans Reinhard*. Niedernhausen/Ts.: Falken 1980. S. 18; **M 36:** *Precht, Richard David*: Wer bin ich und wenn ja wie viele. München:

Goldmann [6]2007. S. 209ff.; **M 37:** Zeichnung v. Greser; **M 39:** nach *Spinoza, Baruch de*: Die Ethik. Schriften und Briefe. Hrsg. v. *Friedrich Bülow*. Stuttgart: Kröner 1982. S. 204; **M 40:** nach *Schopenhauer, Arthur*: Preisschrift über die Grundlage der Moral, § 19. Hrsg. v. *Hans Ebeling*. Hamburg: Meiner 1979. S. 128; **M 41:** nach *Karrelmann, Manfred/Schnelting, Karl*: Tiere als Ware. Gequält - getötet - vermarktet. Frankfurt/M.: Fischer 1992. S. 143-145, 236f.; **M 41:** Foto Robert B. Fishman7dpa-report; **M 44:** s. M 9; **M 47:** Foto privat; **S. 132:** Tierheim Münster. Anzeige in den Westfälischen Nachrichten.**M 50:** Aus: Süddeutsche Zeitung, 3. 4. 2008; **S. 133:** Foto Thomas Schulze/ZB/picture-alliance; **M 51:** s. M 35. S. 209ff., 236f.; **M 52:** *Andersen, Hans Christian*: Das Gänseblümchen. Aus: *Ders.*: Märchen und Historien, Bd. 1. Hrsg. v. *Hermann Bausinger*. München/Hamburg: Ellermann 1964. S. 164ff.; **S. 135:** Foto Silberberg; **M 53:** *Schweitzer, Albert*: Die Ethik der Ehrfurcht vor dem Leben. München 1923. S. 229-231; **M 54:** *Kallhoff, Angela*: Prinzipien der Pflanzenethik. Die Bewertung pflanzlichen Lebens in Biologie und Philosophie. Frankfurt/M.: Campus 2002. S. 133ff., **M 55:** nach *Ach, Johann S./Gaidt, Andreas*: „Kartoffelethik“ oder: Vom Labor auf den Acker? Moralische Probleme von Freisetzungsexperimenten mit genmanipulierten Nutzpflanzen. In: prima philosophia, 4/1995. Hrsg. v. *Sabine S. Gehlhaar*. Cuxhaven/Dartford: Junghans 1995. S. 425; **M 56:** nach *Meyer-Abich, Klaus*: Aufstand für die Natur. Von der Umwelt zur Mitwelt. München/Wien: Hanser 1990. S. 95; **M 58:** *Mill, John Stuart*: Drei Essays über Religion (um 1850). Natur. Übers. v. *Emil Lehmann*, hrsg.v. *Dieter Birnbacher*. Stuttgart: Reclam 1984. S. 30f.; **S. 137:** Foto Christine Steimer/Okapia/picture-alliance; **M 59:** nach *Siep, Ludwig*: Stufen der Anerkennung. In: Bildung für Berlin. Ethische Reflexionen zu Themen des Rahmenplans Ethik. Hrsg. von der Senatsverwaltung für Bildung, Wissenschaft und Forschung. Berlin 2007. S. 58f.;

Little Miss Sunshine – über Schönheit und Medien

Literarischer Text: Transkription von Passagen aus dem Film „Little Miss Sunshine“. Drehbuch: Michael Arndt, Regie: Jonathan Dayton. © Twentieth Century Fox, Frankfurt/M.;

S. 138 ol: Rubens, Peter Paul (1577-1640): Toilette der Venus, 1612/15. Öl auf Holz, 124 x 98 cm. Vaduz, Fürstl. Liechtensteinische Gemäldegalerie - Foto Erich Lessing/akg-images, Berlin - **or:** © data55.sevenload.com - **ul:** www.beautycheck.de - **ur:** Foto Tobias Hase/dpa/picture-alliance; **S. 139 o:** cinetext, Frankfurt/M.; **M 2:** www.beautycheck.de; **M 3:** nach *Renz, Ulrich*: Schönheit. Eine Wissenschaft für sich. Berlin: Berlin 2006; **M 4 l:** Foto Michael Holzapfel; **S. 142 u:** FotoPulsipher Douglas/Chromorange/picture-alliance; **M 6:** Montage: Polyklet (ca. 480-ca. 415 v. Chr.): Speerträger (Doryphoros), um 440 v. Chr. Marmor, 212 cm. Neapel, Nationalmuseum; **M 7:** *Weidner, Christopher A.*: Wabi Sabi - Nicht perfekt und trotzdem glücklich. München: Droemer Knaur 2007. S. 14ff.; **M 8 l:** Foto Clemens Emmler/HB - **M:** Foto DVS/Newscom (beide: picture-alliance) **r**: privat; **M 9:** s. M 3; **M 10**: nach BR-online und dradio.de; **S. 145:** Fotos http://tearsinside.foren-city.de/topic, 1117,-kleine-fuesse-um-jeden-preis.html 20. 8. 2009; **M 11:** *Veblen, Thorstein*: Theorie der feinen Leute. Eine ökonomische Untersuchung der Institutionen. Übers. v. *Susanne Heintz* u. *Peter von Haselberg*. München: dtv 1981; **M 13**: Fotos privat; **M 15:** s. M 3; **M 16:** 1: dpa, 2: tophair, 3: ddp, 4: dpa; **M 17**: : nach *Simmel, Georg*: Zur Psychologie der Mode. Soziologische Studie. Aus: Die Zeit. Wiener Wochenschrift für Politik, Volkswirtschaft, Wissenschaft und Kunst, 5. Bd. 1895 v. 12. 10. S. 22-24; **M 18:** Zeichnung v. Erich Rauschenbach; **M 19:** © shop@dedicated-store.com michalski & soltani, köln, Entwurf Olec; **M 21:** nach Friedrich Schiller. Aus: Nächster Halt Philosophie. Folge: Schönheit. Gelaufen auf KIKA, 2008. Produzent: studio.tv.film, Produktionen für Film und Fernsehen; **M 22:** Interview aus: ebd. **S. 150 o:** Foto Mark Henley/Impact/picture-alliance; **M 23 l:** Annika de Buhr, Foto WolfgangKumm/dpa - **r:** Anthony Quinn in „Der Glöckner von Notre-Dame“, Foto kpa, beide picture-alliance; **M 24:** nach www.beautycheck.de; **M 26:** nach *Russell, Bertrand*: Lebensbejahung. Aus: *Ders.*: Die Eroberung des Glücks. Neue Wege zu einer besseren Lebensgestaltung. Frankfurt/M.: Suhrkamp 1977; **M 27:** *Löhrke, Scarlet*: Hauptsache schön! Jugendliche und ihr Körperbewusstsein (für die Sendung „Quarks und Co.“. WDR-Fernsehen, 5. 8. 2008), Stand: 11. 9. 2007; **M 30:** Werbung der Firma „Laserwelt Berlin“, Foto privat; **M 31:** nach *Korte, Nicola* (dpa): Arzt: Schönheits-OPs bei Minderjährigen verbieten - Gesetz geplant; abrufbar unter: http://www.krankenkassen.de/dpa/131432.html; **M 32:** Fotos aus: Hauptsache schön! Modelmaße aus der Retorte (für die Sendung „Quarks und Co.“. WDR-Fernsehen, 11. 9. 2007 http://www.wdr.de/tv/quarks/sendungsbeitraege/2007/0911/003_schoen.jsp **M 36:** nach: a) *Löhrke, Scarlet*: siehe M 28; b) http://www.familienhandbuch.de/cmain/f_Fachbeitrag/a_Familienbildung/s_149.html **S. 158 u:** Titelseite der „Bravo“, April 2005; **M 38:** *Flügel, Anna Tasja*: Die Bedeutung der Medien bei der Konstruktion von Schönheitsidealen. Eine qualitative Studie zur ProSieben-Real-Life-Doku „The Swan - Endlich schön!“ im Hinblick auf die Rezeption weiblicher Jugendlicher. Diplomarbeit an der Hochschule für Film und Fernsehen, Potsdam-Babelsberg, 2005; **M 39:** epa PA/Handout/dpa-picture alliance; **M 40:** Karikatur v. Gerhard Mester, Wiesbaden; **M 41:** nach: Hans-Bredow-Institut (Hrsg.): Analyse des Jugendmedienschutzsystems - Jugendschutzgesetz und Jugendmedienschutz-Staatsvertrag. Endbericht, Oktober 2007; **M 42:** *Jäger, Rita*: Studie belegt: Fernsehen und Computerspiele machen dumm. Kein Bildschirm im Kinderzimmer. WDR3.de/radio/schulportal2007/schulwelt hautnah; **M 43:** *Aufenanger, Stefan*: Macht Fernsehen wirklich „dick, dumm, krank und traurig“? In: WDR (Hrsg.): Netzwerk Medienkompetenz des WDR. Radio, Fernsehen und Internet und was dahintersteckt. Köln [1]2007. Arbeitsblatt 10.4; **M 44, M 45:** s. M 37; **M 46:** *Dölker, Christian*: Text aus http://www.medienzentrum-frankfurt.de/kompetenz/muw.htm

Vom Universum und vom Staunen über das Leben

Literarischer Text: A) *Gaarder, Jostein*: Hallo ist da jemand? Mit Bildern v. *Henriette Savant*. Übers. v. *Gabriele Haefs*. München: Hanser 1999 (zit. n. Reihe Hanser im dtv, [3]2005). S. 13-19, 22-24, 31, 37-39, 74, 72-73, 82-84, 76-78, ; B): *Kolnberger, Anton*: Auf unbekanntem Stern. Illustrationen v. *A. Kolnberger*. Düsseldorf: Hoch 1954. S. 39, 44-47, 78-81, 61, 104-108;

S. 165: Foto Ingo Wehmeier, sky-watch.de; **S. 166:** Foto Corbis, München; **M 2:** *Hornung, Helmut*: Safari ins Reich der Sterne. Eine Einführung in die Himmelskunde. Hamburg: Oetinger 1992. S. 9f.; **M 3:** Aus: Juniorwissen Universum. Stuttgart: Unipart 1994. S. 118 (London: Grisewood & Dempsey 1992); **S. 167:** Ebd.; **M 5:** Bild Sphären http://www.glauben-und-wissen.de/images/Sphaeren.jpg, 20. 8. 2009; **M 6:** nach: *Osborne, Will/Pope Osborne, Mary*: Forscherhandbuch Weltall. Bindlach: Loewe 2003. S. 9ff.; **M 7:** *Brecht, Bertolt*: Leben des Galilei. Aus: Gesammelte Werke, Bd. 3. werkausgabe edition suhrkamp. Frankfurt/M.: Suhrkamp 1967. S. 1294f.; **M 8:** Aus: *Lesch, H.*: Kosmologie für Fußgänger. München: Goldmann 2001. Abb. NASA/JPL/RPIF/DUR; **M 9:** Abb. aus: Der Jugend-Brockhaus, Bd. 3. Wiesbaden: Brockhaus 1985. S.1 2-13; **S. 171:** Under the milky way. *http://de.wiktionary.org/wiki/Bild:Under_the_Milky_Way.jpg* **M 11:** Planeten und Fixsterne: http://www.br-online.de/wissen-bildung/spacenight/; **M 12:** nach: *Mitton, Simon* u. *Jacqueline*: Astronomie. Aus d. Engl. v. *Karin Schuler* u. *Anja Hansen-Schmidt*. Weinheim/Basel 1999. S. 126; **S. 172:**

Bild: Sonne in der Milchstraße Halo http://www.glauben-und-wissen.de/halo.jpg 31. 7. 2008; **M 13:** nach *Lesch, H.* s. M 8, S. 128 © R. Williams, The HDFTeam STScL, NASA; **M 16:** *Ditfurth, Hoimar von*: Kinder des Weltalls. Der Roman unserer Existenz. Hamburg: Hoffmann & Campe [6]1978. S. 29; **M 17:** *Hornung, Helmut*: s. M 2, S. 28; **S. 175:** Zeichnung v. Liselotte Lüddecke, Hannover; **M 19:** *Hasinger, Günther*: Schicksal des Universums. http://www.mpe.mpg.de/~ghasinger/Allgemein/GDNAe1.pdf; 31. 7. 2008; **M 23:** Darwin als Affe. Karikatur aus „The Hornet", 22. 3. 1871; **M 24:** *Blawat, Katrin*: Trösten, täuschen, helfen in: Süddeutsche Zeitung, 1. 3. 2007; **M 25:** Evolution und Rückentwicklung http://www.primatis.de/images/evolution/evolution.gif; 20. 8. 2009; **M 26:** Illustration v. *Henriette Sauvant*. Aus: *Gaarder, Jostein*: Hallo, ist da jemand? s. literarischen Text; **M 27:** Aus: *Bukowski, W.* u. a.: Glaube-Wissenschaft-Denken. Göttingen: Vandenhoeck & Ruprecht 1987; **M 29:** *Darwin, Charles*: Über die Entstehung der Arten. Übers. v. *Heinrich G. Bronn*. Stuttgart: Schweizerbart 1860. S. 494; **M 30:** nach *Ditfurth, Hoimar von*: Der Geist fiel nicht vom Himmel. Die Evolution unseres Bewusstseins (1976). München: dtv [5]1983. S. 54ff.; **M 31, 32:** Zusammenschluss von Zellen. Foto Brian Duval. Aus: *Margulis, Lynn/ Sagan, Dorion*: Leben. Vom Ursprung zur Vielfalt. Berlin: Spektrum 1999. S. 47f., 70;**M 34:** Aus: *Breuer, Reinhard*: Das anthropische Prinzip. Der Mensch im Fadenkreuz der Naturgesetze. Wien/München: Meyster 1981. S. 105; **M 35:** Aus: *Klein, Stefan*: Die Tagebücher der Schöpfung. Vom Urknall zum geklonten Menschen. München: dtv 2000. S. 51; **S. 186:** http://holtz.org/Library/Natural%20Science/Astronomy/Cosmology/Big%20Bang%20by%20Haubold.jpg; 20. 8. 2009; **M 36:** Aus: *Geier, Manfred*: Was konnte Kant, was ich nicht kann? Kinder fragen – Philosophen antworten. Reinbek: Rowohlt 2006. S. 59; **M 37:** Humboldt: **Aus einem** Brief an Charlotte Diede, 17. Oktober 1825; **S. 188:** Illustration v. *Henriette Sauvant*. Aus: *Gaarder, Jostein*: Hallo, ist da jemand? s. literarischen Text; **M 39:** *Herder, Johann Gottfried*: Ideen zur Philosophie der Geschichte der Menschheit. Wiesbaden: Fourier [1]1985. S. 46; **M 40:** http://www.spiegel.de/wissenschaft/weltall/0,1518,400601-2,00.html; **S. 189:** Henne und Ei: www.nichtlustig.de; **M 41:** *Ferguson, Kitty*: Gottes Freiheit und die Gesetze der Schöpfung. Wien u. a.: Econ 1994. S. 273;

Schöpfungserzählungen und Feiertage der Religionen
Literarischer Text: *van Saan, Anita*: Astro Girls. München: ars-Edition 2006. S. 45–47;
S. 190 o: Gustave Doré: Es werde Licht. Aus: Das graphische Werk, erster Band. Ausgewählt v. *Gabriele Forberg*. München: Rogner & Bernhard 1975. S. 644 – **u:** *Effel, Jean*: Heitere Schöpfungsgeschichte für fröhliche Erdenbürger. Reinbek: Rowohlt 1965 (La creation du monde. © by Jean Effel, Paris, 1950/51); **S. 191 ol:** Lucas Cranach: Schöpfungsbild aus der Luther-Bibel, 1534 – **or:** Karikatur aus: Netzseite Wort und Wissen, Baiersbronn, www.till4one.de. 31. 7. 2009 – **ul:** Quirlung des Milchmeeres. Aus: *Schleberger, Eckard*: Die indische Götterwelt. Gestalt, Ausdruck und Sinnbild. Ein Handbuch d. hinduist. Ikonographie. Köln: Diederichs 1986. S. 175; **M 2:** Zeitschrift GZSZ, nach: *van Saan, Anita*: s. lit. Text. S. 50ff. **M 3:** Aus: *Übelacker, Erich*: Sternbilder und Sternzeichen. Nürnberg: Tessloff 2004 – Info-Kasten: ebd. S. 42f.; **M 4:** *Pelser, Frederick/ Renz, Sylvia*: Nebukadnezar, König von Babylon. Ein Mann auf dem Weg zur Macht. Lüneburg: Saatkorn 1996; **M 5:** *Steen Larsen, Lars*: Von Babylon zur Urknalltheorie. Wien: Böhlau 2000. S. 30f.; **M 6:** *Eysenck, Hans Jürgen/Nias, David*: Astrologie Wissenschaft oder Aberglaube? München: dtv 1984. S. 18; **M 7:** nach *Gaster, Theodor H.*: Die ältesten Geschichten der Welt. Berlin: Wagenbach 1983. S. 49ff.; **S. 196:** Prozession in Babylon. Aus: *Ruffieux, Jean-Marie* (Text und Illustration): So lebten sie in Babylon. Mesopotamien zur Zeit Nebukadnezars II. Nürnberg: Tessloff 1989. S. 54; **M 8:** Aus: s. M. 4, S. 49ff.; **M 9:** *Morgenstern, Susie*: Hallo Sarah! Hier ist Salah. Würzburg: Arena 1987. S. 34; **M 10:** nach *Holst, Insa*: Die Revolution an Euphrat und Tigris. In: GEO EPOCHE. Das Magazin für Geschichte, 20: Die Geschichte des Judentums. Hamburg: Gruner & Jahr 2005. S. 44f.; **M 11:** Eduard Bendemann (1811–1889): Die trauernden Juden im Exil, 1832. Öl auf Leinwand, 179 x 278 cm. Köln, Wallraf-Richartz-Museum – Foto akg-images, Berlin; **S. 200:** Die Sieben Schöpfungstage, um 1130. Mosaik in der Kathedrale von Monreale/ Sizilien. Fotos: E. Schnabel/G. Goldstein, Lünen. In: Gottes Werk. Vom Geheimnis der Schöpfung. Freiburg/Brsg.: Informationszentrum Berufe der Kirche; **S. 201:** © 2003 Universum Film, München; **M 14:** http://www.stern.de/wissenschaft/natur/531413.html?nv=ct_mt, 22. 10. 2004; **S. 202:** Anton Koberger (um 1440–1513): Schöpfungsbild. Holzschnitt aus der Koberger-Bibel, 1483. Stuttgart, Württembergisches Landesmuseum; **M 15:** *Schupp, Renate*: Ein ganz gewöhnlicher Sonntag. Aus: *Steinwede, Dietrich/Ruprecht, Renate* (Hrsg.): Vorlesebuch Religion, Bd 3. Lahr: Kaufmann 1978. S. 87ff.; **M 16:** *Stöhr, Martin*: Zur Geschichte des Sonntags – Konsequenzen für heute. Vortrag 1995; http://www.lomdim.de/md0599/01md0599.html, 31. 7. 2008; **M 17:** Mit frdl. Gen. des Pressereferats der EKD; **M 18:** Aus: Süddeutsche Zeitung, 10. 11. 2006; **M 19:** *Kardinal Lehmann, Karl*: Der Sonntag steht nicht zu unserer Disposition. Rede vom 24. 10. 2002, http://dbk.de/aktuell/meldungen/3007/index.html; 31. 7. 2009; **M 20:** Foto Bilderbox, Linz; **M 21:** http://islam-europe.org/2006/05/30/das-freitagsgebet-ursprung-bedeutung-durchfuhrung, 24. 3. 2008; **M 22:** www.islamischer-weg.de, 31. 7. 2009; **M 23:** Fotos Muhtasar Ilmihal, Istanbul; **M 24:** http://www.islam-guide.com/de/ch3-16.htm, 31. 7. 2009; **S. 208 l:** Foto v. Carsten „Jan" Kühne, Berlin; **M 25:** *Grothaus, Hans*, in: Vorlesebuch fremde Religionen, Bd. 2. Buddhismus – Hinduismus. Hrsg. v. *Monika* u. *Udo Tworuschka*. Düsseldorf/Lahr: Patmos/Kaufmann 1988. S. 378; **S. 209:** Die Göttin Saraswati. Teilansicht am Tempel Pudukkotai, Tamil-Nadu, Süd-Indien Foto Monique Pietri/akg-images, Berlin; **M 26:** http://de.wikipedia.org/wiki/Saraswati, 31. 7. 2009; **M 27:** *Martel, Yann*: Schiffbruch mit Tiger. Übers. v. *Manfred Allie* u. *Gabriele Kempf-Allie*. Frankfurt/M.: Fischer TB [12]2007. S. 77; **M 28:** http://upload.wikimedia.org/wikipedia/commons/7/71/Krishna-arjuna-cleanup.jpg, 31. 7. 2009; **M 29:** *Kühn, Herbert*: Das Antlitz Indiens. Basel: Schwabe 1963 (in: Vorlesebuch fremde Religionen, Bd. 2. Buddhismus – Hinduismus. Kaufmann: Lahr 1988. S. 282f.); **M 30:** *Zimmermann, Hans* (Hrsg.): Chandogya-Upanisad. Zehnter Khanda. Übers. v. *Paul Deussen*. Quellentexte in zwölf Sprachen: Indien: Upanishaden des Sâmaveda. http://12koerbe.de/hanumans/cha-5.htm, 31. 7. 2009; **M 31:** Wiedergeburt. © to Himalayan Academy Publications, Kapaa, Kauai, Hawaii. Licensed for Wikipedia under Creative Commons and requires attribution when reproduced. See the User: Himalayan_Academy_Publications#Copyright_permissions, 31. 7. 2009; **M 33:** *Schuster, Robert* (Hrsg.): Was sie glauben. Texte von Jugendlichen. Stuttgart: Steinkopf 1984. S. 56; **M 34:** Jacopo Tintoretto (1518-1594): Die Entstehung der Milchstraße, um 1575. Öl auf Leinwand, 147 x 166 cm. London, National Gallery – Foto akg-images, Berlin; **M 35, S. 215:** s. S. 190 u; **M 37:** nach *Sproul, Barbara C.* (Hrsg.): Schöpfungsmythen der östlichen Welt (1991). München: Diederichs o. J. S. 15f.